Perspectives on Satipaṭṭhāna

한역으로 읽는 알아차림의 확립 수행

●

알아차림의 확립에 대한 새로운 관점

이 책은 아날라요(Anālayo) 스님의
Perspectives on Satipaṭṭhāna(Cambridge: Windhorse, 2013)의 완역본입니다.

한역으로 읽는 알아차림의 확립 수행

Perspectives on Satipaṭṭhāna
/ 알아차림의 확립에 대한 새로운 관점 \

아날라요(Anālayo) 지음 / 윤희조·이성동 옮김

민족사

아날라요 스님께서 새롭게 저술한 이 책은 이전 저서인 『알아차림의 확립(satipaṭṭhāna): 열반에 이르는 직접적인 길』을 기반으로 하고 있다. 스님은 이 책에서 알아차림의 확립에 대해 중요한 내용을 담고 있는 빨리어 경전과 한역경전에 실려 있는 알아차림을 깊이 탐구함으로써 알아차림이라는 핵심적인 가르침이 갖는 전망을 확대하고 있다. 아날라요 스님 자신이 이룩한 깊은 수행과 결합된 놀라운 학문적인 연구는 붓다가 가르친 해탈에 이르는 길로 나아가는 데 정말로 소중한 지침이 되고 있다. 이 책은 알아차림에 익숙하지 않은 초보자를 위한 교본은 아니다. 오히려 깊이 있는 연구서이자 탐구서이다. 스님의 저서는 우리에게 괴로움의 원인을 이해하는 방법과 이 고통에서 벗어나서 잠재적인 자유의 가능성을 실현하는 방법에 대해 철저하면서도 섬세한 분석을 제공하고 있다.

　　－ 조셉 골드스타인(Joseph Goldstein)

　　　『마인드풀니스: 깨달음으로 가는 실용적인 마음수행 안내서 (Mindfulness: A Practical Guide to Awakening)』의 저자이자 통찰 명상 협회(Insight Meditation Society)의 공동 설립자이다. 이 협회는 미국 매사추세츠 바(Barre)에 있다.

아날라요 스님께서는 불교의 세 가지 전통적인 경전을 통해서 알아차림의 확립에 대해 실제적인 가르침을 주고 있다. 이 경전의 내용들은 때로는 일치하지만 때로는 서로 다르기도 하다. 이런 차이는 종종 우리의 흥미를 자극할 뿐만 아니라 기존에 알고 있던 것에 대하여 새로운 전망을 열어 준다. 게다가 세 가지 전통적인 경전들이 한목소리로 말하고 있는 바로 그 지점에서 우리는 구전의 정통성과 역사적으로 붓다의 가르침이 갖는 실재성을 확인하게 된다. 이 책은 알아차림의 확립이라는 핵심적인 불교 수행에 더 깊게, 더 세밀하게 몰입하기 원하는 수행자들에게 참으로 유용할 것이다.

> — 까말라실라(Kamalashila)
>
> 『불교 명상: 평온, 상상 및 통찰 (Buddhist Meditation: Tranquility, Imagination and Insight)』의 저자이자 바즈라로카(Vajraloka) 명상 센터의 공동 설립자이다. 이 센터는 영국 웨일스에 있다.

아날라요 스님의 저작은 흠잡을 데 없는 학문과 수행의 보고이다. 붓다가 가르친 원래의 법을 현명하고 열린 마음으로 깊이 있게 이해한 저서이다. 스님의 접근법은 현대 불교계에 영감을 불어넣어 주고 있다.

> — 잭 콘필드(Jack Kornfield)
>
> 『현명한 마음(The Wise Heart)』의 저자이자 스피릿 록 명상 센터(Spirit Rock Meditation Center)의 설립자이자 지도 강사이다. 이 센터는 미국 캘리포니아 우드에이커(Woodacre)에 있다.

아날라요 스님은 우리에게 위대한 학문적 업적과 지혜로 가득 찬 작업을 보여 주고 있다. 이 책은 알아차림 수행을 깊이 있게 연구하거나 확립하기를 원하는 모든 사람에게 대단한 도움을 줄 것이다.

> — 샤론 샐즈버그(Sharon Salzberg)
>
> 『자애(Lovingkindness)』의 저자이자 통찰 명상 협회의 공동설립자이다. 이 협회는 미국 매사추세츠의 바(Barre)에 있다.

차례

| 그림 목록 |

●

알아차림을 확립하면서 몸을 관찰하라.
부지런히 정진하면서, 올바르게 알고, 바르게 알아차리고,
세상에 대한 욕망과 불만족을 극복하라.
느낌, 마음, 법에 대해서도 이와 마찬가지이다.
이것이 자신에 의지함으로써 자신을 섬으로 삼고,
법에 의지하면서 법을 섬으로 삼는다는 것이다.
다른 어떤 섬도 없고,
다른 어떤 의지처도 없다.

서 론

이 책은 알아차림의 확립에 대한 연구서인 『알아차림의 확립: 열반에 이르는 직접적인 길』의 후속작이다.[1)]

처음에는 『알아차림의 확립: 열반에 이르는 직접적인 길』을 단지 개작만 하려고 생각하였지만 결국은 새로운 책을 내는 것이 더 나은 해결책이라는 것이 분명해졌다. 이 책과 이전 저서들과의 주요한 차이점은 빨리어 경전 「알아차림의 확립 경」과 다른 여러 불교 전통에서 보존되어 온 「알아차림의 확립 경」의 대응 경전들을 비교하면서 자세하게 다루고 있다는 점이다. 이런 방법을 통해서 빨리어 경전에 대응하는 현존하는 한역 경전뿐만 아니라 산스끄리뜨 경전과 티베트 경전들을 상호 비교하면서 수행이라는 실질적인 문제에 접근하고자 하였다. 학문적 방법론에 기반하여 인용 경전들을 다루었고 또한 몇몇 부분들에 대해서는 이론적 관심 때문에 더 자세하게 다룰 필요가 있었지만, 전체적으로 이 책은 수행자를 위해서 집필된 것이고 또한 나의 지적 탐구를 이끌고 있는 것도 수행과 연관된 것들이다.[2)] 이 책의 맨 앞에 인용된 경전 구절을 통해

---

1) Anālayo 2003b.
2) 「알아차림의 확립 경」을 학문적인 연구에 초점을 맞춘 비교 연구로는 다음이

서도 알 수 있는 바와 같이, 내가 바라는 것은 수행자들이 실제 수행에 임할 때 의존해야 할 알아차림의 확립 수행에 내포된 "붓다의 법(Dharma)"을 이해하는 데 조금이라도 기여하는 것이다.[3]

이 책은 이전 저서의 자매편이기는 하지만 모든 연관된 주제들과 일차 자료 및 이차 문헌들을 모두 광범위하게 다루고 있지는 않다. 그 대신 수행에 실제로 의미가 있고 이전 저서를 보완할 수 있다고 여겨지는 것을 선택적으로 다루고 있다. 그러므로 이 책에서 다루고 있는 것을 전체적인 맥락에서 이해하기 위해서는 이전 저서에 익숙해지는 것이 기본적으로 필요하다.

내 연구의 기반이 되는 경전은 상좌부 빨리 경전인『맛지마니까야(Majjhima-nikāya)』의「알아차림의 확립 경(Satipaṭṭhāna-sutta)」과 이에 대응되는 다른 불교 학파에서 전해지는 두 개의 주요 경전이다. 이러한 두 가지 대응 경전은 한역 경전『중아함경(Madhyama-āgama)』과『증일아함경(Ekottarika-āgama)』에 보존되어 있다. 이 책의 마지막 장인 13장에서 세 가지 경전을 차례대로 번역해 두었다.[4]

「알아차림의 확립 경」과 이에 대응하는 두 개의 경전 외에도 다

있다. Anālayo 2011a: 73-97. 여기서는 나의 연구 이외에 유관한 이차 문헌과 텍스트에 대해서 자세히 설명하고 있다.

3) 경전 구절은 SĀ 639 at T 2.177b3에서 인용하고 있다. 대응경전인 SN 47.14 at SN V 164,30(translated Bodhi 2000: 1645)과는 달리 각각의 알아차림의 확립 수행을 내적·외적, 둘 모두로 규정하고 있다. 또 다른 차이점은 SN 47.14에서 다르마와 자신은 자신의 "의지처"가 된다는 것이다.

4) CBETA 판을 기본으로 번역하고 있다. CBETA가 추천하는 다른 리딩과 교정을 따를 때도 있다. 본서는 일반 독자를 대상으로 하기 때문에 그러한 경우에 특별히 표시를 하지는 않았고, 단지 교정에 대해서는 분명하게 기록하고 있다.

른 경전들도 알아차림에 대해서 중요한 지침을 주고 있다. 나는 한역 아함경에서 대부분 발췌하여 번역함으로써 대표적인 불교 경전들을 포함시키려고 노력하였다. 하지만 때로는 산스끄리뜨어로 된 단편 또는 이에 대응하는 티베트 경전을 가져오기도 하였다. 내가 아는 범위 내에서 이 경전들은 대부분 현재까지 영어로 번역되지 않았다. 이 책에 나오는 모든 영어 번역들은 내가 직접 한 것이다.

나는 한역과 다른 언어로 보존된 대응 경전들을 번역하면서, 빨리어 경전과 비교하여 이 경전들의 상대적인 가치를 판단하려고 하지 않았다. 그 대신 이런 대응 경전들을 통해서 경전이 주는 느낌을 독자들이 직접 받을 수 있도록, 하나의 방편으로 이 경전들을 번역하였다. 한역 아함경들이 갖고 있는 풍부함은 일반 독자들에게는 거의 알려져 있지 않다. 왜냐하면 이 경전에 대한 번역본이 없기 때문이다. 그러므로 나는 적어도 아함경 중 관련 있는 내용만이라도 번역하고자 하였다. 경전 번역의 각주에는 한역 경전에 해당되는 빨리어 경전의 기존 영어 번역을 참고로 달아놓았다. 이를 통해서 독자들이 해당 경전들 간의 차이점을 단순히 선택적으로 관찰하는 것을 넘어서서, 쉽게 상호 비교할 수 있게 해두었다.

알아차림을 비교 연구한 문헌들은 여러 경전에서뿐만 아니라 서로 다른 불교 학파들의 아비달마(Abhidharma) 또는 논장(śāstra)에서도 볼 수 있다. 이런 문헌들은 때로는 붓다의 초기 가르침 중에서 어떤 부분들을 포함하기도 하지만, 대개는 초기경전 이후에 나타난 것들이다. 내가 관심을 기울이는 것은 주로 초기경전의 내용이기 때문에, 이런 다른 문헌들은 단지 때때로 참고로만 사

용하였다.[5]

이들 경전의 가치를 판단해서 이렇게 하는 것은 아니다. 내가
관심을 기울이는 경전들은 대체로 불교사상사에서 가장 초기 단계
에 있는 문헌이고, 초기경전들을 최우선으로 탐구하고자 하는 나
의 시도를 반영하고 있을 뿐이다. 초기 이후의 알아차림의 확립 수
행에 후기 불교의 전통들이 어떤 영향을 끼치는지를 다른 연구자
들이 더 자세하게 살펴볼 수 있도록 나의 연구가 참고가 되기를 바
란다.

『맛지마니까야』의 「알아차림의 확립 경」에 대한 두 가지 한역
은 『중아함경(Madhyama-āgama)』과 『증일아함경(Ekottarika-āgama)』
에서 볼 수 있는데 이들 경전은 서로 다른 학파에서 나온 것이
다. 『중아함경』은 설일체유부(Sarvāstivāda)에서 전해진 것일 가능
성이 상당히 높다. 『증일아함경』의 경우 다소 불명확하지만 가장
가능성이 높은 학파는 대중부(Mahāsāṅghika)이다. 두 경전 모두 4
세기 말경 한역되었다. 아래에서 번역한 일부 경전 내용은 『장아
함경(Dīrgha-āgama)』에서 발췌한 것인데 이것은 아마도 법장부
(Dharmaguptaka)에서 전해져 온 것이다. 또 다른 경전 내용은 『잡아
함경(Saṃyukta-āgama)』에서 가져온 것인데 이것은 아마 근본설일
체유부(Mūlasarvāstivāda)에서 전해져 내려온 것으로 보인다. 산스
끄리뜨 단편은 일부 설일체유부·근본설일체유부에서 왔을 가능
성이 있지만 티베트어 번역으로 된 모든 경전 내용들은 근본설일

---

5) Abhidharmakośabhāṣya, D 4094 또는 Q 5595에서 사마타데와(Śamathadeva)가
   인용하고 있는 경전은 논장의 성격상 대부분 경전으로 여겨진다. 앞으로는 티
   베트 번역에서도 중요한 부분은 인용하고자 한다.

체유부에서 온 것이다.

일반적으로 말해서 아함경 또는 니까야 가운데 어느 것이 확실하게 역사적으로 앞서 있다고 말할 수 없다. 이런 경전들 가운데 개별적인 내용은 초기와 후기의 것을 모두 포함하고 있어서 어떤 특정한 한 경전이 다른 경전보다 원리상 더 빠르다고 간주하는 것은 지나치게 단순화하는 것이다.[6] 동일한 원리가 경전의 길이에도 또한 적용된다. 구전되는 동안 확장과 추가가 자연스럽게 일어나서 경전의 내용이 길어지고, 이렇게 길어진 것은 서로 다른 출처의 내용들을 결합한 증거라고 여겨지기도 하지만, 그렇다고 해서 일반적으로 긴 경전이 반드시 시기가 늦고 짧은 것이 반드시 시기가 빠르다는 것을 의미하지는 않는다. 시간이 흐르면서 경전이 새롭고 짧은 형태를 취할 수도 있다. 이런 변화는 산문에만 적용되는 것이 아니라, 운문에서도 마찬가지의 형태를 띠기도 한다. 그러므로 짧은 시구의 형태로 된 것이 확실히 그 시기가 빠르고, 긴 산문이 반드시 늦은 시기에 나타났다는 것을 불변의 법칙같이 생각해서는 안 된다. 이렇게 과도하게 단순화하는 것이 비록 호소력 있게 보일지는 몰라도, 이렇게 되면 경전들의 성립 시기를 연구하는 것이 명확하게 되기는커녕 오히려 애매하게 되어 버린다. 초기 또는 후기라는 시기를 적절하게 판단하기 위해서는 경전의 한 구절이라도 현존하는 모든 경전들과 자세하게 비교 연구하는 것에 바탕을 두어야 한다. 이때 고려해야 할 점은 동일한 주제의 내용이 포함된

---

6) 『잡아함경』과 『상윳따니까야』는 다른 경전들보다 우선한다는 이론과 세 가지 경전이 각각 구성요소를 이룬다는 이론(three-aṅga theory)에 대한 검토는 다음을 참조할 수 있다. Anālayo 2011a: 696-700.

모든 경전들을 살펴보고, 이것과 관련된 주제의 설법 배경을 파악하고 그리고 그 내용과 관련 가능성이 있는 불교 이론의 역사적 발전 단계를 파악하는 것이다.

그러므로 한역 아함경들에 보존된 내용은 원리상 네 가지 빨리니까야들과 마찬가지로, 붓다와 제자들의 가르침에 대한 정통적인 기록이라고 정당하게 주장할 수 있다. 물론 한역으로 번역되는 과정에서 실수가 있었을지도 모른다는 가능성을 배제할 수는 없다. 이런 점은 특히 『증일아함경』에서 느껴진다. 왜냐하면 『증일아함경』의 번역은 전쟁이라는 불안정한 상황에서 이루어졌기 때문이다.[7]

「알아차림의 확립 경」에 대응하는 『증일아함경』의 경전 내용은 사실 다소 고르지 못하고 때로는 일정하지 못하다. 이것은 아마도 번역 당시의 어려운 환경을 반영하는 것으로 보인다. 그럼에도 불구하고 어떤 내용들은 다른 두 한역 경전들보다 문헌적인 측면에서 시기적으로 보다 빠른 내용을 보존하고 있는 듯이 보인다.

내가 이렇게 여러 경전들을 비교하는 목적은 "원본 알아차림의 확립 경"을 복원하고자 하는 것이 아니다. 세 경전들의 공통 기반이면서 합리적으로 시기상 빠른 것일 거라고 생각되는 가르침을 밝혀 드러내고, 그 가르침에서 자연스럽게 드러나는 주요 관점을 탐색하는 것이 오히려 나의 의도이다.[8] 세 경전 모두에서 공통되

---

7) 이러한 사실은 『증일아함경』의 서문에서 볼 수 있다. T 2.549a18을 참조할 수 있다.
8) 나의 관점은 Anālayo 2012c에 기반하고 있다. 그 논문에서 나는 초기경전의 역사적 가치와 대응구절들이 일반적으로 공통적인 핵심을 가리킨다는 원리를 논의하고 있다.

는 내용은 자연스럽게 전면에 나서게 되겠지만, 몇몇 수행 방식은 공통적이지 않더라도 여전히 순수한 알아차림 수행에서 좋은 역할을 할 수 있다. 내가 이런 경전 내용들을 자세하게 다루지 않는다고 해서 이런 수행들을 가볍게 여긴다는 의미는 결코 아니다. 오히려 이것들을 여전히 "무대 위"에 두고 있지만, 모든 경전에서 공통되는 수행 방식과 비교해서 다소 무대의 배경에 두고 있다. 다른 말로 하면 수용과 배척이라는 극단적인 흑백 논리 대신, 대응하는 경전들을 전체적으로 조망하는 가운데 「알아차림의 확립 경」을 비교 연구하는 상황의 복잡성을 성찰하기 위해서 나는 삼차원적 관점을 제시하고자 한다. 이런 방식을 통해서 여러 경전은 수행의 상대적 중요성 및 경전의 연대기 설정이라는 측면에서 자신의 위치를 제대로 잡을 수 있을 것이라고 생각한다.

역사적인 붓다가 말한 것을 학문적인 입장에서 확실하게 재구성하는 것은 가능하지 않다.[9] 그러나 우리가 확보하고 있는 경전 안에서 초기경전들을 비교하면 붓다와 제자들의 가르침이 전하는 내용에 가능한 한 가깝게 다가갈 수 있다. 이렇게 하면 알아차림 수행에 대한 불교 사상의 가장 초기로 진입해 가는 통로를 확보하게 된다. 이렇게 초기 단계의 불교 경전은 여러 불교 학파와 전통의 공통 출발점이라는 점을 고려해 보면, 어떤 불교 학파와 전통에 속하는 수행자라고 할지라도 나의 연구에 흥미를 느끼게 될 것이라고 생각한다. 나는 이런 공통 출발점을 탐색하기 위해서 하나 이상의 학파의 경전에 보존된 경전 자료를 기반으로 나의 연구를 진

---

9) 이 점과 관련해서 "붓다가 말한"을 "붓다가 말했다고 이야기되는"의 형식으로 표현을 바꾼 것이 이전 책과의 주요 차이점이라고 할 수 있다.

행하려고 노력하였다. 그러나 불가피하게 이런 접근 방법에서 벗어나야 하는 경우는 아주 드물기는 하지만, 독자들에게 이 사실을 환기시키기 위해 하나의 불교 전통에서만 보존된 내용이라는 사실을 지적하였다.

빨리어 경전에만 보존되어 있고 이에 대응하는 한역 경전에 이런 내용이 없는 경우에는 확고한 결론을 내릴 수 없었다. 한역으로 보존된 아함경들은 서로 다른 불교 전통에서 기인한 것이므로 빨리어 경전에 대응하는 내용이 없다는 것은 상좌부 경전 내용과 비교할 만한 완전한 경전을 가지고 있지 않기 때문이다. 그러나 대응 경전이 있는 경우에는 빨리어 경전과 이에 대응하는 다른 경전들 사이에 있는 차이점들을 활용하여 결론을 내릴 수 있다. 사실 전승되는 동안 착오가 있었다는 것은, 이렇게 대응하는 경전들을 정확하게 비교함으로써 밝힐 수 있는 것이다.

각 장에서 인용하고 있는 경전을 번역하면서 나는 성(性)을 구별하는 용어들을 피하려고 노력하였다. 왜냐하면 내가 번역한 경전 내용들이 단지 남성 수행자들만을 위한 것이라는 인상을 주고 싶지 않았기 때문이다. 실제로 종종 경전 내용의 주인공으로 남성 수행승(비구)이 등장한다. 그리고 이 책의 마지막 장에서 원문을 그대로 읽기 원하는 독자들을 위해서, 세 가지 경전들을 나의 번역 능력이 허용하는 범위 내에서 완역하여 실어놓았다. 마지막 장의 경전 번역에서는 수행승(monk)이라는 단어를 사용하였고, 다른 장의 번역문에서도 수행승이라는 단어를 사용하였다. 그 이유는 수행의 가르침은 누구라도 예를 들면 비구와 비구니 또는 재가 신도의 남성 또는 여성 누구에게나 동일하게 도움이 된다는 점을 확신시켜 주기 위해서이다.

이 책에서 사용하고 있는 번역 용어는 『알아차림의 확립: 열반에 이르는 직접적인 길』을 집필할 당시와는 몇몇 경우에서 차이가 난다. 나는 산냐(saññā)를 "지각(perception)"으로 번역하는 일반적인 관행을 따르기로 하였다.[10] 그리고 나는 "빠띳짜사뭇빠다(paṭiccasamuppāda)"를 단지 "의존해서 일어남(dependent arising, 緣起)"으로 번역하였다. 한역 경전을 번역할 때 비교를 쉽게 하기 위해서 여기뿐만 아니라 다른 저서의 번역에서도 빨리어 용어를 같이 사용하였다. 그러나 이것은 한역의 원전이 되는 빨리어 용어를 선호하자는 입장에서 그런 것은 아니다. 그러나 "다르마(Dharma)"와 "니르바나(Nirvāṇa)"와 같이 서구 출판물에서 현재 흔히 사용되고 있는 용어들은 이들과 달리 그냥 사용하였다.

이 책 출판에 도움을 주신 제이크 데이비스(Jake Davis), 사마네리 담마딘나(Sāmaṇerī Dhammadinnā), 알도 디 도메니코(Aldo di Domenico), 신 파르고(Sean Fargo), 로버트 굿맨(Robert Goodman), 까말라실라(Kamalashila), 쉬 콩무(Shi Kongmu), 켄 수(Ken Su), 쉬 시인첸(Shi Syinchen), 위쉬와빠니(Vishvapani), 닷위스와리(Dhatvisvari)에게 감사를 전한다. 이 책에 어떤 문제가 있다면 그것은 전적으로 나의 무지에서 비롯된 것이다.

---

10) Potter 1996: 128에서 "(개념적) 동일시"라는 번역은 산냐의 뉘앙스를 잘 포착하고 있는 것으로 보인다. 그러나 대부분의 저술에서 채택하고 있는 표준적인 번역어와 차이가 나는 번역어를 사용하는 것은 독자들에게 어려움을 부과할 수 있기 때문에 표준적인 번역어인 "perception"을, Skilling 1997: 477n.31의 예를 따라서 사용하기로 하였다.

1장

알아차림 확립의 여러 측면

세 가지 주요 경전들을 개괄적으로 살펴보는 것을 알아차림의 확립에 대한 여러 관점들을 탐구하는 출발점으로 삼고자 한다. 이 세 경전은 다음과 같다. 즉 『맛지마니까야』의 「알아차림의 확립 경(Satipaṭṭhāna-sutta)」, 『중아함경』과 『증일아함경』에 있는 「알아차림의 확립 경」에 대응하는 한역 경전이다. 대응하는 경전들의 차이점이 어떤 것인지 보여 주기 위해서 세 경전에 열거되어 있는 수행들을 〈그림 1.1〉에서 제시하였다. 네 가지 알아차림의 확립들은 왼쪽에 열거하였고, 오른쪽에는 개별 경전에 해당되는 수행들을 복잡성의 순서에 따라서 열거하였다.

〈그림 1.1〉에서 보면 몸의 수행과 법의 수행에서 세 경전이 상당한 차이를 보이고 있다는 것을 알 수 있다. 이런 차이점들이 이후 본서의 지속적인 주제가 될 것이다.

이 장에서는 먼저 알아차림의 확립의 세 가지 일반적 측면들을 살펴볼 것이다. 우선 알아차림의 확립이 "직접적인 길"이라는 것을 지적하는 것에서부터 시작하고자 한다. 그리고 경전 내용 중 내가 "정의(definition)"와 "정형구(refrain)"라고 이름 붙인 것이 어떻게 변화하는지를 살펴볼 것이다. 다음 장에서는 알아차림(mindfulness)의 중요한 의미들을 검토할 것이다. 그 다음에는 〈그림 1.1〉에 열거된 알아차림의 실질적인 활용, 즉 알아차림의 확립 수행을 탐구할 것이다.

알아차림의 확립	『증일아함경』	『맛지마니까야』	『중아함경』
몸	해부학적 부분 네 가지 요소 몸의 구멍 시체	호흡 자세 활동 해부학적 부분 네 가지 요소 시체	자세 활동 선하지 않은 상태를 이김 강하게 마음을 다스림 호흡 사선정의 경험 빛의 지각 상(相)을 관찰함 해부학적 부분 여섯 가지 요소 시체
느낌	3유형과 6유형	3유형과 6유형	3유형과 18유형
마음	12쌍	8쌍	10쌍
법	깨달음의 요소 선정	장애 온 감각-영역 깨달음의 요소 성스러운 진리	감각-영역 장애 깨달음의 요소

그림 1.1 「알아차림의 확립 경」과 이에 대응하는 경전들의 개관

1. "직접적인 길"

세 경전의 도입부는 다음과 같다.

『맛지마니까야』
이것은 존재의 청정을 위하고, 슬픔과 비탄을 극복하고, 괴로움과
불만족을 사라지게 하고, 참된 방법을 얻고, 열반을 실현하기 위한
직접적인 길(direct path), 즉 네 가지 알아차림의 확립이다.

『중아함경』
중생을 청정하게 하고, 슬픔과 공포를 넘어서고, 괴로움과 스트레
스를 없애고, 울음과 눈물을 멈추고, 바른 법을 성취하는 하나의
길[一道], 말하자면 네 가지 알아차림의 확립이 있다.

『증일아함경』
살아 있는 존재들의 행위를 청정하게 하고, 근심과 슬픔을 제거하
고, 괴로움 없이 머물게 하고, 큰 지혜와 앎을 성취하게 하고, 열반
을 성취하게 하는 하나의 들어가는 길[一入道]이 있다. 말하자면 다
섯 가지 장애를 버리고 네 가지 알아차림의 확립을 수행해야 한다.

세 경전의 도입부에 있는 기본적인 내용은 거의 유사하다. 즉
알아차림의 확립(satipaṭṭhāna)은 정화의 길이다.[1] 한역 경전에서 이

---

1) 초기불교에서 정화, 청정의 의미에 대한 더 자세한 내용은 다음을 참조할 수

길은 "하나"의 길[一道] 또는 "하나"의 들어가는 길[一入道]이라고
번역되어 있다. 내가 아는 한에서는 이것은 빨리어 경전의 '에까야
나(ekāyana)'라는 표현을 번역한 것으로 생각된다.

주석 전통에서는 이 용어가 함축하는 여러 가지 다양한 뉘앙
스를 해석하고 있지만[2] 나는 "직접적인 길"이라는 용어가 함축
하는 의미의 근거를 알아차림의 확립 이외의 맥락에서 사용되는
다른 경전 구절에서 찾고자 한다. 이런 근거는 「마하시하나다 경
(Mahāsīhanāda-sutta)」과 『증일아함경』의 일부 유사한 구절에서 볼
수 있다. 아래에서 『증일아함경』의 관련 내용을 번역해 둔다.[3]

이것은 마치 마을에서 멀지 않은 곳에 있는 물이 정말 깨끗하고
큰 연못이 있고, [이 연못으로] 어떤 사람이 바로 난 하나의 길을
따라 가는 것과 같다. 또 다른 어떤 사람이 눈이 밝아 그 사람이
멀리서 오는 것을 본다면, 그 사람은 의심할 바 없이 그 연못에 도
달할 것이라는 것을 알 것이다.[4]

「마하시하나다 경」에서는 추가적으로 연못을 향한 하나의(ekāyana)
길을 걸어오는 그 사람이 더위와 갈증으로 기진맥진하고 있다고 표
현하고 있다.[5] 이렇게 더위와 갈증으로 지쳐 있기 때문에 연못에

있다. Anālayo 2012f.
2) 다음을 참조할 수 있다. Anālayo 2003b: 27; Gethin 1992: 59-66.
3) EĀ 50.6 at T 2.812a27 to 812b1.
4) 이 연못이 매력적이라는 것은 대응 경전에서 자세히 설명하고 있다. 그 물
   은 시원하고 둑은 완만하고 근처에는 숲이 있다고 한다. MN 12 at MN I
   76.28(translated Ñāṇamoli 1995: 172).
5) MN 12 at MN I 76.29.

도착해서 맛보게 될 기분은 더 매력적이 된다. 따라서 전체적으로 연못의 비유는 생생하게 살아 있는 느낌을 준다. 뒤이어서 두 경전 모두 그 사람이 연못에 도착하여 목욕을 하는 것을 눈 밝은 사람이 조금 후에 보게 되었다고 기술하고 있다.

에까야나(ekāyana)라는 단어를 초기불교의 용어 사용법이라는 점에서 보면, 이런 비유는 아주 의미심장하다는 것을 알 수 있다. 왜냐하면 이 용어는 원래 수행과는 아무런 직접적인 연관성이 없이 사용되었고, 이 단어가 초기불교 문헌에서 일반적으로 사용하는 방식을 알 수 있기 때문이다. 경전의 이 구절에서 드러나는 의미는 하나의 길이 직접 연못으로 이어져 있다는 것이다. 따라서 여기서 에까야나는 "하나의 직접적인 길(one direct path)"이라는 의미가 된다.

몇몇 학자들은 에까야나(ekāyana)라는 단어를 이해할 수 있는 대안적인 방식들을 제시하였다. 불교 전통 이외의 다른 인도 고대문헌들을 연구한 결과 학자들은 이 용어가 "수렴점(converging point)", "합류점(point of confluence)", "통합(unification)"이라는 의미를 가진다고 주장하였다.[6] 이런 관점에서 보면 「알아차림의 확립 경」과 이에 대응하는 경전들이 보여 주는 알아차림의 확립의 길은 여러 다양한 수행의 수렴점이고, 마침내는 하나의 융합된 또는 통합된 길이다는 것을 알 수 있다.

이런 관점은 수행이라는 측면에서 보면 상당한 호소력을 지닌

---

6) Kuan 2001: 164; Nattier 2007: 196-9. 또한 Sujato 2005: 177-86에서는 알아차림의 확립을 선정을 계발하는 데 도움을 주는 것으로 주요하게 다루는 논의를 펼치고 있다. 내 입장에서 이 논의는 설득력이 없는 시도로 보인다.

다. 왜냐하면 초기불교 사유에서 알아차림의 확립은 여러 수행 중 하나라는 점, 그리고 알아차림의 확립은 반드시 팔정도의 함양이라는 맥락 안에서 자리잡아야 한다는 점을 상기시켜 주기 때문이다. 그러나 초기경전들을 살펴보면 알아차림의 확립을 하나의 수렴점으로 해석하는 입장을 지지하는 것처럼 보이지는 않는다. 하나의 특정 용어가 인도 고대문헌에서 갖는 일반적인 의미들을 고려하는 것은 분명히 중요하지만, 이런 고려가 초기불교 문헌의 용어에도 동일한 방식으로 적용되어야 하는지는 검토할 필요가 있다.

　하나의 수렴점 또는 하나의 합류점이라는 개념을 초기경전들에서 볼 수 있지만, 알아차림의 확립과 관련해서는 아니다. 『앙굿따라니까야』의 한 경전 내용에서는 다섯 가지 정신적 기능들—여기에는 알아차림의 기능도 포함된다—의 수렴점으로 지혜의 힘을 강조하고 있다. 이것은 지붕의 꼭대기, 다시 말하면 최고에 비견할 만한 역할을 한다.[7] 이 경전 내용에 해당하는 대응 경전은 없지만, 지혜를 여러 정신적 기능들의 수렴점으로 간주하면서 서까래들의 균형을 잡는 지붕의 꼭대기에 비유하는 것은 『상윳따니까야』와 『잡아함경』에서도 볼 수 있다.[8] 이런 비유에서 판단해 보면 "수렴점"이 될 수 있는 하나의 정신적 기능을 선정해야 한다면 지혜가 선택될 것이다. 이와는 대조적으로 알아차림은 지혜로 수렴되는 요소들 가운데 하나이다. 알아차림은 지붕의 꼭대기 또는 수렴점 자체라기보다는 서까래들 가운데 하나이다.

---

7) AN 5.12 at AN III 10,7 (translated Bodhi 2012: 636).
8) SN 48.52 at SN V 228,17 (translated Bodhi 2000: 1696) 그리고 대응 경전 SĀ 654 at T 2.183b21.

비슷한 뉘앙스가 「마하짯따리사까 경(Mahācattārīsaka-sutta)」과 이의 대응 경전들에서도 볼 수 있는데, 이 경전을 보면 팔정도는 아라한의 십정도(十正道)로 이어지고, 십정도에는 올바른 앎(right knowledge)과 올바른 해탈(right liberation)이 추가된다.[9] 즉 지혜의 대표적 자질인 올바른 앎과 올바른 해탈이 다양한 수행의 수렴점이 되고 이 둘이 결합하여 결국 통합된 길이 된다. 초기불교의 관점에서 모든 것은 그 본질로서 해탈을 지닌다고 주장하는 또 다른 경전 내용도 있다.[10] 달리 말하면 해탈은 초기불교 사유에서 여러 수행의 수렴점으로 간주할 수 있다는 것이다. 요약하자면 알아차림의 확립은 내가 말할 수 있는 한 초기경전들에서 다른 여러 수행의 수렴점으로 여겨지지 않는다. 그 대신 알아차림의 확립은 지혜와 해탈로 수렴되는 수행 가운데 하나이다.

「마하시하나다 경」과 이에 대응 경전에서 볼 수 있는 비유에서 수렴의 의미는 적절하지 않다. 비유에서는 연못으로 직접 인도하는 하나의 길을 묘사하고 있다. 이 길이 다른 길들의 수렴점을 암시하는 비유로 생각되지는 않는다.

「마하시하나다 경」과 이에 대응 경전에 나오는 비유에 적합한 개념은 한 방향만으로 이어지는 하나의 길이라는 개념일 것이다. 그러나 이것은 다양한 효과를 발휘하는 알아차림의 확립 수행에

---

9) MN 117 at MN III 76,1 (translated Ñāṇamoli 1995: 938) 그리고 대응 경전 SHT V 1125 R3, Sander and Waldschmidt 1985: 120, SHT VIII 1919 A1, Bechert and Wille 2000: 100, MĀ 189 at T 1.736b20, D 4094 nyu 46b4 or Q 5595 thu 86b2.

10) AN 8.83 at AN IV 339,8 (translated Bodhi 2012: 1232), 대응 구절이 다음에서도 발견된다. MĀ 113 at T 1.602c12, T 59 at T 1.855c15.

는 해당되지 않는다. 첫 번째 알아차림의 확립인 몸에 대한 수행을 하는 것만으로도 불만족을 극복하는 것에서 시작하여 통찰을 획득하는 것뿐만 아니라 깊은 집중을 체험하는 것에 이르기까지 다양한 효과를 볼 수 있다(이 주제에 대해서는 3장에서 더 자세히 언급할 것이다). 이에 대한 좋은 예는 아누룻다(Anuruddha)의 경우에서 볼 수 있다. 아누룻다는 초기경전에서 종종 알아차림의 확립 수행과 밀접히 관련해서 등장한다. 『상윳따니까야』와 이에 대응하는 『잡아함경』에 따르면 아누룻다의 여러 성취들─여기에는 깊은 집중에서 비롯된 신통력과 번뇌의 소멸을 통해 획득한 해탈의 통찰력을 포함한다─은 자신의 알아차림의 확립 수행의 결과물이다.[11] 그러므로 알아차림의 확립은 한 방향으로만 나아가는 것은 아니다. 오히려 알아차림의 확립은 한 방향보다 더 많은 방향으로 나아가는 수행이다. 따라서 알아차림의 확립은 평온뿐만 아니라 통찰의 계발을 위한 기반을 구축한다.

요약하면 대안적인 번역들이 에까야나(ekāyana)라는 표현을 풍부하게 이해하게 해주는 것은 확실하지만, 내 생각으로는 "직접적인 길(direct path)"이라는 개념이 경전의 용어 사용방식을 가장 올바르게 드러내고 있다고 여겨진다. 이런 나의 생각을 확신시켜 주는 경전 내용들은 『잡아함경』에서 볼 수 있다. 이 경전에서는 빨리어 용어인 에까야나, 즉 "직접적인 길"이라는 가르침의 대응 단어로서 기능하는 표현으로 여섯 가지 기억해야 하는 것들의 특징을

---

11) SN 52.3 at SN V 298,5(translated Bodhi 2000: 1754) 그리고 대응 경전 SĀ 537 at T 2.139c22는 아누룻다가 신통지를 얻은 것은 알아차림의 확립 수행의 결과라고 한다. 주석서 Spk III 262,6은 이를 여섯 가지 신통지, 즉 천안통, 천이통, 신족통, 타심통, 숙명통, 누진통을 말한다.

설명하고 있다.[12]

현재의 맥락에 이런 의미를 적용시키면 알아차림의 확립은 마음을 정화시키고 해탈로 나아가는 직접적인 길이라고 이해할 수 있다. 그러므로 알아차림은 지금 이 순간의 체험에 바로 직면하여 경험이 갖는 여러 양상들을 드러내어 통찰을 계발하는 데 직접적으로 기여한다. 바로 지금 자신의 상황에 직면하게 되면 해탈의 길로 나아가는 과정이 어떤지를 알게 해준다. 이렇게 직면하는 태도는 공식적인 수행과 일상적인 삶에서 항상 유지되어야 하는 적절한 태도이다. 요약하면 나의 관점에서 알아차림의 확립 수행의 중심 내용은 모든 상황과 사물을 직접적으로 자각하면서 직면하는 것이다.

2. 알아차림 확립의 "정의"

1장에서는 알아차림의 확립 수행을 간략히 개관하면서 이것을

---

12) SĀ 550 at T 2.143b22+29 (이 번역용어를 첫 번째 예에 대해서 사용한 것은 다음을 참조할 수 있다. Nattier 2007: 187f. 두 번째 예에서 직접적인 길을 언급한 것은 에까야노를 직접적인 방향의 의미를 가진 것으로 이해하게 한다는 것은 이미 해리슨이 언급하고 있다. Harrison 2007: 208). 빨리 대응경전인 AN 6.26 at AN III 314,22(translated Bodhi 2012: 885)는 에까야나를 사용하지 않고 있다. 대응하는 산스끄리뜨 단편 MS2380/1/1+2 r1, Harrison 2007: 202는 에까야노 마르가(ekāyano mārgaḥ)를 이야기한다. 그러나 불행히도 직접적인 길이라는 단어가 있는 부분이 보존되어 있지 않다.

알아차림 확립의 "정의"로 언급하고자 한다. 알아차림 확립의 정의에 대해 세 가지 대응 경전에서 다음과 같이 말하고 있다.

『맛지마니까야』
무엇이 네 가지 [알아차림의 확립]인가? 여기, 몸과 관련해서 몸을 관찰하면서, 부지런히 분명하게 알면서, 세간에 대한 욕망과 불만족으로부터 자유롭고, 알아차리면서 머문다. 느낌과 관련해서 … 마음과 관련해서 … 법과 관련해서 법을 관찰하면서, 부지런히 분명하게 알면서, 세간에 대한 욕망과 불만족으로부터 자유롭고, 알아차리면서 머문다.

『중아함경』
무엇이 네 가지 [알아차림의 확립]인가? 몸을 몸으로 관찰하는 알아차림의 확립, 느낌을 … 마음을 … 법을 법으로 관찰하는 알아차림의 확립이다.

『증일아함경』
어떻게 네 가지 알아차림을 수행하는가? 여기 자신의 몸과 [관련해서] [몸을] 내적으로 관찰하고, 나쁜 생각을 제거하고, 근심과 슬픔으로부터 자유롭게 머물면서 [자신 안에서 기쁨을 경험한다.] 수행승은 몸을 외적으로 … 몸을 내적으로 그리고 외적으로 … 느낌을 내적으로 … 느낌을 외적으로 … 느낌을 내적으로 그리고 외적으로 … 마음을 내적으로 … 마음을 외적으로 … 마음을 내적으로 그리고 외적으로 … 법을 내적으로 … 법을 외적으로 … 법을 내적으로 그리고 외적으로 관찰하고, [나쁜 생각을 제거하고, 근심과 슬픔으로부터 자유롭게 머물면서] 자신 안에서 기쁨을 경험한다.

위의 경전 구절들을 비교해 보면 『맛지마니까야』와 『증일아함경』은 알아차림의 핵심적인 요소로서 정신적인 균형을 명시하고 있다. 즉 "세간에 대한 욕망과 불만족으로부터 자유롭고" 또는 "나쁜 생각을 제거하고 근심과 슬픔으로부터 자유롭게"라고 표현하고 있다.

『증일아함경』은 "자신 안에서 기쁨을 경험한다"라는 구절을 추가하고 있다. 이 구절은 『증일아함경』의 다른 곳에서도 반복적으로 나타나는 표현으로서 심지어 신체의 해부학적 구성 요소, 또는 시체의 부패 단계를 관조하는 수행과 연관해서도 나타난다. 또한 『증일아함경』에서는 이 지점에서 이미 알아차림의 확립을 내적으로 그리고 외적으로 수행할 것을 지적하고 있지만, 대응 경전에서는 단지 내가 "정형구"라고 이름 붙인 부분에서만 언급하고 있다. 주목해야 할 점은 『증일아함경』 구절과 유사한 이런 표현이 상좌부 전통의 초기 아비달마 문헌인 『위방가(Vibhaṅga)』에서 볼 수 있다는 점이다. [13]

그러나 『중아함경』에서는 네 가지 알아차림의 확립을 단지 열거만 하고 더 이상 자세한 언급은 하고 있지 않다. 이렇게 언급을 하지 않는다는 점은 다음과 같은 측면을 고려할 필요가 있다. 즉 다

---

13) Vibh 193,2(translated Thiṭṭla 1969: 251).

른 경전들은 알아차림의 확립 수행을 할 때 알아차림으로 부지런히 분명하게 알고, 세상에 대해 욕망과 슬픔을 제거하는 것과 결부하여 수행할 필요성을 광범위하게 언급하고 있다는 점이다.

이런 구절들은 알아차림의 확립에 대한 주석에만 국한되지 않고 다양한 맥락에서 언급되고 있다. 종종 『증일아함경』과 같이 이런 구절들은 알아차림의 확립 수행은 반드시 내적으로, 외적으로, 내외적으로 수행되어야 한다고 명시하고 있다. 이런 표현들은 『장아함경』과 『잡아함경』[14], 네 가지 알아차림의 확립이 주요 주제가 되는 산스끄리뜨 단편들,[15] 그뿐만 아니라 『대반열반경(Mahāparinirvāṇa-sūtra)』의 산스끄리뜨 단편[16]에서도 볼 수 있다.

동일한 경전 구절들을 초기경전을 넘어서 설일체유부와 법장부(法藏部, Dharmaguptaka) 전통의 아비달마 저작들, 즉 『법온론(法蘊論, Dharmaskandha)』과 『사리불아비담론(舍利弗阿毘曇論, Śāriputrābhidharma)』뿐만 아니라[17] 요가짜라(Yogācara) 학파의 『성문지(聲聞地, Śrāvakabhūmi)』[18]에서도 볼 수 있다. 그리고 『아르타위니쉬짜야 수트라(Arthaviniścaya-sūtra)』[19], 『십지경(十地經, Daśabhūmika-sūtra)』[20]과 반야바라밀(Prajñāpāramitā) 문헌[21]에서도

---

14) DĀ 4 at T 1.35c27, SĀ 639 at T 2.177b3 (번역은 이 책의 처음 부분에 있다).
15) SHT I 614 aV+R, Waldschmidt 1965: 272, cf. Pischel 1904: 1143, SHT III 862 V+R, Waldschmidt 1971: 111, SHT V 1180 A+B, Sander and Waldschmidt 1985: 174, SHT IX 3039, Bechert and Wille 2004: 333.
16) S 360 folio 167R; folio 173V, Waldschmidt 1950: 15, 18.
17) T 1537 at T 26.475c28, T 1548 at T 28.613a11.
18) Shukla 1973: 299,18.
19) Samtani 1971: 28,10.
20) Rahder 1926: 38,18.
21) Dutt 1934/2000: 204,4; Ghosa 1914: 1427.

볼 수 있다.

「알아차림의 확립 경」의 "정의"를 지지하는 이런 광범위한 문헌들을 고려해 보면 『중아함경』에서 그렇게 자세하게 언급을 하지 않는 점은 그렇게 비중을 두지 않아도 좋을 것이다. 즉 「알아차림의 확립 경」의 이런 부분이 두 대응 경전에서 보이지 않는다고 하여도 이것은 아마도 알아차림 확립 수행의 핵심 측면의 초기 양식이 반영된 것으로 보인다.

그러므로 알아차림의 확립을 적절히 수행하는 것은 알아차림을 지속적으로 즉 "부지런히(diligent)" 또는 좀 더 글자 그대로 말하자면 "열심히(ardent)" 수행하는 것이 필요하다고 결론 내리게 된다. 이런 알아차림은 "명료한 앎(clear knowing)" 또는 "명료한 이해(clear comprehension)"의 요소와 결합되어야 한다. 이런 앎과 이해는 알아차림을 통해서 마음에서 바로 지금 나타나는 것을 이해하는 것이다. 이런 결합은 세상과 관련하여 욕망(desires), 근심(worries), 낙담(dejection)에 흔들리지 않는 균형 잡힌 정신적인 태도로 나아가게 된다.

3. 알아차림 확립의 "정형구"

내가 "정형구"로 명시하는 구절은 「알아차림의 확립 경」에서 개별적인 수행 이후에 이어지는 일반적인 가르침이다. 『증일아함경』

에서 이 구절은 느낌들(feelings), 마음(mind), 법들(dharmas)의 수행에서만 완전하게 기술되어 있다. 몸에 대한 수행에서는 완전한 정형구가 빠져 있는데 이것은 경전 전승과정에서 오류가 있었던 결과로 보인다. 이런 일은 번역 당시의 어려움을 고려하면 흔히 일어날 수 있는 일이다. 아래에서 느낌들에 대한 수행에 대하여 세 가지 경전들을 비교하기 위해서 개별적으로 기술되어 있는 "정형구"를 번역해 본다.

『맛지마니까야』
느낌과 관련해서 수행승은 느낌을 내적으로 … 외적으로 … 내적으로 그리고 외적으로 관찰하면서 머문다.
또는 수행승은 느낌에서 일어나는 특성을 … 사라지는 특성을 … 일어나고 사라지는 특성을 관찰하면서 머문다.
또는 오직 순수한 앎과 지속적인 알아차림을 위하여 '느낌이 있다'라는 알아차림이 수행승에게 확립된다. 그리고 수행승은 세간의 어떤 것에도 집착하지 않고, 독립적으로 머문다.

『중아함경』
수행승은 내적으로 … 외적으로 느낌을 느낌으로 관찰한다. 수행승은 느낌에 알아차림을 확립하고, 알고, 보고, 이해하고, 통찰한다.

『증일아함경』
수행승은 … 느낌들이 일어나는 특성을 … 사라지는 특성을 … 일어나고 사라지는 특성을 [관찰한다].

게다가 수행승은 이것들의 발생에 주의를 기울이면서 이것들은 지금 여기에서 드러나는 느낌이라는 것을 알고 볼 수 있다. 수행승은 어떤 것에도 의지하지 않고, 세간적인 지각을 일으키지 않고, [나쁜 생각을 제거하고, 근심과 슬픔으로부터 자유롭게 머물면서] 자신 안에서 기쁨을 경험한다.

여기서 수행승은 또한 동요되지 않고, 동요되지 않으므로 '태어남과 죽음은 소멸하였다. 성스러운 삶은 확립되었다. 해야 할 일은 했다. 더 이상 [다른] 존재를 경험하지 않는다.'라는 것을 있는 그대로 알면서, 열반을 성취한다.

이와 같이 수행승은 산만한 생각을 버리고 [나쁜 생각을 제거하고] 근심과 슬픔으로부터 자유롭게 머물면서 [자신 안에서 기쁨을 경험하면서] 자신의 느낌을 내적으로 … 외적으로 관찰한다. … 내적으로 그리고 외적으로 관찰한다.

앞에서 논의한 "정의"의 경우처럼 「알아차림의 확립 경」의 "정형구"의 중심 주제는 『증일아함경』에서 다시 언급된다. 사실 『증일아함경』은 성공적인 알아차림의 확립 수행에서 기대할 수 있는 것, 즉 완전한 깨달음의 성취를 더욱 자세하게 언급하고 있다. 위의 두 경전과 대조적으로 『중아함경』은 오히려 간명하다. 위에서 인용한 구절에 더하여 『중아함경』은 심지어 짧은 시간이라도 이런 식으로 수행하는 수행승은 알아차림의 확립을 수행하는 것으로 간주할 수 있다고 또한 지적하고 있다.

『중아함경』과 나머지 경전의 가장 현저한 차이는 아마도 무상(無

常, impermanence)에 대한 수행을 전혀 언급하고 있지 않다는 점일 것이다. 「알아차림의 확립 경」과 『증일아함경』에서 일어남과 사라짐에 대한 알아차림을 언급하고 있다는 점을 고려하면, 『중아함경』의 표현에 그렇게 많은 비중을 두지 않아도 된다는 또 하나의 예가 될 것이다. 즉 두 경전에 나타난 무상에 대한 수행은 알아차림의 확립 수행의 핵심적인 요소이어야 한다는 가르침을 따르고자 한다. "정형구"의 가르침은 "정의"와는 달리 단독으로 언급되는 것이 아니라는 점을 감안하면, 위의 견해를 지지하는 대응 경전들을 어떤 자리에 둘 것인가는 어려운 문제이다. 그러나 법장부 저작들 중의 하나인 『사리불아비담론』은 이런 견해를 지지하고 있는데, 이 경전의 알아차림의 확립 수행에서는 일어남, 사라짐, 그리고 이 둘 다를 모두 언급하고 있다.[22]

알아차림의 확립 수행에서 무상을 수행하는 것은 『맛지마니까야』의 「아나빠나사띠 경」의 호흡에 대한 알아차림과도 연관되어 있고, 『잡아함경』과 대중부 율장(Vinaya)에서도 이와 유사한 구절을 볼 수 있다(이 가르침에 대한 더 자세한 논의는 12장에서 할 것이다). 이세 가지 경전은 호흡과 관련된 여러 측면들을 네 가지 알아차림의 확립을 위한 하나의 길이라는 점에 동의하고 있다. 네 가지 알아차림의 확립은 들숨과 날숨의 움직임을 자각하는 것을 그 배경으로 하고 있다. 이런 자각은 호흡이 갖는 무상이라는 성질을 지속적으로 상기시켜 주며, 더 나아가서는 경험 전체가 무상하다는 것을 알려 주고 있다. 바로 거기서 관찰된 현상들은 끊임없이 변화하는 성

---

22) T 1548 at T 28.614b15.

질을 갖는다는 것을 자각하는 것은 알아차림의 확립 수행에서 핵심적인 요소라는 것이 분명하다.

세 가지 경전들은 알아차림의 확립은 반드시 내적으로뿐만 아니라 외적으로도 수행해야 한다는 점에 동의한다. 이 가르침에 대한 해석은 현대의 명상 센터에서뿐만 아니라 불교 문헌에서도 다양하다.[23] 초기경전의 관점에서 이 가르침을 평가하고자 하면 약간의 추론이 필요하다. 왜냐하면 이 가르침에 대한 명시적인 정의들은 초기 아비달마 문헌에서 비로소 시작되기 때문이다. 상좌부 전통의『위방가』와 설일체유부 전통의『법온론』은 "외적으로"를 다른 존재들을 관찰하는 것이라고 언급한다.[24]

유사한 이해를 보여 주는 초기불교 경전 구절은「자나와사바 경(Janavasabha-sutta)」과『장아함경』의 대응 구절에서 볼 수 있다. 여기서는『장아함경』의 해당 구절을 인용해 보겠다.[25]

무엇이 네 가지 '알아차림의 확립'인가? 내적인 몸과 관련해서 수행승은 게으르지 않고 부지런히, 알아차림을 잃어버리지 않고 모아서, 세간에 대한 욕망과 불만족을 제거하면서 몸을 관찰한다. 외적인 몸과 관련해서 수행승은 게으르지 않고 부지런히, 알아차림을 잃어버리지 않고 모아서, 세간에 대한 욕망과 불만족을 제거하면서 몸을 관찰한다. 내적인 그리고 외적인 몸과 관련해서 수행승은 게으르지 않고 부지런히, 알아차림을 잃어버리지 않고 모아

---

23) Anālayo 2003b: 94ff. 다양한 불교 문헌에서 내적·외적이라는 표현에 대한 자세한 연구는 다음을 참조할 수 있다. Schmithausen 2012.
24) Vibh 194,2 (translated Thiṭṭla 1969: 252), T 1537 at T26.475c28.
25) DĀ 4 at T 1.35c27-36a3.

서, 세간에 대한 욕망과 불만족을 제거하면서 몸을 관찰한다.

느낌과 마음과 법에 대한 관찰도 이처럼 게으르지 않고 부지런히, 알아차림을 잃어버리지 않고 모아서, 세간에 대한 욕망과 불만족을 제거하면서 한다.

몸을 내적으로 관찰한 이후, 수행승은 다른 이의 몸에 대한 앎을 일으킨다. 느낌을 내적으로 관찰한 이후, 수행승은 다른 이의 느낌에 대한 앎을 일으킨다. 마음을 내적으로 관찰한 이후, 수행승은 다른 이의 마음에 대한 앎을 일으킨다. 법을 내적으로 관찰한 이후, 수행승은 다른 이의 법에 대한 앎을 일으킨다.

이에 해당되는 대응 경전인 「자나와사바 경」은 다른 사람의 몸, 느낌, 마음, 법을 알고 보는 것은 내적인 알아차림의 확립 수행을 통해서 집중력을 획득한 다음에 이루어진다고 부가적으로 설명하고 있다.[26] 그러므로 이 두 가지 경전은 내적인 알아차림의 확립에서 외적인 알아차림의 확립으로 나아가는 것은 자신에게 향하는 수행을 다른 사람에게 향하는 수행으로 전환이 필요하다는 점에서 분명히 동의하고 있다.

「살라야따나위방가 경(Saḷāyatanavibhaṅga-sutta)」과 한자와 티베트어로 보존되어 있는 대응 경전에서는 알아차림의 확립 수행의

---

26) DN 18 at DN II 216,13 (translated Walshe 1987: 298). 다른 차이점은 순서의 문제이다. DN 18은 다른 사람의 몸을 관찰하는 것으로 나아가기 전에 내적인 몸을 관찰하는 것을 한다. 그래서 외적인 관찰과 내외적인 관찰 이전에 대한 언급은 없다. DN 18은 다른 사람의 몸을 관찰하는 것을 기술한 이후에야 느낌, 마음, 법으로 나아간다. 다른 대응 구절인 T 9 at T 1.216a9은 외적인 관찰의 특성에 대한 구체적인 언급을 하지 않고 있다.

한 형태로, 다른 사람에 대한 알아차림을 묘사하고 있다. 해당 구절에서 스승인 붓다가 수행한 세 가지 알아차림의 확립을 묘사하고 있다. (나는 12장에서 이것들에 대해 더 자세히 언급할 것이다.) 이 세 가지 알아차림 확립의 대상은 붓다의 제자들이다. 붓다는 그들 모두가 자신의 말을 듣고 가르침을 잘 따르고 있는지, 또는 단지 일부만이 듣는지, 또는 아무도 집중을 하지 않고 있는지를 잘 알아차리고 있다.

이런 특별한 형식의 알아차림의 확립은 붓다의 특수한 자질이기는 하지만, 누군가가 자신의 말에 집중하고 있는지 아닌지에 대해 인식하는 능력은 모두에게 다 갖추어져 있다. 이런 것은 특별한 수행 또는 집중 훈련을 하기 이전에도 가능하다. 자신의 말을 듣는 사람의 반응을 인지하는데, 텔레파시와 같은 능력이 필요한 것은 아니다. 듣는 사람의 자세와 표정을 통해서 어떤 일이 일어나고 있는지를 추측할 수 있다.

「삼빠사다니야 경(Sampasādanīya-sutta)」과 이에 대응하는 『장아함경』의 구절에 따르면 다른 사람의 마음을 아는 네 가지 방법 중 하나는 그들의 몸을 유심히 보고, 그들이 하는 말을 고려하는 것이라고 한다. 이와 관련된 『장아함경』의 구절은 다음과 같다.[27)]

그 몸을 관찰하고 또는 다른 사람의 말을 듣고, "너의 마음은 이와 같다. 너의 마음은 이와 같다."라고 그 사람에게 말한다.

---

27) DĀ 18 at T 1.78a3-78a4.

「삼빠사다니야 경」에서는 몸을 관찰하는 것을 명확하게 언급하고 있지 않다. 이 경전에 따르면 들은 바를 잘 음미해서 결국은 다른 사람의 마음은 어떠할 것이라고 결론을 내리게 된다.[28]

그리하여 위의 내용들을 다음과 같이 정리할 수 있다.

- 「자나와사바 경」과 이에 대응하는 경전 구절은 외적인 알아차림의 확립이 다른 사람들을 언급한다는 초기 아비달마의 견해와 일치한다.
- 「살라야따나위방가 경」과 이에 대응하는 경전 구절은 알아차림의 확립과 텔레파시와 같은 능력에 의존할 필요 없이 다른 사람의 태도를 아는 것과의 명백한 상관관계를 보여 주고 있다.
- 「삼빠사다니야 경」과 이에 대응하는 경전 구절은 다른 사람의 마음을 추론을 통해 아는 것이 가능하다는 것을 보여 주고 있다.

그러므로 외적인 알아차림의 확립 수행의 원래 의미는 다른 사람을 관찰하는 것과 연관되어 있다고 결론을 내려도 무방해 보인다.

---

28) DN 28 at DN III 104,1(translated Walshe 1987: 419). 이 부분과 대응하는 산스끄리뜨 단편이 보전되어 있다. Or. 15009/137r6, Kudo 2009: 189.

4. 요약

알아차림의 확립 수행은 일어나는 모든 것을 자각하고 바로 직면함으로써 해탈의 통찰력을 계발하는 "직접적인 길"을 제공한다. 이렇게 하기 위해서는 지속적이면서도 명확한 이해가 결합된 알아차림을 확립하는 노력을 다해야 한다. 이런 정신적 자질을 기르는 것에 기반을 둔 알아차림의 확립 수행은 욕망과 혐오와 같은 반응적인 패턴에서 멀리 떨어져 균형 잡힌 정신적 태도로 이루어져 있다. 실제로 이런 식으로 알아차림의 확립 수행을 하게 되면, 수행을 하면서 일어나는 모든 현상들은 무상한 성질을 갖고 있다는 것을 자각하게 된다. 이렇게 함으로써 우리는 "모든 것은 변화한다는 것을 지속적으로 평온하게 알게 된다." 알아차림의 확립 수행의 또 다른 핵심적인 측면은 자신에게서 일어나는 현상들을 관찰하는 것에서, 더 나아가서는 다른 사람들에게서 언제 어떠한 현상들이 일어나는지를 자각하는 것이다.

2장

—

알아차림

이번 장에서는 알아차림 그 자체를 탐구해 보고자 한다. 첫째, 알아차림의 상실과 그 결과를 묘사하고 있는 경전 구절들을 조사할 것이다. 둘째, 알아차림의 보호적 기능을 탐색할 것이다. 셋째, 알아차림과 기억의 상관관계를 다시 들여다볼 것이다. 이 점에 대해서는 나의 이전 책『알아차림의 확립: 열반에 이르는 직접적인 길』에서도 어느 정도 이미 논의하고 있다.[1]

---

1) Anālayo 2003b: 46ff.

1. 알아차림의 상실

초기불교 사유에서 알아차림의 기능들을 어떻게 평가하는지 알기 위해서, 만약 알아차림이 없다면 어떤 결과를 초래하는지를 잘 보여 주는 경전을 보고자 한다. 알아차림이 없다면 어떤 일이 일어나는지를 묘사하는 구절들은 알아차림의 기능들을 간접적으로 보여 주고 있다. 이런 경전 구절에서 반복적으로 볼 수 있는 주제는 알아차림의 상실로 인해서 결국은 마음이 감각적 욕망으로 가득차고 넘친다는 것이다.

이렇게 알아차림이 갖는 "보호적" 기능은 알아차림 수행의 윤리적 차원을 가리키고 있다. 『상윳따니까야』와 대응 경전인『잡아함경』은 어느 수행승의 예를 들면서 알아차림의 윤리적 차원을 보여 주고 있다. 그 수행승은 알아차림을 확립하지 않고 탁발을 하러 나갔다. 여기서『잡아함경』의 해당 구절을 살펴보기로 하자.[2]

어떤 마을에 의지해서 살고 있는 어리석고 무지한 어떤 수행승이 아침에 가사를 걸치고 발우를 들고 마을로 탁발을 하러 들어갔다. 몸을 수호하지 않고 감각의 문을 제어하지 않고 알아차림이 모이지 않은 마음으로 들어갔다.[3]

여성을 보고 그는 적절하지 못한 주의를 일으키고 몸의 형태의 모

---

2) SĀ 1260 at T 2.345c14-345c17.
3) 대응 경전인 SN 20.10 at SN II 271,6 (translated Bodhi 2000: 711)에 따르면 몸을 보호하지 않는 것 이외에도 그는 말과 마음을 보호하지 않았다.

양에 집착하였다.[4] 욕정의 감각적 욕망이 그의 마음에서 일어났다. 욕정의 감각적 욕망이 일어난 이후에 그는 감각적 욕망의 불로 타올라 그의 몸과 마음을 태웠다.[5]

결국 이 수행승은 수행을 그만두게 되었다고 『상윳따니까야』와 『잡아함경』에서 말하고 있다. 그러므로 승단의 관점에서 보면 몸을 수호하지 못하고, 감각을 제어하지 못하고, 알아차림을 확립하지 못하는 것은 매우 중대한 사항이다.

알아차림, 몸의 수호, 감각의 제어를 함께 열거하는 것은 이들이 갖는 밀접한 상호관련성을 보여 주고 있다. 실제로 현재 상태에 대한 알아차림이 몸의 활동과 감각을 통한 경험의 자각과 함께 이루어지는 것은 자연스러운 일이다. 몸을 수호하고 감각제어를 유지하는 것은, 정신적인 균형을 어지럽힐 수 있는 그 무엇인가가 감각을 통해 나타나면 그 즉시 그것들을 자각할 수 있게 하는 협조자의 역할을 수행해 준다.

위의 경전 구절이 말하고자 하는 요점은 그 수행승이 알아차림을 상실하였기 때문에 자신이 하고자 하는 것을 기억하지 못했다는 것이 아니다. 대응 경전의 구절들은 그 수행승이 탁발 음식을 모을 수 없었다거나 또는 자신의 거처로 돌아오는 길을 잊었다고 말하지 않는다.

---

4) 모양(sign, nimitta)은 주의를 끄는 특별한 대상의 특징을 언급한다. 보다 자세한 내용은 다음을 참조할 수 있다. Anālayo 2003a.
5) SN 20.10은 추가적으로 그 여성이 옷을 얇게 입었다고 한다. SN 20.10은 부적절한 주의에 대해서는 언급하지 않았다는 것이 차이점이다. SN 20.10은 또한 그가 본 결과 몸과 마음이 불타올랐는지에 대해서는 명확하게 언급하지 않고 있다.

『잡아함경』은 이런 점에 대해 더욱더 자세하고 언급하고 있는데, 그 수행승의 몸과 마음이 감각적 욕망으로 불타자마자 그는 더 이상 조용한 공간 또는 나무 아래 있는 것을 즐거워할 수 없게 되었다고 말하고 있다. 말하자면 그 수행승 자신이 탁발이라는 목적을 상기하는 것이 더 이상 문제가 아닌 듯이 보인다. 오히려 문제가 된 것은 알아차림의 상실로 인해 자신의 삶과 수행에 영향을 미치는 감각적 욕망이 불타올라서 결국은 승단을 떠나게 될 정도가 되었다는 점이다. 이것이 보여 주는 바는 이 경전 구절에서 묘사한 알아차림은 수행승 자신이 해야만 하는 것을 지속적으로 할 수 있는 능력과는 다르다는 것이다.

그렇다면 그 수행승이 알아차림을 상실했다는 것은 더 이상 수행승으로서의 역할을 자각하지 못하게 되었다는 것을 의미하는 것인가? 결국 수행승으로서 자신의 역할을 자각하고 있었다면 자신의 마음에 어떤 식으로든지 욕정을 불러일으키는 여성을 쳐다보는 것을 피해야만 했을 것이다. 그러나 『상윳따니까야』와 『잡아함경』의 다른 유사한 구절들은 그런 상황에서 이렇게 하는 것이 알아차림의 주된 기능이 아니라는 것을 또한 보여 준다. 이 경전들에서 똑같은 상황에 봉착한 왕을 묘사하고 있다. 왕이 감각을 제어하지 않고, 몸은 수호하지 않고, 알아차림을 확립하지 않고 내실에 들어가게 되면 자신은 갈망에 압도당하게 된다.[6] 왕에게는 자신의 역할을 자각하는 것이 그런 상황에서는 별로 도움이 되지 않을 것이다. 왜냐하면 왕의 역할은 내실에 있는 여성에게 욕정의 갈망을 느끼는 것과 아주 부합되기 때문이다. 그러므로 감각적 욕망을 불

---

6) SN 35.127 at SN IV 112,28 (translated Bodhi 2000: 1199) 그리고 대응 경전 SĀ 1165 at T 2.311b16.

러일으키는 알아차림의 상실은 반드시 자신의 역할을 잊거나 또는
자신이 하고자 하는 것과 반드시 연관되어 있을 필요는 없다.

욕정을 야기하는 알아차림 상실의 문제는『상윳따니까야』, 대응
경전인『잡아함경』, 티베트어 번역으로 남아 있는 해당 경전들에서
게송의 형태로 반복해서 나타나고 있다. 이런 게송은 간명한 가르
침[『우다나(Udāna)』에 따르면 금욕적인 바히야(Bāhiya)의 경우에도 그렇듯
이]을 잘 설명하고 있는데, 여기에서는 보이는 것, 들리는 것 등에
그대로 머물러야 한다고 가르치고 있다.[7] 여기에서『잡아함경』의
해당 구절을 살펴보자.[8]

눈으로 모양을 보고 올바른 알아차림을 상실한다면
그가 본 형태의 모양에 의해서 갈애의 생각에 사로잡힐 것이라네.
갈애와 기쁨으로 모양에 사로잡힌 그에게
마음은 항상 집착에 묶일 것이라네.

『잡아함경』은 이런 대응 경전의 가르침에 동의하면서 다른 감각
의 문들을 알아차리지 않으면 위에서 언급한 것과 같이 치명적인
역풍을 맞이할 수 있다고 지적하고 있다.[9] 이 게송에서 몸의 수호
와 감각의 제어가 언급되지 않는다는 점을 고려하면, 사물을 보는

---

7) Ud 1.10 at Ud 8,5 (translated Ireland 1990: 20); cf. Anālayo 2003b: 229ff.
8) SĀ 312 at T 2.90a20-90a22.
9) SN 35.95 at SN IV 73,18 (translated Bodhi 2000: 1176) 그리고 D 4094 ju
   241b6 또는 Q 5595 tu 276a5. 또한 다음을 참조할 수 있다. 산스끄리뜨 단편
   SHT V 1311, Sander and Waldschmidt 1985: 215f, SHT X 4097, Wille 2008:
   265.

것 등의 활동을 할 때 마음에서 일어나는 갈망에 대한 책임이 있는 것은 알아차림의 상실이라는 것이 아주 명확해진다. 이와는 대조적으로 알아차림을 확립하게 되면 사물을 보는 것 등의 활동을 하더라도 불선한 반응이 일어나지 않고 거기 그대로 머무를 수 있게 된다.[10)]

이처럼 알아차림의 상실로 인한 역풍을 묘사한 경전의 가르침을 통해서 우리는 알아차림의 역할을 잘 알 수 있다. 알아차림이 확립되면 뒤이어 일어나는 정신적 반응에 휘둘리지 않고, 바로 지금 일어나고 있는 것을 완전히 자각하게 된다. 이렇게 알아차림을 하게 되면 보이는 것에는 단지 정말로 보이는 것, 그것만이 있게 된다. 우리의 과제는 사물을 보는 것을 피하는 것이 아니라, 불선한 반응을 일으키지 않고 사물을 보는 것이다. 바로 지금 여기에서 일어나고 있는 것에 불선하게 반응하지 않고 충분히 자각하는 것이, 알아차림이 갖는 보호적 기능의 핵심적인 요소이다.

2. 알아차림의 보호적 기능

알아차림을 확립하여 보호를 받는다는 개념은 『상윳따니까야』

---

10) Brown et al. 2007: 212은 "과정에 대해서 알아차리는 것은 마음의 수용적 상태를 포함한다. 관찰한 사실을 순수하게 받아들일 때 주의는 유지된다. 이러한 세상과의 첫 접촉이 유지될 때 자각과 주의 능력은 개인이 실제에 반응하기보다는 있는 '현재에 있게' 한다."라고 설명한다.

와 『잡아함경』에 있는 원숭이 비유에 잘 표현되어 있다. 『잡아함경』에 있는 비유를 아래에 번역한다.[11]

히말라야 산맥에 사람은 고사하고 원숭이조차 접근하기 어려운 춥고 가파른 곳이 있다. 또한 사람은 없지만 원숭이가 살고 있는 산도 있다. 동물과 사람이 함께 살고 있는 산도 있다.[12]

사냥꾼은 끈끈이를 가지고 원숭이가 돌아다니는 곳에 있는 풀 끝에 발라둔다. 영리한 원숭이는 이를 멀리하여 떠나지만 어리석은 원숭이는 이를 피할 수 없다. 원숭이가 손으로 조금 건드리자 끈끈이가 손에 묻는다. 다른 손으로 떼어 내려고 애쓰지만 결국 양손 모두 끈끈이에 달라붙는다. 발로 떼려고 하지만 끈끈이가 발에도 붙는다. 입으로 풀을 갉아 보지만 입에도 끈끈이가 달라붙는다. 끈끈이는 다섯 곳에 모두 달라붙는다.[13]

[그 원숭이는] 몸이 말린 채로 땅에 누워 있다. 사냥꾼이 와서 막대기로 [그 원숭이를] 툭툭 찔러보고 등에 메고 떠난다.[14]

대응 경전들은 이 비유가 전래되어 온 영역, 즉 네 가지 알아차림의 확립에서 이탈하는 것을 알아차릴 필요가 있다는 점을 잘 묘

---

11) SĀ 620 at T 2.173b21-173b29.

12) 대응 경전 SN 47.7 at SN V 148,8 (translated Bodhi 2000: 1633)은 장소를 이야기하면서 춥다는 언급을 하지 않고 있다. 대신 도달하기 어렵고 바위투성이인 곳이라고 표현하고 있다.

13) SN 47.7에서 원숭이는 처음에는 발을 사용한다. 발이 달라붙고 나서는 다른 발을 사용한다.

14) SN 47.7는 원숭이가 소리를 지른다고 언급한다. 말려 있는 것을 곤경으로 비유하지는 않는다. 원숭이는 재앙을 맞이했고 사냥꾼에 달렸다는 방식으로 사냥꾼에 대해서 언급하고 있다.

사하고 있다. 이런 전래되어 온 영역에서 벗어나게 되면 다섯 가지 감각의 즐거움을 추구하게 되고 이것이 바로 마라의 영역이라고 『상윳따니까야』에서 말하고 있다. 마라는 해탈의 길을 가로막는 인격화된 불교식 표현이다.[15]

위에서 번역한 『잡아함경』은 네 가지 알아차림 확립의 영역을 어떻게 벗어나는지를 수행승의 예를 들어 보여 주고 있다. 그 수행승은 탁발을 하러 갈 때 몸을 적절하게 보호하지 못하고 감각을 제어하지도 않았다. 다섯 가지 감각 대상들을 보자마자 갈망과 집착이 일어났고 그리하여 수행승은 그 다섯 가지에 붙잡히고 마라의 손아귀에 들어가 버렸다. 이것은 알아차림을 하지 않고 탁발하러 갔다가 여성을 보고 감각적 욕망의 포로가 되어 버린 수행승의 이야기를 상기시켜 준다.

원숭이의 비유에서 볼 수 있는 바와 같이 알아차림의 확립이 주는 보호적인 거리 두기를 하지 않게 되면, 다섯 가지 감각의 세계에 "붙잡혀" 버릴 위험성에 노출된다. 일단 이런 일이 일어나면 정신적 번잡함과 연상을 통해서 더욱 붙잡혀 버리는 경향을 보이게 된다. 이것은 마치 끈끈이를 사지에 결국 다 묻히고 마는 어리석은 원숭이와 같다. 감각의 세계에 붙잡히는 것을 피하기 위해서 알아차림의 수행이라는 높은 산에 머무르는 것이 오히려 낫다.

알아차림의 확립이 자신의 적합한 영역이라는 것을 보여 주는 또 다른 비유는 매에게 붙잡힌 메추라기의 이야기이다. 『잡아함경』에서 이 비유를 보도록 하자.[16]

---

15) SN 47.7 at SN V 149,8.
16) SĀ 617 at T 2.172c25-173a8.

먼 과거에 메추라기라 불리는 새가 있었다. 하늘 높이 나는 매에게 잡혔다. 하늘 높은 곳에서 [메추라기는] 외쳤다. "나는 경고를 받지도 못하고 갑자기 불행을 만났다. 나는 전해 내려오는 영역을 벗어나 다른 곳으로 떠나서 불행을 만났다. 더 이상 자유롭지 못하고, 어려움에 처하는 것 이외에 다른 어떤 방법이 있겠는가!"

매는 메추라기에게 말했다. "너의 영역은 어디인가? 그곳에서 너는 자유로울 수 있는가?" 메추라기가 대답했다. "나의 영역은 밭의 쟁기질한 고랑이다. 그곳에서 나는 불행으로부터 완전히 자유롭다. 그곳이 나의 집이고, 조상으로부터 전래되어 온 영역이다."

매는 거만하게 메추리에게 말했다. "내가 너를 풀어 줄테니 쟁기질한 고랑으로 돌아가라. 너는 나를 피해 도망갈 수 있겠는가?"[17]

그러자 메추라기는 메의 발톱에서 벗어나 쟁기질한 고랑으로, 안전하게 머물 수 있는 큰 흙덩이로 돌아갔다. 그리고 매와 싸우기 위해서 흙덩이 위로 올라갔다.[18]

매는 '조그마한 새가 감히 나에게 대적하려고 한다.'라고 생각하면

---

17) 대응 경전인 SN 47.6 at SN V 147,2 (translated Bodhi 2000: 1632)는 자신의 힘을 자신했지만, 자랑하지는 않았다. 그러나 주석서 Spk III 200,14에서는 매가 자신의 힘을 자신했고 자랑했다고 하는 것처럼 보인다. Bodhi 2000: 1918 n.131을 참조할 수 있다. SĀ 617에서는 주석서의 리딩을 지지하는 것처럼 보인다. 이것이 맥락과 잘 맞는다.

18) SN 47.6은 흙덩어리 밑에 머무는 것이 안전하다고는 말하지 않는다. SN V 147,13에 따르면 매가 가까이 왔을 때 메추라기는 흙덩이 "안으로" 들어간다. 흙덩어리 안으로 들어간다는 생각은 큰 흙덩어리 밑의 작은 곳으로 들어간다는 생각과 비교해 볼 때 덜 직접적이다. T 212 at T 4.695a19의 다른 비유를 보자면 두 흙덩어리 또 두 바위 사이를 말한다. 그리고 메추라기는 그 사이 "안으로" 들어갔다고 한다. SN 47.6 at SN V 147,7에 따르면 흙덩어리에 도착한 이후에 메추라기는 공개적으로 매에게 도전했다. T 212에서도 동일하다.

서 크게 화가 났다. 매우 화가 난 채로 싸우기 위해서 바로 밑으로 날아갔다. 그러자 메추라기는 흙덩이 밑으로 들어갔다. 매는 비행하는 속도 때문에 딱딱한 흙덩이에 가슴이 부딪혔고 몸이 부서져 죽었다.[19)

　　대응하는 『상윳따니까야』는 메추라기가 매에게 잡히자 자신을 비난하기보다는 불행하고 복이 없다고 탄식하였다고 보고하고 있다.[20)] 이에 비해서 『잡아함경』은 매에게 잡힌 이유를 메추라기의 부주의라는 점을 더 강조하고 있다. 이것은 두 경전의 비유에서 보여 주고자 하는 중요한 점과 잘 어울린다. 즉 "붙잡히지" 않기 위해서는 누구든지 태만하거나, 자신의 적합한 영역, 즉 네 가지 알아차림의 확립을 벗어나서는 안 된다는 것이다.

　　안전한 기반으로써 작용하는 알아차림 확립의 보호적 기능은 감각적으로 매력적인 대상의 유혹을 견디게 해 준다는 비유가 주는 메시지는, 알아차림의 상실이 어떻게 감각적 욕망에 휘둘리는지를 묘사하는 위의 경전 내용과 잘 어울린다. 약한 메추라기가 강한 매를 극복할 수 있었던 사실은 알아차림이 없었다면 아주 위험한 상황을 알아차림에 강하게 매달려서 잘 견딜 수 있게 해 준다는 메시지를 전달해 주는 것처럼 보인다.

　　원숭이와 메추라기의 비유는 알아차림의 확립을 통한 보호라는 개념으로 수렴된다. 다른 경전들은 알아차림이 진정으로 보호의

---

19) SN 47.6은 매의 화를 언급하지 않고 있다. 매가 가까이 올 때까지 메추라기가 기다린 것으로 기술하고 있다.
20) SN 47.6 at SN V 146,20.

요소라는 것에 초점을 맞추고 있다. [21] 이렇게 알아차림의 확립을
통해서 욕망 또는 혐오의 흐름에 휩쓸리지 않고 외부 세계를 잘 다
룰 수 있게 된다. [22] 이런 점은 『숫따니빠따(Sutta-nipāta)』의 시구에
서 간명하게 잘 표현되어 있고 이에 대응하는 내용은 『유가사지론
(瑜伽師地論, Yogācārabhūmi)』에서도 볼 수 있다. 그 내용은 다음과
같다. [23]

세상에 있는 그러한 흐름은
알아차림에 의해서 저지된다.

3. 문지기로서 알아차림

보호의 개념은 또한 다른 방식으로 두 개의 비유로 나타난다.

---

21) 다음의 경전에서는 알아차림이 보호의 요소로 소개되고 있다. AN 10.20 at
   AN V 30,24 (translated Bodhi 2012: 1360), EĀ 52.7 at T 2.827a19.
22) 혐오의 흐름을 막는 알아차림의 잠재력은 Arch and Craske 2006: 1857에서
   도 근거를 볼 수 있다. 이전에 알아차림 수행을 경험하지 않은 표본집단이
   호흡을 중심으로 15분간 수행을 하는데, 처음 소개하는 것 이외에는 어떤
   지도도 없었다. 이 연구는 집중적으로 호흡수행을 하는 것은 행동의 의지를
   증가시키고, 예상치 못한 부정적인 자극과 접촉하여 머무는 것에 대한 수용
   력을 증대시켰다. 이 연구는 알아차림이 즐거운 자극뿐만 아니라 즐겁지 않
   은 자극에 대해서도 중립적인 반응을 한다는 것을 보여 준다. 다음을 참조
   할 수 있다. Brown et al. 2013.
23) Enomoto 1989: 34, 대응 경전 Sn 1035 (translated Norman 1992: 116).

여기에서 알아차림은 국경 도시의 문지기에 비유되고 있다. 아래에서 나는 이런 두 개의 비유 가운데 하나를 『잡아함경』에서 번역해 보겠다.[24]

그것은 마치 튼튼한 성문이 있는 성벽, 곧게 뻗은 길, 질서 잡힌 국경 도시의 왕과 같다. 네 성문에 네 문지기를 두었다. 그들 모두 영리하고 현명하여, 들고 나는 이들을 알고 있다. 그 도시에는 왕을 위해 준비한 의자가 있는 쪽으로 뻗어 있는 네 개의 길이 있다.[25]

동쪽으로부터 전령이 와서 "이 도시의 왕은 어디에 있는가?"라고 문지기에게 묻자 그는 "왕은 도시의 중앙에 있다. 네 개의 길의 끝에 있는 의자에 앉아 있다."라고 대답한다. 이를 듣고 전령은 왕에게로 나아가서 [메시지를 전달하고][26] 지시를 받고 길을 따라서 돌아온다. 남쪽으로부터 … 서쪽으로부터 … 북쪽으로부터 전령이 와서 "이 도시의 왕은 어디에 있는가?"라고 문지기에게 묻자 그는 "왕은 도시의 중앙에 있다. 네 개의 길의 끝에 있는 의자에

---

24) SĀ 1175 at T 2.315c19-315c28.
25) 빨리 대응 경전 SN 35.204 at SN IV 194,11 (translated Bodhi 2000: 1252, number 245)에서 그 도시의 성은 6개의 문을 가지고 있다. 티베트 대응 경전 D 4094 nyu 43a4 또는 Q 5595 thu 82b1은 이 점에 대해서는 SĀ 1175에 동의한다. 그러나 SN 35.204와 티베트 대응 경전은 문지기를 알려지지 않은 자를 막고, 알려진 자를 들여 보는 데 능숙한 것으로 기술하고 있다. SN 35.204와 티베트 대응 경전은 또한 도시의 왕을 위해서 만든 자리에 대해서는 기술하지 않고, 다만 왕은 도시의 중앙에 있다고 기술한다.
26) SĀ 1175 at T 2.316a4의 비유에 대한 설명은 대응 경전에서 설명하는 비유와 나중에 설명하는 비유에서 언급하는 참된 메시지로, 맥락에 따라서 추가를 한 것이다.

앉아 있다."라고 대답한다. 이를 듣고 전령은 왕에게로 나아가서 [메시지를 전달하고] 지시를 받고 이전의 장소로 돌아온다.[27]

계속해서 『잡아함경』은 네 명의 문지기를 네 가지 알아차림의 확립과 동일시하고 있다. 대응 경전인 『상윳따니까야』에서는 단지 한 명의 문지기만을 언급하고 있는데, 이것은 알아차림 자체를 의미한다.[28] 세 번째 대응 경전인 티베트어 번역본 또한 단지 한 명의 문지기만을 언급하는데, 그 경전의 표현에 의하면 몸의 알아차림을 가리키고 있다.[29] 또 다른 차이로는 위에서 번역한 『잡아함경』에서 전령은 통찰(insight, vipassanā)을 의미하는 반면, 『상윳따니까야』와 티베트 대응 경전은 두 명의 전령을 말하고 있는데, 이것은 통찰과 고요(tranquility, samatha)를 의미하고 있다고 한다.

전령이 통찰만을 의미하든, 통찰과 고요를 함께 의미하든 이 비유에서 문지기의 과제는 전령에게 길을 알려 주는 것이고, 이로써 전령(들)은 그 도시의 왕에게 도달할 수 있게 되는 것이다. 모든 경전에서 왕은 식(識, consciousness, viññāṇa)을 상징한다.[30] 그러므로 이 비유에서 문지기는 통찰과 고요와 연관하여 알아차림이 갖는 모니터링의 역할을 하고 있는 것으로 보인다. 알아차림—알아차림이 총괄적이든, 몸의 알아차림이든, 또는 네 가지 알아차림의 확립이든—을 통해서 통찰과 고요를 함양하는 적절한 길을 자각하

---

27) SN 35.204와 티베트 대응 경전에서는 전령 두 명이 문지기에게로 나아간다.
28) SN 35.204 at SN IV 194,34.
29) D 4094 nyu 43b3 또는 Q 5595 thu 83a2.
30) Bodhi 2000: 1429 n.209는 이 비유의 핵심은 "의식이 인간 경험의 기능적 중심이다"라고 언급하고 있다.

게 된다. 그러므로 이 비유는 해탈의 길로 나아가는 과정을 모니터
링하고, 그리하여 잘못된 길로 들어서는 것을 보호해 주는 정신적
자질로서 알아차림의 기능을 부각시켜 주고 있다.

문지기로서의 알아차림이라는 주제를 포착하고 있는 다른 비유
는 『앙굿따라니까야』와 대응 경전인 『중아함경』에서 볼 수 있다. 여
기서는 『중아함경』에 나오는 비유를 번역해 본다.[31]

이것은 마치 왕의 국경 도시의 최고 책임자가 문지기를 예리하고
현명한 선택을 하고, 용감하고 결단력 있고, 뛰어난 조언을 하고,
평화를 지키고 밖의 적을 제어하기 위하여 좋은 사람을 들여보내
고, 나쁜 사람을 막는 사람으로 임명한 것과 같다.
이와 마찬가지로 고귀한 제자는 지속적으로 알아차림에 머물고,
올바른 알아차림을 성취하고 항상 수행한 것이나 들은 것을 잊지
않고 떠올린다.
이것이 고귀한 제자들이 나쁘고 불선한 것을 제거하고 좋은 상
태를 계발하는 문지기로서, 최고 책임자로서 알아차림을 얻는
것이다.

대응 경전인 『앙굿따라니까야』에서도 문지기인 알아차림은 오
래전에 한 것 또는 들은 것을 상기하고 잊어버리지 않는 능력을 의
미한다.[32] 두 경전에서는 행한 것과 들은 것을 기억하는 것을 다른

---

31) MĀ 3 at T 1.423c14-423c19. 이에 대응하는 더 많은 비유는 다음에서 찾을
수 있다. EĀ 39.4 at T 2.730b6, T 212 at T 4.652c9.
32) AN 7.63 at AN IV 111,1 (translated Bodhi 2012: 1078, number 67).

종류의 기억이라고 지적하고 있다. 첫 번째는 자서전적 사건들을 기억하는 것이다. 두 번째, 들은 것을 기억하는 것은 고대 인도와 같은 구전 문화에서는 아주 중요한 능력, 즉 기억 능력을 가리킨다. 초기불교 암송자들은 붓다와 그의 제자들의 가르침을 미래 세대에게 전달하기 위해 이런 능력에 전적으로 의존하였다. 그러므로 오래전에 들었던 것을 잘 기억할 실제적인 필요성은 알아차림에 대한 초기불교 이론과 수행에 그 영향력을 미쳤음에 틀림없다고 보아도 무방하다고 여겨진다.

4. 알아차림과 기억

이러한 두 가지 종류의 기억과 위에서 묘사한 비유 사이의 관계는 즉각적으로는 명확하지 않다. 그러나 도시에 악한 것이 들어오지 못하게 방지하는 문지기의 역할과 마음에서 악한 것을 버리는 알아차림의 과제는 분명히 대응한다. 이런 관점에서 기억이 하는 역할에 대한 설명이 더 필요하다.

출입할 자격이 있는 사람과 그렇지 못한 사람을 구별하기 위해서, 문지기는 자신의 기억에 의존할 수밖에 없다. 그러나 이렇게 기억에 의존하는 것은 문지기의 마음이 어떤 상태이든지 상관없이 공통적인 것이다. 그러므로 도시의 문을 지키는 그의 임무는 특별한 것은 아니다. 일이 끝나고 나서 집으로 갈 때 문지기는 집으로 가는 길을 기억할 필요가 있고, 그다음 날 문지기가 일터로 되돌아올 때 "도시의 문", "나의 일, 의무" 등과 같은 개념들의 의미를 기억할 필요가 있다. 이런 종류의 기억에 기여하는 마음의 측면은 지각(想, perception, saññā)이다.[33] 지각은 경험을 이전에 배운 개념들에 일치시키고,[34] 모든 마음의 어떤 상태에서도 필요한 그 무엇이다. 사실 어떤 경우이든지 과거의 경험이 뒷받침되지 않고, 이전에 배운 개념과 생각에 의존하지 않는 의도적인 활동을 생각하기는 어렵다. 그런 과거의 경험, 개념, 생각의 기억을 그 자체로 알아차림이라고 하기에는 문제가 있다. 왜냐하면 그렇게 되면 어떤 수행도 하지 않는 사람이 아주 지속적으로 알아차림을 잘한다는 결론이 도출되기 때문이다. 알아차림의 분명한 기능과 의미를 파악하기 위해서는 이런 종류의 기본적인 기억하기가 지각의 기능으로 여겨지는지에 대해 경전을 살펴보는 것이 좋다고 생각된다.

알아차림의 상실이 초래하는 결과를 기술하는 경전 구절이 분명히 보여 주는 바와 같이, 초기불교의 관점에서 알아차림은 의도적으로 불러일으켜야 하는 그 무엇이다.[35] 이런 경전 구절들이 보여 주는 것은 하나의 개념을 단순히 기억하는 능력이 알아차림 개념의 핵심이 아니라는 것이다. 사실 위에서 인용한 구절은 단지 문지기의 바라보는 능력만을 말하는 것이 아니라 오히려 선한 것을

---

33) Ñāṇaponika 1949/1985: 69는 초기불교 심리학은 기억의 과정에서 주요 부분을 지각으로 돌린다고 설명한다.
34) Anālayo 2003b: 204.
35) Bodhi 2011: 28은 알아차림은 자동적으로 일어나는 것이 아니라 계발해야 할 자질이라고 설명한다.

들어오게 하고 악한 것은 들어오지 못하게 하는 문지기의 알아차리는 능력에 집중하고 있다는 점을 보여 준다.

이런 점을 고려하면 이 비유에서 기억과 알아차림의 관계는 문지기 자신이 무엇을 해야 하는지를 기억할 필요가 있다는 바로 그 점에 있다. 경전의 설명에서 이 점이 분명하게 드러나고 있지는 않지만, 이 점이 이 비유에 적합한 사실이다. 경전에 의하면 이 비유의 목적은 알아차림을 통해서 오래전에 일어난 것을 상기한다는 것이다. 그런 능력은 자신이 무엇을 하는지를 상기하는 것과 직접적인 관련은 없다. 또한 알아차림의 상실을 다루는 경전 구절에서도 이와 비슷한 것을 볼 수 있다. 거기에서 보는 예는 자신이 하는 것을 망각하는 것과 연관성이 없는 듯이 보인다.

선한 것을 들어오게 하고 악한 것을 몰아내는 자신의 임무를 수행하기 위해서, 문지기는 무엇보다도 그 도시의 문에서 무슨 일이 일어나는지를 완전하게 자각하고 있어야 한다. 그의 과제는 바로 지금 그곳을 들어오고 있는 사람을 알아차리는 것이고, 과거에 붙잡혀서 지금 이 순간의 자각에서 마음을 흩트리지 않는 것이다. 알아차림을 문지기에 비유하는 것은 마음의 문에서 지금 이 순간을 완전히 알아차리는 것을 상징하는 것으로 보인다. 이것은 "악한 것"—욕망과 혐오—이 마음의 도시에 들어오지 못하게 하는 바로 그 자질이다. 즉 이 문지기 비유는 원숭이와 메추라기의 비유처럼, 알아차림이 가지는 보호적 기능을 똑같이 잘 지적하고 있는 것으로 보인다.

그러므로 알아차림과 기억의 관계는 지금 이 순간을 완전히 알아차리는 것은 이후의 기억을 촉진하는 마음의 자질이라는 사실에서 자연스럽게 도출된다. 이전에 알아차렸던 것만을 기억할 수 있다. 더 많이 알아차리면 차릴수록 이후에 더 잘 기억할 것이다. 알아차림이 확립되면 비록 그것이 오래전에 일어났다고 해도, 행한 것 또는 들은 것을 진정으로 상기할 수 있을 것이다.

문지기의 경우 그가 지금 이 순간을 알아차리는 것은 다소 광범위하고 조망적일 필요가 있다. 왜냐하면 그는 문의 전체 상황에 정신을 바짝 차리고 있어야 하기 때문이다. 그는 어떤 특별한 한 사람에게 주의를 기울여서 문을 통과하는 다른 사람들을 놓쳐서는 안 된다. 문지기 비유가 보여 주는 바와 같이 전체 상황을 살펴보는 그의 관점은 문에서만 일어나는 상황에 국한되어서는 안 된다. 그는 또한 전령에게 문에서 왕에게 이르는 길을 알려 줄 의무도 있다. 이런 모든 일을 수행하면서도 그는 문에 머물면서 지금 이 순간에 일어나는 것은 무엇이든지 완전하게 알아차리는 자신의 임무를 충실히 해야 하고, 동시에 선한 것과 악한 것을 구분할 수도 있어야 한다.

실제적인 점에서 이것이 의미하는 바는 추후에 기억할 수 있을 정도로 정신을 바짝 차려서 알아차리면서 무엇을 하고 있다면, 그때 그 사람은 진정으로 알아차림을 하고 있다는 것이다. 예를 들면 강당으로 걸어가면서 나는 나의 걸음을 알아차릴 수도 있고, 또는 아마도 무엇인가 과거 기억에 잠겨서 생각 속을 헤매고 있을지도 모른다. 어떤 시점에 내가 강당에 도착하였다는 사실은 내가 거기로 걸어갔었다는 것을 명확하게 의미한다. 그러나 내가 걸어가는 것을 충분히 알아차리지 않았다면 내가 걸었던 경험을 상기할 수 없을 것이다. 나는 단지 추론에 의해 내가 강당으로 걸어갔었다고 결론 내리게 될 것이다. 왜냐하면 나는 현재 강당에 있기 때문이다. 그러나 내가 알아차림을 하였다면 나는 그 걸음을 상기할 수 있을 것이다. 그렇다고 해서 내가 가는 길의 모든 순간을 세밀하게 모두 기억해야 한다는 의미는 아니다. 그러나 이 경험이 일어났을 때를 내가 단지 알아차리고 있었기 때문에, 내가 기억을 되살리고자 할 때 나는 강당으로 걸어가는 이 경험을 생생히 떠올릴 수 있게 될 것이다.

알아차림이 없다고 하여도 어느 정도의 주의는 걸음을 걸을 때 있어야만 할 것이다. 그렇지 않으면 길을 계속해서 걷거나 또는 다음 걸음을 떼는 것이 불가능할 것이다. 그러나 그런 반자동적인 행동에 필요한 주의는 아주 피상적일 것이다. 동시에 마음의 대부분은 다른 것에 사로잡혀서 마치 백일몽을 꾸는 것처럼 기억에 잠기거나 또는 미래를 생각할 것이다. 그러나 걸음을 걸을 때 알아차림을 하면, 그리고 마음을 개방적이고 수용적인 방식으로 현재의 마음에 두게 되면 걸음의 경험과 완전히 함께하게 될 것이다. 그렇게 되면 그 경험을 더 완전하고 정확하게 알아차리게 된다. 그렇게 걸음을 알아차리는 것과 함께 주의는 더욱 넓어지면서, 어느 하나에 지나치게 집착하고 다른 것을 배제하는 것에 초점을 맞추는 대신, 전체 상황을 알아차리게 된다. 그런 넓고 수용적인 자각은, 이전 걸음의 경험을 나중에 상기하고 싶다고 하면, 바로 그 이전의 경험을 상기하게 해 줄 수 있다. 이런 종류의 생생하고 넓고 수용적인 자각은 과거의 행동을 상기하고자 하는 사람의 능력을 뛰어나게 만들어 줄 것이다.

그러므로 알아차림은 마음의 어떤 상태에서도 일어나는 기본적인 주의와는 다르지만,[36] 그럼에도 불구하고 주의는 알아차림과 밀접하게 연관되어 있다.[37] 사실 여러 경전에서 보는 바와 같이 철저한 주의(如理作意, thorough attention, yoniso manasikāra)는 알아차림의 확립 수행에 대응하는 측면들이 있다.[38] 그러나 차이점은 알아차림이나 철저한 주의는 계발하거나 의도적으로 불러일으켜야 하는 반면, 주의는 모든 마음 상태에 존재하는 기본 기능이다. 알아차림과 투철한 주의는 함양되어야 하거나 또는 의도적으로 불러일으켜야 한다.[39] 주의를 강화하고 확장하는 수행은 자신이 과거에 행한 것을 쉽게 기억할 수 있게 한다.

이런 강화와 확장의 두 가지 측면은 상호 연관되어 있다. 즉각적인 판단으로 반응하지 않고 정신적으로 잡생각에 휘둘리지 않고 알아차림을 탄탄하게 확립하면서 머무르게 되면, 지금의 상황을 더 많이 더 자세하게 알아차리게 된다.[40] 이렇게 되면 마음은 보다

---

36) 모든 마음의 상태에 있다는 의미에서 마음의 보편 요소에 대한 것은 명색(名色)에서 명의 정의일 것이다. SN 12.2 at SN II 3,34 (translated Bodhi 2000: 535)와 EĀ 49.5 at T 2.797b28은 주의가 명(名)의 한 요소라는 것에 동의한다. 여기서 명은 대상을 이해하고 개념이 발생하는 것에 책임이 있는 마음의 요소들을 말한다. 이들은 색(色)이라는 이름하에 있는 물질적인 대상과 함께 의식에 의해서 경험된다. 이 정의에서 의식은 자체로 명의 부분이 아니다.

37) Griffiths 1992: 111에서 알아차림은 "본질적으로 주의를 기울이는 것과 앎의 대상을 알아차리는 것으로 구성되어 있다. 알아차림은 마음의 의도적인 행위이고 주의(manasikāra)와 상당 부분 의미가 겹친다."

38) Anālayo 2003b: 59f; 철저한 주의(yoniso manasikāra)에 대한 상세한 연구는 다음을 참조할 수 있다. Anālayo 2010b: 69ff (reprinted Anālayo 2012b: 193ff).

39) Bodhi 2011: 30은 알아차림(sati)과 주의(manasikāra), 즉 숙고하는 알아차림과 자동적인 주의 반응을 혼동하는 것을 경고하고 있다.

40) Bishop et al. 2004: 233은 주의는 제한된 능력을 가지고 있으므로, 정교한 사고를 하려면, 더 많은 자원이 현재의 경험과 연관된 과정에 대한 정보에

더 넓은 범위에서 데이터를 취하게 된다. 사진으로 비유하면 알아 차림을 한다는 것은 긴 시간 동안 넓은 각도의 렌즈로 사진을 찍는 것과 같다.

요컨대 알아차림의 확립 수행의 관점에서 보면 알아차림이 갖 는 기억이라는 함의의 중요성은 지금 여기서 일어나고 있는 일에 대해서 강화되고 확장된 형태로 주의를 기울이면, 지금 일어나고 있는 것을 알아차리는 능력이 풍부해지고, 결국 이것은 추후 일어 나는 것을 상기하는 능력을 강화할 정도로 발전한다는 점이다.[41] 정확하게 말하면 이렇게 풍부해진 지금 이 순간의 알아차림은 여 러 가지 알아차림을 확립하는 훈련 과정에서 지속적인 주제가 되 고, 결국 몸의 상태, 느낌의 기쁜 색조, 현재의 마음 상태 등을 알 아차리게 해 준다.

지금 이 순간에 사물들을 마음에 잡아놓게 하는 정신적 자질로

필요하게 된다는 것을 지적한다. 이것은 정보에 더 많이 접근하게 한다. 그 렇지 않으면 자각하지 못하게 될 것이다. 더 많이 접근함으로써 결과적으로 경험에 대한 더 넓은 전망을 가지게 될 것이다.

41) Ñāṇmoli 1995: 1252 n.560에서 보디(Bodhi) 스님은 다음과 같이 설명한 다. "알아차림의 두 가지 의미-기억과 주의력(attentiveness)-의 관계는 다음 과 같이 볼 수 있을 것이다. 현재에 대한 예리한 주의력은 과거의 정확한 기 억의 토대를 이룬다." Griffiths 1992: 114는 이와 유사하게 "자기 마음의 현 재 내용에 대해서 밀접한 주의를 기울이는 바로 그 행위는 이후에 그 내용 을 회상할 수 있게 한다."라고 지적한다. 그리피스(p.111)는 알아차림은 자체 로 과거의 인지 대상을 기억하는 것과 관련해서 본질적으로 어떤 것을 가지 고 있지 않다. 그리고 알아차림은 현재를 지시하는 것을 주요 의미로 가지는 것이 더 자연스러울 것이다. 알아차림이 대상을 주목한다는 사실이 그 대상 을 의식의 대상으로 유지하게 하는 것을 가능하게 하고, 기억과 그 파생어 가 가지는 외연을 포함한다. 달리 말하면 불교 경전에서 알아차림과 그 파생 어의 기본적인 의미는 과거의 대상에 대한 자각이 아니라 관찰과 주의와 연 관된다.

서 알아차림은 적절한 기억의 저장뿐만 아니라 추후에 기억을 쉽게 회상할 수 있는 마음의 자질도 함양해 준다.[42] 나의 이전 저작에서 제시한 바와 같이[43] 마음을 너무 과도하게 집중하여 오히려 무엇인가를 기억하지 못하는 경우에 알아차림의 장점은 더욱 분명하게 드러난다. 의문을 제쳐놓고 마음을 더 개방적이고 넓은 상태로 되돌리면, 우리는 마음에서 저절로 정보가 떠오르는 것을 발견하게 될 것이다.

과거 정보를 실제로 회상하는 것과 연관된 알아차림의 이러한 측면은 회상[隨念, recollection, anussati] 수행에서 더욱 두드러지지만, 알아차림의 확립 수행과는 다소 관련성이 떨어진다. 이런 두 가지 양식은 많은 점에서 공통되긴 하지만, 알아차림 확립의 주요한 조건은 수행자가 지금 이 순간에 정신적으로 더 집중해야 한다는 점이다.[44] 수행자의 과제는 이전에 일어난 일을 상기하는 것보

---

42) 예를 들어 Muzzio at al. 2009: 2837 각주는 "주의를 모으는 것은 최적의 부호화뿐만 아니라 이후의 검색을 위해서도 중요하다." 신경생물학적 관점에서 주의와 기억의 상호연관성은 예를 들어 다음을 참조할 수 있다. Chun and Turk-Browne 2007.

43) Anālayo 2003b: 48f.

44) 예를 들어 호흡에 대한 알아차림의 경우 Bodhi 2011: 32가 지적하듯이, "호흡은 과거가 아니라 현재에 일어나는 것이다. 이것은 이 맥락에서 알아차림은 현재 사건에 대한 주의력이지 과거에 대한 회상이 아니라는 의미이다." 따라서 Gethin 2011: 270에서 동일한 수행을 "해야 할 한 가지 일은 호흡을 기억하는 것임을 기억해야 한다."라는 의미로 개념화할 때, 그가 "기억하다"라는 용어를 넓은 의미로 사용한다고 생각한다. 즉, 그는 알아차림이 사물을 마음에 유지함으로써 기억과 유사한 기능을 한다는 사실을 반영하는 방식으로 그 용어를 사용한다. 그러나 호흡을 알아차리는 동안 실제로 과거의 무엇을 기억한다는 의미는 아니다. 게틴이 알아차림을 현재 순간의 알아차림과 기억과 관련된 뉘앙스를 연결하려고 노력한다고 평가함에도 불구하고, 기억의 측면을 지나치게 강조하는 것은 문제라고 생각한다. Ṭhānissaro 2012: 86이 한 예이다. 알아차림을 기억에 한정해서 현재 순간

다 지금 자신의 몸 상태를 살펴보고, 지금 어떻게 느끼는지, 바로 이 순간에 마음이 어떤지를 인식하는 것이다. 알아차림의 확립 수행을 통해서 계발된 이런 종류의 지금 이 순간의 알아차림은 해탈 (liberation)로 나아가는 고귀한 여덟 가지 길, 즉 팔정도의 핵심적인 측면이다.

알아차림이 과거의 사물들을 단순히 기억하는 것이라고 한다면, 네 가지 알아차림의 확립을 팔정도의 한 요소인 올바른 알아차림(right mindfulness)으로 살펴볼 필요가 없을 것이다. 과거를 기억하는 능력을 심어 주는 것이라고 한다면, "붓다의 말"이라고 생각되는 것을 전해 주기 위해 초기의 제자들이 행한 경전 암기만으로도 충분할 것이다. 베다의 구전 전통에 따른 암기력 향상이 주요한 훈련 기반이 되었을 것이다. 『마누스므리띠(Manusmṛti)』에 따르면 과거의 삶을 기억하는 능력을 위해서 베다의 암송(기억화하는 것을 의미한다)이 필요하고, 그것과 함께 올바른 행위와 금욕이 필요하다.[45] 그러므로 네 가지 알아차림의 확립의 구조가 존재한다는 바로 그 사실은 초기불교에서 알아차림은 과거를 기억하는 단순한 것이 아니라는 것이 분명하다.

알아차림은 알아차림의 확립 수행을 하는 동안 사물들을 기억

의 알아차림에 대해서는 다른 용어, 즉 명료한 앎(sampajañña)을 찾고 있다. 이렇게 되면 알아차림에 수용성, 순수한 주의와 같은 자질을 부여하기 어렵다. 그 입장에서는 알아차림의 확립이 불완전하고 보완이 필요한 것이 된다. Ṭhānissaro 2012: 150를 참조할 수 있다. 이러한 문제점을 피하기 위해서는, 알아차림의 본질적인 측면을 현재 순간을 수용적으로 알아차리는 형태로, 알아차림의 기억의 측면을 조정해야 한다고 생각한다.

45) Bühler 1886: 152(IV.148)는 다음과 같이 말한다. "매일 베다를 암송함으로써, 정화의 규칙을 지킴으로써, 금욕을 실천함으로써, 생물에게 해를 가하지 않음으로써, 과거의 생을 기억하는 능력을 얻게 된다."

하는 임무를 수행하지 않을 뿐만 아니라, 심지어 다른 방식으로도 능동적으로 관여하지 않는 듯이 보인다. 이것은 대응 경전들에 공통되는 개별적 훈련의 실제 수행 지침에서 "알아차림", 사띠(sati) 그 자체를 언급하지 않는다는 사실에서도 알 수 있다.[46] 개별적인 지침 다음에 나오는, 이른바 "정형구"에서는 명확하게 알아차림을 언급하고 있다.[47] 이런 식으로 「알아차림의 확립 경」과 그 대응 경전들의 주석서들은 서로 다른 수행 기법들을 묘사하고 있고, 그것이 성공적으로 정착되면 잘 확립된 알아차림으로 귀결된다. 그러나 이런 여러 다른 수행에서 알아차림 그 자체는 능동적인 과제로 주어지지 않는다. 능동적으로 개입하는 대신, 알아차림은 수동적이고 깨어 있는 정신적 현존의 기본적 상태를 제공하고, 그런 상태에서 보다 더 개별적이고 독특한 수행을 할 수 있게 해 준다.

빨리어 용어로 표현된 것을 살펴보면, 실제 수행 지침에 따라 알아차림의 확립에 필요한 활동은 "알고(know, pajānāti)", "조사하고(examine, paccavekkhati)", "비교하는(compare, upasaṃharati)" 것이다. 조사하고 비교하는 활동은 첫 번째 알아차림의 확립과 관련해서 세 가지 경전에 공통적으로 나타난다. 첫 번째 알아차림의 확립은 몸의 해부학적 대상을 비교하는 것을 포함하고 있다. 나머지 세

---

46) 깨달음을 위한 일곱 가지 요소가 예외이다. 여기에서 알아차림은 가장 먼저 나온다. 그러나 여기서도 실제로 하는 일은 다른 깨달음의 요소가 현재 있는지 없는지를 "아는" 것이다.

47) 「알아차림의 확립 경」과 관련해서 이러한 패턴에 관심을 가지게 된 것은 프론스달(Gil Fronsdal) 덕택이다. 개별적인 가르침 가운데 알아차림은 호흡의 알아차림과 관련된 도입부에서만 언급하고 있다. "전면에 알아차림을 확립하고 알아차리면서 들이쉬고, 알아차리면서 내쉰다." 이후의 가르침은 더 이상 나오지 않고, 명상에서 해야 할 일은 알고 익히는 것이 된다.

가지 알아차림의 확립은 상대적으로 보다 더 세밀한 대상들에 대한 것으로, 수행 과제는 단지 "아는 것(know, pajānāti)"이다.

이런 아는 것, 조사하는 것, 비교하는 것은 지금 이 순간의 알아차림에 기초를 두고 있고, 이런 활동들은 알아차림의 정신적 공간들을 확립하고 강화한다. 그러므로 알아차림의 확립은 알아차림을 확립하고 유지하기 위해 수행자가 하는 것 바로 그만큼이다. 다른 말로 하면, 알아차림은 수행자가 하는(do) 그것 자체가 아니다. 오히려 알아차림의 확립을 수행하는 것은 마음을 알아차리고 있는 것(being) 모두이다.

그렇게 알아차리고 있는 것(being)은 깨달음의 한 요소가 된다. 이런 식으로 이해하면 네 가지 알아차림의 확립은 알아차림을 깨달음의 요소로 만드는 방법이고, 그리고 그 방법을 사용하면 알아차림은 잘 확립된다. 이 알아차림은 다른 깨달음의 요소들의 기반이 되고, 그리하여 해탈로 나아가게 된다. 그런 과정 속에서 중심적인 자질은 지금 순간에 항상 알아차리고 있는 것(being)이다.

마음이 갖는 깨달음의 가능성을 실현하는 것뿐만 아니라 일단 지금 이 순간의 알아차림이 이런 식으로 확립되면, 일상생활의 여러 일들이 문제를 일으키지 않고 순항하게 된다. 알아차림의 이런 측면들은 『상윳따니까야』의 비유에 나오는데, 거기에서 마차의 구성 부분들을 여러 정신적 자질에 비유하고 있다. 여기에서 알아차림은 주의 깊게 마차를 모는 사람에 해당된다.[48] 대응 경전인 『잡아함경』에서도 "올바른 알아차림"을 갖는다는 점에서 동일한 생각

---

48) SN 45.4 at SN V 6,10 (translated Bodhi 2000: 1526) 그리고 대응하는 산스크리트 단편 Waldschmidt 1967: 248.

을 드러내고 있다. 연관되는 구절은 다음과 같다.[49)]

올바른 알아차림에 의해서 잘 보호받는 것은 좋은 마차꾼이 되는 것과 같다.

이런 이미지가 갖는 함의를 보면 능숙하거나 주의 깊은 마차꾼은 우선 지금 이 순간을 완전하게 알아차리고 있어야 하고, 눈앞의 과제에 방해될 수 있는 산만한 어떤 것도 허용해서는 안 된다. 완전하게 "지금"에 있기 위해서 마차꾼은 또한 전체적인 교통 상황에 대한 넓은 시야를 갖고 있어야 한다. 그는 앞에 직접 무슨 일이 일어나고 있는지를 알아차려야 할 뿐만 아니라 옆과 심지어 뒤에서 무슨 일이 일어나고 있는지에 대해서도 어느 정도 알아차리고 있어야 한다. 능숙한 마차꾼은 명확한 방향 감각을 갖고 지금의 순간에 운전을 하고 여행의 목적지가 어디인지를 알면서 과도한 목표설정 때문에 안절부절하지 않으면서 지금의 교통 상황에 적응해야 한다. 방향 감각의 상실은 치명적인 것처럼 마차꾼이 어디를 가야할지 모르거나 또는 이와 비슷하게 마지막 목표에 도달하는 것에 너무 사로잡혀 있게 되면 지금의 상황을 부드럽게 헤쳐 나가는 능력은 감소된다.

이런 것 대부분을 알아차림을 확립하는 개인적 수행에 적용할

---

49) SĀ 769 at T 2.201a4. 동일한 비유가 다음의 경전에도 나온다. SĀ 98 at T 2.27a28, SĀ²264 at T 2.466c1. 그리고 대응하는 산스끄리뜨 단편 Enomoto 1997: 98. 빨리 대응 경전 SN 7.11 at SN I 172,30 (translated Bodhi 2000: 267), Sn 77에서는 알아차림을 쟁기날과 가축을 모는 막대기에 비유하고 있다.

수 있다. 말하자면 목표에 도달하는 것에 지나치게 사로잡히지 않는 것과 방향감각을 잘 결합할 필요가 있다. 핵심은 지금에 머무는 것이다. 그러면서도 수용성(receptivity)과 명료성(clarity)이라는 넓은 마음의 태도가 필요하다. 간단히 말하자면 알아차리면서 머무는 것이다. 알아차릴 수 있는 여러 방법은 다음 장들에서 자세히 탐색할 것이다.

5. 요약

알아차림의 상실은 어리석은 원숭이처럼 다섯 가지 감각의 세계에 붙들리는 결과를 초래할 수 있다. 그리하여 주의는 감각적으로 유혹적인 대상들에 휘둘린다. 마치 자신에게 적합한 영역을 벗어난 메추라기와 같다. 수행자에게 적절한 영역은 잘 확립된 알아차림이다. 이것은 마음의 현명한 문지기와 같다. 이런 식으로 완전히 마음을 알아차리고 있으면 추후 이전에 일어났던 일들을 잘 기억할 수 있을 것이다.

3장

몸에 대한 수행

〈그림 3.1〉에서 보는 바와 같이 몸에 대한 수행은 『맛지마니까야』의 「알아차림의 확립 경」과 이에 대응하는 한역 아함경이 상당한 차이를 보인다. 여기에서는 점점 복잡해지는 순서에 따라서 몸에 대한 수행과 관련한 세 가지 경전을 열거하였다. 굵은 글자로 표현한 세 가지 수행, 즉 몸의 해부학적 부분들에 대한 수행, 요소들에 대한 수행, 붕괴되는 시체에 대한 수행은 공통적인 것들이다. 이것들에 대해서는 다음 장들에서 더 자세히 논의할 것이다.

이 장에서 나는 이런 세 가지 수행 이외의 수행을 조사할 것이다. 먼저 한 경전에는 있지만 다른 경전들에는 없는 것부터 시작할 것이다. 그런 다음 몸에 대한 수행을 비교해서 조사한 다음 몸에 대한 수행에서 기대할 수 있는 유익함을 고찰할 것이다.

『증일아함경』	『맛지마니까야』	『중아함경』
해부학적 부분 **네 가지 요소** 몸의 구멍 **시체**	호흡 자세 활동 **해부학적 부분** **네 가지 요소** **시체**	자세 활동 불선한 정신 상태에 대항하기 능동적인 마음 조절 호흡 사선정 체험 빛의 지각 관상(觀相) **해부학적 부분** **여섯 가지 요소** **시체**

그림 3.1 몸에 대한 수행

1. 한 경전에서만 볼 수 있는 몸에 대한 수행

1) 몸의 구멍들에 대한 수행

『증일아함경』에서는 다른 두 경전에서 볼 수 없는 몸의 구멍들에 대한 수행이 있다. 그 가르침은 다음과 같다.

수행승은 이 몸 안에서 더러운 것이 흘러나오는 구멍들을 관찰한다. 이것은 마치 대나무밭을 관찰하거나 갈대밭을 관찰하는 사람과 같다. 이와 같이 수행승은 이 몸 안에서 더러운 것이 흘러나오는 구멍들을 관찰한다.

유사한 표현을 『앙굿따라니까야』의 「간다 경(Gaṇḍa-sutta)」에서 볼 수 있다.[1] 거기에서는 몸의 아홉 개 구멍에서 나오는 불순한 액체를 부패하는 종기에 비교하고 있다. 동일한 주제는 『숫따니빠따』의 「위자야 경(Vijaya-sutta)」에서도 볼 수 있다. 거기에서도 유사하게 불순한 것을 배출하는 몸의 아홉 개 구멍을 언급하고 있다. 예를 들면 눈에서 나오는 점액, 귀에서 나오는 귀지, 콧구멍에서 나오는 코딱지, 입에서 나오는 담즙과 가래 등이다.[2] 이와 함께 소

---

1) AN 9.15 at AN IV 386,24 (translated Bodhi 2012: 1270). 이 경전은 다른 『증일아함경』에 대응 경전을 가지고 있다. EĀ a2 29 at T 2.880a30. 자세한 연구는 다음을 참조할 수 있다. Harrison 1997.
2) Sn 197f (translated Norman 1992: 22). 『사리불아비담론(Śāriputrābhidharma)』 T 1548 at T 28.613c2는 몸을 관찰하는 데 유사한 훈련을 하는 것을 포함한다.

변과 대변이 나오는 구멍들을 모두 합하면 몸의 아홉 개 구멍이 된다.

그러므로 『증일아함경』의 수행은 알아차림의 확립 수행과 명시적인 관련성을 갖지 않는 듯이 보이지만, 빨리 경전에서 언급한 방식으로 몸을 보는 관점은 유사성을 보인다. 『증일아함경』의 비유는 멀리서 보면 아름다운 갈대숲으로 보이지만 가까이 가서 보면 대개 고여 있는 냄새나는 얕은 물가에서 자라는 갈대 무더기에 불과하다는 것을 대조하여 보여 주고 있는 듯이 보인다. 그러므로 이런 비유는 몸을 가까이서 정밀하게 조사하면, 발견할 수 있는 불순한 액체를 묘사하는 셈이다.

몸의 구멍에서 분비되는 불순한 액체라는 주제는 『증일아함경』의 맥락에 잘 부합한다. 거기에서는 이런 몇몇 액체와 불순함이라는 주제를 이 경전의 앞에서 언급하는 바와 같이 해부학적인 부분들을 관찰하는 데서 이미 소개하였다. 『맛지마니까야』와 『중아함경』에는 구멍들에 대한 이런 수행이 없다는 것은 이런 수행이 이후에 『증일아함경』에 부가되었을 가능성이 있다는 것을 보여 준다. 그러나 실제적인 관점에서 보면 이렇게 부가한 것은 몸의 성질을 탐색하는, 또 다른 의미 있는 대안적인 접근방법으로도 보인다.

2) 불선한 정신상태에 대항하기

몇 가지 다른 수행법들은 『중아함경』에서만 발견된다. 자세와 행동을 알아차리라고 언급한 다음 『중아함경』은 다음과 같은 가르침을 주고 있다.

악하고 불선한 생각이 일어날 때, 수행승은 선한 상태를 떠올리면 서 악하고 불선한 생각을 바로잡고, 버리고, 없애고, 멈춘다. 이것 은 마치 목수나 목수의 제자가 [직선을 긋기 위해서] 나무에 먹줄 을 튕기고 날선 자귀로 나무를 바르게 깎는 것과 같다.

다음 수행은 이와 유사하게 마음에 대해 언급하고 있다.

수행승은 이를 꽉 물고 혀를 입천장에 대고, 마음의 [의지력을] 사 용하여 [마음을] 바로잡고, [악하고 불선한 생각을] 버리고, 없애 고, 멈춘다. 이것은 마치 힘센 두 사람이 약한 사람을 붙잡아 돌리 면서 마음대로 때리는 것과 같다.

불선한 생각에 대항하거나 또는 힘을 사용하여 그것들을 굴복 시키는 가르침은 「위땃까산타나 경(Vitakkasaṇṭhāna-sutta)」과 이에 대응하는 『중아함경』의 구절에서 볼 수 있다.[3] 이들 경전들의 주제

---

3) MN 20 at MN I 119,5 (translated Ñāṇamoli 1995: 211) 그리고 대응 경전 MĀ 101 at T I 588a10 (8장에서 번역 및 논의). 대응과 관련해서는 이미 다음에서 언급하고 있다. Kuan 2008: 86f. 여기에서는 「까야가따사띠 경 (Kāyagatāsati-sutta)」, MN 119 at MN III 89,22에 따르면 마음을 집중하는 방식은 「위땃까산타나 경」에서 가져오고 있다고 한다. 그러나 「까야가따사띠 경」과 그 대응 경전의 전체적인 포인트는 몸을 관찰하는 것이 어떻게 다양한 이익으로, 특히 집중을 얻는 것으로 이끄는지를 보여 준다. 따라서 내가 보는 한 집중이 이러한 방식인 것에 대해서 굳이 「위땃까산타나 경」에서 가져올 필 요는 없다. 「까야가따사띠 경」에서 몸을 알아차리는 것의 이득을 보여 주는 것에 대해서도 마찬가지이다. Kuan 2008: 95에서는 이것도 가져온 것으로 보 고 있다. 이러한 부분들을 가져온 것으로 보는 가정은 쿠안이 결론으로 나아 가지 못하게 하는 것처럼 보인다. 말하자면 몸에 대한 알아차림의 원래 의미 는 몸을 알아차리는 것을 넘어서는 것으로 나아간다.

는 불선한 사고들의 점진적인 제거이다. 이것은 몸의 수행보다 이런 제거의 가르침에 더 적절하게 보인다. 아마도 "이를 꽉 물고 혀를 입천장에 대고" 마음을 바로잡는다는 묘사에서 볼 수 있는 신체적 노력의 이미지는 이 수행을 몸에 대한 수행과 연관시키게 한 듯이 보인다. 같은 맥락에서 다른 수행들도 목수 비유와 함께 연관시켜서 이런 신체적 노력이 또한『중아함경』의 알아차림의 확립 가르침의 일부를 이루게 되었다. 이런 문헌적 단편들의 연관성은 하나의 문헌이 구전으로 전승되는 동안 일어날 수 있는 자연스러운 현상이다.[4]

3) 네 가지 선정을 경험하기

『중아함경』은 네 가지 단계의 호흡에 대한 알아차림을 언급한 다음, 네 가지 선정을 신체적으로 경험하는 것과 함께 이 경험을 비유로 보여 주고 있다. 첫 번째 선정에 대한 가르침은 다음과 같다.

수행승은 [첫 번째 선정에서 경험하는] 떠남에서 생기는 기쁨과 행복[離生喜樂]에 몸을 완전히 적시고 스며들어서, 떠남에서 생기는 기쁨과 행복이 몸에 스며들지 않은 부분이 없게 된다.
이것은 마치 목욕을 도와주는 사람이 입욕제를 욕조에 타서 저으면 물에 완전히 적셔지지 않거나 스며들지 않는 부분이 없는 것과

---

4) Von Hinüber 1996/1997: 31은 부분적인 텍스트는, 일단 핵심어에 상응한다면, 거의 모든 맥락으로 들어갈 수 있다고 설명한다.

같다.[5]

『중아함경』은 계속하여 집중으로 인해 생긴 기쁨과 행복함으로
몸을 적셔 버린 상태(두 번째 선정), 기쁨이 없는 데서 생긴 행복함
으로 몸을 적셔 버린 상태(세 번째 선정), 정신적 순수함으로 몸을
적셔 버린 상태(네 번째 선정)를 언급하고 있다. 각각의 선정 상태
에 대한 비유는 다음과 같다.

두 번째 선정
이것은 마치 깨끗하고 맑은 물이 가득 차서 넘치는 산의 샘과 같
다. 그래서 네 방향으로부터 들어오는 물이 샘으로 들어올 수 없
고, 샘 바닥에서부터 솟아오는 샘물이 주변으로 넘쳐 흘려 산 전
체를 완전하게 적셔서 스며들지 않은 부분이 없는 것과 같다.[6]

세 번째 선정
이것은 마치 물에서 태어나 물에서 자란 청련, 백련, 홍련이 물에
잠겨 있고, 뿌리, 줄기, 꽃, 잎이 완전히 물에 적셔지고 스며들어
서, 물이 스며들지 않는 부분이 없는 것과 같다.[7]

네 번째 선정

---

5) MN 119 at MN III 92,32 (translated Ñāṇamoli 1995: 953)의 대응하는 비유
  는 입욕제가 흘러넘친다고 이야기하지 않는다. 다른 차이점은 MN 119는 목
  욕을 도와주는 사람 이외에 제자에 대해서 언급하고 있다.
6) MN 119 at MN III 93,10은 안에서부터 샘이 나오는 호수로 기술하고 있다.
7) MN 119 at MN III 94,1에 의하면 연꽃에 스며든 물은 시원하다.

이것은 마치 머리에서 발까지 일곱, 여덟 자 정도의 옷감으로 덮을 수 있는 사람에게 덮이지 않는 부분이 없는 것과 같다.[8]

선정을 신체적으로 경험하는 수행은 원래 「까야가따사띠 경 (Kāyagatāsati-sutta)」과 이에 대응하는 『중아함경』에 있었을 것이다. 이 두 경전은 몸에 미치는 효과라는 관점에서 선정의 경험을 서술하고 있다. 심지어 「까야가따사띠 경」은 이런 점을 『중아함경』보다 훨씬 더 자세히 기술한다. 이 경전은 선정에 대한 신체적 체험을 개별적인 선정의 성취에 대한 표준적인 서술보다 앞서 언급하고 있다.

4) 빛의 지각과 관상

「알아차림의 확립 경」에 대응하는 『중아함경』에서 볼 수 있는 또 다른 두 가지 수행은 원래는 서로 다른 곳에 배치되어 있던 것이다. 이 두 가지 수행은 빛의 지각과 관상(즉 통찰력으로 볼 수 있는 특징들을 관하는 것) 수행이다. 빛의 지각에 대한 가르침은 다음과 같다.

수행승은 알아차리면서 빛을 지각하고[念光明想], 잘 잡고, 잘 유지하고, 알아차리고 있다는 것을 잘 기억한다. 그래서 뒤의 것은 앞의 것과 같고, 앞의 것은 뒤의 것과 같고, 밤은 낮과 같고, 낮은 밤과 같고, 위의 것은 아래의 것과 같고, 아래의 것은 위의 것과

---

8) MN 119 at MN III 94,16의 비유는 옷의 크기에 대한 언급은 없고 흰색이라고 한다.

같다. 이처럼 수행승은 전도되지 않고 얽매임이 없는 마음, 밝고 분명한 마음, 장애에 방해받지 않는 마음을 계발한다.

관상에 대한 가르침은 다음과 같다.

수행승은 관찰한 표상을 [마음에] 잘 유지하고, 알아차린 것을 잘 기억한다. 이것은 마치 앉아 있는 사람이 누워 있는 사람을 관찰하거나 누워 있으면서 앉아 있는 사람을 관찰하는 것과 같다. 이와 마찬가지로 수행승은 관찰한 표상을 [마음에] 잘 유지하고, 알아차린 것을 잘 기억한다.

이런 두 가지 수행 중 첫 번째는 『앙굿따라니까야』에서도 발견되는데, 이것은 다섯 가지 회상 가운데 하나로 나타난다. 거기에서는 첫 세 가지 선정들의 성취가 먼저 나오고, 이어서 몸의 해부학적인 부분들과 붕괴되는 시체에 대한 수행이 나온다.[9] 그리고 『앙굿따라니까야』의 또 다른 구절은 네 가지 선정과 함께 마음에서 관상을 하는 것을 언급하고 있다.[10] 그리고 「까야가따사띠 경」과 이에 대응하는 『중아함경』에서 사용한 비유에 대응하는 비유들이 뒤이어서 나온다.

---

9) AN 6.29 at AN III 323,14 (translated Bodhi 2012: 890)에 대해서 아마 MĀ 81에서 볼 수 있는 가르침의 원형적인 텍스트라고 Kuan 2008: 86은 기술하고 있다.

10) AN 5.28 at AN III 27,13 (translated Bodhi 2012: 649)에 대해서 아마 MĀ 81에서 볼 수 있는 가르침의 원형적인 텍스트라고 Kuan 2008: 95는 기술하고 있다.

이 두 가지 『앙굿따라니까야』의 경전 내용에 대응하는 경전이 없는데, 아마도 있다면 이것들은 설일체유부의 전통에서 온 것이라고 할 수 있을 것이다. 그러나 현재 우리에게 남아 있는 것은 없다. 그런 경우 몸의 해부학적인 부분들과 붕괴되는 시체에 대한 관찰뿐만 아니라 선정에서도 빛의 지각을 경험한다는 사실은 구전되는 동안 다른 맥락, 즉 「까야가따사띠 경」과 같이 해부학적 부분들과 시체에 대한 관찰과 선정이 함께 하는 그런 맥락으로 포함되었을 것이다. 이와 유사하게 관상이 선정과 연관된 맥락에서 일어나고 비유를 동반한다는 사실은 또 다른 맥락, 즉 선정들과 이런 비유들이 발견되는 맥락에 포함되었을 것이다. 이런 식으로 구전되는 동안 종종 일어나는 경향, 즉 원래 연관되지 않았던 것들을 연결시키는 것은 이런 수행들이 현재 「까야가따사띠 경」과 이에 대응되는 『중아함경』의 구절들에서 발견되는 이유를 설명해 주고 있다.

그래서 결국 「알아차림의 확립 경」에 대응하는 『중아함경』에 영향을 미쳤을 것이다. 「까야가따사띠 경」에 대응하는 것이 『중아함경』에서 「알아차림의 확립 경」에 대응하는 것보다 앞선다는 사실은 전승의 과정에서 앞선 경전에 대한 주석이 뒤이은 경전에 적용되는 것이라고 할 수 있다. 이런 식으로 이런 주석 내용이 네 가지 알아차림의 확립 체계에서 몸에 대한 수행의 한 부분을 이루었을 것이다.

이와는 대조적으로 『맛지마니까야』에서는 「알아차림의 확립 경」이 먼저 나오고 「까야가따사띠 경」은 뒤에 나온다. 그리하여 『맛지마니까야』에서 그런 복사 작업은 자연스럽게 일어나지 않았을 것이다. 『맛지마니까야』에서 두 개별 경전의 내용은 사실 다르다. 「알아차림의 확립 경」에서는 선정에 대한 내용은 없고, 이런 선정은 「까야가따사띠 경」에서만 언급된다.

요약하면 「알아차림의 확립 경」에 대응되는 『중아함경』에서만 발견되는 수행은 알아차림의 확립 수행으로서 몸에 대한 수행의 주제와는 분명한 연관성을 갖지 못하고, 후대에 부가된 것으로 보인다. 이런 부가는 몸에 대한 수행과 연관된 첫 번째 알아차림의 확립이, 다른 문헌 구절들의 삽입을 통해서 점차 늘어나는 일반적인 경향과 맥을 같이 한다.

2. 두 가지 경전에서 볼 수 있는 몸에 대한 수행

1) 호흡에 대한 알아차림

『맛지마니까야』와 『중아함경』에서 공통적으로 발견되는 몸에 대한 수행은 호흡에 대한 알아차림이다. 가르침은 다음과 같다.

『맛지마니까야』
숲으로, 나무 아래로, 빈집으로 가서 앉는다. 가부좌를 하고, 몸을 바로 세우고, 전면에 알아차림을 확립하고, 알아차리면서 들이쉬고, 알아차리면서 내쉰다.
길게 들이쉬면서 수행승은 내가 길게 들이쉰다고 알고, 길게 내쉬면서 수행승은 내가 길게 내쉰다고 안다. 짧게 들이쉬면서 수행승은 내가 짧게 들이쉰다고 알고, 짧게 내쉬면서 수행승은 내가 짧게 내쉰다고 안다. 수행승은 내가 몸 전체를 경험하면서 들이쉰다고 익히고, 수행승은 내가 몸 전체를 경험하면서 내쉰다고 익힌다. 수행승은 내가 몸의 형성을 고요하게 하면서 들이쉰다고 익히고, 수행승은 내가 몸의 형성을 고요하게 하면서 내쉰다고 익힌다. …
이것은 마치 도자기공 또는 도자기공의 제자가 길게 돌릴 때 나는 길게 돌린다고 알고, 짧게 돌릴 때 나는 짧게 돌린다고 아는 것과 같다.

『중아함경』

수행승은 들이쉬면서 알아차리고, 알아차리면서 들이쉰다는 것을 안다. 수행승은 내쉬면서 알아차리고, 알아차리면서 내쉰다는 것을 안다. 수행승은 길게 들이쉬면서 길게 들이쉰다고 알고, 길게 내쉬면서 길게 내쉰다고 안다. 수행승은 짧게 들이쉬면서 짧게 들이쉰다고 알고, 짧게 내쉬면서 짧게 내쉰다고 안다. 수행승은 들이쉬면서 몸 전체를 [경험하는 것을] 배우고, 내쉬면서 몸 전체를 [경험하는 것을] 배운다. 들이쉬면서 몸의 형성[身行]을 고요하게 하는 것을 배우고, 내쉬면서 몸의 형성을 고요하게 하는 것을 배운다.[11]

---

11) 이 구절은 호흡을 내쉴 때 "언어의 형성[口行]"으로 되어 있었는데, 이는 분명히 텍스트상의 오류로 보인다. 들이쉴 때 경험되는 "몸의 형성[身行]"으로 교정하였다.

두 경전의 실제적인 가르침은 아주 유사하다. 두 경전 사이의 차이는 『중아함경』에서는 길고 짧은 호흡을 알아차리는 비유로서 길거나 짧게 자신의 물레를 돌리는 도자기공의 비유가 없다는 점이다. 『맛지마니까야』에서는 비유가 전체 수행을 설명하는 것과는 달리, 네 단계의 호흡의 알아차림 가운데 첫 두 단계만을 보여 주고 있다. 더구나 도자기공 비유는 「까야가따사띠 경」에는 없는데, 이 경전에서는 호흡의 알아차림과 관련하여 「알아차림의 확립 경」을 거의 유사하게 따르고 있다.[12]

또 다른 차이는 『중아함경』에서는 수행하는 장소를 언급하고 있지 않다는 점이다. 『맛지마니까야』에 따르면 수행자는 한적한 장소로 가서 가부좌를 틀고 몸을 꼿꼿이 세워서 앉는다. 유사한 가르침은 「아나빠나사띠 경」의 호흡의 알아차림을 16단계로 서술하는 데서도 볼 수 있다.[13] 이와 유사한 것을 『잡아함경』과 대중부 율장에서도 볼 수 있다.

『잡아함경』은 수행승이 탁발을 갈 때 몸을 수호하고, 감각을 잘 제어하고, 마음을 차분히 하고 가야 한다는 묘사로 시작한다. 공양을 다 마친 다음 발우와 가사를 정리하고, 발을 씻고, 수행하기에 적당한 장소로 가는데, 이런 장소는 숲속이거나 빈 초막이다. 그리고 수행승은 나무뿌리 또는 한적한 공간에 앉아서 자신의 몸을 세우고 앞을 향해서 알아차림을 수행한다.[14] 『잡아함경』에 의하면 이 지점에서 다섯 장애를 제거하고, 그다음 16단계의 호흡수행

---

12) MN 119 at MN III 89,9 (translated Ñāṇamoli 1995: 949).
13) MN 118 at MN III 82,24 (translated Ñāṇamoli 1995: 943).
14) SĀ 803 at T 2.206a20, 대응 경전 SN 54.1 at SN V 311,7 (translated Bodhi 2000: 1765)은 16단계를 MN 119와 상응하게 제시한다.

으로 들어간다.

　대중부 율장에서 호흡을 알아차리는 16단계는 위의 경전과 유사하게 수행승이 탁발을 나갈 때 행동을 통제하고, 몸에 대한 알아차림을 잘 확립하고, 안정된 마음으로, 감각을 제어하는 모습을 언급하는 것에서 시작한다. 공양을 마친 다음 수행승은 탁 트인 공간, 산의 동굴, 묘지 등과 같은 한적한 장소에 가서 풀을 깔개로 하고 몸을 바로 세워서 앉는다. 다섯 가지 장애를 극복한 다음 16단계의 호흡을 알아차리는 수행으로 들어간다.[15]

　「알아차림의 확립 경」에서 호흡의 알아차림을 위한 적절한 장소와 자세는 이 수행과 관련해서 명시적으로 언급되지만, 몸에 대한 다른 수행과는 연관성을 갖지 않는다. 『중아함경』의 가르침에서 적절한 자세 또는 장소에 관해서 비교할 만한 특별한 언급을 하지 않았다는 점을 고려하면, 이런 것은 알아차림의 확립 맥락에서 원래 있었던 것은 아닐지 모른다. 아마도 호흡을 알아차리는 첫 네 단계에 대한 가르침들은 16단계에 대한 보다 상세한 설명에서 기인하였을 것이고, 이것은 「아나빠나사띠 경」과 이에 대응하는 경전들에서 현재 발견되는 것과 유사하다. 16단계의 체계는 수행 그 자체의 총체적인 방법이기 때문에, 16단계에서 적절한 장소와 자세에 대해 언급하는 것은 「알아차림의 확립 경」의 여러 수행 가운데 하나로서 언급하는 것보다는 그 맥락상 더 적합하다고 여겨진다.

　「알아차림의 확립 경」에서 호흡의 알아차림에 대한 가르침들 다음에 나오는 "정형구"에 의하면, 또 다른 고려해야 할 문제는 수행

---

15) T 1425 at T 22.254c9.

은 반드시 내적·외적으로 이루어져야만 한다는 것이다. 모든 경전에서 발견되는 수행—해부학적 구성, 몸을 구성하는 요소, 죽을 때의 붕괴—은 다른 사람들의 몸에도 쉽게 적용할 수 있는 반면, 다른 사람의 호흡과 관련해서는 그렇게 쉽게 적용할 수 없어 보인다.[16]

더구나 「알아차림의 확립 경」이 호흡을 알아차리는 첫 네 단계만을 열거한다면, 16단계의 체계가 갖는 역동성을 상실하는 결과를 초래한다. 호흡을 알아차리는 16단계를 전체적으로 설명하는 목적은 네 가지 알아차림의 확립 모두를 총체적으로 계발하는 방식을 보여 주기 위함이다. 이 주제에 대해서 나는 12장에서 더 자세히 논의할 것이다. 단지 첫 네 단계만—호흡, 짧은 호흡, 전체 몸, 몸의 형성들을 고요하게 하는 것—이 전체적인 맥락에서 벗어나서 그 자체만으로 존재하게 된다면, 모든 알아차림의 확립 수행이 갖는 놀랍고 대단한 힘은 상실되어 버릴 것이다.

보다 긴 가르침의 문장에서 보다 짧은 구절들을 추출하는 것은 구전 과정에서 흔히 일어나는 일이다. 몸에 대한 수행의 한 형태인 호흡을 알아차리는 첫 네 단계를 강조하다 보면, 이 네 단계를 첫번째 알아차림의 확립인 몸에 대한 수행과 보다 더 명시적으로 연결시키는 결과를 초래하는 것은 자연스러운 일이다. 지금 우리는 이런 사실을 『맛지마니까야』와 『중아함경』에서 보고 있는 것이다.

이상의 내용을 다음과 같이 정리해서 요약할 수 있다.

---

16) Gethin 1992: 53은 "다른 사람의 몸을 관찰한다는 생각은 만약 우리가 몸의 부분에 대해서 이야기한다면 충분히 그럴 수 있다. 그러나 우리가 호흡에 대해서 이야기하면 그것은 아마 파악하기가 어렵다"라고 한다.

- 호흡에 대한 알아차림은 『증일아함경』에는 없다.
- 호흡에 대한 알아차림은 『맛지마니까야』와 『중아함경』에서 몸에 대한 수행이라는 일련의 과정에서 다른 위치를 점한다.
- 도자기공의 비유와 적절한 장소와 자세에 대한 언급은 『중아함경』에는 없다.
- 이런 네 단계는 16단계의 온전한 체계의 일부로서 드러날 때만 그 의미가 명확하게 나타난다.
- 네 단계는 알아차림의 확립 수행의 외적인 형태로서 쉽게 수행할 수 없다.

위에서 지적된 이런 점들을 고려해 보면 호흡을 알아차리는 네 단계는 「알아차림의 확립 경」과 이에 대응하는 경전인 『중아함경』의 몸에 대한 수행의 원래 내용에 추가되었을 가능성이 있다고 여겨진다.

호흡을 알아차리는 네 단계가 「알아차림의 확립 경」에 추가되었다고 해서 이런 수행이 뒤에 이루어졌거나 또는 알아차림 확립 수행의 한 형태가 아니라는 것을 함의하는 것은 아니다. 상좌부, 근본설일체유부, 대중부의 경전들에서 호흡을 알아차리는 16단계에 대한 묘사들이 아주 유사하다는 것을 생각해 보면, 이런 호흡을 알아차리는 수행은 초기불교에서 중요한 부분이었다는 것은 의심할여지가 없다. 따라서 현재 우리가 경전을 통해서 이런 수행에 접근할 수 있는 것이다. 원래의 경전에 추가되었다고 말하는 것은 초기의 구절이 그것이 발생한 원래의 장소에서 복사되어서, 나중에 구전을 통해서 어느 지점에서인가 보다 더 넓은 알아차림의 확립 체계의 한 부분이 되었다는 것을 의미할 뿐이다. 그런 복사는 비교적 초기에 일어났음에 틀림없다. 왜냐하면 설일체유부와 상좌부 전통들은 알아차림의 확립에 대한 주석에서 호흡에 대한 알아차림을 포함시키고 있기 때문이다.

호흡을 알아차리는 첫 네 단계가 몸에 대한 수행의 아주 이른 시기에 형성된 것이 아닐 수도 있다는 견해가 호흡에 대한 알아차림이 알아차림 확립의 한 형태가 아니라는 것을 함축하는 것은 아니다. 이와는 반대로 호흡을 알아차리는 16단계는 네 가지 알아차림 확립의 전체 체계를 완전하게 정착시킨다. 이것은 호흡을 알아차리는 수행이 하나의 알아차림의 확립만 수행하는 것보다, 보다 더 넓은 지평을 갖고 있다는 것을 보여 준다. 다른 말로 하면 호흡의 네 단계를 「알아차림의 확립 경」에 추가하였다는 것은 네 가지 알아차림의 확립을 완전한 수행으로 회복시켜서 그 자체로 해탈에 이르는 명시적인 가능성을 부여한 것이다. 12장에서 이 주제로 다시 돌아갈 것이다. 왜냐하면 호흡의 16단계는 네 가지 알아차림의 확립에 전반적인 중요성을 부여하기 때문이다.

2) 자세와 활동

『맛지마니까야』와 『중아함경』에서 볼 수 있는 몸에 대한 수행의 두 가지 형태는 몸의 자세를 알아차리고 여러 활동들을 명료하게 아는 것이다. 몸의 자세를 알아차리는 가르침은 다음과 같다.

『맛지마니까야』

수행승은 걸으면서 걷는다고 알고, 서면서도 선다고 알고, 앉으면서 앉는다고 알고, 누우면서 눕는다고 알고, 뭘 하든 그에 따라서 그것을 안다.

『중아함경』

수행승은 걸으면서 걷는다고 알고, 서면서 선다고 알고, 앉으면서 앉는다고 알고, 누우면서 눕는다고 알고, 잠들면서 잠든다고 알고, 깨면서 깬다고 알고, 잠들거나 깨면서 잠들거나 깬다고 안다.

『맛지마니까야』에서는 잠들거나 깰 때를 언급하지 않는다.[17] 또 다른 차이는 『맛지마니까야』는 네 가지 자세를 열거한 다음에 몸이 그 외의 다른 어떤 자세를 취하든지 간에 그 자세대로 알아차려야 한다고 말하고 있다. 다시 말하자면 위에서 명시적으로 언급한 네 가지 자세들은 실례들일 뿐이고 제대로 앉거나 또는 똑바로 서 있거나 하는 등의 자세들에만 한정해서 수행하는 것이 아니라는 의미이다.

여러 활동들에 대한 명료한 앎의 가르침은 다음과 같다.

『맛지마니까야』

나아갈 때도, 돌아올 때도 수행승은 분명하게 알면서 행동한다.

---

17) Jaini 1979/1998: 66 각주 56에서는 네 가지 자세와 먹고 말할 때 자각하고 있어야 한다는 점은 자이나교의 수행과 명백히 유사하다고 지적한다. cf. Schmithausen 1976: 254.

앞을 볼 때도, 돌아볼 때도 수행승은 분명하게 알면서 행동한다. [사지를] 구부릴 때도, 펼 때도 수행승은 분명하게 알면서 행동한다. 겉옷을 입을 때도, [다른] 옷을 입을 때도, 발우를 들 때도 수행승은 분명하게 알면서 행동한다. 먹을 때도, 마실 때도, 씹을 때도, 맛볼 때도 수행승은 분명하게 알면서 행동한다. 대변을 볼 때도, 소변을 볼 때도 수행승은 분명하게 알면서 행동한다. 걸을 때도, 설 때도, 앉을 때도, 잘 때도, 깰 때도, 말할 때도, 침묵할 때도 수행승은 분명하게 알면서 행동한다.

『중아함경』

수행승은 나가고 들어오는 것을 분명하게 알고, [사지를] 굽히거나 펴거나 숙이거나 일으키는 것을 잘 관찰하고 분별한다. 겉옷이나 [다른] 옷을 입거나 발우를 [지니는] 것을 잘 관찰하고 분별한다. 걷거나 서거나 앉거나 눕거나 자거나 깨거나 말하거나 침묵하는 것, 이 모두를 수행승은 분명하게 안다.

그리하여 『맛지마니까야』는 명료한 앎을 앞을 보거나 돌아보거나, 먹거나 마시거나, 대소변을 보는 데까지 확장하고 있다.[18] 『중아함경』은 많은 활동들을 열거하지 않는 반면, "명료한 앎"이 갖는 함축성을 더욱 정확하게 특정하고 있다. 그러므로 밖으로 나가는 것과 들어오는 것은 잘 분별하여야 하고 적절한 몸가짐을 하면서

---

18) 『장아함경』 DĀ 2 at T 1.14a3은 다른 방향을 보거나, 먹고 마실 때 명료한 앎을 언급한다. 『성문지』에서도 그러하다. Śrāvakabhūmi, Shukla 1973: 11,12. 자이나교 전통에서의 적절한 행동에 대해서는 Deo 1956: 487을 참조할 수 있다. 대소변에 대해서도 언급하고 있다.

사지를 움직여야 한다. 가사와 발우는 적절하게 입어야 하고 잘 간수해야 한다.

이렇게 자세와 활동을 부가적으로 특별히 규정하는 것은 승단의 적절한 행동에 대한 전반적인 묘사와 맥을 같이한다. 알아차리고 사려 깊은 행동을 하는 것은 해탈로 나아가는 훈련의 점진적 과정에서 중요한 단계이다. 여러 경전에서는 몸의 활동들에 대한 명료한 앎은 네 가지 알아차림의 확립과 별개로 언급하고 있다. 이런 맥락에서 보면 명료한 앎은 네 가지 알아차림 확립의 중요한 일부인 대신, 알아차림의 확립으로 인도하는 그 무엇으로 나타난다.[19] 또한 이런 형태의 수행이 『증일아함경』에서 언급되지 않고 있다는 점을 감안해 보면, 활동들에 대한 명료한 앎은 이후 알아차림의 확립 체계에 아마 부가되었을 것이다.

동일한 사실이 자세를 알아차리는 데도 적용된다. 그러나 이런 자세에 대한 언급도 『증일아함경』에서는 볼 수 없다. 이런 자세와 활동이라는 두 가지 수행이 처음에는 알아차림의 확립 수행의 부분이지 않았을 가능성이 있다고 강하게 인상을 받는 이유는, 다른 사람이 "걷거나", "서 있거나" 또는 "굽히거나", "뻗거나" 하는 것 등을 알아차리는 것이 수행자에게 유익함을 보장하기 어렵다는 사실에서도 더욱더 잘 알 수 있다. 즉 몸의 자세와 활동과 연관해서 알아차림을 계발하는 것은 수행자 자신의 자세와 활동에 대해 알아차림을 하는 길을 제공해 줄 뿐이다. 수행의 "외적"인 형태는 모

---

19) AN 10.61 at AN V 116,7 그리고 AN 10.62 at AN V 119,17 (translated Bodhi 2012: 1417f), 대응 경전 MĀ 51 at T 1.487c17, MĀ 52 at T 1.489a18, MĀ 53 at T I 489c21 (T 36 at T 1.820b12, T 37 at T 1.821a9에서는 명료한 앎에 대한 명시적인 언급 없이 알아차림에 대해서만 언급하고 있다).

든 경전에서 볼 수 있는 세 가지 몸에 대한 수행의 경우에만 의미가 있는 듯이 보인다. 즉 해부학적 부분들, 요소들, 붕괴되는 시체에 대한 알아차림이다. 나 자신의 몸과 다른 사람의 몸을 아름다움의 상실로, 요소들의 단순한 집적으로, 결국 죽고 분해되는 것으로 통찰해서 볼 수 있다.

위에서 제시한 가설이, 호흡의 알아차림과 함께 자세의 알아차림 그리고 몸의 활동에 대한 명료한 앎, 이것들 자체가 수행의 역사에서 나중에 발생하였다는 것을 제시하고자 하는 것도 아니고, 또한 이런 것들이 알아차림을 계발하는 데 훌륭한 기회가 된다는 것을 부정하고자 하는 것도 아니다. 이런 가설이 의미하는 바는 원래 서로 다른 맥락에서 기술된 수행이 구전되는 동안 비교적 이른 시기에 몸에 대한 수행을 서술하는 데 포함되었다는 것이다. 이런 일이 일어나는 정확한 이유는 이 수행이 알아차림의 계발에서 중요하고 또한 알아차림의 수행과 밀접한 관련성을 갖고 있기 때문이다.

3. 모든 경전에서 볼 수 있는 몸에 대한 수행

모든 경전에서 볼 수 있는 몸에 대한 수행의 형태는 몸의 해부학적 부분들과 그 요소들을 조사하고 자신의 몸을 붕괴되는 시체와 비교해 보는 것이다. 이것들을 다음 세 장에서 더 자세히 논의할 예정이다. 대응 경전들은 이런 수행을 단순히 열거하고 있을 뿐만 아니라 또한 일정한 순서대로 제시하고 있다. 이런 순서에 따르면 몸에 대한 수행의 첫 번째는 몸의 아름다움이라는 개념에 직접적으로 도전하는 것이다. 이것은 자신의 몸 또는 다른 사람의 몸과 관련해서 아름다움이라는 주제가 커다란 논란거리라는 점을 감안하면, 자연스러운 목표이다. 사실 상좌부 아비달마 문헌 중 초기에 속하는『위방가(Vibhaṅga)』에 의하면 몸의 해부학적 부분들에 대한 수행이 몸에 대한 알아차림을 하는 유일한 수행이다.[20] 초기 설일체유부 아비달마 문헌인『법온론(Dharmaskandha)』에서 볼 수 있는 몸에 대한 수행은 해부학적 부분들과 요소들에 관련된 것뿐이다.[21]

몸의 해부학적 구성에 대한 수행을 통해서 점차적으로 출리(出離, detachment)가 이루어지고「알아차림의 확립 경」과 이에 대응하는 경전에서 다음으로 열거할 요소들에 대한 수행으로 인해서 몸을 자신과 동일시하는 인식은 점차로 줄어들게 된다. 자신의 몸─다른 사람의 몸과 마찬가지로─은 그 성질상 외부의 어떤 사물과 동일한 요소들로 이루어져 있다는 것을 깨닫게 된다.

몸의 죽음─모든 경전에서 세 번째 몸에 대한 수행으로 다루어지고 있는 주제─에서 자신의 몸은 무상하고 결국은 흩어져 간다는 사실을 배우게 된다. 이런 사실을 깨달은 사람은 일상적으로 느끼게 되는 공포와 집착에 더 이상 영향을 받지 않게 된다.

---

20) Vibh 193,17 (translated Thiṭṭila 1969: 251).
21) T 1537 at T XXVI 476a7. 해부학적 부분과 요소들은『빠띠삼비다막가 (Paṭisambhidāmagga)』에서 볼 수 있는 다양한 관점의 몸에 대한 수행에서 볼 수 있는 두 측면이다. Paṭis II 232,9 (translated Ñāṇamoli 1982: 398).

교리적인 측면에서 이런 세 가지 몸에 대한 수행을 통해서 드러나는 주제 세 가지는 다음과 같다.

- 아름다움의 상실 [不淨, asubha]
- 무아 (無我, anattā)
- 무상 (無常, anicca)

그러므로 이런 세 가지 경전에 공통되는 몸에 대한 수행의 중심 목표는 내적인 아름다움의 상실, 무아라는 성질, 결국은 죽을 수밖에 없는 운명이라는 관점에서 몸의 성질을 명료하게 이해하는 것을 직접적으로 알아차리는 데 있다. 이런 깨달음을 향해 나아가기 위해서 제일 먼저 살펴보게 되는 것은 몸의 해부학적 부분들에 대한 것이다. 이를 먼저 조사해 보는 이유는 현대의 우리 삶에 여러 측면에서 심대한 영향을 미치고 있는 개념인 신체적 아름다움이라는 개념을 해체하기 위해서이다. 몸을 매력적으로 바라보는 배경 뒤에는 몸을 자신과 동일시하는 경향이 숨어 있다. 그다음 수행은 신체적 동일시의 인식을 해체하기 위해 요소들에 대한 수행을 하는 것이다. 몸을 자신과 동일시하는 한, 죽음은 영원한 위협으로 존재한다. 그리고 자신이 죽을 수밖에 없는 운명이라는 것을 무시하고 피하려는 경향은 세 번째 수행, 즉 부패한 시체에 대한 수행으로부터 도전을 받는다.[22] 이렇게 몸에 대한 수행이 이루어

---

22) Harmon-Jones et al. 1997: 24는 "죽음에 대한 두려움은 다른 종과 마찬가지로 자기보존의 본능에 뿌리를 두고 있다. 다른 종과 마찬가지로 우리가 이러한 본능을 가지고 있더라도, 단지 인간만이 죽음은 피할 수 없고, 자기보존을 위한 본능적인 충동과 죽음의 불가피성에 대한 자각이 결합함으로써

지는 전반적인 방향은 몸의 진정한 성질을 이해하는 것을 통해서 몸으로부터 멀어지는 것이다.

「알아차림의 확립 경」에만 있는, 예를 들면 호흡의 알아차림 또는 자세의 알아차림도 포함하는 몸에 대한 수행을 고려해 보면, 귀결되는 전망은 그렇게 명확하게 보이지 않는다. 이런 수행들이 깨달음으로 나아가는 과정에서 중요한 부분으로 기능을 하지만, 대응 경전들에 공통되는 세 가지 수행은 몸에 대한 수행이라는 측면에서 몸—또는 호흡과 같은 부분적인 것들—을 단순히 알아차리는 것으로만 다루지 않는다는 점에서 다르다. 오히려 공통되는 세 가지 몸에 대한 수행은 몸의 성질에 대한 이해를 우선시하고 있다. 즉 알아차림 그 자체만이 아니라 통찰에 오히려 강조점을 두고 있다.

이런 점은 「알아차림의 확립 경」과 대응 경전을 비교 연구하는 과정에서 도출되는 중요한 결과이다. 즉 첫 번째 알아차림의 확립의 핵심인 몸의 성질에 대한 통찰을 얻기 위해, 알아차림의 계발에 초점을 맞춘다는 점이다. 이런 것은 어쨌든 모든 경전에서 볼 수 없으므로 몸에 대한 수행의 유용성이 평가 절하되는 것이 아니라, 첫 번째 알아차림의 확립의 중심적인 과제는 신체적 아름다움의 개념을 극복하는 것, 몸의 주인이라는 생각을 내려놓는 것, 언젠가 몸은 죽을 것이라는 사실을 피하려는 내적 경향성에 맞서는 것이다.

모든 것을 마비시킬 정도의 공포를 만들 가능성이 있다."라고 설명한다.

4. 몸에 대한 수행의 유익

『맛지마니까야』와 『중아함경』에서 이런 세 가지 수행에 이어서 나오는 구절—내가 "정형구"라고 부른 것이지만—을 보면 이렇게 몸의 성질에 대한 수행을 함으로써 알아차림은 확립되고 명료한 앎으로 이어진다고 한다. 두 경전은 다음과 같이 언급하고 있다.

『맛지마니까야』
오직 순수한 앎과 지속적인 알아차림을 위하여 '몸이 있다'는 알아차림이 수행승에게 확립된다.

『중아함경』
수행승은 몸에 알아차림을 확립하고, 알고, 보고, 이해하고, 통찰한다.

대응 경전들에 공통적인 세 가지 몸에 대한 수행의 도움으로 몸에 대해 반복적으로 알아차림이 향하게 되면, 전체로서의 몸은 자신의 체험을 보다 더 의식적으로 기록하는 장소가 된다. 이런 몸에 대한 수행의 자연스러운 결과는 몸이 어떤 자세를 취하든, 어떤 활동을 하든 몸을 알아차리는 능력이 강화된다는 점이다. 그러므로 실제적인 관점에서 몸의 성질을 이해하고자 하는 것을 목적으로 하는 몸에 대한 수행은 몸의 자세와 활동을 알아차리지 않을 수 없다. 오히려 이것은 이런 몸에 대한 수행에서 이루어지는 자연스러운 결과이다. 몸에 대한 수행은 자세를 단순히 알아차리는 것에서 끝나는 것이 아니라, 여러 활동을 하는 동안 지속적인 알아차림을 가능하게 해 주는 결정적이고 중요한 수행이다.

1) 몸에 알아차림을 단단히 정박시키기

이렇게 길러진 자각은 알아차림을 통해서 몸에 대해 집중할 수 있게 해 준다. 이것은 일상적 활동을 하는 동안 알아차림을 유지하는 데 중요한 지지대(anchor)로서 작용할 수 있다. 알아차림이 몸의 지지대 역할을 하는 것에 대해『상윳따니까야』와『잡아함경』에서 두 개의 비유를 볼 수 있다. 첫 번째 비유는 강한 말뚝에 묶인 여섯 동물들을 묘사하고 있고, 두 번째 비유는 춤추는 소녀를 바라보는 청중들 사이를 기름이 가득 찬 항아리를 옮기는 사람의 비유를 들고 있다. 여기서는『잡아함경』의 여섯 동물 비유를 번역해 보고자 한다.[23]

이것은 마치 여섯 종류의 동물을 잡고 있는 사람과 같다. 먼저 그는 개를 잡았다. 개를 붙잡고 한 말뚝에 묶었다. 그리고 새를 잡았고, 다음으로 독뱀을 잡았고, 그 다음으로 자칼을 잡았고, 악어를 잡았고, 마지막으로 원숭이를 잡았다. 이 여섯 동물을 잡아서 모두 하나의 말뚝에 묶었다.[24]

---

23) SĀ 1171 at T 2.313a15-313a24.
24) 대응 경전에서는 동물을 열거하는 순서에 차이가 난다. 빨리 경전 SN 35.206 at SN IV 200,7 (translated Bodhi 2000: 1256, number 247)은 '독이 있는'이라는 용어 없이 뱀, 악어, 새, 개, 자칼, 원숭이의 순서이다. 티베트 대

개는 마을로 가려고 하고, 새는 하늘로 날아가려고 하고, 뱀은 항상 굴로 들어가려고 하고, 자칼은 묘지로 가길 좋아하고, 악어는 커다란 웅덩이로 들어가려고 하고, 원숭이는 숲속으로 가고자 한다.

이 여섯 동물들은 서로 다른 선호를 가지고 한 말뚝에 묶여 있으나 각자 자신이 편한 곳으로 가고자 하지만, 다른 동물은 그곳을 좋아하지 않는다. 각각의 동물은 자기가 좋은 곳으로 가려고 힘을 쓰고 있다. 그러나 자유로울 수 없다.[25]

대응 경전들과 마찬가지로 『잡아함경』은 이 동물들이 묶여 있는 지점은 강한 말뚝이고 이 말뚝은 몸에 대한 알아차림을 상징하고 여섯 동물들은 여섯 감각을 상징한다고 설명하고 있다. 이 비유에서 우리는 몸에 대한 알아차림은 강한 말뚝에 비견되는 중심점을 제공한다는 것을 알 수 있다. 이 말뚝은 여섯 감각을 통해서 들어오는 이런저런 것에 매혹당하고 휘둘리는 힘을 견디게 해 준다.

기름이 가득 든 항아리를 옮기는 또 다른 비유는 다른 예이지만 위의 비유와 동일한 주제를 다루고 있다. 여기서는 『잡아함경』의 비유를 제시해 둔다.[26]

응 경전 D 4094 nyu 80a2 또는 Q 5595 thu 125b6은 개, 새, 자칼, 악어, (독이 있는 이라는 용어 없이) 뱀, 원숭이의 순서이다.

25) SN 35.206 at SN IV 200,13에서 뱀은 개미탑으로 가고자 하고 악어는 물로 가려고 한다고 한다. D 4094 nyu 80a5 또는 Q 5595 thu 126a3은 뱀이 굴로 들어가려 한다는 점에서는 SĀ 1171과 일치하지만, 악어가 물로 들어가려고 한다는 점에서는 SN 35.206과 일치한다.

26) SĀ 623 at T 2.174b21-174b29.

아름다운 미녀가 어떤 곳에서 다양한 노래, 춤을 연주하면서 흥을 돋우고 있다고 생각해 보자. 많은 사람들이 그곳으로 몰려들었다. 그곳에 바보가 아니고, 어리석지 않지만 즐거움을 좋아하고 괴로움을 싫어하고 살기를 좋아하고 죽음을 두려워하는 어떤 사람이 있다고 생각해 보자.

어떤 사람이 그에게 말하길, "당신은 기름이 가득한 항아리를 가지고 미녀와 관중 사이를 지나가라. 너를 따라갈 칼잡이를 보낼 것이다. 기름을 한 방울이라도 흘리면 바로 너를 벨 것이다." 그 사람이 항아리를 이고 가면서 기름을 잊어버리고, 칼잡이를 잊고, 미녀와 관중을 볼 수 있을까?[27]

이런 상황에서 그 사람이 그 미인에 현혹되어 쳐다보다 기름을 흘려서 결국 죽게 된다면, 그 사람은 자신의 임무를 잊어버린 것이 분명하다. 『상윳따니까야』는 이 비유에서 기름이 가득 찬 항아리는 몸에 대한 알아차림을 상징한다고 설명하고 있다.[28] 인도에서는 대개 항아리를 머리에 이고 옮긴다는 것을 상기하면, 머리 위의 기름 항아리 이미지는 알아차림을 통해 몸으로 집중된 감각이라는 점을 잘 전달하고 있다.

항아리를 머리에 인 사람이 기름을 흘리지 않고 관중들을 통과

---

27) 대응 경전인 SN 47.20 at SN V 170,3 (translated Bodhi 2000: 1649)은 점점 더 군중들이 모여든다고 한다. 사람들은 처음에는 미녀를 보려고 모이고, 미녀가 노래하고 춤출 때 더 많은 사람들이 모였다. SN 47.20은 더 이상 항아리에 주의를 기울지 않고 부주의로 인해서 주의를 밖으로 돌린다고 이야기하는 것이 차이점이다.
28) SN 47.20 at SN V 170,18.

하기 위해서는 관중들을 알아차려야 하기 때문에, 이 비유에서 묘사된 상황의 핵심은 모든 것을 등한시하고 단지 자신의 몸에만 초점을 맞추라는 것이 아니라는 점은 분명하다. 오히려 주의 집중의 영역이 충분할 정도로 넓어져서 몸에 대한 알아차림에 중점을 두는 동시에, 주위를 자각하여 의미 있게 반응할 수 있어야 한다.

여섯 동물과 기름 항아리의 비유는 일상생활에서 몸에 대한 알아차림이 주는 유익함을 지적하는 데 도움이 된다. 감각의 여섯 "동물"은 이런저런 방향으로 잡아당긴다. 몸을 알아차리는 지지대를 어느 정도 유지하게 되면, 중심을 잡는 핵심적인 힘을 발휘할 수 있다. 이렇게 심지어 한 순간만이라도 알아차림이 "흘러넘치게" 되면, 등 뒤에서 목을 치려고 기다리고 있는 칼잡이가 있다고 해도, 노래하고 춤추는 매우 아름다운 미녀를 쳐다보는 많은 관중들 사이를 안전하게 비집고 다니면서 이동할 수 있게 된다.

평소의 일상 활동을 하면서 몸에 대한 알아차림에 중심점을 두게 되면, 이것은 매일 매일의 상황에 대한 알아차림을 유지하는 데 유용한 도구가 된다. 집중 수행과 일상의 간극을 메우고자 할 때 흔히 발생하는 공통적인 문제점은, 집중 수행 동안 순수한 감각에 머물면서 계발한 강한 집중이 집중 수행을 떠난 일상생활에서는 잘 작동하지 않는다는 점이다.

나는 실제적인 예로서 집중 수행을 마친 후 운전하는 경우를 들어보겠다. 신호등이 붉은색으로 바뀌면 호흡의 감각에만 집중을 유지하는 것보다 이 붉은 신호를 명료하게 아는 것이 중요하다. 더구나 단순히 "붉음, 붉음" 하고 이름 붙이는 것에 더하여 일상적인 의미로 정말 붉은 신호등이 무엇을 의미하는지를 또한 인식할 필요가 있다. 이런 것은 잠깐만 생각해 보면 아주 명백한 것처럼 보이기는 하지만, 집중 수행에서 벗어나 이를 일상생활의 마음에 적응시키는 데에는 다소 시간이 걸릴 수 있다.

이런 상황에서 수행을 지속하는 하나의 방법은 열린 마음으로 외부세계에 충분히 대응하면서 동시에 몸에 대한 알아차림으로 마음을 붙잡는 것이다. 즉 호흡 또는 발바닥의 감각 등과 같은 특별한 그 무엇에 주의를 고정하는 대신 전체로서의 몸을 알아차리는 것을 지금 이 순간에 알아차림을 정박시키는 하나의 방법으로 사용할 수 있다.

사실 이런 식으로 알아차림을 정박시키는 방법은 실제로 자신이 알아차림을 유지하고 있는지 아닌지를 점검하는 데 유용하다. 왜냐하면 알아차림이 유지되고 있는지를 조사할 때 이런 알아차림의 정박이 상실되었는지를 재빨리 명료하게 알 수 있기 때문이다. 이와는 대조적으로 어떤 일이 일어나더라도 알아차림을 유지한다는 의미에서, 어떤 특별한 기준점 없이 지속적으로 알아차림을 시도하는 것은 쉽게 보일지 모르지만 생각만큼 쉽지는 않다. 어떤 수행자들에게는 자기기만의 위험성이 있을 수 있다. 실제로는 알아차림이 전혀 되지 않았음에도 불구하고, 알아차리고 있다는 식으로 자신을 속이는 것으로 끝날 수도 있다.

몸 전체를 알아차림의 바탕 위에 두는 것은 자신이 정말로 알아차림을 하고 있다는 것을 인식하도록 촉진하는 분명한 참조점을 제공할 뿐만 아니라, 또한 마음을 넓게 하고 개방적인 상태로 자연스럽게 나아가도록 한다. 그러므로 몸에 대한 알아차림은 우리를 좁은 곳에 초점을 맞추게 하는 것이 아니라, 오히려 마치 의자 등

받이처럼 든든하게 받쳐 준다. 그럼에도 불구하고 일상적인 외적 생활을 잘 조절해 가는 능력을 전혀 방해하지 않는다. 또한 몸을 알아차리는 것은 느낌과 잠재적인 갈망의 반응들을 알아차리는 것을 촉진시켜 준다. 이것은 두 번째 알아차림의 확립인 느낌에 대한 수행으로 이끌어 준다.[29] 그리하여 알아차리면서 "항아리"를 옮기는 데 몸 전체를 사용하는 것은 이런저런 방향으로 여섯 감각이 끊임없이 잡아당기는 것을 견딜 수 있게 해 주는 강한 "말뚝"이 되는 동시에, 여섯 감각에 휘둘리지 않고 세상을 살아갈 수 있게 해 준다.

2) 몸에 대한 알아차림과 출리

몸에 대한 알아차림이 주는 유익함을 더 넓은 시각에서 조망할 수 있는 자료들은 「까야가따사띠 경」과 대응 경전인 『중아함경』에서 볼 수 있다. 이 두 경전은 첫 번째 알아차림의 확립에 전적으로 집중하고 있고, 이로 인해서 이 경전들은 「알아차림의 확립 경」과 대응 경전인 『중아함경』에서 볼 수 있는 몸에 대한 수행과 동일한 수행들을 열거하고 있다.[30] 「까야가따사띠 경」과 대응 경전인 『중아함경』은 몸에 대한 알아차림을 계발하는 방식을 열거한 다음에,

---

29) Hölzel et al. 2011: 549는 "몸에 대한 지각을 높이는 것은 현재의 느낌의 생리학적 측면 예를 들어 몸의 긴장, 심장의 박동, 짧은 호흡을 감지하는 데 도움을 준다. 그리고 자극에 대한 내적 반응에 대한 이러한 정보는 발생한 정서반응을 정확히 파악하는 데 선결요건이 된다"라고 설명한다.
30) MN 119는 위에서 언급했듯이, MN 10의 수행목록에 더해서, 사선정을 몸으로 경험하는 것에 포함하고 있다.

이런 수행에서 기대할 수 있는 유익함을 살펴보고 있다.

이 두 경전은 여러 비유를 통해서 몸에 대한 알아차림이 주는 유익한 효과를 보여 주고 있다. 특히 몸의 성질에 대한 통찰을 통해서 정신적 출리의 긍정적인 효과를 드러낸다. 개별적인 몸에 대한 수행 이후 얻는 주요한 유익함은 사실 마음의 집중력을 획득하는 것이다. 『중아함경』에서 몸에 대한 알아차림이 주는 유익함을 보여 주는 비유를 들어보겠다.[31]

이와 같이 몸에 대한 알아차림을 계발하면, 계발하는 만큼 이는 모든 좋은 상태, 즉 즉 깨달음으로 나아가는 상태를 완전히 포함한다. 이러한 상태로 나아가기로 결심한다면 완성에 이를 것이다. 이것은 마치 대양과 같다. 모든 작은 강이 마침내 대양에 도달할 것이다.[32]

달리 표현하면 몸에 대한 알아차림은 대양처럼 아주 넓게 마음을 계발하는 것에 기반을 두고 있다. 이 대양은 자신에게 흘러들어

---

31) MĀ 81 at T 1.556c9-557b4 (translated Kuan 2008: 162). Kuan 2008: 131은 모든 물이 모이는 대양의 이미지를 Bṛhadāraṇyaka Upaniṣad 2.4.11 (translated Radhakrishnan 1953/1992: 199)에서도 볼 수 있다고 지적하고 있다.

32) MN 119 at MN III 94,23 (translated Ñāṇamoli 1995: 954)은 좋은 상태를 참된 지식을 가지고 있는 상태로 언급하고 있다. MN 119는 나아가기로 한 마음의 상태를 성취할 수 있는 능력에 대해서는 언급하지 않고 있다. 비록 비슷한 언급이 조금 뒤에서 언급되고 있다고 할지라도 말이다. MN 119의 대양의 비유는 모든 물줄기를 포함하는 대양만큼 마음을 넓히는 것으로 기술한다. AN 1.21 at AN I 43,12 (translated Bodhi 2012: 129, number 575)에서도 몸에 대한 알아차림과 관련해서 이 비유가 사용되고 있다.

오는 다양한 강에 비유할 만큼 다양한 좋은 상태를 계발하도록 이
끈다.

이 두 경전들은 계속해서 마라(Māra)를 이길 수 있는 일련의 비
유를 들고 있다. 『중아함경』은 몸에 대한 알아차림을 계발함으로써
마라의 범위를 벗어나는 방법을 비유로 서술하고 있다.

이것은 마치 물이 가득 담긴 항아리가 땅에 바로 서 있는 것과 같
다. 어떤 사람이 물을 가져와서 이 항아리에 붓는다면 … 이 항아
리는 이 물을 받을 수 있겠는가?

물론 항아리에 물을 더 넣을 수 없을 것이다. 이런 상황은 빈
항아리와 대조를 이룬다. 빈 항아리에는 여분의 물을 더 넣을 수
있다.

이것은 마치 힘센 사람이 가벼운 깃털로 만들어진 공을 문에 던지
면 … 그 공이 문을 뚫을 수 있겠는가?

분명히 그 공은 문에 닿지도 않을 것이다. 이것은 힘센 사람이
젖은 진흙 언덕에 무거운 돌을 던지는 경우와 대조를 이룬다.

이것은 마치 어떤 사람이 불을 만들기 위해서 젖은 나무와 젖은
송곳을 사용한다면 … 불을 만들 수 있겠는가?

말할 필요도 없이 불을 붙일 수 없을 것이다. 이것은 마른 나무

와 마른 송곳을 사용하는 사람과 대조를 이룬다.

대응 경전들에 나타나는 이런 이미지들은 순서상의 차이를 제외하고는 아주 유사하다. 「까야가따사띠 경」은 우선 몸에 대한 알아차림을 계발하지 않은 사람들이 진흙 위에 떨어진 무거운 돌같이, 마른 나무에 붙는 불같이, 빈 항아리에 들어가는 물같이, 얼마나 쉽게 마라의 손아귀로 떨어지는지를 보여 준다. 그다음으로 「까야가따사띠 경」은 몸에 대한 알아차림을 계발한 사람의 경우 마라에게 떨어질 가능성이 없다는 것을 보여 준다. 이것을 문에 가벼운 공을 던지는 것, 젖은 나무에 불을 붙이는 것, 가득 찬 항아리에 물을 붓는 것과 비교하고 있다. 그러나 『중아함경』에서는 빈 항아리 다음에 가득 찬 항아리, 젖은 진흙에 던진 무거운 돌 다음에 문에 던진 가벼운 공, 불을 붙이는 데 사용하는 마른 나무 다음에 젖은 나무가 나온다.

「까야가따사띠 경」은 계속해서 세 가지의 다른 비유들을 든다. 거기에서는 몸에 대한 알아차림을 기른 사람이 깨달음을 쉽게 얻을 수 있는 것을 힘센 사람이 물이 가득 찬 항아리를 뒤엎거나, 또는 물이 가득 찬 연못의 둑을 쉽게 허무는 것에 비교하거나, 또는 솜씨 좋은 마부가 자신이 원하는 대로 마차를 쉽게 운전할 수 있는 것과 비교하고 있다.

두 가지 경전에 공통되는 물 항아리, 공, 불쏘시개의 비유들은 마음을 계발하는 데 있어서 몸에 대한 알아차림의 중요성을 생생하게 강조하고 있다. 「까야가따사띠 경」과 대응하는 『중아함경』은 계속해서 몸에 대한 알아차림을 성공적으로 계발할 때, 기대할 수 있는 유익함의 목록을 열거하고 있다. 두 경전이 열거하고 있는 목록은 다소 차이가 있지만, 공통되는 기반은 몸을 알아차리면 추위와 더위, 배고픔과 목마름뿐만 아니라 불만족과 공포 등을 인내심 있게 참을 수 있다는 것이다. 이런 유익함은 몸의 출리로 인해서 변화무쌍한 몸의 상태 속에서 어떻게 고요하게 머무를 수 있는지를 보여 준다.

보다 수준 높은 유익함은 몸에 대한 알아차림이 네 가지 선정의 성취를 촉진한다는 것이다. 이것은 깊은 집중이라는 마음의 행복함에 접근할 수 있기 위해서는 감각적 욕망을 넘어설 필요가 있다는 것을 보여 준다. 또 다른 유익함은 여섯 가지 초자연적인 지식의 성취이다. 이들 가운데 마지막은 완전한 깨달음을 성취할 때 생기는 번뇌[漏, influxes]의 파괴이다. 이렇게 몸에 대한 알아차림은 해탈의 길로 나아가는 사람들에게는 소원을 충족시켜 주는 보배와 같은 것이다.

5. 요약

첫 번째 알아차림 확립의 중심적 주제는 출리를 계발하는 하나의 방법으로서 몸의 진정한 성질에 대한 통찰을 하는 것이다. 몸의 해부학적 구성을 직접적으로 알아차리게 되면 몸에는 아름다움이 없다는 것을 깨닫게 된다. 자신 안에 있는 물질 요소들을 수행하면 몸과 동일시하는 것이 줄어든다. 몸은 죽을 수밖에 없다는 것을 직면하면 몸이 갖는 무상한 성질을 납득하게 된다. 이런 식으로 몸의 성질을 탐색하는 직접적이고 반복적인 자각은 알아차림을 몸에 집중하게 하고, 주의를 흩뜨리지 않고, 일상의 활동에서 알아차림의 "항아리"를 옮기는 데 도움이 되는 강한 "말뚝"을 제공한다.

4장

해부학적 부분들

1. 가르침

  몸의 해부학적 구성물을 조사하는 것은 두 개의 대응하는 한역 아함경뿐만 아니라 「알아차림의 확립 경」에서도 볼 수 있는 몸의 세 가지 알아차림 수행 양식 가운데 첫 번째이다. 아래에서 나는 이 세 가지 경전에서 연관된 부분들을 비교하고 그 중요성을 탐구할 것이다.

『맛지마니까야』
수행승은 동일한 이 몸을 발바닥에서부터 위까지, 머리카락에서부터 아래까지 피부로 둘러싸여 있고, 깨끗하지 않은 많은 것으로 가득 차 있다고 조사한다.
이 몸 안에 머리카락, 털, 손발톱, 치아, 피부, 살, 힘줄, 뼈, 골수, 콩팥, 심장, 간, 횡격막, 비장, 폐, 장, 장간막, 위장의 내용물, 똥덩어리, 담즙, 가래, 고름, 피, 땀, 지방, 눈물, 기름, 침, 콧물, 윤활액, 오줌이 있다고 조사한다.
… 이것은 마치 눈 밝은 사람이 다양한 종류의 곡물, 예를 들어 벼, 보리, 콩, 완두, 수수, 쌀로 가득한 자루를 양쪽으로 열어서 조사하는 것과 같다. 이것은 벼이고, 이것은 보리고, 이것은 콩이고, 이것은 완두고, 이것은 수수이고, 이것은 쌀이라고 조사한다.

『중아함경』
수행승은 이 몸을 몸의 위치에 따라서, 매력적인 것과 혐오스러운 것에 따라서, 머리에서 발끝까지 몸은 깨끗하지 않은 다양한 것으로 가득하다고 보면서, 몸을 관찰한다.

나의 이 몸 안에는 머리카락, 털, 손발톱, 치아, 거칠거나 부드러운 살갗, 피부, 살, 힘줄, 뼈, 심장, 콩팥, 간, 폐, 대장, 소장, 비장, 위, 똥 덩어리, 뇌, 뇌간, 눈물, 땀, 침, 고름, 피, 지방, 골수, 점액, 가래, 오줌이 있다.

이것은 마치 시력이 좋은 사람이 다양한 씨앗이 담겨 있는 그릇을 보고 그 안에 담겨 있는 것 전부를 쌀, 수수, 무씨, 겨자씨라고 분명하게 구분하는 것과 같다.

『증일아함경』

수행승은 이 몸을 머리에서 발끝까지 이 몸 안에 있는 모든 것은 깨끗하지 않은 [특성]이 있고, 집착할 가치가 없다고, 특성과 기능에 따라서 관찰한다.

따라서 수행승은 이 몸 안에 몸의 털, 머리털, 손톱, 치아, 피부, 살, 힘줄, 뼈, 골수, 뇌, 지방, 내장, 위, 심장, 간, 비장, 콩팥이 있다고 관찰한다. 수행승은 이 모든 것을 관찰하고 안다. 또한 똥, 오줌, 두 가지 소화기관에서 생기는 나머지 것들 전부, 눈에서의 눈물, 침, 콧물, 혈관의 피, 지방, 담즙이 있다. 그리고 수행승은 이것들 전부 집착할 만한 가치가 없다고 관찰하고 안다.

『맛지마니까야』와 『중아함경』을 비교하여 보면 『중아함경』의 도입부에 몸은 "위치에 따라서" 수행해야 한다고 부가적인 명시를 하고 있다는 것을 알 수 있다. 이렇게 특별히 명시하는 것은 앞은 자세에만 한정해서 수행할 필요는 없다는 것을 함축하고 있는 듯이 보인다. 다른 말로 하면 해부학적 구성물을 살펴보는 것은 몸이 어디에 어느 때에 어떤 방식으로 있다고 하여도 상관없이 행할 수 있고 행해야 한다는 것이다.[1] 『맛지마니까야』에서는 요소들의 수행과 연관해서 "몸이 놓여 있는 대로, 있는 대로" 알아차려야 한다고 위와 비견될 만한 언급을 하고 있다.

『중일아함경』은 몸을 "그 특성과 기능에 따라서" 조사해야 한다고 가르치고 있다. 그 반면 내가 "기능들(functions)"이라고 번역한 한역 용어는 "활동들(activities)"로 간주해도 무방하다. 전체적으로 경전의 가르침은 몸의 구성물을 통찰하기도 해야 하지만 그뿐만 아니라 아마도 어느 정도는 서로 다른 해부학적 부분들의 기능을 알아차리고 있어야 한다는 뉘앙스를 풍기고 있다. 이런 것은 의미심장하다. 왜냐하면 몸의 어떤 부분에 지나치게 매력을 느껴서 머물거나 또는 다른 부위에 지나치게 혐오감을 느끼는 것은 몸의 구성 부분들은 단지 몸을 살아 있게 하고 잘 작동하게 하는 기능을 갖는다는 단순한 사실에 대한 통찰력을 잃어버리게 하기 때문이다.

균형의 뉘앙스는 "매력적인 것과 혐오스러운 것에 따라서" 몸을 조사해야 한다는 『중아함경』의 경고에서도 명확하게 나타난다. 이런 명시적 언급이 대응 경전에서는 나타나고 있지 않지만, 이와 유사한 태도는 해부학적 부분들을 실제로 열거하는 데서 어느 정도 내재되어 있다. 모든 경전에서 이렇게 열거하고 있는데, 예를 들면 치아, 피부, 머리카락 등과 같이 매력적인 속성을 갖는 것도 있

---

1) 『잡아함경』의 간다리 단편에서 비슷한 언급이 아름다움이 상실된 경우(aśubha)를 기술할 때에도 이루어진다. Glass 2007: 150.

고 이와 함께 일반적으로 혐오감을 경험하는 점액, 고름, 대변, 소변 등도 같이 열거하고 있다. 그러므로 신체 부분들을 열거하는 것은 『중아함경』이 명확하게 밝히고 있는 것, 즉 균형 잡힌 태도로 신체적으로 매력적인 부분들과 일반적으로 혐오스럽게 여겨지는 것들을 관찰해야 한다는 것을 예시하고 있는 듯이 보인다.[2] 결국 우리가 배워야 할 기본적인 교훈은 신체의 이런 모든 부분들은 동일한 성질을 갖고 있다는 점 그리고 매력적인 것과 혐오스러운 것을 나누는 것은 마음의 평가라는 점이다.

『중아함경』은 계속해서 수행은 또한 "몸은 깨끗하지 않은 다양한 것으로 가득하다고 보는 것"이 필요하다고 지적하고 있다. 같은 의미에서 『증일아함경』은 "이 몸 안에 있는 모든 것은 깨끗하지 않다고 수행하는 것"이라고 가르치고 있고, 『맛지마니까야』의 가르침도 또한 "깨끗하지 않은 많은 것으로 가득 차 있다고" 몸에 대해 말하고 있다.

고대 인도의 맥락에서 더러운 것은 몸과 연관해서 아주 자연스러운 성질이었다.[3] 그럼에도 불구하고 한역 아함경의 이 구절들을 "깨끗하지 않은(impure)"이라고 번역한 나의 해석방법은 원래의 경전 해석에서 번역 가능한 유일한 방법은 아니다. 나의 이 번역이 한문의 부정(不淨)["더러운" 또는 "깨끗하지 않은"을 의미하는 빨

---

2) 빨리문헌에 나타난 해부학적 부분을 언급하면서, Hamilton 1995: 58은 이 구절은 "각각의 모든 부분을 분석적인 관찰 훈련의 한 부분으로 어느 정도까지 동일한 대상을 관찰하여야 하는지를 분명하게 보여 준다. 이것은 말하자면 이인지, 점액인지, 고름인지와는 상관없다."라고 언급하고 있다.

3) Olivelle 2002: 190은 고대 인도에서는 일반적으로 금욕주의적 문헌에서는 몸을 본질적으로 깨끗하지 못한 것으로 제시한다고 설명한다.

리어 표현 아수찌(asuci)에 해당되는 것은 분명하다]이라는 단어의 가장 확실한 번역이라고 할지라도, 한문의 부정은 "매력적이지 않은(unattractive)", 아름답지 않은(asubha)이라는 성질을 잘 드러내 주고 있다.[4] 예를 들면 『아비달마꼬사바샤(Abhidharmakośabhāṣya)』의 구절을 한역할 때 산스끄리뜨 용어 아수바(aśubha)를 번역하기 위해 부정(不淨)이라는 용어를 사용하는 것은 바로 이런 점을 잘 보여주고 있다.[5]

사실 해부학적 부분들을 관찰하는 것은 『아르타위니쉬짜야수트라(Arthaviniścaya-sūtra)』, 『대승집보리학론(大乘集菩提學論, Śikṣāsamuccaya)』, 『성문지(聲聞地, Śrāvakabhūmi)』 등과 같은 경전뿐만 아니라 초기경전들에서 "매력적이지 않은" 것과 관련된 제목 아래 항상 포함된 내용이다.[6] 이와 유사하게 『앙굿따라니까야』에서도 "매력적이지 않은"이라는 제목 아래 몸의 해부학적 부분들을 구체적으로 돌이켜 보는 장면이 있다. 그럼에도 불구하고 이 경전은 해부학적 부분들의 실제 목록들을 소개할 때 "깨끗하지 않은"

---

4) Hirakawa 1997: 54 이하에서는 부정(不淨, bùjìng)의 산스끄리뜨 동의어로 aśubha를 aśuddhi, aśuci와 함께 제시하고 있다.

5) Abhidharmakośabhāṣya 6.9, Pradhan 1967: 337,8의 aśubha의 한문 번역어는 T 1558 at T24.117b6, T 1559 at T24.269c9의 부정(bùjìng)으로 번역하고 있다. 4장의 각주 38, 10장의 각주 15를 참조할 수 있다.

6) Arthaviniścaya-sūtra, Samtani 1971: 41,7은 aśubha라는 용어를 해부학적 부분의 목록의 특징을 보여 주는 용어로 채택하고 있다. 수행승이 여인을 보고 감각적 욕망이 생길 경우, 올바른 알아차림의 예로 소개된다. (비록 이 저작의 앞부분에서는 aśuci를 언급하고 있지만 말이다. cf. Samtani 1971: 23,5). Śikṣāsamuccaya, Bendall 1902/1970: 209,7은 해부학적 부분의 목록을 aśubhabhāvanā라는 제목 아래 소개하고 있다. Śrāvakabhūmi, Shukla 1973: 203,1은 aśubha를 계발하는 방향으로 해부학적 요소들의 목록을 제시한다. 이 경우 한문 번역 T 1579 at T30.428c24는 앞에서는 "썩고 깨끗하지 못한"의 의미로 쓰였던 부정(bùjìng)이라는 번역을 채택하고 있다.

이라는 특정 용어를 조금 나중에 사용하고 있다.[7] 다른 말로 하면 이 경전의 관점에서 보면 '아름다움을 결여한'이라는 개념과 '깨끗하지 않은'이라는 개념은 상호 교환 가능한 듯이 보인다.

어떤 용어를 사용한다고 하여도 이 수행의 요점은 아름다움을 상실한 몸을 드러내는 것이다. 『증일아함경』은 이 몸은 "집착할 만한 가치가 없는 것"이라는 구절을, 해부학적인 부분들을 열거할 때마다 반복해서 사용함으로써 실제 수행이 어떻게 이루어져야 하는지에 대해 기본적인 묘사를 시도하고 있다. 이런 언급은 분명히 출리를 지적하고 있고, 그 두 개념 "깨끗하지 않은 것" 또는 "아름다움의 상실" 중 어느 것을 선호하든지 간에 실제 수행은 출리의 균형 잡힌 태도로 귀착되는 방식으로 이루어져야 한다는 것을 보여 주고 있다.

알아차림의 확립 수행이 갖는 성질을 적절하게 평가해 보면, 현재의 수행이 섬세한 평가라는 명료한 요소를 가지고 있다는 점은 주목할 만하다.[8] "깨끗하지 않은 것"이든 또는 "매력적이지 않은

---

7) AN 10.60 at AN V 109,18 (translated Bodhi 2012: 1412)은 해부학적 부분의 목록을 "매력적이지 않음의 지각(asubhasaññā)"으로 소개한다. 그러나 이 목록 자체는 깨끗하지 않은 것(asuci)을 보는 전형적인 구절을 가지고 있다. 이 경전과 유일한 대응 경전으로 알려진 티베트 경전 D 38 ka 277a1 또는 Q 754 tsi 293b5 (이는 분명히 빨리 경전을 원전으로 번역된 것이다. cf. Skilling 1993)은 두 가지 경우를 모두 깨끗하지 않음(mi gtsang ba)으로 번역한다. 지각에 대한 다양한 수행방법을 전해들은 아픈 수행승의 맥락에서 이 가르침이 제시되고 있다. 이 가르침의 결과 그 수행승은 건강을 회복한다. 따라서 최소한 초기불교에서는 이와 같은 수행은 영감을 줄 수 있는 어떤 것으로 지각된다.

8) Bodhi 2011: 26은 "알아차림을 가치와 판단, 구별이 본래적으로 제거된 자각의 형태로 일반적으로 해석하는 것과 관련하여, 이것은 경전의 맥락과 맞지 않고 알아차림을 수행에 대한 왜곡된 관점으로 이끌 수 있다"라고 언급하고 있다.

것"이든 해부학적 부분들의 관점에서 몸을 관찰한다는 것은 알아
차림과 분명한 가치 판단의 개념이 결합되어 있다. 즉 초기불교 사
유에서 알아차림은 결코 비판단적인 것이 아니다. 말할 필요도 없
이 해탈의 길로 나아가기 위한 이런 의도적인 평가는 강박적인 가
치 판단과는 전혀 다른 것이다.[9]

   해부학적 부분들을 실제로 열거하면서 대응 경전들은 다양성을
다소 보이고 있다. 그 한 예로서 두 개의 한역 아함경에서는 뇌를
명시적으로 언급하고 있다.[10] 이렇게 약간의 차이가 나는 이유는
몸의 해부학적 구성물들을 아마도 몸에 대한 최고의 목록표로 만
들고 싶어 하였기 때문일 것이다.[11] 그러나 실제 목록은 몸의 참된
성질을 전반적으로 깨닫는 것에 비하면 덜 중요하다.

   세 가지 경전들 사이에 볼 수 있는 가장 현저한 차이점은『증일
아함경』의 경우 여러 곡물들을 바라보는 수행의 비유가 없다는 것
이다.『맛지마니까야』의 서술에서 보면 이런 곡식들은 씨를 뿌릴
때 사용하는 일종의 포대에 들어있다고 한다.[12]

   『맛지마니까야』와『중아함경』의 비유는 수행을 하는 적절한 태
도를 묘사하고 있다. 그리하여『증일아함경』의 가르침, 즉 신체의

---

9) Kabat-Zinn 2011: 291은 알아차림 수행을 "비판단적이라는 의미는 더 이상
   판단이 일어나지 않는 어떤 이상적인 상태를 말하는 것이 아니다"라고 설명
   하고 있다. 중요한 점은 경험한 것에 대해서 습관적이고 판단적으로 반응하는
   것을 단지 피하라는 것이다.
10) 뇌는 다른 빨리경전에서 언급하고 있다. cf. Sn 199.
11) Hamilton 1996: 10은 "목록이 포괄적이지 않다는 사실은 그러한 기술이
    몸을 구성하는 확정적인 목록으로 이해하라는 의도가 아니다"라고 지적
    하고 있다. 해부학적 부분에 대한 다양한 목록은 다음을 참조할 수 있다.
    Dhammajoti 2009: 250-2.
12) Schlingloff 1964: 33f n.10.

어떤 부분이라도 "집착할 만한 가치가 없다"라는 것을 다시 한번 확인해 주고 있다. 여러 곡식들을 단지 바라보는 것만으로는 관찰자에게 집착이나 혐오를 자극하지 않듯이, 동일한 방식으로 몸의 해부학적 구성물을 조사하는 것은 결국 균형 잡힌 태도로 귀착되어야 한다. 이런 태도는 혐오뿐만 아니라 집착과도 거리가 있다.

몸을 "깨끗하지 않은 것"으로 특정하면서 여러 곡식들을 비유로 드는 것은 아름답지 않은 그 무엇을 바라보는 방식을 보여 준다. 반면 비유의 동일한 이미지가 더러운 것과 분명한 연관성을 갖지 않는 것으로 보이기도 한다. 쌀, 콩 또는 다른 씨앗들은 마른 상태에서 씨 뿌려질 준비가 되어 있는 상태이므로 더러운 것과 연관 지을 수 없기도 하다. 그래서 오히려 다른 비유들이 더 적절해 보이기도 한다. 따라서 이 비유가 주는 의미는 아름다움의 상실, 깨끗하지 않은 것과 연관된 수행을 이해하는 데 적합해 보인다.

2. 균형

몸의 해부학적 부분들을 관찰한다고 해서 적절한 수행에 필요한 균형 잡힌 태도가 자동적으로 생기는 것은 아니다. 사실 균형 잡히지 않은 방식으로 이런 수행을 하는 것이 현존하는 율장(Vinaya) 가운데 하나에 기록되어 있다. 이 율장에 의하면 자신의 몸이 더러운 성질로 되어 있다고 수행한 다음 한 무리의 수행승들이 자살을 했다고 한다. 붓다는 이런 수행승들에게 몸의 관찰 대신 호흡의 알아차림을 해야 한다고 가르침을 주었다고 한다.[13] 몸에 대한 혐오감을 계발하는 것이 몸을 제거하기를 원할 정도로까지 나아가는 것은 붓다가 바라는 수행승들의 수행 방식은 분명히 아니었다.

이런 까다로운 문제를 적절하게 해결하기 위한 시도로서 어떤 경전도 붓다가 몸을 "깨끗하지 않은", 또는 "아름다움을 상실한" 것으로 지각하는 방식에 대해 실제로 설하였다고 언급하고 있지 않다는 것은 의미심장하다. 붓다는 단지 일반적인 수행을 할 것을 권했다고 기록되어 있다. 그러므로 이 이야기의 핵심은 균형 잡히지 않은 태도로 해부학적 부분들을 수행하는 것은 해롭다는 의미로 나에게는 들린다. 『맛지마니까야』와 『중아함경』에 전하는 뉘앙스 그리고 『증일아함경』에서 출리를 명시적으로 권유하는 것은 동일한 방향을 가리키고 있다. 즉 정신적 균형과 출리가 핵심적으로 중요하다는 것이다.

또한 마음의 균형이 전반적으로 중요하다는 것은 초기경전의 또 다른 표현에도 나오는데, 여기서는 혐오스러운 것 또는 혐오스럽지 않은 것을 보는 지각을 점진적으로 훈련하는 과정을 묘사하

---

13) 이는 다음에서 언급하고 있다. Dharmaguptaka Vinaya, T 1428 at T 22.576b7, Mahāsāṅghika Vinaya, T 1425 at T 22.254c6, Mahīśāsaka Vinaya, T 1421 at T 22.7c6, Sarvāstivāda Vinaya, T 1435 at T23.8a13, Theravāda Vinaya, Vin III 70,19 (= SN 54.9 at SN V 321,21, translated Bodhi 2000: 1774). Mūlasarvāstivāda Vinaya는 호흡에 대한 알아차림의 가르침으로 나아가지 않는다. 대신 이 경우에 붓다가 설한 규칙을 보여 주고 있다. cf. T 1443 at T 23.923b24, D 3 ca 134b4 or Q 1032 che 120b8. 그러나 다른 Mūlasarvāstivāda 버전 SĀ 809 at T 2.208a3 (번역은 준비 중이다.)은 호흡에 대한 알아차림의 가르침을 보여 주고 있다.

고 있다. 그리고 그 과정의 마지막 결과는 평정의 자세이다. 『잡아함경』에서는 이런 평정과 알아차림의 연관성을 다음과 같이 말하고 있다.[14]

내적으로 몸과 관련하여 수행승은 혐오의 지각을 일으킨다. 내적으로 몸과 관련하여 수행은 비혐오의 지각을 일으킨다. 올바른 알아차림과 명료한 앎을 동반한 수행승은 혐오와 비혐오 모두를 버리는 지각을 가진다.

그리고 이 경전은 동일한 가르침을 외적으로 몸에 적용할 뿐만 아니라 내외적으로 몸에 적용하고, 같은 방식으로 다른 세 가지 알아차림의 확립에도 적용하고 있다. 위 구절의 대응 경전인 『상윳따니까야』에서는 더 자세하게 언급하고 있는데, 이곳에서는 혐오스럽지 않은 것을 혐오스럽게 지각하고, 혐오스러운 것을 혐오스럽지 않은 것으로 지각하라고 말하고 있다.[15] 이런 가르침이 명백하게 하고자 하는 것은 수행은 통상적인 지각 방식과 다른 지각을 계발하고자 하는 것이라는 점이다. 그러나 심지어 이런 대안적인 지각 방식도 설사 그것이 적절하게 수행된다고 하여도, 그것이 평정에 도달하고 알아차림을 확립하고 명료한 앎에 도달하지 않는다면 어떤 내재적인 가치도 갖지 못한다. 이것은 몸을 해부학적으로 관찰하는 것과 적절한 맥락을 형성한다. 여기서 수행의 전반적인 목

---

14) SĀ 536 at T 2.139b28-193c1.
15) SN 52.1 at SN V 295,11 (translated Bodhi 2000: 1751). 다른 차이점은 SN 52.1이 평정을 알아차림과 명료한 앎에 추가한다는 것이다.

표는 몸에 대해 출리된 평정(detached equanimity)에 도달하는 것이되어야 한다. 이와 함께 알아차림을 확립하고 명료한 앎에 도달하는 것이다.

적절한 태도를 유지해야 할 필요성에 더하여 해부학적 부분들에 대한 관찰의 또 다른 중요한 점은 실제 수행의 처음에는 자신의 몸에 대해 관찰한다는 것이다. 『중아함경』에서는 이 점을 명확하게 언급하고 있는데, 거기에서는 신체 부분들을 열거하면서 "나의 이몸"이라고 특정하면서 소개하고 있다. 동일한 의미가 대응 경전에도 적용되는데, 이 경전들에서는 "이 몸에서"라는 표현을 사용한다. 경전 구절은 수행자의 관점에서 형성된 것이기 때문에 명시적으로 "나의 것"이라고 특정하지 않는다고 하여도 자신의 몸을 지향하고 있다는 것은 분명하다. 몸의 아름다움의 상실을 관찰할 목적으로 다른 경전에서 해부학적으로 열거할 때도 비슷하게 관찰 대상이 되는 것은 자신의 몸의 부분 중 하나를 관찰하는 것이다.[16)]

『상윳따니까야』와 대응 경전인 『잡아함경』은 젊은 수행승들이 독신생활을 어떻게 영위할 수 있는지에 대한 문제를 명시적으로 언급하고 있다. 경전에서는 젊은 수행승들이 여자들을 가족(엄마, 여동생, 딸)으로 보면서 감각을 제어하는 수행을 하는 것뿐만 아니라 감각적 욕망의 고삐를 잡는 데 도움이 되는 도구들 중 하나로서 몸의 해부학적 구성물을 관찰하는 것에 대해 언급하고 있다. 두 경전의 가르침은 "이 몸", 즉 수행하는 수행승의 바로 그 몸에서 발

---

16) "이 몸에서"라고 구체화하는 것은 해부학적 부분이나 요소에 대한 목록이 없는 경우만이다. 이에 대해서는 다음 장에서 설명할 것이다.

견되는 해부학적인 부분들에 대해서 말하고 있다.[17]

3. 감각적 매력의 역동성

자신의 몸에 대한 수행을 강조하는 배경에 있는 논리는『앙굿따라니까야』에서 우선 명확하게 서술되어 있다. 여기에 대응하는 경전의 내용은 유감스럽게도 현재 남아 있지 않다. 현재의 연구에서 나는 대체적으로 한 경전 이상 보존되어 있는 내용을 기반으로 연구를 진행하고자 노력하고 있지만 이 경우에는 예외로 둘 수밖에 없고, 이와 연관되는 경전 구절을 내가 직접 번역하여 기술하고자 한다. 그러나 이런 번역은 현재 내가 언급할 수 있는 한에 있어서는 상좌부 전통에서 보존된 것에 한정된다. 이 경전 내용은 해부학적 부분들에 대한 관찰이 우선 자신의 몸을 향할 필요가 있는 이유에 대해서 중요한 설명을 하고 있다.『앙굿따라니까야』에서는 다음과 같이 설명하고 있다.[18]

여자는 내적으로 여자의 기능에 주의를 기울이고, 여자의 행위와 여자의 방식과 여자의 외모와 여자의 욕망과 여자의 목소리와 여

---

17) SN 35.127 at SN IV 111,17 (translated Bodhi 2000: 1198), SĀ 1165 at T 2.311a27 같은 구체화는 간다리 단편의『잡아함경』에서도 발견된다. Glass 2007: 150.

18) AN 7.48 at AN IV 57,4-58,1 (translated Bodhi 2012: 1039, number 51).

자의 장식에 주의를 기울인다. 그녀는 이들을 기뻐하고 즐긴다. 이들을 기뻐하고 즐기면서, 그녀는 외적으로 남자의 기능에 주의를 기울이고, 남자의 행위와 남자의 방식과 남자의 외모와 남자의 욕망과 남자의 목소리와 남자의 장식에 주의를 기울인다. 그녀는 이들을 기뻐하고 즐긴다. 이들을 기뻐하고 즐기면서 그녀는 외적인 합일을 추구한다. 그녀는 외적인 합일의 토대 위에서 생기는 행복과 기쁨을 추구한다.

여성성을 즐기는 살아 있는 존재는 남성과 합일로 나아간다. …

이와 같이 여성은 여성성을 넘어서지 못한다. …

남자는 내적으로 남자의 기능에 주의를 기울이고, 남자의 행위와 남자의 방식과 남자의 외모와 남자의 욕망과 남자의 목소리와 남자의 장식에 주의를 기울인다. 그는 이들을 기뻐하고 즐긴다. 이들을 기뻐하고 즐기면서, 그는 외적으로 여자의 기능에 주의를 기울이고, 여자의 행위와 여자의 방식과 여자의 외모와 여자의 욕망과 여자의 목소리와 여자의 장식에 주의를 기울인다. 그는 이들을 기뻐하고 즐긴다. 이들을 기뻐하고 즐기면서 그는 외적인 합일을 추구한다. 그는 외적인 합일의 토대 위에서 생기는 행복과 기쁨을 추구한다.

남성성을 즐기는 살아 있는 존재는 여성과 합일로 나아간다. …

이와 같이 남성은 남성성을 넘어서지 못한다.

그리고 이 경전은 계속해서 위의 경전 내용과 반대되는 경우를 설명한다. 즉 자신의 성의 특징들을 기뻐하지 않게 되면 또한 상대방의 성의 특징을 기뻐하지 않게 되면, 외적인 결합에 대한 열망이 없을 것이라고 한다.

　이 구절에 대한 분석은 감각적 욕망을 넘어서는 방법으로서 해부학적 부분들의 수행의 목적과 맥락에 중요한 지침을 주고 있다. 이 경전 구절에서 분명한 것은 후기 불교 문헌에서 어떻게 언급되고 있다고 하여도, 초기불교의 관점에서 보면 문제가 되는 것은 상대방의 성에 대한 감각적 매력의 문제로 간단히 귀착되지 않는다는 점이다. 오히려 감각적 욕망의 뿌리는 자신의 성에 대한 동일시가 이루어지고 그 이후 거기에서 자신의 성이 갖는 자질과 특징에 기쁨을 느끼는 것에 있다. 여성 또는 남성이라는 것에 기반을 두고 동일시를 넘어설 수 없기 때문에 자신에게 부족하게 경험되는 것을 외부에서 찾는 것으로 이어진다. 자신의 성과 동일시하고 자신이 갖는 성의 특징들을 즐기고자 하는 좁은 의미에서 벗어나는 것이 자유로 향하는 초월의 길로 개방적으로 나아가는 것이다.

　이런 점을 이해하게 되면 우선 자신의 몸을 대상으로 해부학적 관찰이 이루어져야 하는 이유를 분명히 알 수 있다. 자신의 몸을 대상으로 수행하는 이런 근본적인 방식이 잘 확립된 다음에서만 다른 사람의 몸을 수행하는 것이 적절할 것이다.[19]

　그리고 나서 실제로 자신의 몸의 해부학적 구성을 관찰하는 것을 첫 출발점으로 하여, 해부학적 부분들을 열거할 수 있다. 이것

---

19) 『위방가(Vibhaṅga)』는 Vibh 193,18 (translated Thiṭṭila 1969: 251)에서 소개된 구절인 "이 몸에서", 그리고 자신의 몸과 관련해서 수행의 내적인 양태에서 알아차림의 확립을 시작한다. 반대로 외적인 양태는 Vibh 194,4에서 "그 사람의 몸에서"라는 표현을 쓰고 있다. 다른 이의 몸을 관찰하는 외적인 양태를 기술하는 것은 외적인 관찰을 시작하기 이전에 자기 자신의 내적인 해부학을 먼저 계발하고 길러야 한다는 명시적 언급이 먼저 나온다. Vibh 193,23.

이 수행으로 이어질 때 단순히 해부학적 구성 부분들의 이름을 기억하거나 암송하는 것이 하나의 출발점일 수는 있어도, 거기에 한정될 수 없다는 것은 말할 필요도 없다. 이런 방식의 수행을 성공적으로 하기 위해서는 신체 구성물에 대한 기본적인 해부학 지식이 필요하고, 또한 자신의 몸에 위치한 구성물들을 더 생생하게 느끼도록 상상하고 심지어 거기에서 신체적 감각을 느낄 수 있게 시도하여야 한다.

「삼빠사다니야 경」과 대응 경전인 『장아함경』은 해부학적 관찰에서 시작하여 그 피부와 살을 넘어서서 뼈를 알아차릴 정도로 들어가야 한다고 서술하고 있다.[20] 이런 서술을 보면서 우리는 실제 수행에서 피부와 살과 같은 해부학적 신체 감각을 느끼고자 시도하고 심지어는 그것을 넘어서서 몸의 가장 깊숙한 부분인 뼈에 도달하여 그것마저 실제로 느낄 수 있는 정도까지 신체 감각 훈련을 해야 한다는 인상을 받는다.

---

20) DN 28 at DN III 105,12 (Walshe 1987: 420의 번역은 원문과 완전히 일치하지 않는 것으로 보인다.)는 살과 피를 함께 언급하고 있다. 대응 경전인 DĀ18 at T 1.77b18은 뼈 이외에 이를 언급하고 있다. 다른 대응 경전인 T 18 at T 1.256a13은 피부, 살, 뼈, 힘줄에 대해서 관찰하도록 한다. DN 28 at DN III 105,12에서, 이전에 언급한 DN 28, MN 10 at MN I 57,15에서 둘 다 수행의 기본적인 양태로 해부학적 부분을 관찰하는 표준적인 기술에 사용하고 있는 동사 paccavekkhati를 같이 사용하고 있다는 것은 주목할 만하다.

4. 감각적 매력의 문제점

이런 가르침을 잘 정착시키기 위해서 여러 수행 방법들을 사용하여도, 결국 몸의 해부학적 구성물을 관찰하는 주요한 목적은 감각적 욕망을 제거하는 것이다. 「마간디야 경(Māgandiya-sutta)」과 대응 경전인 『중아함경』에서 감각적 욕망을 초기불교에서 문제시하는 이유를 분명하게 언급하고 있다. 이 경전들에서는 냉혹한 비유, 즉 나병 환자가 자신의 상처 딱지를 긁어서 그것을 불에 태우는 비유를 들고 있다.[21]

이렇게 나병 환자가 상처를 긁어서 생긴 완화는 감각적 즐거움에 탐닉하는 것을 나타내고 있다. 그러나 나병 환자가 자신의 상처를 긁으면 긁을수록 그의 상태는 더욱 나빠진다. 이것은 마치 감각을 탐닉하면 할수록 감각적 욕망은 더 강해지는 것과 같다. 사실 「마간디야 경」과 대응 경전인 『중아함경』에 의하면 감각적 만족을 자기가 원하는 대로 누릴 수 있는 왕조차도, 감각적 욕망에 목말라 내적으로 평화에 도달하지 못할 것이라고 말하고 있다. 다시 말하면 감각적 욕망의 만족은 진정한 해결책이 아니다. 감각적 욕망은 짧은 시간 동안 위안을 줄지는 몰라도 그 욕망은 점차 증가할 수밖에 없는 대가를 치르지 않을 수 없다.

「마간디야 경」과 대응 경전인 『중아함경』에서는 다음과 같이 지

---

21) MN 75 at MN I 506,6 (translated Ñāṇamoli 1995: 611), MĀ 153 at T 1.671b25. 이 비유에 대한 요약은 MĀ 153을 따른다. MĀ 153이 주제를 더 잘 표현하는 것으로 보인다.

적하고 있다. 즉 병든 나병 환자가 불에 자신의 상처를 지지고 있는 장면을 치료된 나병 환자가 본다면, 이런 방법을 매력적인 것으로 보지 않을 것이고 더 이상 이런 병든 환자에게 질투를 느끼지 않을 것이다. 치료된 자를 강제로 불로 끌고 간다고 하여도 온 힘을 다하여 도망치려고 할 것이다. 치료된 자는 더 이상 병들어 있지 않기 때문에 이전에 자신의 상처를 지지려고 그렇게 애썼던 불 근처에 가길 원하지 않을 것이다.

이 두 경전을 비교해 보면 감각적 쾌락의 몰두를 거부하는 것을 강조하고 있다. 「마간디야 경」과 대응 경전인 『중아함경』이 제시하고 있는 마지막 결론은 병든 나병 환자가 병들어 있어 잘못된 지각을 가지고 있기 때문에 불을 즐겁다고 경험하는 것처럼, 감각에 몰두하는 것을 즐겁게 여기는 것은 잘못된 지각을 갖고 있기 때문이라는 것이다. 다시 말하면 그는 감각적 욕망이라는 전염병에 정신적으로 병들어 있다는 것이다. 적절한 치료, 즉 자신의 몸의 해부학적 구성물에 대한 수행과 같은 치료를 하지 않는 한, 감각적 욕망이라는 전염병은 자신의 마음이 가진 자연스러운 아름다움을 심각하게 왜곡할 것이고 사람을 정신적인 나병 환자로 만들어 버릴 것이다.

「뽀딸리야 경(Potaliya-sutta)」과 대응 경전인 『중아함경』에 있는 일련의 비유는 또한 감각적 욕망이라는 주제를 도전적으로 다루고 있다. 나는 『중아함경』의 비유를 번역할 것이다. 이 비유 하나하나는 특별한 이미지로 감각적 탐닉의 성질을 잘 보여 준다.[22]

---

22) MĀ 203 at T 1.774a20-775a13.

내적인 바람의 요소가 있다. 무엇이 그것인가? 위로 움직이는 바람, 아래로 움직이는 바람, 강한 바람, 당기고 수축하는 바람, 흩어지는 바람, 불규칙적인 바람, 관절의 바람, 들숨과 날숨이 있다. 그리고 이와 같이 그밖에도 몸 안에서 발견되는 것, 몸 안에 포함되어 있는 바람의 것, 그것은 태어나면서 받은 몸 안에서 움직이는 바람의 특성이 있는 것이다. 이것이 몸 안의 바람의 요소이다. …

모든 내적인 바람의 요소와 모든 외적인 바람의 요소를 합쳐서 바람의 요소라고 부른다. 이 모든 것은 나의 것이 아니고, 나는 그것의 부분이 아니고, 그것은 [나의] 자아가 아니다. 이처럼 현명하게 관찰하면서, 있는 그대로 알면서 마음은 바람의 요소와 관련해서 집착하여 오염되지 않는다. … 이것은 지혜를 무시하지 않는 것이다.[6]

이런 가르침들은 각 요소의 특성을 드러내는 데 도움이 된다. 몸의 단단한 부분들은 땅의 요소에, 흐름의 부분들은 물의 요소에 해당된다는 것을 보여 준다. 두 요소의 구분은 항상 명확한 것은 아니다. 위의 경전 구절은 뇌간을 물의 요소에 포함시키지만,[7] 『증일아함경』에서는 뇌를 땅의 요소라고 말한다.[8]

또한 몸의 해부학적 부분들을 관찰하기 위하여 이미 발견한 몸

6) 대응하는 판본에서는 이 지점에서 공간과 의식의 요소를 들어서 논의를 계속하고 있다.
7) 이것은 Śrāvakabhūmi, Shukla 1973: 213,8이 내적인 요소와 외적인 요소를 구분하면서 뇌를 내적인 물의 요소에 포함시키는 것에서도 볼 수 있다.
8) EĀ 28.4 at T 2.652a19.

의 구성 부분들을 다시 열거하는 것은 몸의 해부학적 구성물을 조사한다는 점에서 많은 공통점이 있다. 몸의 해부학적 부분들을 관찰하는 이전의 수행에서는 그 주제가 몸의 아름다움이라는 생각을 해체하는 것인 반면, 여기서의 해체는 "나"라는 감각이 단단히 체화된 것으로서 몸의 감각에 대한 것이다. 이것은 몸을 구성하는 물질은 그 성질상 다른 어떤 것과도 동일하다는 사실을 일깨워 준다. 자신의 몸은 다른 몸 또는 사물의 다른 현상들과 본질적으로 다르지 않다는 것이다.

그러므로 첫 두 요소들에 대한 실제적인 수행은 몇 가지 해부학적 기본 지식을 획득하는 것에 기반을 두고 있다. 이것은 해부학적 부분들을 관찰하는 것과 유사하다. 몸의 개별적 부분들에 대한 신체적 감각을 머리에 그리고, 그 그림을 통해서 그 감각을 느끼게 해 준다. 땅의 요소와 물의 요소와 함께, 몸의 다른 부분들을 가리키는 나머지 두 요소는 불의 요소와 바람의 요소이다. 불은 몸에서 열을 생산하는 것과 관련이 있는 반면, 바람은 몸속의 움직임을 나타낸다. 고대 인도 의학에서는 그런 바람들은 신경계를 활성화시키는 것으로 알려져 있고, 이런 몸의 바람이 불균형을 이루면 질병을 초래할 수 있다고 한다.[9]

불의 요소를 관찰하는 것은 여러 다양한 현상들에서 몸의 따뜻함을 알아차리는 것이다. 몸의 피부 온도를 실제로 자각하면서 느끼는 것이다. 예를 들면 차가운 발 또는 따뜻한 겨드랑이와 같은 몸의 서로 다른 부분들의 온도 차이를 알아차리는 것이다. 이런 수

---

9) 바람으로 인한 다양한 병에 관해서는 다음을 참조할 수 있다. Zysk 1991: 92−6, 110−13.

행을 하기 위해서는 몸의 자연적 감수성을 더 분명하게 알아차리는 것이 필요하다. 몸의 기능을 통해서 차가운 것이 필요한지 또는 따뜻한 것이 필요한지를 알려 준다.

그리고 호흡을 수행할 때 들숨은 날숨보다 대개 더 차다는 것을 느끼면서 몸의 따뜻함을 알아차리기도 한다. 『증일아함경』의 해당 구절에서는 호흡 알아차림의 한 부분으로 호흡의 따뜻하거나 찬 성질에 주의를 기울일 것을 명시적으로 말하고 있다.[10] 이런 내용은 빨리 경전의 호흡 알아차림의 표준적 설명에는 언급되지 않는다.

들숨과 날숨은 바람의 요소를 동시에 경험하는 분명한 실례이다. 그러나 호흡뿐만 아니라 몸에서 일어나는 것은, 미세하거나 거칠거나에 상관없이 어떤 다양한 움직임이라도, 바람의 요소를 드러낸다. 같은 맥락에서 여러 다른 행동들의 어떤 움직임뿐만 아니라 집중 수행의 가부좌 자세 동안에도 일어나는 신체적 자세의 조그마한 움직임들도 바람의 요소가 드러나는 것으로서 수행할 수 있다.

어떤 면에서 호흡의 과정은 수행이 갖는 주요한 교훈을 아주 분명한 방식으로 일깨워 준다. 몸의 생존에 아주 필수적인 공기의 흡입은 즉시 바깥으로 되돌려 주어야 한다. 동일한 방식으로, 온몸은 외부 환경과 지속적인 물질 교환의 과정을 밟고 있으며, 독립적으로 존재하는 것은 불가능하다. 그러므로 몸은 본질적으로는 네 가지 요소가 잠정적으로 결정화된 것일 뿐이다. 몸은 다시 바로 재

---

10) EĀ 17.1 at T 2.582a17는 수행자가 들숨과 날숨의 차가움 또는 따뜻함을 알아차리도록 가르친다. cf. T 1507 at T25.49c3.

순환되어 다시 한번 외부 환경의 일부분이 되게 마련이다.

네 가지 요소들의 실례를 보여 주고 있는 위의 경전 번역 부분은 여기서 말하는 수행이 네 가지 요소의 원자적 성질과는 아무런 관련이 없다는 것을 분명하게 보여 준다. 사실 원자들에 관한 이론(kalāpa, paramāṇu)은 불교사상사에서 더 후기에 등장한다.[11] 그러므로 이 경전 구절 또는 다른 초기경전의 가르침은 그런 개념에 기반을 두고 있지 않다. 원자적 성질을 언급하는 대신, 네 가지 원소들은 단순히 딱딱한 것, 흐르는 것, 따뜻한 것, 움직이는 것을 대표하고 있을 뿐이다. 이것들은 외부 성질의 관찰을 통해서 그리고 그뿐만 아니라 자신의 알아차림을 통해서 형성된 분명한 감각에서 알게 된 것들이다.

2. 무아

위의 경전 구절에서 볼 수 있는 또 다른 의미심장한 가르침은 자신뿐만 아니라 요소들이 외적으로 드러난 것을 무아라고 수행하는 데에도 광범위하게 적용된다는 점이다. 내적이든 외적이든 네 가지 요소들과 관련해서 어떤 경우라도 "자아"라고 도용할 수도 없고, "나의 것"으로 전유되거나 또는 "나는 이것이다"라고 동일시

---

11) Karunadasa 1967/1989: 142.

할 수 없다.

이것이 의미심장한 이유는 불교 사상이 후기로 나아가면서 사물들이 자신의 고유한 성질[自性, 스와바와, svabhāva]을 갖는다는 개념에 바탕을 두는 일종의 실재론이 등장하기 때문이다. 이런 개념을 반박하면서 적어도 부분적으로 나타난 또 다른 불교 사상은 모든 것은 공하다는 것을 강조하였고, 이것은 정반대인 관념론으로 움직였다. 이런 관념론에서는 모든 세상은 단지 마음의 투영물에 불과하다고 생각한다.

초기불교의 위치는 실재론과 관념론의 두 극 사이에 있는 중도의 길이다. 변화하고 있는 현상들의 네 가지 요소들은 마음과는 독립적으로 존재하는 것으로 간주되지만, 그럼에도 불구하고 그것들을 경험하는 유일한 방법은 마음을 통해서이다. 이렇게 드러나는 경험의 세계는 경험하는 마음과 마음에 미치는 외부 현상의 영향 사이에서 상호 연관되는 조건의 관계이다. 교리적으로 표현하면 의식은 경험하는 것이고, 반면 이름과 형태[名色, 나마루빠, nāmarūpa]는 마음의 인식하고 개념화하는 기능과 함께 하는 외부 현상의 영향이다. 이것들은 서로가 상호조건적인 관계를 맺고, 거기에서 연기(緣起, 빠띳짜사뭇빠다, paṭiccasamuppāda)의 전체 사슬이 전개된다.[12]

이렇게 형성되는 경험의 세계는 자아 또는 그것이 무엇이든 간에 어떤 영속적인 실체를 전적으로 갖지 않는다. 『상윳따니까야』와

---

12) DN 15 at DN II 56,31 (translated Walshe 1987: 223) 그리고 대응 경전 DĀ 13 at T 1.61b13, T 14 at T 1.243c2, MĀ 97 at T 1.580a1, T 52 at T 1.845b11. 여기서 이름(name)은 전체 마음을 대표하지는 않는다. 의식을 포함하지 않는다. 2장 각주 36을 참조할 수 있다.

대응 경전인 『잡아함경』에서 이 점을 강조하고 있으며, 세상은 공하다는 경구가 출발점이 된다. 『잡아함경』에서 이와 연관해서 설명한 부분을 번역해 둔다.[13]

> 눈은 공하다. 항상한 것은 공하다. 영원한 것은 공하다. 불변하는 특성을 가진 것은 공하다. 자아에 속하는 것은 공하다. 왜 그러한가? 이것은 본래적인 특성이다. 형상 … 안식 … 안촉 … 안촉에 의존해서 일어나는 괴로운, 즐거운, 중립적인 느낌도 또한 공하다. 항상한 것은 공하다. 영원한 것은 공하다. 불변하는 특성을 가진 것은 공하다. 자아에 속하는 것은 공하다. 왜 그러한가? 이것은 본래적인 특성이다.
>
> 귀 … 코 … 혀 … 몸 … 마음도 또한 이와 같다. 이것은 "세계는 공하다."라고 하는 것의 [함의]이다.

원문에서 생략된 부분은 다른 감각에도 똑같은 구절이 적용된다는 뜻이다. 각 경우에서 관련 대상, 의식의 종류, 접촉, 일어나는 느낌이 무엇이든지 간에 자아와 관련하여 어떤 것도 모두 공한 것으로 보아야만 한다.

대응 경전인 『상윳따니까야』에서 볼 수 있는 공의 정의는 더욱 간명하다. 개별 감각기관, 그 대상들과 관련하여 단순하게 자아가 공하고, 자아에 속하는 것이 공하다고 지적하고 있다.[14] 두 경전은

---

13) SĀ 232 at T 2.56b24-56b29 (translated Choong 2000: 93).
14) SN 35.85 at SN IV 54,7 (translated Bodhi 2000: 1163f). Baba 2004: 944 는 SĀ 232에서 자세하고 언급하고 있는 것은 아마 추가된 것이라고 지적한다. cf. Lamotte 1973/1993: 18.

기본적으로 "공하다"라고 하는 것은 내적·외적인 경험의 개별적인 것과 모든 측면에 적용된다는 것을 분명히 하고 있다. 즉 "세계는 공하다"라는 경구는 어떤 곳에서도 자아를 위치 지울 공간을 남기지 않는, 가장 폭넓은 방식으로 이해할 필요가 있다. 『잡아함경』에서 더욱더 분명하고 자세히 설명하는 바와 같이, 그 무엇이 "공하다"라고 규정하는 것은 변화하지 않는 것은 아무것도 없다는 것[無常]과 그 결과 당연히 영원한 자아가 없다는 것[無我]을 의미한다.

"무아"를 적용하는 범위는 위와 유사하게 상당히 넓다. 무아에 대한 가르침의 간명한 표현은 인도 언어로 보존되어 있는 『다르마빠다(Dharmapada)』와 대응하는 유사한 글귀들의 또 다른 모음인 『우다나와르가(Udānavarga)』의 게송에서도 볼 수 있다. 여기 『우다나와르가』의 산스끄리뜨 버전이 있다.[15]

"모든 현상들은 무아이다."
이것을 지혜로써 볼 때
불만족한 것으로부터 멀어진다.
이것은 청정함으로 가는 길이다.

첫 구절에 나오는 "모든 현상들(다르마, dharmas)"은 무아의 규정에서 벗어날 수 있는 것은 아무것도 없다는 것을 아주 분명히 보여

---

15) Udānavarga 12.8, Bernhard 1965: 194, 대응 경전 Dhp 279 (translated Norman 1997/2004: 41), Gāndhārī Dharmapada 108, Brough 1962/2001: 134, Patna Dharmapada 374, Cone 1989: 203.

주고 있다. 그리고 나머지 구절은 무아를 통찰한 결과를 간명하게 보여 주고 있다. 모든 현상을 지혜롭게 무아라고 보고 수행하게 되면, 결국에는 지속적인 만족을 줄 수 없는 것에 환멸을 느끼고 출리를 하게 된다. 결국 이것은 마음을 정화하고 완전한 깨달음과 함께 청정함의 절정에 도달하게 해 준다.

3. 마차의 비유

무아가 어떤 의미심장함을 내포하고 있는지를 보여 주는 것은 마차의 비유이다. 마차의 비유는 무아를 이해하는 데 도움을 준다. 이 비유는 『상윳따니까야』에서 여성 수행승이 사용한 것이다. 관련 내용은 『잡아함경』의 현존하는 두 개의 버전과 티베트어 번역으로 보존된 또 다른 대응 경전에서 볼 수 있다. 경전의 서론을 살펴보면 여성 수행승이 조용히 격리된 곳으로 명상을 하러 갔는데, 거기서 마라의 도전을 받게 된다. 마라는 "존재"에 대해 질문을 제기하면서 그녀를 뒤흔들고자 하였다. 이 질문이 의미하는 바는 분명히 실체적이고 영원한 자아에 대한 것이다. 누가 이런 존재를 창조하였고 어디에서 온 것인지 알기를 원하는 질문이었다.

마라가 제기하는 이런 도전이 갖는 중요한 의미를 제대로 평가하기 위해서, 초기불교 경전에서 마라가 갖는 역할에 대해 잠깐 언급해 두고자 한다. 전통적으로 마라의 여러 측면들이 알려져 있다. 그것은 단순히 상징적인 대표성에서부터 실제로 붓다와 제자들의 적대자로서 활동하는 천상의 존재까지를 말한다. 이런 점에서 마라는 대개 모든 종류의 악행의 근원이다. 예를 들면 수행하는 수행승을 혼란스럽게 하거나 또는 붓다가 설법을 할 때 시끄러운 소리를 내기도 한다. 마라를 다루는 방식은 항상 동일하다. 단지 마라를 인식하고 그 정체를 보면 된다. 마라의 정체가 밝혀지면 마라는 힘을 잃고 패배하고 사라지지 않을 수 없다.

마라가 도전자로 나서는 장면에 대한 공통적인 해석을 보면, 마라는 어떤 사람의 내면적인 불확실성 또는 번뇌를 공격한다고 언급하고 있다. 그러나 이런 장면들을 자세히 들여다보면 이런 해석이 믿을 만하지 못하다는 것이 분명하다.[16] 마라가 붓다 또는 아라한들에게 접근하는 장면들에서 문제가 되는 핵심을 살펴보면, 마라는 붓다 승단의 구성원들에게 도전하는 외부인들이 인격화된 것임을 알 수 있다. 위에서 인용된 장면에서도 "존재"에 대한 마라의 질문은 여성 수행승이 이 주제에 대해 불확실성 또는 의문들을 갖고 있다는 것을 의미하지 않는다. 그러므로 인용된 장면에서 마라의 역할은 당시 인도 사람들이 제기한 생각과 개념들을 단순히 그려놓은―아마도 심지어 대충 묘사한―것에 불과하다. 여기서 마라의 질문에 대해 여성 수행승이 답한 것을 『잡아함경』에서 살펴보자.[17]

---

16) 자세한 논의는 다음을 참조할 수 있다. Anālayo 2013a.

17) SĀ 1202 at T 2.327b7-327b10 (translated Anālayo 2013a), 대응 경전 SN 5.10 at SN I 135,18 (translated Bodhi 2000: 230), SĀ 2 218 at T 2.454c27 (translated Bingenheimer 2011: 171). cf. Enomoto 1994: 42, D 4094 nyu 82a1 또는 Q 5595 thu 128a2. SN 5.10은 여성 수행승을 바지라(Vajirā)로

너는 "존재"의 있음을 이야기한다.

이것은 악한 마라의 견해이다.

단지 공한 무더기의 결합만이 있다. [18)]

"존재"는 없다.

마치 다양한 부분이 결합될 때

세상은 그것을 마차라고 부르는 것과 같다.

[유사하게] 온의 결합에 의지하여

"존재"라는 명칭이 있다.

두 개의 경전에서 그녀가 대답의 목표로 삼고 있는 대상은 영원한 자아라는 의미에서 실체론적 개념의 존재이다. 자아에 대한 그런 개념 분석은 마차를 분해하는 것과 유사한 방식으로 나아간다. 일단 마차의 서로 다른 부분들을 땅바닥에 흩어져 놓게 되면, 그 상황은 백정이 소를 토막토막 내어서 고기를 팔기 위해 땅바닥에 서로 다른 부분들을 늘어놓는 것과 같다. "마차" 또는 "소"라는 개념은 더 이상 유의미하지 않고, 단지 거기에 있는 것은 여러 부분들뿐이다.

이것은 "마차"라는 용어가 아무 의미가 없는 기준점에 불과하다는 것을 의미하지는 않는다. 땅바닥에 늘어놓은 서로 다른 부분들은 확실히 마차는 아니지만, 그것들이 일단 모여서 함께 기능을 하면 그 결과는 "마차"가 된다. 그래서 마차를 모는 것도 가능하다.

보고, 대응 경전에서는 셀라(Selā)로 본다.

18) SN 5.10 at SN I 135,19는 "무더기(蘊)" 대신 "행(行)"을 말하고 있다. cf. Vetter 2000: 157.

이런 비유에서 말하고자 하는 것은 마차 또는 존재가 있다는 것을 부정하는 것이 아니다. 사실 여성 수행승은 마차가 없다고 대답하지 않는다. 그녀는 단지 "마차"라는 용어가 가리키는 것, 즉 부분들의 기능성의 결합이 무엇인지를 설명할 뿐이다. 그녀의 주장은 마차 또는 존재라는 개념에 대응하는 실체적인 것이 없다는 것이다. 누군가 마차 또는 존재를 자세히 살펴보게 되면, 거기에서 발견하는 것은 조건화된 부분들 또는 무더기들이 변화하는 과정이다. 그런 부분들 또는 무더기들의 상호 협력으로 인해서 마차 또는 존재라고 불리는 기능적 현상이 생기는 것이다.

4. 업과 무아

무아의 가르침과 '전혀 아무것도 없다'는 생각을 구별하여야 한다는 것은 「마하뿐냐마 경(Mahāpuṇṇama-sutta)」과 대응 경전의 해당 구절에서 볼 수 있다. 이 경전은 무아의 가르침이 업의 결과를 경험할 자가 아무도 없다는 것을 의미한다는 식으로, 잘못된 결론을 내리는 수행승에 대해 묘사한다. 『잡아함경』의 해당 구절에 따르면, 그의 추론은 다음과 같다.[19]

---

19) SĀ 58 at T 2.15a12f, 대응 경전 MN 109 at MN III 19,12 (translated Ñāṇamoli 1995: 890), SN 22.82 at SN III 103,27 (translated Bodhi 2000: 927), D 4094 nyu 56a6 또는 Q 5595 thu 98a4.

자아가 없다면, 그리고 행위가 무아에 의해서 이루어진다면, 미래에 업의 결과는 누가 받을 것인가?

이 장면은 무아라는 교리를 근본적으로 잘못 이해하고 있는 것을 보여 주고 있다. 무아의 가르침을 자신의 행위에 대한 개인적 책임을 부정하는 것으로 잘못 이해하는 것은 논점을 철저히 잘못 짚은 것이다. 무아의 가르침은 단지 변하지 않는 영원한 자아가 없다는 것뿐이다.[20] 그러나 과정으로서의 다섯 무더기들은 분명히 존재하고, 의도적인 행동을 하고, 일단 행해지고 나면 결국은 무더기들의 동일한 흐름이라는 미래의 사건에 영향을 끼친다.

백정의 비유로 생각해 보면, 소를 토막토막 낸 다음 백정이 그것들을 더 이상 소라는 개념으로 생각하지 않는다는 사실이 그것이 아무것도 없다는 것을 의미하지는 않는다. 소의 서로 다른 부분들이 그의 바로 앞에 있고, 그는 지나가는 손님에게 그것을 팔 수도 있다. 게다가 그가 "소"라는 개념으로 더 이상 생각하지 않는다고 할지라도, 그는 여전히 이전에 소를 죽인 업의 결과에 직면하게 될 것이다.

따라서 이것을 몸에 적용해 보면, 지금 행하고 있는 알아차림의 확립 수행이 수행자에게 가르치고 있는 것은 거기에 아무것도 없다는 것이 아니다. 수행의 목적은 체화된 단단한 것이 있다는 것 대신, 몸은 단지 요소들의 결합일 뿐임을 직접 보는 것이다. 그러

---

20) Gombrich 2009: 9는 "무아(not-self)의 가르침은 '불변하는'이라는 단어를 삽입하면 모든 혼란과 오해를 피할 수 있다. 그러므로 '무불변아(無不變我, no unchanging self)가 된다. … 붓다의 설법을 듣는 자에게 아(我, ātman, attā)는 정의에 의거해서 불변하는 어떤 것을 가리킨다."

므로 요소들의 관찰을 통해서 형성된 무아의 개념은 자아를 소유하고 있다는 동일시에서 벗어나는 힘을 길러 준다.

5. 요소들과 무아

몸의 요소라는 주제에 대해 붓다가 아들 라훌라에게 가르치는 중심적 내용은 소유감을 약화시켜야 한다는 것이다. 『잡아함경』의 해당 부분을 번역해 보고자 한다.[21]

땅의 요소, 과거, 미래, 현재, 내적인 것 또는 외적인 것, 거친 것 또는 미세한 것, 숭고한 것 또는 혐오스러운 것, 가까운 것 또는 먼 것, 무아인 모든 것이 있다고 있는 그대로 안다. … 물의 요소 … 불의 요소 … 바람의 요소 …[22]

이와 같이 알고 이와 같이 보는 사람에게 "나", "나의 것"은 없을 것이다. 또는 이 몸과 의식과 관련해서 나라는 생각에 집착하는 것과 연결된 잠재 성향은 없을 것이다. 그리고 외부의 대상과 표

---

21) SĀ 465 at T 2.118c29-119a8.
22) SĀ 465는 또한 다른 두 요소인 공간의 요소와 의식의 요소를 가져온다. 그리고 빨리 대응 경전인 AN 4.177 at AN II 164,27 (translated Bodhi 2012: 542)은 "무아" 이외에 대응하는 "나의 것", "나이다"를 부정한다. 이에 대응하는 한문경전에서 이러한 언급을 하는 것은 애매하다. 한문경전의 복잡성을 피하기 위해서 자세한 논의를 생략한다. 다음을 참조할 수 있다. Anālayo 2010a: 127, Anālayo 2010c: 50.

식과 관련해서 …

"나", "나의 것"은 없다. 또는 이 몸과 의식과 관련해서, 외부의 대상과 표식과 관련해서 나라는 생각에 집착하는 것과 연결된 잠재성향은 없을 것이다. 이런 사람은 갈애의 속박과 족쇄를 제거했다고 말해진다.

이 구절에 대응하는 『앙굿따라니까야』에서는 개별적인 요소들이 어떻게 과거, 미래 또는 현재 등이 되는지에 대해 자세히 언급하지 않는다. 대신 내적인, 그리고 외적인 요소를 말한다.[23] 『앙굿따라니까야』의 설명에 따르면, 각 요소들을 "나의 것이 아니다", "나가 아니다" 그리고 "나의 자아가 아니다"라고 있는 그대로 지혜롭게 수행하면, 그 요소들에 현혹되지 않고 마음은 공평무사해진다. 이렇게 하여 갈애를 끊고, 족쇄에서 자유롭게 되고, '나'라는 생각을 완전히 이해하게 되어서 고통(dukkha)이 종식된다.

두 경전이 공격 대상으로 삼는 주요한 내용은 몸과 동일시하여 "내가 있다"라고 감각하는 경향과, "나의 소유"라고 몸을 전유하는 경향이다. 이것들이 갈애를 일으키는 기반을 형성하므로 문제가 되는 것이다. 그런 동일시와 전유를 내려놓으면 갈애의 기반은 약해지고, 결국 자유로워진다.

---

23) AN 4.177 at AN II 164,26.

6. 요소들과 해탈에 이른 자

말할 필요도 없이, 갈망에서 자유로워진 아라한이 자신의 몸과 다른 사람의 몸을 구별하기 위해서 더 이상 "나"라는 용어를 사용하지 않거나 또는 "나의 것"이라는 표현을 사용하지 않는다는 것을 의미하지는 않는다. 문제는 말에 있는 것이 아니라, 그런 표현을 사용하는 기저에 깔린 애착에 있다. 「찹비소다나 경(Chabbisodhana-sutta)」에서 언급한 네 가지 요소에 대한 아라한의 태도에서 이런 점을 확실하게 볼 수 있다. 여기서는 『중아함경』의 관련 내용을 보기로 하자.[24]

나는 땅의 요소를 나의 것으로 보지 않고, 나 자신을 땅의 요소에 속하는 것으로 보지 않고, 땅의 요소를 자아로 보지 않는다. 말하자면 이 세 가지 형태의 집착과 [관련해서는] 땅의 요소에 의존해서 존재하고, 소멸하고, 옅어지고, 사라지고, 진정되고, 집착할 것이 없고, 번뇌의 파괴로 마음은 해방된다는 앎을 획득하므로 집착의 잠재적 경향을 고요하게 한다. … 나는 물의 요소 … 불의 요소 … 바람의 요소를 나의 것으로, 나 자신을 … 요소에 속하는 것으로, … 요소를 자아로 보지 않는다.[25]

위의 경전 구절은 집착의 세 가지 형태에 매달리지 않고서 각

---

24) MĀ 187 at T 1.733a2-733a6 (translated Anālayo 2012d: 233).
25) MĀ 187은 공간의 요소와 의식의 요소에도 동일하게 적용한다.

요소와 연관을 맺는 아라한의 태도를 보여 주고 있다. 반면 「찹비소다나 경」은 같은 주제를 단지 두 가지 형태로만 다루고 있다. 말하자면 아라한은 요소를 자아로 보지 않을 뿐만 아니라 요소에 기반을 둔 자아감도 갖지 않는다.[26] 주요한 점은 동일하다. 애착과 집착은 극복되어야만 하고 그렇게 함으로써 자유를 성취한다. 그러나 그런 자유가 아라한이 "나"라는 용어를 사용하지 못하게 하는 것은 아니다. 그러므로 각 요소를 "내가 아닌 것" 그리고 "나의 것이 아닌 것"으로 보는 수행 전략은 자신의 몸과 관련하여 사용할 수 있는 언어를 대상으로 하는 것이 아니다. 수행의 목표는 "나는 이것이다" 또는 "이것은 나의 것이다"라는 형태의 어떤 애착 또는 집착을 약화시키고 결국에는 완전히 제거하는 것이다.

　네 가지 요소들에 대한 애착과 집착을 극복함으로써 도전적이고 어려운 경험들에 반응하는 방식은 급작스럽게 변할 수 있다. 이 것에 대해서는 「마하핫티빠도빠마 경(Mahāhatthipadopama-sutta)」과 대응 경전인 『중아함경』에 묘사되어 있다. 이 두 경전은 비슷한 방식으로 누군가가 욕설에 직면하거나 또는 심지어 주먹, 돌, 막대기로 신체적으로 공격을 받을 때 어떻게 받아들여야 하는지를 묘사하고 있다. 요소들의 무아적 성질을 깨달은 사람은 이런 사건들에 취약한 것은 단지 몸의 성질이라는 생각으로 힘든 경험들을 견 뎌낼 수 있다.[27]

　"나"라는 생각에서 완전히 해방된 사람의 태도를 보여 주는 또

---

26) MN 112 at MN III 31,23 (translated Ñāṇamoli 1995: 905).
27) MN 28 at MN I 186,5 (translated Ñāṇamoli 1995: 279), MĀ 30 at T 1.464c25.

다른 예는 『앙굿따라니까야』와 대응 경전들의 해당 구절에서 볼 수 있는데, 거기에서는 아라한인 사리뿟따가 다른 수행승들에게 누명을 뒤집어쓴 것에 대해 어떻게 대응했는지를 보여 준다. 사리뿟따는 자신이 그런 행동을 저지르지 않았다는 것을 평온하고 분명하게 밝힌 다음, 자신이 잘못된 비난에 어떻게 대처하였는지를 네 요소의 비유를 통해서 말하고 있다. 다음은 『증일아함경』에 나오는 사리뿟따의 선언을 번역한 것이다.[28]

마치 그것은 깨끗한 것과 깨끗하지 않은 것 예를 들어 똥, 오줌, 먼지, 고름, 피, 점액, 침을 받아들이는 땅과 같다. 땅은 거부하지 않고 모든 것을 받아들인다. 이 때문에 땅은 싫어하거나 좋아하는 [말]을 하지 않는다. 나는 이와 같아서 …

마치 그것은 매력적인 것도 깨끗하게 할 수 있고, 매력적이지 않은 것도 깨끗하게 할 수 있는 물과 같다. 물은 "나는 깨끗하고 그것들을 씻어 준다"라는 생각을 하지 않는다. 나는 이와 같아서 …[29]

마치 그것은 산이나 평지에서 타오르는 불꽃과 같다.[30] 매력적인 것과 추한 것을 고르지 않는다. 왜냐하면 그러한 지각이나 생각이 없기 때문이다. 나는 이와 같아서 …

『증일아함경』에서는 바람의 요소를 언급하지 않는데 이는 아마

---

28) EĀ 37.6 at T 2.713a9-713a18.
29) 대응 경전인 AN 9.11 at AN IV 375,6 (translated Bodhi 2012: 1262)과 MĀ 24 at T 1.453a25는 다른 요소들을 땅의 요소와 유사하게 기술하고 있다.
30) AN 9.11 at AN IV 375,15 와 MĀ 24 at T 1.453b3은 불타는 장소에 대한 언급은 없다.

도 일부 경전 내용이 유실된 탓일 것이다. 대응 경전인 『앙굿따라 니까야』와 『중아함경』에서는 바람의 요소를 언급하면서 아라한인 사리뿟따의 태도를 예로 보여 주기 위해서 다른 요소들과 같은 방식으로 언급하고 있다.[31] 사실, 요소들의 비유를 통해서 인내의 태도를 잘 보여 주고 있는 『증일아함경』의 또 다른 관련 구절은 땅, 물, 불과 함께 바람의 요소를 모두 다루고 있다.[32]

현재의 맥락에서 이 요소들은 정신적 태도의 예로 사용되고 있고, 어쨌든 몸에 대한 수행과는 다른 방식으로 기능하고 있다. 그럼에도 불구하고 동일한 주제가 그것들을 뒷받침하고 있는데, 그것은 즉 "나"라는 자아감을 포기함으로써 무심함을 얻는 것이다.

지금의 실제적인 알아차림의 확립 수행과 관련해서는 이런 형태의 수행은 어떤 특정한 물질이 아름답거나 또는 추하게 나타난다고 하여도, 그것은 단지 네 요소들의 결합일 뿐이고 이 세상의 다른 물질의 출현과 본질적으로 다를 바가 없다는 것을 드러내고 있다.

경전에서는 물질 형태의 덩어리들을 거품 이미지에 비유하고 있다. 이런 이미지는 다섯 가지 덩어리들의 성질을 표현하는 일련의 비유들의 한 부분으로 나타난다. 여기서 『잡아함경』에 나오는 몸의 형상과 연관된 비유의 한 부분을 인용한다.[33]

마치 그것은 강가강의 큰 물결을 따라 떠다니는 거품 덩어리와 같

---

31) AN 9.11 at AN IV 375,24, MĀ 24 at T 1.453b10.
32) EĀ 43.5 at T 2.760a10.
33) SĀ 265 at T 2.68c1-68c7.

다. 눈 밝은 사람은 그것을 조심스럽게 조사하고 분석한다. 조심스럽게 조사하고 분석할 때, [그 사람은 발견한다.] 거품 안에는 아무것도 없고, 안정적인 것은 아무것도 없고, 실체적인 것은 아무것도 없다. 견고성은 없다. 왜 그런가? 거품 덩어리에는 실체적이고 견고한 것은 아무것도 없기 때문이다. 이와 같이 … 물질적인 것은 무엇이든, 과거, 미래, 현재, 내적인 것 또는 외적인 것, 거친 것 또는 미세한 것, 숭고한 것 또는 혐오스러운 것, 가까운 것 또는 먼 것을 … 조심스럽게 조사하고, 주의를 기울이고, 분석하여, 거품 안에는 아무것도 없고, 안정적인 것은 아무것도 없고, 실체적인 것은 아무것도 없고, 견고성은 없다는 것을 [발견한다].[34]

요약하면 네 요소의 결합인 이 몸은 "나" 그리고 "나의 것"이라고 전유할 만한 하나의 기반으로 작용할 수 있는 실체적인 어떤 것도 없다. 그것은 단지 변화의 흐름에 휘둘리는 거품 덩어리에 불과하다.

---

34) 대응 경전인 SN 22.95 at SN III 140,24 (translated Bodhi 2000: 951)는 큰 물결을 언급하지 않는다.

7. 요약

    요소들을 관찰하게 되면 몸에서 단단한 것, 흐르는 것, 따뜻한 것, 움직이는 것을 직접적으로 알아차리게 된다. 이런 수행을 하는 것은 어떤 면에서는 몸을 단단한 한 개체 단위라고 생각하는 몸에 대한 감각을 정신적으로 한 껍질씩 벗겨 내는 일이다. 무아에 이르는 이런 전략은 결과적으로 자신의 소유감을 약화시킴으로써 몸과의 동일시에서 벗어나게끔 한다.

6장

붕괴되는 시체

1. 가르침

죽은 인간의 몸을 개방된 공간에 그대로 내버려 둘 경우 점진적으로 일어나는 붕괴를 관찰하는 것은 「알아차림의 확립 경」과 이에 대응하는 한역 아함경들에서 공통적으로 볼 수 있는 몸에 대한 수행의 세 가지 형태 중 마지막에 속한다. 세 경전 중 관련 내용을 축약해서 번역하고, 특히 무상에 대한 수행과 연관하여 그것이 갖는 중요성을 검토해 보고자 한다.

『맛지마니까야』
마치 수행승은 묘지에 던져진 시체가 죽은 지 하루나 이틀이나 삼일이 지나 부풀고 검푸르고 흘러내리는 것을 보듯이 …
… 까마귀, 매, 독수리, 개, 자칼, 다양한 벌레에게 먹힌 것을 보듯이 …
… 해골이 살과 뼈와 힘줄로 연결되어 있는 것을 보듯이 …
… 해골이 살 없이 피로 얼룩져 힘줄로 연결되어 있는 것을 보듯이 …
… 해골이 살과 피도 없이 힘줄로 연결되어 있는 것을 보듯이 …
… 뼈가 사방으로 흩어져 여기에 손뼈, 저기에 발뼈, 다른 곳에 정강이뼈, 또 다른 곳에 허벅지뼈, 또 다른 곳에 엉치뼈, 또 다른 곳에 척추뼈, 또 다른 곳에 해골이 있는 것을 보듯이 …
… 뼈가 빛 바랜 흰색, 소라 껍질 색이라는 것을 보듯이 …
… 뼈가 일 년이 넘게 쌓여 있는 것을 보듯이 …

… 뼈가 삭아 가루가 되는 것을 보듯이, 이 동일한 몸을 그것과 비교하면서 이 몸도 또한 같은 특성을 가지고 있고, 그것과 같이 될 것이고, 그 운명으로부터 피할 수 없다고 안다.

『중아함경』
수행승은 하루, 이틀 동안 또는 엿새, 이레 동안 까마귀에 쪼이고, 승냥이나 늑대에 먹히고, 불에 태워지거나, 땅에 묻히거나, 완전히 썩거나 부패한 시체를 관찰한다. …
과거에 묘지에서 보았던 것처럼, 수행승은 푸른색의, 썩고 반쯤 [짐승에게] 먹히고, 뼈가 여전히 연결되어 있는 시체를 [회상한다]. …
… 피부, 살, 피 없이 힘줄로만 묶여 있는 …
… 발뼈, 정강이뼈, 허벅지뼈, 엉치뼈, 척추뼈, 어깨뼈, 목뼈, 해골이 사방으로 흩어져 있는 …
… 소라껍질처럼 흰 뼈, 비둘기 색처럼 푸른 뼈, 피가 얼룩진 붉은 뼈, 썩거나 푸석한 뼈, 부서져 가루가 된 뼈를 [회상한다]. 수행승은 이를 보고 자신과 견주어서, '지금 나의 이 몸도 이와 같다. 똑같은 특성을 가지고 있고 결코 [이 운명을] 피할 수 없다'라고 안다.

『증일아함경』
수행승은 하루, 이틀, 삼 일, 사 일, 오 일, 육 일, 칠 일이 지나서 부풀고 냄새가 나는 더러운 시체를 관찰한다. 그리고 수행승은 그 자신의 몸도 이와 다르지 않고, 내 몸도 이러한 재난에서 벗어나지 못한다는 것을 관찰한다.

… 까마귀, 까치, 올빼미에게 뜯어 먹히고, 호랑이, 늑대, 개, 벌레, [다른] 짐승에게 뜯어 먹힌 시체를 관찰한다. 수행승은 그 자신의 몸도 이와 다르지 않고, 내 몸도 이러한 재난에서 벗어나지 못한다는 것을 관찰한다. 이것은 수행승이 어떻게 [나쁜 생각을 제거하고 근심과 슬픔으로부터 해방되어] 몸을 관찰하고 자신 안에서 기쁨을 경험하는지를 의미한다.

… 반쯤 먹히고, 반쯤 땅에 흩어지고, 냄새가 나는 더러운 시체를 관찰한다. 그리고 수행승은 그 자신의 몸도 이와 다르지 않고, 내 몸도 이러한 재난에서 벗어나지 못한다는 것을 관찰한다.

… 살은 사라지고, 뼈만 남아 있고, 피가 얼룩진 시체를 관찰한다.

… [뼈가] 힘줄에 묶여 있고, 장작더미 같은 시체를 관찰한다.

… 관절이 떨어져 있고, 뼈마디가 흩어져 있고, 여기는 손뼈, 저기는 발뼈, 정강이뼈, 골반뼈, 꼬리뼈, 팔뼈, 어깨뼈, 갈비뼈, 척추뼈, 목뼈, 해골인 시체를 관찰한다. 다음으로 수행승은 그의 몸이 저와 다르지 않고, 나도 이러한 조건을 벗어나지 못할 것이고, 내 몸도 부서질 것이라고 관찰한다.

… 뼈가 희거나 흰 마노 색깔의 시체를 관찰한다. 다음으로 수행승은 그 자신의 몸도 저와 다르지 않고, 나도 이러한 조건을 벗어나지 못할 것이라고 관찰한다.

… 푸르고, 멍든 것처럼 보이고, 재 색깔과 구별할 수 없는 색깔의 시체를 집착할 만한 가치가 없다고 본다.

이와 같이 수행승은 나쁜 생각을 제거하고 근심과 슬픔으로부터 자유롭게 머물고 [자신 안에서 기쁨을 경험하면서] 이 몸은 무상하고, 흩어지는 특성을 가지고 있다고 그 자신의 몸을 관찰한다.

대응 경전들에서 서로 다른 점은 붕괴의 실제적 단계를 나누는 방식이다. 『중아함경』은 다섯 단계를 제시하고, 『증일아함경』은 여덟 단계, 『맛지마니까야』는 아홉 단계를 제시한다. 그럼에도 불구하고 관찰의 주된 의미는 동일한 것으로 보인다. 관찰은 죽어서 부풀어진 몸이 여러 동물들에게 먹히는 것으로 나아간다. 그다음 살은 완전히 사라지고 뼈만 남고 힘줄도 떨어져 나간다. 이제 뼈들은 서로 더 이상 연결되지 않는다. 그리고 뼈들은 태양 아래서 색이 바래고 부패한다. 그리고 『맛지마니까야』와 『중아함경』에서 말하는 바와 같이 마지막에는 재가 되어 버린다.

『중아함경』은 "과거에 묘지에서 보았던 것처럼"이라고 말하면서 시체의 붕괴 단계의 두 번째부터 시작한다. 이런 점은 『맛지마니까야』와 비교하면 주목할 만하다. 『맛지마니까야』에서는 "묘지에 던져진 시체"라고 언급한다. 다른 말로 하면 『맛지마니까야』의 가르침은 시각적 상상력의 사용을 권장하는 것으로 읽힐 수 있다.[1] 그 반면 『중아함경』의 가르침은 실제로 이전에 묘지에서 본 것을 떠올리기를 기대하는 것처럼 보인다.

또한 『중아함경』은 "불에 타거나 또는 땅에 묻힌" 시체를 관찰하라고 추가해서 말한다. 화장과 매장—아마도 이후에 『중아함경』에 추가된 듯이 보인다—을 언급하는 경우는 몸의 유한성에 대한 일

---

1) Ñāṇamoli 1956/1991: 760 각주 27은 현재의 관찰은 "몸의 무상함을 보여 주기 위해서 붕괴의 순서에 따른다. 반드시 실제 시체를 관찰하는 것을 의도하지는 않는다. 우선적인 목표는 무상을 계발하는 것이다."라고 언급하고 있다.

반적인 알아차림과 연관되어 있을 때뿐이다. 세 경전 모두에서 공통적으로 기술되고 있는 바와 같이 일단 시체가 불타거나 땅에 묻히게 되면, 몸의 점진적인 분해 과정을 명확하게 알아차리는 것은 더 이상 불가능하다.

『증일아함경』의 실제적인 가르침은 여러 가지 점에서 다른 두 경전과는 다르다. 『증일아함경』은 수행의 주된 핵심이 자신의 몸은 시체와 같은 성질을 갖고 있다는 것을 깨닫는 것이라는 점에 대해서는 다른 대응 경전에 동의하고 있다.[2] 이런 점은 『증일아함경』에서 다음과 같이 생생하게 표현하고 있다. 즉 "내 몸도 이러한 재난에서 벗어나지 못한다", 이어서 "나도 이러한 조건을 벗어나지 못할 것이고, 내 몸도 부서질 것이다."

또 다른 놀랄 만한 가르침은 이런 수행을 통해서 "자신 안에서 기쁨을 경험한다"라는 것이다.[3] 이런 기쁨은 『증일아함경』의 알아차림의 확립 수행에서 명시적으로 드러내고 있기 때문에 이 장면에서만 국한하여 언급되는 것은 아니다. 해부학적 부분과 요소의 관찰에서도 이런 기쁨을 표현하고 있다.

이런 점은 『증일아함경』의 독특한 특징이다. 아마도 후대에 삽입된 요소라고 생각된다. 그럼에도 불구하고 그것은 실제적인 관점에서는 중요한 점을 지적하고 있다. 얼른 보기에는 섬뜩하게 보

---

2) 이것을 자신에게 적용하는 것은 죽음을 알아차리는 일반적인 취지에 맞다. Bowker 1991: 187은 죽음(maraṇa)이 나에게로 다가온다. 이것은 죽음 일반에 대한 수행이 아니라, 나에게 적용되는 수행이라고 설명한다.

3) EĀ 12.1에서 묘지에 대한 관찰의 마지막에서 기쁨을 경험한다는 언급을 추가하면서, 각괄호를 사용하여 추가하는 것은 이전의 동일한 구절에서 실제로 사용되었기 때문이다.

이지만 제대로 수행을 하면 기쁨을 낳을 수 있다. 왜냐하면 이것은 그대로 출리로 이어지기 때문이다. 이런 점은 『증일아함경』의 마지막 가르침 부분에서 특히 분명한데, 거기에 따르면 뼈들은 "그것에 집착할 만한 가치가 없는 것으로" 보인다. 경전이 지적하는 바와 같이, 적절히 이루어진 수행은 나쁜 생각을 제거하는 데로 나아가고 점차로 근심과 슬픔에 영향을 적게 받는 정신적 상태로 이어지기 때문에 기쁨이 일어나게 된다. 즉 여기서 기쁨은 몸에 대한 집착에서 정신적으로 자유로워진 기쁨이다. 이렇게 하여 이런저런 방식으로 몸의 경험에 대한 집착에 기반을 둔 모든 부정적 정신 반응들로부터 자유로워진다.

또 하나 주목해야 할 점은 이런 수행을 묘사하는 『증일아함경』의 결론 부분이다. 거기에 따르면 "이 몸은 무상하고 흩어지는 특성을 갖는다." 이런 표현은 어떤 측면에서는 전체 수행을 잘 요약하고 있다. 어떤 점에서는 해부학적 부분을 관찰하는 것과 유사하지만, 시체가 단계별로 붕괴하는 것을 관찰하는 것은 몸의 "더럽고" 또는 "매력적이지 않은" 장면을 드러내어 감각적 욕망에 저항하게 만든다. 결국 붕괴하는 시체를 관찰하는 핵심은 무상의 진리를 일깨우는 것이다.

2. 몸의 불리함

『맛지마니까야』의 「마하둣카칸다 경」과 이에 대응하는 경전은 물질적 몸에 내재하는 "불리함"을 언급하기 위해 붕괴하는 시체의 단계를 활용하고 있다. 먼저 "유리함", 즉 몸의 아름다움을 언급하고, 뒤이어 이런 유리함과 불리함이라는 딜레마의 해결 또는 "벗어남"을 이루기 위해서, 몸에 대한 욕망과 애착을 버릴 것을 지적하고 있다. 여기서 대응되는 『중아함경』의 관련 부분을 옮겨 본다.[4]

무엇이 물질적 형태와 관련된 만족인가? 크샤트리아, 브라만, 바이샤, 수드라 [계급]의 소녀가 있다고 생각해 보자. 나이는 14세 또는 15세이다. 그녀가 가장 아름다울 때이다. 육체적 아름다움으로 인해 즐거움과 기쁨이 생기고, 육체적 아름다움으로 인해서 물질적 형태에 있어서 가장 만족스럽다. 이를 넘어설 수 없다. [그러나] 이것은 많은 위험에 둘러싸여 있다.[5]
무엇이 물질적 형태와 관련된 위험인가? 그 아름다운 소녀가 늙고, 쇠약하고, 머리는 희고, 이가 빠졌을 때 그 소녀를 본다고 생각해 보자. 등은 굽고 막대를 잡고 휘청거리면서 걷는다. 건강은 계속 나빠지고 있고 생은 마지막으로 다가가고 있다. 몸은 떨리고 감각은 둔해지고 있다. 그녀의 이전의 육체적 아름다움은 멈추었

---

4) MĀ 99 at T 1.585c17-586a1.
5) 대응 경전은 MN 13 at MN I 88,7 (translated Ñāṇamoli 1995: 183)이다. EĀ 21.9 at T 2.605b18, T 737 at T 17.540b5에서는 수드라를 언급하지 않는다.

고 [물질적 형태]의 위험이 드러난다고 생각하는가? …

다음으로 아름다운 소녀가 병으로 인해 엄청난 고통이 그녀의 몸을 옥죄는 것을 경험하면서 침대나 땅에 누워 있거나 기대고 있다고 생각해 보자. 그녀의 이전의 육체적 아름다움은 멈추었고 [물질적 형태]의 위험이 드러난다고 생각하는가? …

다음으로 아름다운 소녀가 하루나 이틀 또는 엿새나 이레 전에 죽었다고 생각해 보자. 까마귀나 매가 쪼고, 승냥이나 늑대가 뜯고, 불에 타고, 땅에 묻히고, 완전히 썩거나 부패한다. 그녀의 이전의 육체적 아름다움은 멈추었고 [물질적 형태]의 위험이 드러난다고 생각하는가? …

이 경전은 계속해서 이전의 매력적인 몸이 뼈가 부패될 때까지 시체 붕괴의 지속적인 단계를 언급하고 있다.

대응 경전들은 그 소녀의 아름다움이 절정에 도달한 것에 동의한다. 그러므로 공격 대상은 여성을 아름답게 만드는 고대 인도의 개념인 것이 분명하다. 주목해서 살펴보아야 할 점은 스스로 자신의 아름다움을 느끼는 방식을 거론할 때, 소녀와 함께 종종 소년이 명시적으로 거론된다는 것이다. 예를 들면 「아낭가나 경(Anaṅgaṇa-sutta)」과 대응 경전인 『증일아함경』에서 붓다의 가르침을 받아들이고자 하는 의지의 마음이 깨끗하게 씻고 옷을 잘 차려입고 기쁘게 꽃다발을 받아들고 그것을 머리에 장식하는 소녀 또는 소년의 이미지로 표현되고 있다.[6]

---

6) MN 5 at MN I 32,26과 대응 경전 EĀ 25.6 at T 2.634a6 (다른 두 대응 경전 MĀ 87 at T 1.569c5, T 49 at T 1.842a15의 이 비유에는 소녀만 등

「마하둣카칸다 경」과 대응 경전에서 유일하게 소녀의 경우를 선택하는 것은 인간이 갖는 아름다움의 정점을 소녀가 대표한다는 고대 인도의 생각을 반영한다. 두 경전에서 언급된 것을 바탕으로 판단해 보면 18세 또는 20세보다 어린 14세 또는 15세의 젊은 몸 그리고 남성보다 여성의 몸을 언급하고 있다는 것을 알 수 있다.

젊은 여성의 몸을 아름답게 보는 것은 고대 인도와 다른 지역에서 흔한 일이었다. 그 당시 남성은 여성의 아름다움을 추구하였고 여성은 자신이 아름다워지는 것을 추구하였다. 그 결과 아름다움에 대한 남성의 감각적 흥미는 주로 다른 사람의 몸을 보는 관음증적인 것으로 표현된 반면,[7] 아름다움에 대한 여성의 관심은 보다 더 자아도취적인 경향을 보이게 된다. 이런 관점에서 보면 아름답고 젊은 소녀의 이미지는 자연스럽게 물질적인 외적 형태와 연관된 "유리함"이 된다. 이것은 고대 인도에서 아름다움을 지각하는 방식을 드러낸다. 말할 필요도 없이 「마하둣카칸다 경」과 이에 대응하는 경전에서 볼 수 있는 관련 구절의 전체 핵심은 이런 개념들을 해체하고 그것들이 적절하지 않다는 것을 확인하는 것이다.

물질적 형태의 "위험성"이라는 제목 아래서 다루어진 이런 해체는 동일한 사람이 늙고, 병들고, 결국 죽는다는 시간적인 관점−무상−에 주의를 기울인다. 경전들의 몇몇 관련 구절들은 이런 점들을 더욱 자세하게 서술하고 있고, 심지어는 여자의 나이를 80, 90, 100살이라고 명시적으로 언급하고 있다.[8] 「마하둣카칸다 경」

장한다).

7) 시각적인 성적 자극에 남성과 여성이 어떻게 다르게 반응하는지에 대한 조사는 다음을 참조할 수 있다. Rupp and Wallen 2008.
8) MN 13 at MN I 88,15, EĀ 21.9 at T 2.605b23은 그녀의 나이가 80, 90, 100

과 대응 경전인 『증일아함경』에서는 여자가 병든 상황을 눈에 보이듯이 자세하게 묘사하고 있다. 그녀의 병이 깊어져서 몸은 배설물과 함께 뒹굴고 있고 이런 절실한 상태를 완화하기 위해 도움이 필요하다.[9]

이전에 매력적이던 그녀의 몸은 이제 붕괴의 단계에 들어가고, 이것이 현재 알아차림의 확립 수행의 중심 주제가 된다. 늙고, 병들고, 결국 죽게 되는 아름답고 젊은 소녀의 예는 감각적 매력과 연관되어 있음에 틀림없다. 그럼에도 불구하고 무상은 중심 주제이다. 사실 「마하둣카칸다 경」과 대응 경전에서 아름다운 소녀는 물질적 형상의 주제를 드러내고 있다. 경전은 이 주제에 앞서 감각적 쾌락을 다루고 있고, 뒤이어서 느낌을 탐구하고 있다. 감각적 쾌락의 "위험성"은 그것을 탐닉하기 위해서는 땀을 흘리고 경쟁에 직면해야 한다는 사실에 있는 반면, 느낌의 "위험성"은 그것이 무상하다는 점에 있다.

그러므로 「알아차림의 확립 경」의 대응 경전인 『증일아함경』이 강조하고 있는 바와 같이, 붕괴가 단계적으로 이루어지고 있는 시체를 관찰하는 핵심은 진정으로 "이 몸은 무상하고 모두 흩어질 운명"임을 깨닫는 것이다. 말할 필요도 없이 이런 알아차림이 결실을 맺기 위해서는 이것이 얼마나 급박한 일인지를 느끼면서 수행할 필요가 있다. 언젠가 미래에 죽음이 닥쳐오겠지 하는 식으로 아는 것으로는 충분하지 않다. 이 몸이 확실히 죽고 흩어질 것을

살이라고 한다. T 737 at T 17.540b10은 120살도 추가하고 있다.

9) MN 13 at MN I 88,23에 따르면 그녀는 자신의 대소변 위에 누워 있고 다른 사람이 일으키고 눕힌다. EĀ 21.9 at T 2.605b29도 유사하게 그녀는 대소변을 가리지 못하고 일어날 수 없다고 기술하고 있다.

알아차리는 것은 언제라도 죽음이 닥칠 수 있다는 깨달음과 결합
되어야만 한다. 사실 죽음과 시체의 붕괴는 곧, 심지어 바로 지금
일어날 수도 있다.

3. 죽음의 회상

자신의 몸이 죽을 수밖에 없다는 것을 관찰하는 경우 이 수행이
갖는 급박함을 『앙굿따라니까야』와 대응 경전인 『증일아함경』에서
볼 수 있다. 경전은 붓다가 수행승들에게 죽음을 회상하는 수행을
하고 있느냐는 질문에서 시작된다. 한 수행승이 규칙적으로 죽음
을 회상하고 있다고 답하자 붓다는 어떻게 수행하고 있느냐고 묻
는다. 『증일아함경』에 따르면 그 수행승은 다음과 같이 자신의 수
행을 언급한다.[10]

죽음의 지각에 주의를 기울일 때, 이레 동안만 살 수 있다면 깨달
음의 일곱 가지 요소를 수행하여 여래의 법에서 많은 이익을 얻
고자 하는 열망이 저에게 있습니다. 그러면 죽은 뒤에도 여한이
없을 것입니다. 세존이시여, 저는 이와 같이 죽음의 지각에 대해
서 주의를 기울입니다. 세존께서 말씀하셨다. "그만해라, 그만해

---

10) EĀ 40.8 at T 2.742a2-742a6.

라. 수행승이여, 그것은 참으로 죽음의 지각을 수행하는 것이 아니다. 그것은 방일한 법이다."

다른 수행승들 또한 자신의 수행에 대해 말하고 있다. 그 내용은 6·5·4·3·2·1일 또는 탁발을 나가서 승원으로 돌아오는 시간 등이다. 그렇지만 어떤 것도 붓다를 만족시킬 수 없었다. 그리고 붓다는 칭찬받을 만한 수행은 단지 한 호흡의 시간이라고 설명한다. 죽음의 알아차림을 진정으로 수행하는 사람은 다음 순간의 호흡조차 할 수 없을지도 모른다는 것을 알아차려야만 한다. 다른 말로 하면, 죽음에 대한 인식을 현재의 순간으로, 바로 여기 지금 이 순간으로 가져오는 것이다.[11]

『앙굿따라니까야』의 이 가르침과 대응되는 두 개의 경전이 있다. 이들은 시간을 언급하는 것이 다른데 하루 밤낮에서 시작하여,[12] 그다음 하루, 반나절(단지 두 번째 버전에서만 언급된다), 식사 한 끼의 시간, 식사 한 끼 시간의 반(단지 두 번째 버전에서만 언급된다), 음식 몇 조각을 먹는 시간, 음식 한 조각을 먹는 시간, 그리고 한 호흡의 시간이다. 붓다는 마지막 두 경우를 칭찬하고 나머지는 방일하다고 여겼다. 붓다가 방일하다고 여기는 것에 대해

---

11) 그와 같이 자신의 죽음을 지금 이 순간의 자각으로 가져오는 것은 일상적인 경향성과 배치된다. Pyszczynski et al. 2004: 445는 다음과 같이 쓰고 있다. 죽음에 대한 생각이 현재 주의의 중심에 있을 때, 개인은 죽음의 문제를 다루려는 것에서 주의를 돌리거나 그 문제를 먼 미래에 둠으로써 방어하고자 한다.

12) AN 6.19 at AN III 304,9 그리고 AN 8.73 at AN IV 317,9 (translated Bodhi 2012: 876, 1219). AN 8.73은 두 단계를 더 언급한다는 사실은 『앙굿따라니까야』에서 각각 여섯 내지는 여덟 단계의 가르침으로 배분하는 것에 원인이 있다고 할 것이다.

경전들이 동의하는 이유는 죽음은 어떤 순간에도 맞이할 수 있다는 메시지를 붓다가 분명히 전하고 있기 때문이다. 우리는 자신의 몸이 갖는 무상함을 예리하게 알아차려야 한다.

4. 찰나성

이 경전의 인용문은 『대지도론(大智度論, *Mahāprajñāpāramitā śāstra)』이라는 제목으로 알려진 한역에 보존되어 있다. 인용문은 어떤 수행승의 (다소 부적절한) 선택으로 시작하는데, 그 수행승은 자신이 7년을 더 살 거라고 기대하면서 죽음을 회상하는 수행을 하는 것으로 시작한다. 죽음의 시간이 점점 짧아져서 다음 호흡에 죽을지도 모른다는 칭찬할 만한 경지에 이르러서야 경전은 모든 조건화된 현상들은 매 순간 일어나고 사라진다고 언급하는 것으로 결론을 맺는다.[13]

경전들은 후기로 갈수록 교리적 발전의 영향을 받은 것을 보존하고 있다. 이 경우도 마찬가지이다. 마지막 부분은 분명히 이후에 추가된 것이다. 이것은 불교 사상의 발전을 반영하고 있는데, 여기서는 무상의 개념이 "찰나성"이라는 교리로 변화되어 이어지고 있다. 모든 현상들이 찰나찰나 소멸한다는 개념은 다른 여러 불

---

13) T 1509 at T 25.228b5 cf. Lamotte 1970: 1424f.

교 전통들에게 광범위하게 영향을 주었고, 무상에 대한 독특한 이해를 야기하기도 하였다. 그러나 역사적 관점에서 보면 찰나성의 교리는 분명히 후기에 생성 발전한 것이다.[14]

초기불교 사상에서 무상은 이전의 발생과 그다음 이어지는 소멸 사이의 지속적인 변화의 시간을 포함한다. 이런 세 가지 양상, 즉 발생, 지속, 소멸은『앙굿따라니까야』와 대응 경전인『증일아함경』이 언급하는 주제이다.『증일아함경』은 이런 특징적 양상을 인간의 몸에 적용하고 그런 다음 초기불교 사상에서 무상의 개념이 몸에 대한 수행의 전체적 주제와 어떻게 연관되어 있는지에 대한 좋은 예를 보여 주고 있다. 경전은 다음과 같이 언급하고 있다.[15]

이 세 가지는 조건화된 존재의 특징이다. 무엇이 셋인가? 그것이 일어나는 것을 알고, 변화하는 것을 알고, 소멸하고 사라지는 것을 안다.

그것이 일어나는 것을 어떻게 아는가? 이것은 다섯 가지 집착의 무더기의 발생이고, 성장이고, 성숙이고, 모든 요소들과 감각영역의 획득이다. 이것이 일어나는 것이다.

무엇이 소멸인가? 이것은 죽음이고, 삶의 마감이고, 단절이고, 영원하지 않음이고, 무더기의 무너짐이고, 친족과 가족과 헤어짐이고, 삶의 기능이 잘려 나가는 것이다. 이것이 소멸이다.

무엇이 변화인가? 이것은 세월이 성쇠하면서 이가 빠지는 것이

---

14) 자세한 논의는 다음에서 볼 수 있다. von Rospatt 1995; cf. Ronkin 2005: 59-65, Karunadasa 2010: 234-61.
15) EĀ 22.5 at T 2,607c14-607c21.

고, 머리가 희어지는 것이고, 에너지와 힘이 고갈되는 것이고, 몸이 무너지는 것이다. 이것이 변화에 영향을 받는 특징이다.

대응 경전인 『앙굿따라니까야』의 관련 구절에서는 이에 비견할 만한 예를 제공하지는 않지만, 조건화된 존재의 세 가지 모습을 단순히 구분하고 있다. 그것은 발생, 소멸, 지속되는 변화이다.[16] 즉 발생과 소멸 사이에 일어나는 변화의 시기이다. 지속하는 것은 변화한다는 사실, 즉 변화를 겪는 것을 볼 수 있다는 사실은 그런 지속이 단 한 순간보다 더 많아야 한다는 것을 분명히 하고 있다. 사실 『증일아함경』의 관련 구절에서 변화는 나이 듦으로 나타나고, 이것은 분명히 연장된 시간을 포함하고 있다.

『앙굿따라니까야』가 지속하는 것의 변화를 언급하는 것과 대응 경전인 『증일아함경』의 변화에 대한 시각적 묘사는 두 경전 모두 변화와 지속을 결합하는 데 동의하고 있다는 것을 보여 주고 있다. 찰나성의 개념으로 인해 이런 지속의 개념이 시야에서 사라질 우려가 있다. 현상이 단지 한순간만 존재하여서 나타났다 바로 사라진다고 하면, 지속성이라는 명백한 사실을 설명하기 어려워진다.

초기불교의 무상에 대한 개념은 이런 딜레마에 봉착하지 않았다. 왜냐하면 발생과 소멸뿐만 아니라, 설사 이런 지속이 변화의 법칙에 명백히 지배된다고 하여도 약간의 시간 동안은 현상을 인식하기 때문이다. 다시 말하면 경험의 모든 측면들이 분명히 변화

---

16) AN 3.47 at AN I 152,7 (translated Bodhi 2012: 246).

를 겪는다고 하여도, 그 지점에서 소멸될 필요는 없다. 이것은 어떤 것은 재빨리, 때로는 바로 즉시 사라지지 않는다는 것을 의미하지는 않는다. 이것이 의미하는 바는, 모든 것이 예외 없이 일어나자마자 사라진다는 견해가 초기경전들이 취한 입장은 아니라는 점이다.

무상에 대한 초기불교의 개념과 이후 전개된 찰나성의 이론 사이에서 볼 수 있는 차이는 빤짝이는 등불과 지속적으로 흘러가는 강의 비유에서 잘 살펴볼 수 있다. 등불의 빛은 나타나자마자 사라지는 것으로 경험된다. 흐르는 강물은 변화하는 지속성, 즉 변화의 지속적 흐름으로 경험된다. 초기불교 경전의 무상은 흐르는 강의 모습으로 가장 잘 묘사된다. 사실 흐르는 강물의 이미지는 『앙굿따라니까야』와 대응 경전인 『중아함경』에서 인간 삶의 성질을 묘사하기 위해 사용한 것이다. 이런 비유를 『중아함경』에서 삶이 얼마나 짧은지를 표현하는 일련의 묘사 중 한 부분으로 다음과 같이 서술하고 있다.[17]

마치 이것은 산에서 흘러나오는 강과 같다. 급하게 불어서, 빨리 흐르고, 많은 것들이 떠내려간다. 빠르고 급하게 흐르는 물살은 한순간도 멈추지 않는다.

이 비유의 『앙굿따라니까야』 버전은 강물이 한순간도, 잠시도, 일 초도 멈추지 않는다는 것을 강조한다.[18]

---

17) MĀ 160 at T 1.683c6-683c7.
18) AN 7.70 at AN IV 137,19 (translated Bodhi 2012: 1096, number 74).

이런 묘사에서 사용한 세 가지 유사한 용어들 중 첫 번째는 카나(찰나, khaṇa)이다. 정확하게 말하자면 찰나성의 이론을 표시하기 위해 사용한 단어이다. 『앙굿따라니까야』와 그 대응 경전의 비유가 형성되었던 시기에는 아직 찰나성의 이론이 존재하지 않았다는 점과 그리고 인간의 삶이 한 순간도 멈추지 않는 지속적인 흐름이라는 것은 의심할 여지가 없다. 연속적으로 소멸되는 일련의 순간들로 보는 것이 아니라 일련의 연속적 변화의 순간들로서 보는 것이다.

5. 의식과 무상

모든 것이 변화에 굴복한다는 경구는 몸에 대해서뿐만 아니라 마음 또는 의식에도 적용된다. 의식의 무상함을 깨닫는 것은 특별히 도전적인 과제이다. 마음의 실제 내용 또는 느낌을 넘어서서 경험의 배후에 존재하는 영속적인 자각 내용의 경험은 변화하지 않는 미세한 의식 또는 정신적 광채가 존재하는 것으로 쉽게 착각할 수 있다. 그러나 자세히 살펴보면 가장 미세한 자각 또는 의식조차도 무상의 법칙을 따르고 있는 것은 분명하다.

『상윳따니까야』와 한역과 산스끄리뜨 단편으로 보존된 대응 경전의 관련 구절에서는 숲속을 배회하는 원숭이의 예를 들어 변화하는 마음의 성질을 그려내고 있다. 여기서 나는 『잡아함경』의 관

련 부분을 번역해 보겠다.[19)]

마음, 생각, 의식은 밤낮으로 한순간도 멈추지 않고 다양한 방식으로 변화를 계속한다. 어떤 방식으로 발생하면 다른 방식으로 소멸한다. 마치 숲에서 이 나무에서 저 나무로 순간순간 한 가지를 잡고 다른 가지를 잡으면서 옮겨 가는 원숭이와 같다. 마음, 생각, 의식은 마치 이와 같이 다양한 방식으로 변화를 계속한다. 어떤 방식으로 발생하면 다른 방식으로 소멸한다.[20)]

원숭이의 비유는 끊임없이 변화하는 마음의 성질을 잘 보여 주고 있다.[21)] 마치 원숭이가 숲속에서 한 나뭇가지에서 다른 나뭇가지를 잡으면서 지속적으로 이동하듯이, 마음 역시 이 대상 저 대상으로 옮겨 다니면서 이 순간 저 순간 지속적으로 역시 변화하고 있다. 설사 의식이 일정하게 안정된 것처럼 보인다고 하여도, 의식은 조건적으로 발생하는 순간의 연속적 흐름에 불과하다.

---

19) SĀ 290 at T 2.82a11-82a15, 산스끄리뜨 단편 Tripāṭhī 1962: 116f.
20) 대응 경전 SN 12.61 at SN II 95,3 (translated Bodhi 2000: 595)은 마음이 일어나고 사라지는 것이 밤낮으로 발생한다는 것을 보여 준다.
21) 잡고 있는 한 가지를 놓고 다른 가지를 잡는 원숭이의 모티브는 Sn 791 (translated Norman 1992: 92)에서 볼 수 있다. 여기서는 다른 하나를 잡기 위해서 하나를 놓는 것을 보여 주고 있다.

6. 죽음의 불가피성

죽음에 대한 수행이라는 주제로 다시 되돌아오자. 모든 존재의 바탕을 이루는 지속적 변화라는 무상(모든 경험은 상호 연관된 과정의 흐름에 불과하다는 점에서)에 대한 통찰은, 죽음에 대한 태도를 변화시킬 수 있는 대단한 잠재력을 갖고 있다. 삶 속에 내재된 지속적 변화를 통찰하지 못하면, 죽음은 지금까지 안정적이고 지속적인 것으로 여겨진 것의 급작스런 끝으로 지각되기 마련이다. 그러나 꾸준한 수행을 통해서 삶은 변화에 불과하다는 것을 명확하게 받아들이면, 죽음은 이런 과정의 일부로 간주된다. 즉 죽음은 또 다른 변화 과정이지만, 돌발적인 변화의 순간일 뿐이다.

이런 통찰이 없으면 죽음을 무서워하게 되어서 항상 새롭고, 젊고, 성장하고, 발전하는 것에만 초점을 맞추고, 늙고, 감소하고, 소멸하는 것에는 눈을 감는 결과를 초래한다. 이런 일방적인 관점은 현실을 있는 그대로 보지 못하게 한다. 현실을 있는 그대로 보지 못하면, 현실이 요구하는 것에 따라서 제대로 행동하지 못하게 된다. 말하자면 죽음을 삶의 총체적인 한 부분으로 받아들이지 못하면, 적절하고 충만한 삶을 영위하는 것은 가능하지 않다.

「아리야빠리예사나 경(Ariyapariyesanā-sutta)」과 대응 경전인 『중아함경』에 의하면 미래의 붓다가 깨달음의 여정을 출발하도록 촉발시킨 것은 다름 아닌 바로 죽음의 불가피성(또한 나이 듦과 질병)을 깨닫는 것이었다. 『중아함경』의 관련 구절은 다음과 같은 붓다

의 성찰을 서술하고 있다.[22]

이전에 내가 아직 최고의, 바른, 완전한 깨달음을 얻기 전에, 나는 이와 같이 생각했다. "실제로 나는 병에 걸리기 쉽고, 나는 [또한] 무엇 때문에 병에 걸리기 쉬운지를 순진하게 찾고, 실제로 나는 나이 들고 죽기 쉽고, … 나는 [또한] 무엇 때문에 나이 들고 죽기 쉬운지를 순진하게 찾고 … 내가 만약 열반의 최고의 평화를 찾는다면 병으로부터 자유롭고 … 나이 듦과 죽음으로부터 자유로운가?[23]

근본설일체유부 율장의 『상가베다와스뚜(Saṅghabhedavastu)』에 의하면 미래의 붓다는 깨닫기 이전에 시체가 여러 단계를 통해서 붕괴되어 가는 모습을 보고, 마음이 심하게 동요되었다고 한다.[24] 이런 경전 구절은 알아차림의 확립 수행과 직접적인 연관성을 갖는다.

『앙굿따라니까야』와 대응 경전인 『중아함경』은 다음과 같은 보살의 성찰을 언급하고 있다. 즉 세상 사람들은 자신이 늙고 아프고 죽는다는 근심에 사로잡혀 있음에도 불구하고, 다른 사람들이 늙고 아프고 죽을 때는 역겨워하고 싫어한다고 말한다. 이런 세간적인 반응과는 달리 미래의 붓다는 자신 또한 늙음, 질병, 죽음에 굴복하게 된다는 것을 깨닫게 되자 젊음, 건강, 삶이 주는 자신감 또

---

22) MĀ 204 at T 1.776a26-776b1 (translated Anālayo 2012d: 25f).
23) MN 26 at MN I 163,20 (translated Ñāṇamoli 1995: 256)은 열반을 족쇄로 부터 가장 안전한 곳이라고 말하고 있다.
24) Gnoli 1977: 77,22.

는 자만심을 버렸다.[25]

흔히 전해지는 이야기에 의하면, 미래의 붓다가 즐거운 바깥나들이를 가서 노인, 병자, 죽은 사람을 처음으로 보기 전에는 인간 존재의 이런 고통을 알아차리지 못했다고 한다. 네 번째 바깥나들이를 나갔을 때 어느 한 수행자를 보게 된다. 이런 네 가지 만남에 관한 유명한 이야기는『자따까(Jātaka)』의 주석에서,[26] 출세부-대중부(Lokottaravāda-Mahāsāṅghika), 화지부(Mahīśāsaka), 근본설일체유부(물라사르와스띠와다, Mūlasarvāstivāda) 전통들의 율장에서 볼 수 있다. 그러나 이런 율장들에서 몇 가지 일치하지 않는 부분들도 있다.

출세부-대중부 전통의 율장인『마하와스뚜(Mahāvastu)』는 다음과 같이 언급하면서 네 가지 만남보다 시대적으로 앞서가고 있다. 즉 보살은 이미 더 이른 시기에 늙음, 질병, 죽음의 불가피성에 대한 자신의 통찰을 드러내면서 자신의 아버지에게 출가하고 싶다고 말하였다.[27] 만약 더 이른 시기에 보살이 이미 그런 통찰을 하였고 출가의 원을 가지고 있었다면, 네 가지 만남들과 이것이 젊은 왕자에게 미친 영향이 별로 크지 않아 보인다.

또한 화지부 율장은 보살이 아주 젊었을 때 출가를 원하였다고 언급하고 있다. 그러나 동일한 화지부 율장의 설명에 의하면 보살

---

25) AN 3.38 at AN I 145,23 (translated Bodhi 2012: 240, number 39)와 MĀ 117 at T 1.608a3은 산문에서 명확하게 죽음을 언급하지 않는다. 그러나 MĀ 117 at T 1.608a20의 운문도 마찬가지이다. 그러므로 운문에서 죽음을 언급하지 않는 것은 아마도 텍스트상의 결락으로 생각된다.

26) Jā I 58,31 (translated Jayawickrama 1990: 78).

27) Senart 1890: 141,7 그리고 146,12 (translated Jones 1952/1976: 135 그리고 141). 현재의 탐구는 Anālayo 2007a를 기반으로 하고 있다.

이 어느 한 수행자를 만났을 때, 자신의 마부에게 출가가 무엇을 의미하는지 설명해 달라고 하였다고 한다.[28] 그러나 이런 질문은 이미 어린 시절부터 스스로 출가할 마음이 있었다고 한다면 별로 의미가 없어 보인다.

근본설일체유부 율장인 『상가베다와스뚜(Saṅghabhedavastu)』에 따르면 첫 번째와 두 번째 만남에서 보살은 늙거나 병든다는 것이 어떤 의미를 갖고 있는지 물었다고 한다. 그 대답으로 마부는 늙고 병든다는 것은 곧 죽는다는 의미라고 그에게 알려주었다.[29] 보살은 이 대답을 분명히 이해하였다. 왜냐하면 죽는 것의 의미를 묻는 대신에 그 자신도 이와 동일한 고통을 겪게 될 것인지를 물었기 때문이다. 그다음 만남에서 보살이 시체를 보았을 때 그는 마부에게 죽음이 무엇을 의미하는지 물었다. 이것을 모른다면 이전의 바깥 나들이에서 그가 받았던 답변은 아무 의미가 없었을 것이다.[30]

이런 세 가지 율장의 설명들이 서로 일치하지 않는 것을 통해서 이 전설이 상대적으로 늦게 생긴 것임을 알 수 있다. 그리고 빨리 전통에서 이 전설이 경전 또는 율장에서 발견되지는 않지만, 『자따까』 주석에만 있다는 사실은 위와 동일한 유추를 할 수 있게 해 준다. 사실 경전의 모든 곳에서 놀라운 통찰력을 보여 주고 있는 붓다가 인간이 늙고, 병들고, 죽는다는 사실을 터무니없이 놓치고 있다는 것은 별로 적절하게 보이지 않는다. 따라서 이런 유명한 이

---

28) T 1421 at T 22.101b20, 101c17. Bareau 1962: 20은 이 내적인 부정합성은 보살의 출가의 원이 나중에 네 가지 만남이 소개될 때 남아 있던 고층의 텍스트에 속한다는 것을 보여 준다고 결론짓는다.
29) Gnoli 1977: 65,25 그리고 68,12.
30) Gnoli 1977: 70,21.

야기는 설화적 윤색의 결과로 간주하는 것이 최선이다.

그럼에도 불구하고 이 이야기가 전하는 중심적인 메시지는 위에서 언급한 『앙굿따라니까야』와 대응 경전인 『중아함경』의 관련 구절들과 일치한다. 즉 늙음, 질병, 죽음은 미래의 붓다가 깨달음을 위하여 출가하도록 촉발시키고, 마음을 뒤흔드는 도구의 역할을 한 것으로 보인다.[31]

7. 신의 전달자로서의 죽음

삶에서 불가피한 고통은 선한 행동을 하고 불선한 행동을 하지 않겠다는 동기로 작동한다. 경전에서는 신의 전달자라는 개념으로 이런 역할을 표현하고 있다. 「데와두따 경(Devadūta-sutta)」과 그 대응 경전을 보면 금방 죽은 악한이 지옥에 도착하여 지하의 왕 야마 앞에 나가게 된 이야기를 서술하고 있다.[32] 야마 왕은 악한에게 신의 전달자를 보았느냐고 묻는다. 악한이 이것을 부인하자 야마 왕은 악한이 신의 전달자들을 보았다고 한다. 그러나 악한은 그 의

---

31) Ñāṇamoli 1995: 1336 n.1207에서 보디 스님은 AN 3.38이 보살의 전설적인 만남의 핵심이라고 주장한다.
32) MN 130 at MN III 179,13 (translated Ñāṇamoli 1995: 1029), AN 3.35 at AN I 138,12 (translated Bodhi 2012: 234, number 36), DĀ 30.4 at T 1.126b21, MĀ 64 at T 1.503c25, T 42 at T 1.827a24, T 43 at T 1.828c8, T 86 at T 1.909b26, EĀ 32.4 at T 2.674c2 cf. T 24 at T 1.330c29, T 25 at T 1.385c26, T 212 at T 4.668c3, 그리고 T 741 at T 17.547a10.

미를 깨닫지 못하였다. 악한이 제대로 평가하지 못하였던 신의 전달자는 다름이 아니라 늙음, 질병, 죽음이었다. 이것들은 어떤 형태로든 그에게 나타났던 것이다. 그럼에도 악한은 충분히 주의를 기울이지 않았고, 자신 또한 동일한 고통을 겪을 수 있다는 것을 성찰하여 좋은 판단을 내리지 않았던 것이다.

신의 전달자로서의 죽음에 대한 모티브는 현재의 맥락에서 의미심장하다. 왜냐하면 「알아차림의 확립 경」과 그 대응 경전에서 묘사된, 시체에 대한 관찰의 도움으로 죽음에 직면하고자 시도하는 것은, 빈터에서 썩어 가도록 내버려둔 인간의 시체가 있어야만 가능하다는 현실적인 문제가 있다. 특히 오늘날 이런 시체를 본다는 것은 아주 어려운 일이다. 이에 대한 대안으로 『성문지(Śrāvakabhūmi)』에서는 화장터에 가는 대신 붕괴되는 시체의 그림을 이용하라고 한다.[33] 이것은 확실히 시체에 대한 수행을 하는 보다 쉬운 하나의 선택지라고 할 수 있다.

현대를 살아가는 일반적인 수행자들이 붕괴되어 가는 시체의 그림을 이용하여 수행을 하는 것이 항상 가능하지 않기 때문에, 신의 전달자인 죽음을 성찰하는 것만으로도 죽음을 직면하는 수행을 할 수도 있다. 이것은 자신의 시야 안에서 신체의 진정한 성질을 직면하고자 하는 시도이다. 과거에 어디에서인가 친척들, 친구들, 또는 지인들의 죽음을 마주한 적이 있을 것이다. 그런 성찰의 수행에 들어가는 것은 어떤 면에서는 붓다의 깨달음 이전의 궤적을 따라가는 것이다. 위에서 언급한 경전에 의하면 붓다는 불사

---

33) Shukla 1973: 416,7.

의 길을 추구하기 위해 단지 죽음을 성찰하여 거기서 영감을 받았다고 한다.

죽음의 절박성이라는 주제는 『우다나와르가(Udānavarga)』의 게송이 주는 성찰 덕분에 또 한 걸음 더 나아갈 수 있다. 게송은 피할 수 없는 몸의 죽음과 그 이후의 운명에 초점을 맞춘다. 불교의 관점에서 보면, 평균적인 죽음인 경우 윤회로 이어지기 때문에 사실 죽음으로 영향을 받는 것은 바로 몸뿐이다. 그 반면 마음은 살아 있던 동안 행한 행위에 부응하여 계속해서 유지된다. 여기서 『우다나와르가』의 산스끄리뜨 버전을 번역한다. 이것은 산스끄리뜨어로 보존된 다른 『다르마빠다(Dharmapada)』와 유사한 게송이다.[34]

> 아, 머지 않아 이 몸은
> 땅에 쓰러지겠구나.
> 의식 없이,
> 죽은 통나무와 같이.

이런 성찰을 진지하게 하는 것은 어떤 인간에게도 불가피한 것, 즉 자신의 죽음을 직면하는 준비를 하는 데 큰 도움이 될 것이다.[35] 이것은 알아차림의 확립 수행의 핵심이다. 즉 죽음을 살아

---

34) Udānavarga 1.35, Bernhard 1965: 108, 대응 경전 Dhp 41 (translated Norman 1997/2004: 7), Gāndhārī Dharmapada 153, Brough 1962/2001: 143, 그리고 Patna Dharmapada 349, Cone 1989: 195f.

35) Schmidt-Leukel 1984: 166는 불교의 관점에서 죽음이 인간에게 제기하는 실존적인 질문은 삶에서 풀 수 있다고 설명한다. 실은 그 질문은 삶에서만 풀 수 있다. 풀 수 있을 뿐만 아니라 풀어야 한다. Wayman 1982: 289는 죽음에 대한 알아차림은, 이전의 방식으로 죽음을 생각하는 것에서 죽음을 관

가는 것이다. 오직 죽음이 삶의 일부가 될 때만이 실존적 공포의 치명적 영향을 넘어서서 현재의 순간을 충실하게 살아갈 수 있다. 또한 살아 있는 동안 자신의 죽음에 직면하는 것은 실제 죽음의 순간을 잘 살아갈 수 있게 하는 최선의 준비이다.

8. 죽어가는 것

이런 불가피하고 가장 도전적인 인간의 경험인 죽음의 실제 순간을 적절하게 다루는 데 「아나타삔디꼬와다 경(Anāthapiṇḍikovāda sutta)」과 대응 경전인 『잡아함경』의 관련 구절은 유익한 가르침을 준다. 경전의 배경은 장자 아나타삔디까가 심하게 아파서 사리뿟따에게 자신을 찾아와 달라고 요청하는 것이다. 장자가 거의 죽을 지경이 되었다는 것을 알고 사리뿟따는 그에게 다음과 같은 가르침을 준다.[36]

장자는 이와 같이 수행해야 합니다.
"나는 눈에 집착하지 않는다. 눈의 요소에 의지해서 갈애와 욕망의 의식 상태를 일으키지 않는다. 나는 귀에 … 코에 … 혀에 … 몸에 … 마음에 집착하지 않고, 마음의 요소에 의지해서 갈애와

찰하는 것으로, 마음의 전환을 함축한다고 기록하고 있다.
36) SĀ 1032 at T 2.269c16-269c23 (translated Anālayo 2010d: 6f).

욕망의 의식 상태를 일으키지 않는다.

나는 형태에 집착하지 않는다. 형태의 요소에 의지해서 갈애와 욕
망의 의식 상태를 일으키지 않는다. 나는 소리에 … 냄새에 … 맛
에 … 감촉에 … 마음의 대상에 집착하지 않고, 마음의 대상의 요
소에 의지해서 갈애와 욕망의 의식 상태를 일으키지 않는다.

나는 땅의 요소에 집착하지 않는다. 땅의 요소에 의지해서 갈애와
욕망의 의식 상태를 일으키지 않는다. 나는 물의 [요소]에 … 불의
[요소]에 … 바람의 [요소]에 … 공간의 [요소]에 … 의식의 요소에
집착하지 않고, 의식의 요소에 의지해서 갈애와 욕망의 의식 상태
를 일으키지 않는다.

나는 형태의 무더기에 집착하지 않는다. 형태의 무더기에 의지해
서 갈애와 욕망의 의식 상태를 일으키지 않는다. 나는 느낌의 무
더기에 … 지각의 무더기에 … 형성의 무더기에 … 의식의 무더기
에 집착하지 않고, 의식의 무더기에 의지해서 갈애와 욕망의 의식
상태를 일으키지 않는다."

이와 비교해 보면 「아나타삔디꼬와다 경」은 더욱 상세하다. 경
은 여섯 가지 접촉과 여섯 가지 느낌(여섯 가지 감각기관에 연관하
여) 그뿐만 아니라 세 가지 물질적이지 않은 성취, 이 세계와 저 세
계, 보이는 것, 들리는 것, 접촉되는 것 등으로부터 출리할 것을
말한다.[37] 이 세계와 그다음 세계에 대해서도 출리의 필요성은 위
의 경전에 대응하는 경전인 『증일아함경』에서도 또한 언급하고 있

---

37) MN 143 at MN III 259,35 (translated Ñāṇamoli 1995: 1110f).

다.[38] 그러나 그런 차이에도 불구하고 대응 경전들이 주는 가르침의 주요 핵심은 동일하다. 즉 죽을 때에는 모든 경험으로부터 출리하는 것이 필요한 약이 된다.

「아나타삔디꼬와다 경」과 대응 경전은 교리적인 용어로 이런 중요한 경고를 하는 반면, 동일한 충고를 『상윳따니까야』와 대응 경전인 『잡아함경』은 보다 더 일반적인 방식으로 표현하고 있다. 여기서는 심각하게 병들어서 죽어 가는 재가신자에게 또 다른 재가신자가 어떻게 교화를 펴야 하는지를 묻고 있다. 병든 사람에게 불법승에 대한 믿음을 확인한 다음, 이어서 『잡아함경』은 다음과 같은 충고를 권고하고 있다.[39]

"당신은 어머니와 아버지에게 정서적으로 집착하는가?" 만약 [재가신자가] 어머니와 아버지에게 정서적으로 집착한다면, [그 재가신자는] 놓아 버려야 한다고 배워야 한다. 그리고 "어머니와 아버지에게 집착함으로써 머물 수 있다면, 그러한 집착은 해도 좋을 것이다. 집착한다고 해도 머물 수 없다면 정서적으로 집착하는 것이 무슨 소용이겠는가?"라고 말해 주어야 한다.

『잡아함경』에 따르면 죽음의 문턱에 있는 사람이 부모에 대한 정서적 애착을 내려놓을 수 있게 된다면, 같은 방식으로 배우자와 자녀, 고용인, 재산에 대해서도 같은 방식으로 그렇게 하도록 계속해서 가르침을 펴야 한다고 말한다.

---

38) EĀ 51.8 at T 2.819c9.
39) SĀ 1122 at T 2.298a20-298a23.

대응 경전인 『상윳따니까야』에서는 부모에 대한 좋은 감정을 갖고 있든 아니든 간에 어쨌든 죽을 것이라는 점을 지적함으로써 동일하게 죽음에 대한 성찰을 하고 있다.[40] 『상윳따니까야』에서 보여 주는 또 다른 내용의 차이는 여기서는 고용인 또는 재산에 대해 언급하고 있지 않고, 직업적 관계와 성취 그리고 "나의 것"으로 간주되었던 물질적 재산과 부에 대한 애착을 명시적으로 말하지 않는다는 점이다.

이 두 경전은 계속해서 병든 제자들에게 다섯 가지 감각적 즐거움과 천상의 즐거움을 멀리하고, 자아의 소멸 또는 열반으로 마음이 기울어져 최상의 경지에 올라가도록 안내하고 있다. 대응 경전들이 동의하는 바는 이렇게 수행을 하여 점차 완전한 출리로 인도된 재가신자가 오래전에 마음의 해탈에 도달한 수행승과 똑같은 방식으로 해탈할 것이라는 것이다.

이렇게 하여 출리의 마음으로 죽음을 직면하게 되면, 해탈의 길로 나아가는 데 대단히 도움이 된다. 죽음을 더 높은 깨달음의 순간으로 변화시킬 수 있는 것은 모든 경험을 알아차리면서 출리하는 것이다. 몸은 결국 사라질 운명이기 때문에 애착을 보여도 아무런 의미가 없다는 것을 깨달음으로써 마음의 출리는 성장한다. 그러므로 살아 있는 동안 기회가 있다면 애착을 극복하는 것이 좋다.

이런 출리를 촉진하는 데 필요한 모든 것은 죽음은 아무도 피할 수 없다는 것, 즉 죽음은 삶의 불가피한 측면이라는 것을 깨닫는 것이다. 이런 통찰은 『테라가타(Theragāthā)』의 게송에서도 표현되

---

40) SN 55.54 at SN V 409,6 (translated Bodhi 2000: 1835f).

고 있다. 나는 이에 대응하는 경전을 알지 못하지만 이에 대응하는
경전을 알지 못하므로, 하나 이상의 불교 전통 자료를 기반으로 한
다는 일반적인 원칙에 예외를 두고자 한다. 이 게송을 번역하면서
현재 장을 마무리하고자 한다. [41]

이것은 오늘만 특별하게 일어나는 일이 아니다.
이것은 대단한 일도, 놀랄 만한 일도 아니다.
태어난 자는 죽을 것이다.
이것을 누가 놀라워하겠는가?
태어나는 순간부터
죽음은 살아 있는 자의 운명이고
태어난 모든 자는 여기서 죽고,
그것이 살아 있는 존재의 성질인 것을.

9. 요약

붕괴하는 시체를 관찰하는 중심 주제는 몸의 무상함의 진리를
일깨우고 죽음은 확실히 일어난다는 것이다. 이것은 분명하다. 실
제로 죽음이 지금 바로 일어날지도 모른다.

---

41) Th 552f (translated Norman 1969: 56).

7장

—

느낌에 대한 수행

1. 가르침

이 장에서는 네 가지 알아차림 확립의 두 번째 주제인 느낌을 다룰 것이다. 「알아차림의 확립 경」과 이에 대응하는 한역인 두 아함경이 느낌에 대한 수행에서 가르치는 바는 다음과 같다.

『맛지마니까야』
즐거운 느낌을 느낄 때 수행승은 "즐거운 느낌을 느낀다"라고 안다. 괴로운 느낌을 느낄 때 수행승은 "괴로운 느낌을 느낀다"라고 안다. 중립적인 느낌을 느낄 때 수행승은 "중립적인 느낌을 느낀다"라고 안다.
세간적인 즐거운 느낌을 느낄 때 … 출세간적인 즐거운 느낌을 느낄 때 … 세간적인 괴로운 느낌을 느낄 때 … 출세간적인 괴로운 느낌을 느낄 때 … 세간적인 중립적인 느낌을 느낄 때 … 출세간적인 중립적인 느낌을 느낄 때 수행승은 "출세간적인 중립적인 느낌을 느낀다"라고 안다.

『중아함경』
즐거운 느낌을 경험할 때, 수행승은 즐거운 느낌을 경험한다고 알고, 괴로운 느낌을 경험할 때, 수행승은 괴로운 느낌을 경험한다고 알고, 중립적인 느낌을 경험할 때, 수행승은 중립적인 느낌을 경험한다고 안다.
몸의 즐거운 느낌을 경험할 때 … 몸의 괴로운 느낌을 … 몸의 중립적인 느낌을 … 마음의 즐거운 느낌을 … 마음의 괴로운 느낌을 … 마음의 중립적인 느낌을 … 세간적인 즐거운 느낌을 … 세간적인 괴로운 느낌을 … 세간적인 중립적인 느낌을 … 출세간적인 즐거운 느낌을 … 출세간적인 괴로운 느낌을 … 출세간적인 중립적인 느낌을 경험할 때 … 감각적인 즐거운 느낌을 경험할 때 … 감각적인 괴로운 느낌을 경험할 때 … 감각적인 중립적인 느낌을 경험할 때 … 비감각적인 즐거운 느낌을 경험할 때 … 비감각적인 괴로운 느낌을 경험할 때 … 비감각적인 중립적인 느낌을 경험할 때 수행승은 비감각적인 중립적인 느낌을 경험한다고 안다.

『증일아함경』
여기 즐거운 느낌이 있을 때 수행승은 이를 알아차리고 나에게 즐거운 느낌이 있다고 스스로 안다. 괴로운 느낌이 있을 때 수행승은 이를 알아차리고 나에게 괴로운 느낌이 있다고 스스로 안다. 중립적인 느낌이 있을 때 수행승은 이를 알아차리고 나에게 중립적인 느낌이 있다고 스스로 안다.
세간적인 즐거운 느낌이 있을 때 … 세간적인 괴로운 느낌이 있을 때 … 세간적인 중립적인 느낌이 있을 때 … 출세간적인 즐거운 느낌이 있을 때 … 출세간적인 괴로운 느낌이 있을 때 … 출세간적인 중립적인 느낌이 있을 때 수행승은 이를 알아차리고 나에게 출세간적인 중립적인 느낌이 있다고 스스로 안다. …
다음으로 즐거운 느낌이 있을 때, 놀랄 만한 괴로운 느낌이 없으므로 수행승은 이를 알아차리고 나는 즐거운 느낌을 경험한다고 스스로 안다. 괴로운 느낌이 있을 때, 놀랄 만한 즐거운 느낌이 없으므로 수행승은 이를 알아차리고 나는 괴로운 느낌을 경험한다고 스스로 안다. 중립적인 느낌이 있을 때, 놀랄 만한 괴로운 느낌이나 즐거운 느낌이 없으므로 수행승은 이를 알아차리고 나는 중립적인 느낌을 경험한다고 스스로 안다.

이 세 가지 경전의 가르침은 느낌을 즐거움, 괴로움, 중립적인 것으로 구분하는 데 동의하고 있다. 따라서 느낌을 수행한다는 것은 발생한 느낌이 정신적 반응과 복잡한 생각과 결합하기 전에 지금 이 순간의 정서적 분위기를 인식하는 것이다. 그런 정신적 반응과 복잡한 생각은 초기의 느낌이 어떠한가에 의해서 영향을 받기 마련이다. 실제적인 관점에서 보면 느낌에 대한 수행은 느껴진 경험의 개별적 내용에 휘둘리지 않고, 오히려 세 가지 정서적 분위기, 즉 즐거움, 괴로움, 즐겁지도 괴롭지도 않음이라는 경험의 일반적 특징을 바로 알아차리는 것이다.

이에 더하여 『증일아함경』에서는 이런 세 가지의 기본적인 느낌은 공존하지 않는다고 언급하고 있다. 즉 한 장면에서 한 가지 느낌이 있으면 다른 두 가지 느낌은 있을 수 없다는 것이다. 이런 명확한 언급이 다른 경전에는 보이지 않고 또한 이후에 알아차림의 확립 문맥에 부가되었을지도 모르지만, 「마하니다나 경(Mahānidāna-sutta)」과 「마간디야 경(Māgandiya-sutta)」과 이에 대응하는 몇몇 경전에서는 이와 유사한 언급을 하고 있다.[1] 이런 가르

---

1) DN 15 at DN II 66,19 (translated Walshe 1987: 227) 그리고 대응 경전 DĀ 13 at T 1,61c8, T 14 at T 1,243c14, MĀ97 at T1,580a14. MN 74 at MN I 500,10 (translated Ñāṇamoli 1995: 605)과 그 대응 경전인 티베트 경전에 보존되어 있는 근본설일체유부 율장의 Pravrajyāvastu 그리고 산스끄리뜨 단편

침이 함축하고 있는 것은 느낀다는 것은 즐겁거나, 괴롭거나, 중립적으로 느낀 경험이 구분되는 순간의 연속들로 구성되어 있는 과정이라는 점이다.

경전들은 직접적으로 알아차리는 세 가지 기본적인 느낌을 구별하는 것에서 출발하여, 느낌이 갖는 세간적인 또는 출세간적인 성질을 언급하는 것으로 이어진다. 『중아함경』은 감각적 및 비감각적 느낌뿐만 아니라 신체적 그리고 정신적 느낌의 범주도 부가적으로 소개한다. 세 가지 경전의 주요 가르침을 비교하면 〈그림 7.1〉로 요약된다. 점차 복잡한 순서대로 배열하였다.

『맛지마니까야』, 『증일아함경』	『중아함경』
즐거운, 괴로운, 중립적인 세간적인, 출세간적인	즐거운, 괴로운, 중립적인 신체적인, 정신적인 세간적인, 출세간적인 감각적인, 비감각적인

그림 7.1 느낌에 대한 수행

과 티베트 경전에 보존되어 있는 Avadānaśataka에서도 느낌의 본성과 관련해서 유사하게 제시하고 있다. cf. Eimer 1983: 101,8, Speyer 1909/1970: 192,2, 그리고 Devacandra 1996: 715,7.

2. 신체적 느낌과 정신적 느낌

다른 대응 경전들에서는 신체적 및 정신적 느낌들을 언급하지 않아서 「알아차림의 확립 경」의 경우 이것들이 이후에 부가되었을지 모르지만, 느낌을 기본적으로 신체적 느낌과 정신적 느낌으로 구분하는 것은 다른 초기경전에서도 볼 수 있다. 이런 구분은 실제적으로 상당한 의미가 있기 때문에 나는 이것이 갖는 함축성을 살펴볼 것이다. 그리고 나서 「알아차림의 확립 경」과 대응 경전들의 느낌에 대한 수행의 가르침들을 비교할 것이다.

느낌은 둣카의 연기(paṭiccasamuppāda)에 대한 전통적인 설명에서 십이연기의 연결 고리 가운데 하나인 명색(名色, name-and-form)의 "명"에 해당한다.[2] "명"의 일부분인 느낌은 분명히 정신적 현상이다. 따라서 "색" 또는 물질적 신체와는 관련이 없다. 그러므로 신체적 느낌들을 정신적 느낌들과 구분한다고 해서, 어떤 느낌은 정신적 경험이 아니라는 것은 아니다. 사실 정신이 떠나 버린 죽은 몸은 느낌을 경험할 수 없다. 그러므로 경전들에서 신체적 및 정신적 느낌들을 구분하는 것은 느낌 자체의 발생으로 이어지는 접촉의 종류를 언급하고 있는 것이다. 느낌의 발생은 신체적일 수도 있고, 정신적일 수도 있다. 이런 구분은 「살라 경(Salla-sutta)」과 이에 대응하는 『잡아함경』에 있는 비유의 도움으로 알 수 있다.[3]

---

2) SN 12.2 at SN II 3,34 (translated Bodhi 2000: 535) 그리고 대응 경전 EĀ 49.5 at T 2.797b28.
3) SĀ 470 at T 2.120a9-120a27.

어리석고 배우지 못한 범부에게 몸의 접촉을 통해서 점점 더 괴롭고, 삶을 끝으로 이끄는 느낌이 일어난다. [범부는] 울고 울부짖으면서 근심하고 불평한다. 마음은 혼란스럽고 흐트러진다. 놀랄 만한 두 가지 느낌, 즉 몸의 느낌과 마음의 느낌이 일어난다.[4]

마치 어떤 사람이 몸에 독이 묻은 화살 두 대를 맞고 매우 고통스러운 느낌이 일어나는 것과 같다. 어리석고 배우지 못한 범부는 매우 고통스러운 느낌이 일어날 [때], 두 가지 느낌, 즉 몸의 느낌과 마음의 느낌이 일어나는 것이 이와 같다. 왜 그러한가? 어리석고 배우지 못한 범부는 이해를 결여하기 때문이다.

잘 배운 성스러운 제자에게 몸의 접촉을 통해서 매우 고통스럽고 숨 막히고, 삶의 끝으로 이끄는 고통스러운 느낌이 일어난다. [잘 배운 성스러운 제자는] 울고 울부짖으면서 근심 또는 불평을 일으키지 않는다. 마음은 혼란스럽지 않고 흐트러지지 않는다. 그때 하나의 느낌, 즉 말하자면 몸의 느낌만이 일어난다. 마음의 느낌은 일어나지 않는다.

마치 어떤 사람이 독이 묻은 화살 한 대를 맞고 두 번째 화살은 맞지 않은 것과 같다. [잘 배운 성스러운 제자는 이와 같다.] 놀랄 만한 단지 하나의 느낌만이 일어난다. 말하자면 몸의 느낌은 일어나지만 마음의 느낌은 일어나지 않는다.

『상윳따니까야』에서 언급하는 화살에는 독이 없다.[5] 독이 있는

---

4) 대응 경전 SN 36.6 at SN IV 208,7 (translated Bodhi 2000: 1264)은 느낌이 숨막히거나 삶을 끝으로 이끈다는 언급 없이, 단지 괴롭다는 것만을 가리킨다. 범부를 가슴을 치는 것으로 묘사하고 있다.
5) SN 36.6 at SN IV 208,11.

화살은 처음 맞자마자 바로 문제가 일어나기 때문에 『잡아함경』의 비유는 상대적으로 적절치 않게 보인다. 여기에서 문제로 삼고 있는 것이 독 없는 화살을 맞았을 때 생기는 통증이다. 이런 경우 하나의 화살을 맞은 경우 또는 두 개의 화살을 맞은 경우 사이에는 정말로 큰 차이가 있다. 그러므로 『상윳따니까야』의 비유는 세간적인 제자와 성스러운 제자가 신체적 통증을 다루는 방식에서 어떤 차이가 있는지를 잘 보여 주고 있다.

이 경전 내용은 신체적 느낌과 정신적 느낌의 차이를 명확하게 보여 주고 있다. 심지어 성스러운 제자라고 할지라도 정신의 통증은 느낄 것이다. 왜냐하면 마음은 신체에서 일어난 어떤 감각이라도 바로 경험하기 때문이다. 그러나 성스러운 제자의 마음은 단지 신체의 통증만을 느낄 뿐이지, 그 통증에 반응하지 않는다. 그러므로 정신적 고통에서 발생하는 느낌이라는 두 번째 화살을 맞을 필요는 없다. 정신적 고통은 상황만 악화시킬 뿐이다.[6] 다른 말로 하면 신체적 및 정신적 느낌을 구분하는 이유는 그 발생 과정이 다르기 때문이다. 그러나 신체적 및 정신적 느낌 둘 다 모두 마음으로 경험한다.

느낌이 항상 마음의 한 부분이라고 해서, 전적으로 정신적이고 신체에는 아무런 영향을 미치지 않는다는 것은 아니다. 실제로 일반적인 경험이 보여 주는 바와 같이 즐겁거나 괴로운 느낌은 신체

---

6) Salmon et al. 2004: 437은 만성 통증은 더 기초적인 신체적 타입의 고통의 신호를 인지적으로 정교화하는 가치판단, 예를 들어 '끔찍하다', '결코 끝이 없다'와 같은 것으로 가득하다고 설명한다. 잠재하는 신체적 감각은 화나 우울을 증진시키는 인지적 평가를 동반하는 것보다 덜 주목을 받는다고 설명한다.

에 정말로 영향을 끼친다. 기쁨은 머리카락을 세우고 소름을 돋게 한다. 이것은 불쾌함이 신체적 긴장과 얼굴 표정들을 통해서 나타나는 것과 마찬가지이다. 원하는 것을 얻거나 잃게 되면 심장박동과 혈압에 영향을 미칠 수 있다. 그리고 강한 느낌은 빠른 호흡 속도, 땀, 신체적 긴장 등을 유발할 수 있다.

사실 몇몇 경전들은 느낌의 신체적 측면을 언급하고 있다. 「까야가따사띠 경」과 이에 대응하는 경전은 선정의 상태에서 일어나는 즐거운 느낌들이 말 그대로 어떻게 온몸을 휩싸고 도는지를 묘사하고 있다. 괴로운 느낌이 몸에 미치는 영향은 다음과 같은 구절에서 볼 수 있다. 즉 질책을 받은 수행승은 낙담하여 어깨는 처지고, 머리는 숙여지고, 말도 할 수 없게 된다.[7] 그가 방금 들은 질책으로 인해 낙담의 괴로움과 아마도 수치심이라는 느낌을 불러일으켰고, 온몸의 자세에 영향을 미칠 정도로 신체로도 나타난 것이다.

따라서 느낌은 신체와 정신의 중간에 있고, 두 방향으로 모두 영향을 미친다. 이런 중간적 위치를 생각해 보면, 신체에 영향을 미치는 것은 어떤 것이라도 느낌이라는 매개물을 통해서 정신적 영향을 미치게 된다. 또 다른 측면은 정신적 경험의 정서적 분위기는 느낌이라는 매개물을 통해서 신체에 영향을 미친다. 그러므로 실제적인 느낌의 경험은 대개 신체와 정신 모두에 영향을 미친다. 그러나 무색계를 성취한 경우는 예외이다. 거기에서는 경험의 신체적 차원은 초월되고, 단지 중립적 느낌만이 경험된다. 하지만

---

7) MN 22 at MN I 132,28 (translated Ñāṇamoli 1995: 226). 대응 경전 MĀ 200 at T 1,764a7은 머리를 숙이고 말을 할 수 없는 것을 유사하게 기술하고 있다.

일반적인 사람의 정상적 상황에서는 느낌의 경험은 신체와 정신 모두를 포함한다. 요약하면, 몸의 느낌(몸의 접촉으로 인해 일어나는 느낌)은 몸과 마음에 영향을 미칠 수 있다. 이와 마찬가지로 마음의 느낌(마음의 접촉으로 인해 일어나는 느낌)은 몸과 마음에 영향을 미칠 수 있다.

3. 세간적 느낌과 출세간적 느낌

신체적 및 정신적 느낌이라는 주제에서 「알아차림의 확립 경」과 이의 두 대응 경전인 아함경의 느낌에 대한 수행으로 다시 되돌아가 보자. 위에서 언급한 바와 같이, 세 경전들은 느낌의 세 가지를 세간적인 그리고 출세간적인 발생으로 나누는 것에 동의하고 있다. 『중아함경』은 또한 감각적 느낌과 비감각적 느낌을 구분하고 있는데, 이것이 갖는 실제적인 함축은 세간적인 및 출세간적인 느낌의 범주와 유사하게 보인다.

느낌들의 세간적인 및 출세간적인 성질에 주의를 기울이는 이유는, 번뇌를 발생시키는 느낌과 그렇지 않은 느낌을 윤리적으로 구분하기 위함이다. 이런 측면에서 느낌의 중심적 역할은 둣카의 연기라는 맥락에서 특히 분명하다. 느낌은 갈애의 발생을 추동할 수 있는 핵심적인 연결 고리를 형성한다. 그러므로 느낌은 연기를 직접 수행하는 중요한 기회를 제공한다.

4. 연기

　이런 직접적인 수행은 일반적으로 열거하고 있는 둣카의 연기 모두를 포함할 필요가 없다. 테라와다(상좌부) 전통의 『빠띠삼비다 막가(Paṭisambhidāmagga)』와 사르와스띠와다(설일체유부) 전통의 『즈냐나쁘라스타나(Jñānaprasthāna)』와 같은 논장에서 볼 수 있는 전통적인 주석에 따르면, 12가지 연결 모델(12연기)을 세 가지 연속적인 삶으로 해석하고 있다.[8] 그러나 지금 이 순간에 이런 연속적인 일련의 과정을 수행하기는 어렵다. 이런 주석의 관점에 따르면 (1)무명(無明), (2)행(行)은 과거의 삶에 속하고, (3)식(識)과 함께 현재의 삶이 시작되어 (4)명색(名色), (5)육입(六入), (6)촉(觸), (7)수(受)로 나아간다. 느낌(수)을 바탕으로 하여 (8)애(愛, 갈망) (9)취(取, 집착), (10)유(有)가 일어나고 그다음 미래의 삶과 연관된다고 생각되는 연결 고리, 즉 (11)생(生)에 이어서 (12)노사(老死)가 일어난다.

　전통적인 해석 양식은 초기경전들로부터 지지를 받는다. 예를 들면 「마하니다나 경」과 대응 경전들은 식을 엄마의 자궁으로 들어가는 어떤 것과 동일시하고 있다.[9] 이런 내용은 연기의 설명이라는 맥락에서 나타난다. 그러므로 윤회라는 해석은 초기경전들에 그 뿌리를 두고 있다. 따라서 이런 설명 방식이 후기의 산물이라고 단순히 치부해 버리는 것은 정당하지 않아 보인다.

---

8) Paṭis I 52,19 (translated Ñāṇamoli 1982: 52), T 1544 at T 26.921b17.
9) DN 15 at DN II 63,2 (translated Walshe 1987: 226) 그리고 대응 경전 DĀ 13 at T 1.61b9, T 14 at T 1.243b18, MĀ 97 at T 1.579c17, 그리고 T 52 at T 1.845b7.

현대의 학문적 경향에서는 12연기를 베다의 창조신화에 대한 비판으로 여기고 있다.[10] 이것은 불교의 가르침을 드러내기 위해서 고대 인도의 사유와 개념을 재해석하는 초기경전의 일반적 경향과 일치한다. 둣카의 조건적 발생을 설명하는 데에는 세계의 창조라는 개념보다 이런 재해석이 오히려 더 나아 보인다.

이런 12연기를 삼세(三世) 연기로 해석하는 것뿐만 아니라 이미 초기 아비달마 전통은 연기의 표준적 기술에 대한 대안적인 방식을 내놓고 있다. 상좌부 전통의 『위방가』 또는 설일체유부의 『아비달마비바사론(阿毘達磨毘婆沙論, Mahāvibhāṣā)』과 같은 논장에서 발견되는 이런 대안적 해석 방식은 하나의 마음 순간에 열두 가지 연결 고리의 하나하나를 적용하고 있다.[11] 이런 12연기의 관점에서 "탄생"이라는 것은 마음의 발생을 지칭한다. 따라서 『아비다르마꼬샤바샤(Abhidharmakośabhāṣya)』에 따르면 모든 12연기의 작동은 한순간에 일어난다.[12] 이런 확실한 관점은 바로 한순간에 일어나는 사건을 내성적으로 더 쉽게 분석하게 해 준다.

위의 것과 다른 전통적인 주석도 있다. 여기에서는 12연기를 원인과 결과로 나눈다. (1)무명과 (2)행은 원인들이다. 느낌에 이어서 일어나는 세 가지 즉 (8)애, (9)취, (10)유도 마찬가지이다. 다른 고리들은 결과들이다.

그러므로 둣카의 발생 원인은 무명의 반응들(1과 2)이다. 이것은 느낌을 애(갈망, craving) 등으로 이어지게 한다(8, 9, 10). 여기서는

---

10) Jurewicz 2000; cf. Jones 2009.
11) Vibh 144,2 (translated Thiṭṭla 1969: 189), T 1545 at T 27.118c7.
12) Abhidharmakośabhāṣya 3.25, Pradhan 1967: 133,1.

분명히 느낌에 초점을 맞추고 있다. 무명이 탈조건화될 필요가 있는 것은 바로 이 지점이다. 그러므로 애, 즉 갈망은 피할 수 있다. 다른 말로 하면 느낌은 둣카의 연기에서 알아차림이 결정적인 영향을 미칠 수 있는 고리이다.[13]

실제적인 용어로 말해 보면 느낌을 알아차리게 되면 처음부터 바로 둣카의 조건적 발생을 자각하게 된다. 이렇게 이루어진 수행은 느낌에만 한정되는 것에 그치지 않고, 느낌의 뿌리와 지금 이 순간의 "느낌"에 영향을 미치는 다양하고 폭넓은 조건을 결합시킨다. 이런 조건에는 현실적으로 자신이 놓여 있는 외적인 조건 또는 마음에서 발생하는 내적인 조건이 있다.

이런 외적 및 내적 조건에 능동적으로 잘 대처하여 "문제들"을 깨달음의 길로 능숙하게 전환시켜 단순히 느낌에 반응하는 것을 피할 수 있게 된다. 어떤 문제는 배움의 기회가 되자마자 해탈의 길로 변화되어 출리를 계발하는 기회를 제공해 준다. 느낌에 낚아 채이지 않고 느낌을 잘 알아차리게 되는 바로 이런 관점의 전환은, 느낌에 반응하는 경향에서 점차 빠져나와 결국은 둣카의 연기를 불태우게 될 것이다. 이렇게 하여 느낌에 대한 수행은 경험을 구성하는 원인과 조건이 끊임없는 과정을 통하여 결국 조건 없는 경험으로 나아가게 되는 것을 보장해 주는 결정적인 계기가

---

13) Ñāṇaponika 1983: 5는 느낌의 관찰은 괴로움의 가장 약한 고리를 깨는 효과적인 도구로 강력한 힘을 발휘할 수 있다고 한다. Hoffmann and Van Dillen 2012: 320은 다음과 같이 설명한다. "알아차림과 수용을 기반으로 하는 개입들은 갈애를 감소시킬 수 있다. … 특히 이러한 개입은 갈애를 억압하기보다는 서서히 소멸하는 일시적인 사건으로 갈애를 수용함으로써 이들이 지속되는 것을 정신적으로 도울 수 있다. 반면 이러한 욕망을 억압하는 것은 역효과를 낳을 가능성을 가지고 있다."

될 수 있다.

아라한의 경우 무명에 뿌리내리고 있는 의지적 형성(volitional formation, 行)은 영원히 사라지고 느낌은 더 이상 갈망으로 이어지지 않는다. 말할 필요도 없이 아라한은 의지적 형성의 네 번째 무더기[行蘊]는 여전히 갖고 있어서 비록 상당한 정도의 겹침이 있음에도 불구하고 12연기의 두 번째 고리인 행(行)과 동일시되지 않는다. 핵심적인 차이는 무명의 존재 여부이다. 무명은 느낌이 갈망에 반응하여 의지적 형성을 낳고 둣카의 연기로 이어진다. 이런 무명은 연기에서는 존재하지만 아라한의 경우는 없다. 그러므로 느낌이 무명의 반응을 야기하려고 할 때, 알아차림은 완전한 해탈로 이어지는 도정에서 아주 도움이 된다.

『상윳따니까야』와 한역과 산스끄리뜨어로 남아 있는 경전의 관련 구절은 느낌의 알아차림을 통해서 일어나는 연기의 실제 수행에 대해 언급하고 있다. 『잡아함경』에서 관련 내용을 인용해 본다.[14]

잘 배운 성스러운 제자는 연기에 주의를 두고 이를 관찰한다. 즉 즐거움과의 접촉을 조건으로 즐거운 느낌이 일어난다. 즐거운 느낌을 경험할 때 잘 배운 성스러운 제자는 즐거운 느낌을 경험한다고 있는 그대로 안다. 즐거운 접촉이 소멸할 때, 즐거움과의 [접촉]에 의존해서 조건으로 일어난 즐거운 느낌은 소멸하고, 멈추고, 식고, 가라앉고 사라진다.[15]

---

14) SĀ 290 at T 2.82a15-82a18.
15) 대응 경전 SN 12.62 at SN II 96,23 (translated Bodhi 2000: 596)은 특별한

『상윳따니까야』와는 달리 『잡아함경』과 산스끄리뜨 단편은 알아차림의 확립 수행의 맥락에서 볼 수 있는 것과 유사한 공식적인 내용을 서술하고 있다. 이에 따르면 "즐거움과의 접촉을 조건으로 즐거운 느낌이 일어난다. 즐거운 느낌을 경험할 때 잘 배운 성스러운 제자는 즐거운 느낌을 경험한다고 있는 그대로 안다." 이런 식으로 즐거운 느낌이 일어나는 즉시 즐거움을 경험하고 있다는 것을 알아차리게 되면 연기를 통찰하는 것을 계발하는 훌륭한 기회가 생긴다. 이것은 주목할 만한 일이다. 왜냐하면 알아차림의 확립 수행에서 느낌에 대한 수행이 갖는 보다 깊은 함축성을 드러내기 때문이다. 이것은 바로 연기를 수행하는 길이다.

다른 종류의 느낌에 대해서 동일하게 지적한 다음[16] 세 가지 경전은 느낌의 조건적인 성질을 알아차리는 것에 대해서 비유를 통해서 언급하고 있다. 『잡아함경』은 다음과 같이 서술하고 있다.[17]

이것은 마치 막대기 두 개를 서로 문질러서 생기는 불과 같다. 만약 두 막대기가 서로 떨어져 있으면 불은 사라질 것이다. 이와 마찬가지로 느낌은 접촉을 조건으로 하고, 접촉에서 발생하고, 접촉에서 일어난다.[18]

조건에 대한 짧은 언급을 도입 문장에 두고 있다. 다른 대응 경전은 산스끄리뜨 단편에 남아 있다. Tripāṭī1962: 117은 이 측면에서는 SĀ 290에 동의한다.

16) SN 12.62 at SN II 96,26은 즐거움, 괴로움, 중립적 느낌을 이야기하는 반면, SĀ 290 at T 2.82a16은 다섯 가지 느낌, 즉 육체적으로 즐거운 느낌, 육체적으로 괴로운 느낌, 정신적으로 즐거운 느낌, 정신적으로 괴로운 느낌, 중립적인 느낌을 이야기한다.

17) SĀ 290 at T 2.82a20-82a24.

18) SN 12.62 at SN II 97,13은 세 가지 유형의 접촉에 의지해서 그에 상응하는

이러저러한 접촉이 일어남으로 인해서 이러저러한 느낌이 일어난다. 이러저러한 접촉이 소멸함으로 인해서 이러저러한 느낌도 소멸하고, 그치고, 차가워지고, 가라앉고, 사라진다.

이 비유는 느낌의 감정적 톤이 느낌을 일어나게끔 하는 접촉의 유형과 조건 지워져 있다는 것을 보여 주고 있다. 알아차림의 확립에 대한 가르침의 첫 부분에 있는 즐겁고, 괴롭고, 중립적인 느낌의 차이는 느낌의 이런 조건적인 성질을 정확하게 인식하는 데 활용할 수 있다.

세간적인 또는 출세간적인 느낌의 성질에 관한 알아차림의 확립에 대한 가르침의 두 번째 부분은 불선한 반응으로 이어지기 쉬운 느낌의 종류에 대한 알아차림을 강조하고 있다. 이런 주제는 조건화된 느낌의 충격이 이후에 어떤 반응을 야기하는가에 대한 폭넓은 시야를 열어 준다.

요약하면 느낌을 수행하는 가르침의 첫 번째와 두 번째 부분은 조건화된 느낌의 특성뿐만 아니라 느낌이 조건화시키는 특성을 탐색하는 수행으로 볼 수 있다.

느낌이 일어난다고만 언급하고 있다.

5. 느낌의 조건화시키는 특성

느낌이 조건화시키는 특성을 가지는 것은 『맛지마니까야』의 「쭐라웨달라 경(Cūḷavedalla-sutta)」과 이에 대응 경전인 『중아함경』과 티베트어 번역으로 남아 있는 다른 대응 경전을 자세히 검토해 보면 볼 수 있다. 문제의 경전 구절은 재가자와 아라한인 담마딘나(Dhammadinnā) 비구니가 나누는 질문과 대답의 일부이다. 현재의 맥락과 관련 있는 첫 번째 질문은 즐거운, 괴로운, 중립적 느낌이 초래한 영향에 대한 것이다. 이와 관련된 내용을 티베트 경전에서 번역해 본다.[19)]

욕망은 즐거운 느낌을 증장시킨다. 혐오는 괴로운 느낌을 증장시킨다. 무지는 중립적 느낌을 증장시킨다. … [그러나] 모든 즐거운 느낌은 욕망을 증장시키지는 않는다. 모든 괴로운 느낌이 혐오를 증장시키지는 않는다. 모든 중립적 느낌이 무지를 증장시키지는 않는다. 욕망을 증장시키지 않고 욕망을 포기하도록 [이끄는] 즐거운 느낌이 있다. 혐오를 증장시키지 않고 혐오를 포기하도록 [이끄는] 괴로운 느낌이 있다. 무지를 증장시키지 않고 무지를 포기하도록 [이끄는] 중립적인 느낌이 있다.

티베트 경전에서 세 가지 느낌 각각에 대해서 "증장시키는" 것

---

19) Si 22,3 to Si 23,21 (translated Anālayo 2012d: 51. Si 22,3은 D 4094 ju 9b5 또는 Q 5595 tu 10b7과 대응한다).

이라고 말하고 있다. 반면 이에 대응하는 경전인 『맛지마니까야』와 『중아함경』에서는 위의 주제와 연관하여 "잠재적 경향(anusaya)이라고 말하고 있다.[20]

이 내용은 알아차림의 확립에 대한 가르침에서 언급된 세간적인 것과 출세간적인 것의 차이를 풍부하게 보여 주고 있다. 실제적인 과제는 어떤 느낌이 불선함을 야기하고, 어떤 느낌이 이런 불선함의 경향을 가지고 있지 않은지를 알아차리는 것이다. 두 번째 종류의 즐거운 느낌, 즉 불선함으로 이끌지 않는 즐거움의 예가 티베트 경전에서 다음과 같이 언급되고 있다.

감각적 욕망으로부터 해탈하고, 나쁘고 불선한 상태로부터 해탈하고, [직접적인] 이해와 [지속적인] 분별을 갖추고, 버림으로 인한 기쁨과 행복이 함께 하는, 여기 성스러운 제자는 첫 번째 선정을 완전히 성취하면서 머문다.

[직접적인] 이해와 [지속적인] 분별을 고요하게 하고, 완전한 내적인 마음의 신뢰와 하나됨을 가지고, [직접적인] 이해와 [지속적인] 분별로부터 해탈하고, 집중으로부터 생기는 기쁨과 행복이 함께 하는 [성스러운 제자는] 두 번째 선정을 완전히 성취하면서 머문다.

기쁨이 점차 사라지고, 알아차림과 이해를 가지고 평정하게 머물고, 단지 몸의 행복을, 성스러운 제자가 평정하게 알아차리면서 행복에 머문다고 생각하는 것을 경험하면서, [성스러운 제자는]

---

20) MN 44 at MN I 303,9 (translated Ñāṇamoli 1995: 401) 그리고 MĀ 210 at T 1.789c2.

세 번째 선정을 완전히 성취하면서 머문다. 그러한 즐거운 느낌은 욕망을 증장시키지 않는다. 그러나 욕망을 포기하도록 [이끈다.]

『맛지마니까야』와 대응 경전인 『중아함경』이 위의 티베트 경전과 다른 점은 욕망과 관련 없는 즐거움의 예를 첫 번째 선정의 경우에만 들고[21] 두 번째와 세 번째 선정에 대해서는 언급하고 있지 않다는 것이다.

이어서 불선한 결과로 이어지지 않는 괴로운 느낌과 중립적인 느낌에 대한 내용을 티베트 경전에서 인용해 본다.

여기 성스러운 제자는 최고의 해탈을 향한 염원을 품는다. "성스러운 제자가 완전하게 실현하여 머무는 그 계를 나는 언제 완전히 실현하여 머물 것인가?" 정신적으로 즐겁지 않고 괴로운 느낌은 그 염원 때문이고, 그를 추구하기 때문이다. 그리고 그 열망은 혐오를 증장시키지 않는다. 그러나 [대신] 혐오를 포기하게 한다.

여기 성스러운 제자는 행복을 뒤로 하고 괴로움을 뒤로 하고, 정신적 즐거움과 괴로움이 일찍이 사라지고, 행복하지도 않고 괴롭지도 않고, 완전히 순수하게 평정하고 알아차리면서, 네 번째 선정을 완전히 성취하면서 머문다. 그러한 중립적인 느낌은 무지를 증장시키지 않는다. 그러나 무지를 포기하도록 [이끈다.]

이 세 경전의 기본적인 주장은 기쁨 또는 깊은 선정의 평정을

---

21) MN 44 at MN I 303,30 그리고 MĀ 210 at T 1.789c11.

경험할 때 일어나는 느낌은 욕망과 무명을 "증장시키지" 않는다는 점이다. 이런 느낌들은 욕망과 무지의 "잠재적 경향들"과는 아무런 관련이 없다. 이것은 해탈에 아직 이르지 못한 것을 알고 슬퍼할 때 일어나는 느낌에도 마찬가지로 적용된다. 이런 느낌은 혐오를 "증장시키지" 않고 그리고 혐오로 나아가는 "잠재적 경향"과는 아무런 관련이 없다. 이와는 반대로 이런 느낌들은 해탈로 나아가는 수행 과정에서 일어난다. 그러나 이런 느낌들은 세 가지 번뇌의 뿌리들을 활성화시키는 것이 아니라, 버리게 만든다.

알아차림의 확립과 관련된 용어로 표현하면, 이러한 느낌은 "출세간적인" 것이다. 출세간적인 경험과 관련해서도 애착은 피해야 하지만, 그럼에도 불구하고 이런 경험은 세간적인 종류의 즐겁고, 괴롭고, 중립적인 느낌을 경험하는 것과는 다르다.

욕망, 혐오, 무지로 나아가는 잠재적 경향을 활성화하는 것에 대한 해독제는 느낌은 일어나는 성질이 있다는 것을 알아차리면서 관찰하는 것이다. 흥미로운 점은 이렇게 알아차림을 계발하게 되면, 느낌에 완전히 반응하기도 전에 그 느낌을 알아차리게 된다는 것이다. 마음이 감각적 환상들, 혐오, 헛된 상상들에 휘둘릴 때, 느낌에 대한 알아차림을 유지하기 위해서는 특별한 노력이 필요하다. 이럴 때 발생하는 느낌은 분명히 세간적인 것들이다. 그리고 이런 것을 알아차리는 것은 느낌이 다른 것을 조건화한다는 것을 분쇄하는 아주 좋은 수단이 된다.

6. 훌륭한 느낌

「쭐라웨달라 경」과 이에 대응하는 경전들에서 볼 수 있는 위와 같은 분석이 갖는 또 다른 함의는 즐거우면서도 훌륭한 느낌이 가능하다는 점이다. 초기불교에서 서술하는 바와 같이 해탈로 나아가는 과정에서 즐거움을 전부 배격하지는 않는다. 즉 초기불교의 분석에서 즐거움 그 자체는 애착과 불가피하게 연관되어 있지 않다. 오히려 어떤 느낌은 훌륭할 수도 있고 아니면 기피해야 할 수도 있다. 그것을 구분 짓는 차이는 그 느낌이 갖는 선한 또는 불선한 성질이다. 「끼따기리 경(Kīṭāgiri-sutta)」과 이에 대응 경전인『중아함경』에 따르면 붓다는 깨달음을 얻고서 이런 중요한 차이를 발견한다. 여기서『중아함경』의 관련 부분을 번역하겠다. 이 내용은 붓다가 느낌을 평가하는 기반이 되는 자신의 경험에 대한 것이다.[22]

불선한 상태를 증장시키고 선한 상태를 감소시키는 즐거운 느낌이 있다는 것을 내가 있는 그대로 알지 못하면서, 보지 못하면서, 이해하지 못하면서, 도달하지 못하면서, 완전하고 바르게 실현하지 못하면서, 내가 이러한 즐거운 느낌을 포기하는 것은 적절하지 않다.[23]

---

22) MĀ 195 at T 1,750c27-751a3.
23) MN 70 at MN I 475,34 (translated Ñāṇamoli 1995: 579)는 이 지점에서 같은 언급을 긍정적으로 하고 있다. 즉 붓다는 자신의 지견 등에 기반해서 즐거운 느낌을 포기하기를 추천한다.

불선한 상태를 감소시키고 선한 상태를 증장시키는 즐거운 느낌이 있다는 것을 내가 있는 그대로 알지 못하면서, 보지 못하면서, 이해하지 못하면서, 도달하지 못하면서, 완전하고 바르게 실현하지 못하면서, 내가 이러한 즐거운 느낌을 계발하는 것은 적절하지 않다.

『중아함경』은 이런 분석을 괴로운 느낌에도 같이 적용하고 있다. 「끼따기리 경」에서도 중립적인 느낌을 설명하고 있다. 이 두 경전에 의하면 붓다 자신의 경험과 이해는 느낌을 평가하는 데 결정적인 역할을 한다. 즐거움을 추구하고 괴로움을 피하고자 하는 수행하지 않는 마음의 자동적인 경향과는 달리, 문제로 삼아야 하는 것은 선한 것을 추구하고 불선한 것을 피하는 것이다. 간단히 말해서 이것은 자유로 가는 전체적인 과정의 핵심이다.

알아차림의 확립에 대한 가르침에서 말하는 세간적 느낌과 출세간적 느낌의 구분은 조금 다른 식으로 「살라야따나위방가 경 (Saḷāyatanavibhaṅga-sutta)」과 이에 대응하는 경전에서 공식화하고 있다. 여기서는 애착과 관련된 느낌과 금욕과 관련된 느낌으로 구분하고 있다.[24] 여기『중아함경』의 관련 구절을 살펴보기로 하자.[25]

무엇이 집착에 기반한 기쁨인가? 눈은 기쁨으로 이끄는 형상을 알게 되고, 마음은 형상을 살피고, 형상을 갈망하고, 욕망과 결합

---

24) MN 137 at MN III 217,13 (translated Ñāṇamoli 1995: 1067)은 "집착"과 관련된 것 대신에 "세간적 삶"과 관련된 기쁨을 이야기하는 차이가 있다. "사라짐" 대신 "포기"와 관련된 기쁨을 이야기하는 차이가 있다.
25) MĀ 163 at T 1.692c21-693b2.

된 행복을 경험한다. 가지지 못한 그 [형상을] 가지기를 욕망하고, 이미 가진 것을 회상하면서 기쁨이 일어난다. 이러한 기쁨은 집착에 기반한 기쁨이다.

무엇이 내려놓음에 기반한 기쁨인가? 형상은 무상하고, 변하고, 사라지고, 빛바래고, 소멸하고, 가라앉기 [마련이라고] 이해한다. 모든 형상은, 이전에 있었던 것이든 현재 있는 것이든, 무상하고, 불만족스럽고, 소멸하기 마련이다. 이를 회상하면서 기쁨이 일어난다. 이러한 기쁨은 내려놓음에 기반한 기쁨이다. …

무엇이 집착에 기반한 슬픔인가? 눈은 기쁨으로 이끄는 형상을 알게 되고, 마음은 형상을 살피고, 형상을 갈망하고, 욕망과 결합된 행복을 경험한다. 가지지 못한 그 [형상을] 가지지 못하고, 이미 가진 그 형상은 과거이고 지난 것이고 흩어졌고 쇠락했고 소멸했거나 변했고, 슬픔이 일어난다. 이러한 슬픔이 집착에 기반한 슬픔이다.

무엇이 내려놓음에 기반한 슬픔인가? 형상은 무상하고, 변하고, 사라지고, 빛바래고, 소멸하고, 가라앉기 [마련이라고] 이해한다. 모든 형상은, 이전에 있었던 것이든 현재 있는 것이든, 무상하고, 불만족스럽고, 소멸하기 마련이다. 이를 회상하면서 "성스러운 제자들이 머무는 그 계에 머무는 것을 나는 언제쯤이나 성취할까?"라고 돌이켜본다. 이것이 가장 높은 해탈을 염원하는 것이고, 둣카의 슬픔과 태어남의 슬픔을 이해함으로 [기인하는] 스트레스이다. 이러한 슬픔이 내려놓음에 기반한 슬픔이다. …[26]

---

26) 둣카의 성질을 이해하는 두려움에 대한 언급은 대응 경전인 MN 137 at MN III 218,26 그리고 D 4094 ju 167a1 또는 Q 5595 tu 192b5에는 없다.

무엇이 집착에 기반한 평정인가? 눈은 형상을 알게 되고, 거기에서 평정이 일어난다. 그것은 배우지 못하고 지혜가 없고 어리석고 무지한 세속의 [사람의] 무관심이다. 형상에 대한 그러한 평정은 형상과 분리되어 있지 않다. 이것은 집착에 기반한 평정이다.[27]

무엇이 내려놓음에 기반한 평정인가? 형상은 무상하고, 변하고, 사라지고, 빛바래고, 소멸하고, 가라앉기 [마련이라고] 이해한다. 모든 형상은, 이전에 있었던 것이든 현재 있는 것이든, 무상하고, 불만족스럽고, 소멸하기 마련이다. 이를 회상하면서 평정이 확립된다. 평정이 마음의 계발을 통해서 [이와 같이] 얻어진다면, 이것은 내려놓음에 기반한 평정이다.[28]

이 두 경전은 감각의 문에 대해서도 같은 처방을 하고 있다. 그러므로 집착에 기반한 기쁨은 즐겁고 기분 좋은 감각대상의 외적 형태의 결과이다. 반면 내려놓음에 기반한 기쁨은 감각대상의 무상하고 불만족스러운 성질을 수행한 후 생기는 출리에서 오는 것이다. 슬픔이라는 느낌의 경우 집착에 기반한 슬픔은 얻을 수 없는 감각대상을 갈망할 때 발생하는 반면, 내려놓음에 기반한 슬픔은 해탈을 염원하는 데서 생기는 것이다. 집착에 기반한 중립적인 느낌은 단순히 감각대상의 단조로운 모습에 따른 결과이므로, 마음에 어떤 특별한 흥미 또는 반응을 불러일으키지 못한다. 이와는 대조적으로 내려놓음에 기반한 중립적인 느낌은 감각대상의 무상하

---

27) MN 137 at MN III 219,10은 그러한 사람은 자신의 한계 또는 [행위의] 결과로 인해서 물러나지 않고 그 위험을 보지 못한다.
28) MN 137 at MN III 219,25는 그러한 평정은 형상을 넘어선다고 지적하고 있다.

고 불만족스러운 성질에 대한 통찰을 통해서 얻은 평정의 결과이다.

다른 말로 하면, 집착의 느낌은 감각대상의 성질이 주는 결과인 반면, 내려놓음의 느낌은 통찰과 관련된 것이어서 경험한 대상의 한계를 넘어서 초월해 있다.

7. 느낌의 성질

이런 분석적 언급과 함께 초기경전들은 또한 느낌에 대한 출리적 태도를 확립하는 데 도움이 되는 비유를 제공하고 있다. 『상윳따니까야』와 이에 대응하는 경전인 『잡아함경』의 관련 내용에서는 느낌을 하늘에서 부는 바람과 객사를 드나드는 방문자에 비교하고 있다. 여기 하늘에서 부는 바람에 비유한 『잡아함경』의 내용을 언급해 보고자 한다.[29]

이것은 마치 하늘에서 갑자기 생겨나 네 방향에서 불어오는 맹렬한 바람과 같다. 먼지 바람 또는 먼지 없는 바람, 세상에 스며드는 바람 또는 세계를 파괴하는 바람, 약한 바람 또는 강한 바람, 회오

---

29) SĀ 471 at T 2.120b16-120b20은 대응 경전인 SN 36.12 at SN IV 218,13 (translated Bodhi 2000: 1272)이 느낌의 기본적인 세 가지 유형 이외에 다양한 유형, 즉 몸의 느낌, 마음의 느낌, 세간적 느낌, 출세간적 느낌 등을 추가한다는 점에서 차이가 난다.

리바람과 같다.[30)]

몸의 느낌은 이러한 바람과 같다. 다양한 느낌, 즉 즐거운 느낌, 괴로운 느낌, 중립적인 느낌이 서로서로 이어서 일어난다.

『잡아함경』은 다음과 같이 객사의 비유를 들고 있다.[31)]

이것은 마치 객사에 머무는 손님, 전사, 브라흐만, 재가자, 시골에 거주하는 사람, 사냥꾼, 계를 지키는 사람, 계를 어기는 사람, 집에 사는 사람, 집이 없는 사람, 모든 거주하는 사람과 같이 다양한 유형의 사람이 있는 것과 같다.[32)]

이 몸은 마치 [객사]와 같다. 다양한 느낌, 즉 즐거운 느낌, 괴로운 느낌, 중립적인 느낌이 서로서로 이어서 일어난다.

이런 비유는 느낌에 대한 적합한 태도를 계발하고 유지하는 하나의 상기자로서 실제로 상당히 도움이 된다는 것을 환기시켜 주는 힘이 있다. 날씨의 변화무쌍함과 싸우는 것이 의미 없는 것처럼, 욕망과 혐오를 갖고 느낌에 반응하는 것은 의미가 없다. 느낌은 일어나고 사라진다. 마치 바람이 서로 다른 방향으로 부는 것과

---

30) SN 36.12 at SN IV 218,8은 또한 바람이 차거나 덥다고 언급하지만, 세상에 스며드는 바람, 세계를 파괴하는 바람 또는 회오리바람을 언급하지는 않는다.

31) SĀ 472 at T 2.120c9-120c12는 SĀ 471과 유사하게 세 가지 유형 이외에 다양한 유형, 즉 몸의 느낌, 마음의 느낌, 세간적 느낌, 출세간적 느낌 등을 추가한다. 이 경우 대응 경전인 SN 36.14 at SN IV 219,17 (translated Bodhi 2000: 1273)도 또한 세간적 느낌, 출세간적 느낌을 이야기하고 있다.

32) SN 36.14 at SN IV 219,11은 네 방향 가운데 어느 방향에서 온 전사, 브라흐만, 상인, 일하는 사람만을 언급한다.

같다. 텅 빈 하늘같이 마음을 열어 두면 느낌의 "바람들"은 그렇게 지나가 버린다.

더구나 객사의 비유는 느낌에 대해서 출리하는 태도의 중요성을 강조하고 있다.[33] 손님에게 친절하지만 개입하는 태도를 갖지 않는 객사의 주인은 곧 떠날 사람들에게 너무 마음을 쏟는 것은 의미가 없다는 것을 너무나도 잘 알고 있다. 이렇게 수행을 하면 느낌에 반응할 필요 없이 마음에 어떤 자국도 남기지 않고 느낌이 그냥 왔다 갔다 할 수 있게 된다. 느낌은 "나의" 자아 정체감과 행복에 아무런 영향을 미치지 않고 그 대신 마치 손님과 같이 된다.

8. 통증과 병

느낌과 관련하여 출리를 유지하는 데 병과 통증은 특별한 도전이다. 그렇지만 이때가 바로 느낌에 대한 수행이 힘을 보여 줄 수 있는 때이다. 알아차림이라는 "마법의 지팡이"로 인해서 지독히 무서운 경험조차도 해탈의 길, 통찰과 출리의 길로 바꿀 수 있다.

『상윳따니까야』와 이에 대응하는 경전인 『잡아함경』의 관련 내용은 붓다가 아파서 누워 있는 수행승의 거처를 방문하는 장면을

---

33) 주인이 아닌 손님의 이미지는 선 전통에서는 잘 알려진 이미지이다. 미혹된 생각을 이렇게 표현한다. 예를 들어 다음을 볼 수 있다. cf. Sheng Yen 2006: 96.

보여 주고 있다. 병들은 수행승들에게 전하는 붓다의 충고를 보면, 붓다는 우선 네 가지 알아차림의 확립과 명료한 앎을 수행하라고 말하고 이어서 느낌을 어떻게 다룰 것인가에 대한 가르침을 주고 있다. 누군가 병들었을 때 고통스런 느낌을 알아차리고 명료한 앎을 확립하면서 수행하는 장면을 묘사하는 『잡아함경』의 관련 내용을 옮겨 본다.[34]

올바른 알아차림과 올바른 이해와 함께 괴로운 느낌은 조건에 의존해서 일어나지, 조건에 독립적으로 일어나지 않는다고 [이해한다.] 무엇이 느낌들이 의존하는 조건인가? 이와 같이 느낌들은 몸에 의존한다. "나의 이 몸은 무상하고, 조건지어져 있다. 마음에서 일어나는 것은 조건에 의존한다. 조건에 의존해서 마음에서 일어나는 괴로운 느낌은 무상하고, 조건지어져 있다"[35]
몸과 괴로운 느낌을 무상하다고 관찰하고, [발생과 사라짐을 관찰하고, 욕망으로부터 자유롭다고 관찰하고, 소멸을 관찰하고, 놓아둠을 관찰한다.] 여기에서 이 [몸]과 괴로운 느낌과 관련된 화와 짜증의 잠재적 경향은 더 이상 존재하지 않게 된다.

『상윳따니까야』가 분명히 말하고 있는 바와 같이 이렇게 수행하면 괴로움의 잠재적 경향도 사라지게 될 것이다.[36] 통증을 일으키

---

34) SĀ 1028 at T 2.268c17-268c21은 실제 수행을 생략해서 기술하고 있어서, 같은 내용인 T 2.268c14에서 즐거운 느낌에 대한 기술을 보충하고자 한다.
35) 대응 경전인 SN 36.7 at SN IV 212,10 (translated Bodhi 2000: 1267)은 이 지점에서 수사학적인 질문을 하고 있다. "[괴로운 느낌은] 어떻게 무상한가?"
36) SN 36.7 at SN IV 212,17.

는 병으로 힘들 때 수행을 하면, 마음이 정화되는 속도를 높이게 되는 대단한 잠재력을 기르게 된다. 두 경전에 따르면 이런 수행의 원리는 즐거운 느낌과 중립적인 느낌에도 똑같이 적용된다. 이렇게 되면 욕망과 무지의 잠재적 경향을 버리게 된다.

이뿐만 아니라 알아차림은 통증을 대처하는 훌륭한 방법도 제공한다. 왜냐하면 이렇게 수행하면 통증이 더 억압적으로 느껴지지 않기 때문이다. 두 화살의 비유를 감안하면 알아차림은 두 번째 화살을 피하는 데 도움이 된다. 두 번째 화살인 정신적 고통은 신체적 고통 위에 더해지는 경우가 종종 있다. 이것에 대한 예는 한 무리의 수행승들이 병든 아누룻다를 방문한 장면이 있는 다른 경전인『상윳따니까야』와『잡아함경』에서 잘 볼 수 있다. 방문한 수행승들에게 아누룻다는 자신은 네 가지 알아차림의 확립을 수행하고 있기 때문에, 병으로 인한 괴로운 느낌에 시달리지 않는다고 말한다.『잡아함경』에 있는 아누룻다의 발언은 다음과 같다.[37]

네 가지 알아차림을 확립하면 어떤 신체의 통증도 점차 줄어든다.

네 가지 알아차림을 잘 확립하면서 마음이 머물러 있기 때문에, 몸의 느낌은 마음을 혼란스럽게 하지 못한다고 대응 경전인『상윳따니까야』는 지적하고 있다.[38]

알아차림 수행의 치료적 효과는 현대의 임상치료에서도 상당한 효력을 발휘하고 있다. 알아차림 기반의 접근법들은 통증을 다루

---

37) SĀ 541 at T 2.140c19-140c20.
38) SN 52.10 SN V 302,18 (translated Bodhi 2000: 1757).

는 방법으로서 의료계에서 그 가치를 인정받고 있다.[39] 초기불교의 관점에서 보면 느낌에 대한 알아차림 수행이 주는 가능성은 무궁무진하다. 그러나 알아차림 수행의 중심적인 목적은 오히려 깨달음을 통해서 완전한 정신적 건강 상태로 나아가는 것이다.

9. 느낌과 깨달음

느낌에 대한 수행이 깨달음으로 나아가는 잠재력이 대단하다는 것은 붓다의 두 수제자 사리뿟따와 마하목갈라나의 경우에서도 잘 볼 수 있다. 빨리 주석 전통을 보면 마하목갈라나를 깨달음으로 이끈 가르침이 『앙굿따라니까야』에 잘 기록되어 있다. 이에 대응하는 경전은 『중아함경』이다.

두 경전의 서술에 의하면 마하목갈라나는 붓다에게서 정신적 무기력을 극복하는 가르침을 받은 이후 완전한 깨달음으로 나아가는 방법에 대해서 질문한다. 다음은 『중아함경』에 기록된 마하목갈라나가 받은 대답이다.[40]

즐거운 느낌, 괴로운 느낌, 중립적 느낌이 있을 때, 그러한 느낌이 무상하다고 관찰하고, 느낌의 일어남과 가라앉음을 관찰하고, 뿌

---

39) Cf. Kabat-Zinn et al. 1985.
40) MĀ 83 at T 1.560b5-560b12.

리 뽑음을 관찰하고, 느낌에 대한 탐욕이 사라짐을 관찰하고, 소멸을 관찰하고, 놓아둠을 관찰한다.[41]

느낌이 무상하다고 관찰하고, 느낌의 일어남과 가라앉음을 관찰하고, 뿌리 뽑음을 관찰하고, 느낌에 대한 탐욕이 사라짐을 관찰하고, 소멸을 관찰하고, 놓아둠을 관찰하면, 이 세상에 집착하지 않는다. 이 세상에 집착하지 않기 때문에 지치지 않는다. 지치지 않기 때문에 열반을 성취하고 있는 그대로 안다. "태어남은 뿌리 뽑혔고, 성스러운 삶은 확립되었고, 해야 할 바는 행하였다. 다른 삶을 경험하는 일은 없을 것이다."

마하목갈라나는 이처럼 … 궁극, 궁극의 청정, 궁극의 성스러운 삶, 성스러운 삶의 궁극의 완성을 성취한다.

『앙굿따라니까야』의 언급에 의하면 마하목갈라나는 이렇게 수행을 하여 완전한 깨달음에 도달하는 돌파구를 마련하였다고 한다.[42] 다른 경전에서 명시적으로 언급하지 않는다고 하여도, 두 경전의 내용은 느낌에 대한 수행을 완전한 해탈에 이를 수 있는 길로 제시하고 있다.

『앙굿따라니까야』는 집착을 느낄 만한 가치가 있는 것은 아무것도 없다는 경구를 말하면서 이 가르침에 한 발 앞서 나가고 있다.[43] 이 경구는 느낌에 적합한 수행이 주는 결과를 간명하게 축약하고 있다. 느낌을 수행하는 것은 집착할 만한 가치가 있는 것이

---

41) AN 7.58 at AN IV 88,18 (translated Bodhi 2012: 1061, number 61)은 무상, 사라짐(또는 빛바램), 소멸, 놓아둠을 관찰하는 것을 말한다.
42) Mp IV 44,23.
43) AN 7.58 at AN IV 88,12.

아무것도 없다는 것을 알 때까지 경험을 뒤덮고 있는 감정의 아교를 제거하는 일이다.

붓다의 또 다른 수제자인 사리뿟따의 경우에도 느낌에 대한 수행은 그의 깨달음에서 주요한 역할을 하고 있다. 그의 깨달음은 「디가나카 경(Dīghanakha sutta)」과 이에 대응하는 경전에서 볼 수 있다. 이에 따르면, 그는 붓다가 떠돌이 수행자에게 준 가르침을 목격하면서 완전한 깨달음에 도달하였다고 한다. 여기서는 떠돌이 수행자에게 준 붓다의 가르침이 기록되어 있는 『잡아함경』의 관련 내용을 인용해 본다.[44]

세 종류의 느낌 말하자면 괴로운 느낌, 즐거운 느낌, 중립적 느낌이 있다. 이 세 종류의 느낌과 관련해서 무엇이 조건이고, 무엇 때문에 일어나고, 무엇 때문에 생기고, 무엇 때문에 변화하는가? 세 종류의 느낌은 접촉을 조건으로 하고, 접촉으로부터 일어나고, 접촉으로부터 생기고, 접촉으로부터 변화한다. 이러저러한 접촉의 일어남으로 인해서 느낌이 일어난다. 이러저러한 접촉의 소멸로 인해서 느낌이 멈추고 진정되고, 가라앉고, 마침내 소멸한다.

괴롭다고 경험하고, 즐겁다고 경험하고, 중립적이라고 경험하는, 세 종류의 느낌과 관련하여 이러저러한 느낌의 발생, 소멸, 이익, 불이익, 풀려남을 있는 그대로 안다. 이것을 있는 그대로 알면서 이 느낌들이 무상하다고 관찰하고, 그 발생과 소멸을 관찰하고, 욕망으로부터 자유를 관찰하고, 소멸을 관찰하고, 놓아둠을 관찰

---

44) SĀ 969 at T 2.249c10-250a2.

한다.

몸에 제한된 느낌을 경험한다고 있는 그대로 알고, 삶에 제한된 느낌을 경험한다고 있는 그대로 안다. 죽음의 때에 몸이 해체될 때, 그러한 모든 느낌은 항상 소멸될 것이고, 남기지 않고 소멸될 것이다.[45]

그때 경험하는 즐거운 느낌은 몸과 함께 파괴될 것이다. 그때 경험하는 괴로운 느낌은 몸과 함께 파괴될 것이다. 그때 경험하는 중립적인 느낌은 몸과 함께 파괴될 것이다. 이 모든 것은 둣카의 한 측면이다.

즐거운 것을 경험하면서 속박으로부터 자유롭고 해방된다. 괴로운 것을 경험하면서 속박으로부터 자유롭고 해방된다. 중립적인 것을 경험하면서 속박으로부터 자유롭고 해방된다. 어떤 속박으로부터 자유로운가? 감각적 욕망으로부터, 화로부터, 미혹으로부터 자유롭다. 그리고 그는 태어남, 늙음, 병, 죽음, 걱정, 슬픔, 짜증, 통증으로부터도 똑같이 자유롭다. 이것이 둣카로부터의 해방이라고 생각된다. …

사리뿟따 존자는 생각했다. '부처님께서는 이런저런 상태와 관련해서 욕망을 뿌리뽑고, 욕망으로부터 자유롭고, 욕망을 소멸하기를, 욕망을 포기하기를 권하신다.'

그때 사리뿟따 존자는 이러저러한 상태가 무상하다고 관찰했고, 그것이 일어나고 사라지는 것을 관찰했고, 욕망으로부터 자유롭게 되는 것을 관찰했고, 그것이 소멸하는 것을 관찰했고, 그것을

---

45) 대응 경전인 MN 74 at MN I 500,27 (translated Ñāṇamoli 1995: 605)은 몸 또는 삶에 한정된 느낌을 들지는 않는다.

놓아두는 것을 관찰했다. 번뇌가 일어나지 않으면서 사리뿟따 존자의 마음은 해탈을 성취하였다.

『맛지마니까야』는 느낌이 접촉에 의존한다는 것을 언급하는 대신, 하나의 느낌을 경험할 때는 다른 두 느낌은 경험되지 않는다고 지적하고 있다.[46] 위에서 번역한 관련 내용에 대응하는 다른 경전들은 이런 주제들, 즉 세 가지 느낌이 갖는 상호배제성과 접촉의 조건의존성에 대해 언급하고 있다.[47] 『맛지마니까야』에서는 느낌과 관련된 만족, 위험, 놓아둠에 대해서 뿐만 아니라 삶이 끝날 때 경험하는 느낌에 대해서도 언급하지 않는다.

이런 대응 경전들에 동의하면서 「디가나카 경」은 사리뿟따가 이 가르침의 끝에 완전한 깨달음에 도달하였다고 보고하고 있다. 사리뿟따가 해탈에 이른 것은 직접적인 앎을 통해서 모든 것을 버리고, 내려놓아야 한다는 붓다의 가르침을 깨달았을 때라고 경전은 언급하고 있다.[48] 그러므로 느낌에 대한 수행이 해탈의 가능성을 잠재적으로 가진다는 점에서는 대응 경전들과 밀접한 일치를 보이고 있다.

위에서 인용한 『잡아함경』에서 순차적으로 서술한 내용은 느낌

---

46) MN 74 at MN I 500,10.
47) 이것은 티베트어 번역에 포함되어 있는 근본설일체유부 율장에 있는 대응 경전도 그러하다. Eimer 1983: 101,8, 그리고 Avadānaśataka에도 산스끄리뜨어와 티베트어로 보존되어 있다. Speyer 1909/1970: 192,2 그리고 Devacandra 1996: 715,7. 다른 대응 경전인 SĀ 2 203 at T 2.449b12와 대응하는 산스끄리뜨 단편 folio 165a1f, Pischel 1904: 815는 느낌이 접촉에 의존한다는 점에서는 SĀ 969에 동의한다.
48) MN 74 at MN I 501,2.

에 대한 수행과 관련된 몇 가지 주제들을 다루고 있다. 여기서는 먼저 느낌에 대한 알아차림의 확립 수행은 기본적으로 세 가지 양식으로 구분된다는 것에서 시작한다. 그 다음으로 느낌은 접촉으로 조건지워진다고 언급한다. 그 후 수행은 모든 감정적인 경험은 무상하다는 것으로 나아가고, 이런 성질은 있는 그대로 인식되어야 한다고 서술하고 있다.

그리고 하나의 화살만을 느낀다는 「살라 경(Salla-sutta)」의 가르침과 일치하여, 느낌은 몸에만 한정되고, 몸의 감각의 문에서 발생하는 두 번째 화살인 마음의 부정적 반응은 더 이상 발생하지 않는 상황으로 이어진다.

이런 깨달음은 바로 죽음을 정면으로 직면하게 해 준다. 사실 모든 느낌들은 어떤 식이든지 살아 있는 동안 발생하는 것이다. 완전한 해탈에 이른 것처럼 몸이 죽음을 만나면, 모든 느낌은 종식되는 것이다.

출리에 도달하면 자유에 이른다. 정신적 번뇌로부터의 자유 그리고 정신적 번뇌로 인한 둣카로부터의 자유이다. 모든 느낌에 대한 욕망의 제거는 완전한 깨달음으로 나아가는 돌파구가 된다.

이런 점들을 함께 고려하면 마하목갈라나와 사리뿟따는 느낌에 대한 수행이 갖는 깨달음의 잠재적인 가능성을 돋보이게 해 준다. 두 번째 알아차림의 확립인 느낌에 대한 수행이 해탈로 나아가는 전체 도정에서 전개되는 하나의 과정이라는 사실은 「마하살라야따니까 경」과 그 대응 경전에서 더욱 자세히 볼 수 있다. 이 경전에서 설명하는 주요 주제는 여섯 가지 감각계를 통한 경험이다. 여기에서 『잡아함경』의 관련 부분들 중 마지막 부분을 소개하여 본다. 즉

여섯 번째 감각의 문, 곧 마음에 대한 설명이다.[49]

괴로운 것, 즐거운 것, 중립적인 것을 경험하면서 있는 그대로 알고 본다. 있는 그대로 알고 보기 때문에, 집착이 마음에 물들지 않는다. 마음의 대상에, 마음에, 마음의 접촉에, 마음의 접촉에 의해서 조건지워지고 의존하여 괴롭고, 즐겁고, 중립적으로 경험되는 느낌에 [집착이] 물들지 않는다.

집착에 물들지 않기 때문에 특징과 연관되지 않고, 당혹하지 않고, 관여하지 않고, 구속되지 않는다. 오온에 대한 집착은 갈애, 욕망, 미래와 관련된 기쁨과 마찬가지로 줄어든다.

이와 같이 알고 보는 것은 올바른 견해, 올바른 생각, 올바른 노력, 올바른 알아차림, 올바른 집중을 통해서 실현된다. 올바른 말, 올바른 행위, 올바른 생계는 일찍이 청정해졌고, 수행을 통해서 실현된다. 이것은 팔정도를 청정하게 하고 수행을 통해서 실현된다. 팔정도를 수행을 통해서 실현하고, 네 가지 알아차림의 확립이 수행을 통해서 실현된다. 네 가지 올바른 노력, 네 가지 영적인 능력의 토대, 다섯 가지 기능, 다섯 가지 능력, 깨달음을 위한 일곱 가지 요소는 수행을 통해서 실현된다.

이해해야 하고 알아야 할 상태들을 완전히 이해하고 안다. 이해해야 하고 버려야 할 상태들을 완전히 이해하고 버린다. 이해해야 하고 실현해야 할 상태들을 완전히 실현한다. 이해해야 하고 수행해야 할 상태들을 완전히 수행한다.

---

49) SĀ 305 at T 2.87b20-87c8.

「마하살라야따니까 경」과 티베트어 번역으로 보존된 또 다른 대응 경전은 이렇게 수행하면 평정과 통찰을 동시에 얻을 것이라고 부가적으로 언급하고 있다.[50]

이 세 가지 경전은 다음과 같은 결론을 확신하고 있다. 이 결론은 마하목갈라나와 사리뿟따가 어떻게 완전한 깨달음에 도달하였는지를 살펴본 바에서 나온 것이다. 즉 해탈에 이르고자 하는 초기 불교도들이 거치는 모든 과정의 중심점들은 이런 수행, 즉 느낌에 대한 수행을 통해서 계발할 수 있다.

느낌에 대한 수행이 갖는 주요 측면들을 요약하면서 『잡아함경』에 나오는 관련 내용의 시구를 아래에 번역해 둔다. 이 시구는 느낌과 관련하여 알아차림을 기를 가능성에 초점을 맞추고 있다.[51]

즐거운 느낌을 느낄 때
그것이 즐거운 느낌이라고 이해하지 않고
잠재되어 있는 감각적 욕망의 길로 나아간다.
자유의 길을 보지 않고.

괴로운 느낌을 느낄 때
그것이 괴로운 느낌이라고 이해하지 않고
잠재되어 있는 혐오의 길로 나아간다.
자유의 길을 보지 않고.

---

50) MN 149 at MN III 289,16 (translated Ñāṇamoli 1995: 1138) 그리고 D 4094 ju 205a4 또는 Q 5595 tu 234a4.
51) SĀ468 at T2.119b23-119c4 cf. fragment Or. 15009/206, Shaoyong 2009: 231.

중립적 느낌을 느낄 때

완전히 깨달은 자는 가르친다.

이를 잘 수행하지 않는 자는

결국 맞은편으로 건너지 못할 것이라고.[52]

… 힘써 정진하고

느낀 모든 것에 대해 올바른 앎을 가진 자는

흔들리지 않고,

이처럼 현명한 자는 이해하면서 [그것을] 경험할 수 있다.

모든 느낌을 이해하면서 경험하는 자

지금 여기에서 모든 번뇌를 뿌리 뽑는다.[53]

10. 요약

느낌에 대한 수행에서는 지금 이 순간의 감정 톤을 알아차리는 것이 필요하다. 접촉을 조건으로 이런 감정 톤이 생기고, 이는 다시 갈애와 집착으로 인해서 느낌에 무지하게 반응하는 것의 조건

---

52) 대응 경전 SN 36.3 at SN IV 205,24 (translated Bodhi 2000: 1261)는 이것을 기뻐하면 듯카로부터 해방될 수 없다고 지적한다.
53) SN 36.3 at SN IV 206,3의 마지막 게송에 따르면 느낌을 완전하게 이해하는 자는 지금 여기에서 번뇌가 없다. 몸이 해체될 때 다르마를 확립하면서 알고 있는 자는 이를 넘어선다.

이 된다. 그러므로 느낌에 대한 수행을 하면 지금 바로 이 순간 둣카의 조건을 알아차리게 된다. 느낌은 초대받지 않은 손님과 같다. 두 번째 화살에 맞는 것을 피하기 위해서는 그것에 반응하지 않아야 한다.

8장

마음에 대한 수행

1. 가르침

이 장에서 네 가지 알아차림의 확립 가운데 세 번째인 마음에 대한 수행을 다루고자 한다. 마음에 대한 수행에 대해「알아차림의 확립 경」과 한역 대응 경전은 다음과 같이 말하고 있다.

『맛지마니까야』
수행승은 욕망이 있는 마음을 욕망이 있는 마음이라고 안다. 또는 수행승은 욕망이 없는 마음을 욕망이 없는 마음이라고 안다.
성냄이 있는 마음을 … 성냄이 없는 마음을 … 어리석음이 있는 마음을 … 어리석음이 없는 마음을 … 위축된 마음을 … 산란한 마음을 … 큰 마음을 … 크지 않은 마음을 … 뛰어난 마음을 … 뛰어나지 않은 마음을 … 집중된 마음을 … 집중되지 않은 마음을 … 자유로운 마음을 … 자유롭지 못한 마음을 [자유롭지 못한 마음이라고 안다.]

『중아함경』
마음에 감각적 욕망이 있는 수행승은 마음에 감각적 욕망이 있다는 것을 있는 그대로 안다. 마음에 감각적 욕망이 없는 수행승은 마음에 감각적 욕망이 없다고 있는 그대로 안다.
마음에 성냄이 있는 … [마음에] 성냄이 없는 … 마음에 어리석음이 있는 … [마음에] 어리석음이 없는 … 마음에 오염이 있는 … [마음에] 오염이 없는 … 마음이 위축된 … [마음이] 산란한 … 열등한 마음을 가진 ⋯ 자만한 마음을 가진 ⋯ 좁은 마음을 가진 ⋯ 큰 마음을 가진 ⋯ 수행한 마음을 가진 ⋯ 수행하지 않은 마음을 가진 ⋯ 집중된 마음을 가진 ⋯ 집중하지 않은 마음을 가진 ⋯ 자유로운 마음을 가진 ⋯ 자유롭지 않은 마음을 가진 [수행승은 자유롭지 않은 마음을 가졌다는 것을 있는 그대로 안다].

『증일아함경』

여기 감각적 즐거움에 대한 갈애를 가진 마음이 있는 수행승은 감각적 즐거움에 대한 갈애를 가진 마음이 있다고 스스로 알아차리고 안다. 감각적 즐거움에 대한 갈애가 없는 마음이 있는 수행승은 감각적 즐거움에 대한 갈애가 없는 마음이 있다고 스스로 알아차리고 안다.

성내는 마음이 있는 ⋯ 성내는 마음이 없는 ⋯ 어리석은 마음이 있는 ⋯ 어리석은 마음이 없는 ⋯ 갈망하는 생각이 있는 마음을 가진 ⋯ 갈망하는 생각이 없는 마음을 가진 ⋯ 성취하려는 마음이 있는 ⋯ 성취하려는 마음이 없는 ⋯ 산란한 마음이 있는 ⋯ 산만한 마음이 없는 ⋯ 흩어진 마음이 있는 ⋯ 흩어진 마음이 없는 ⋯ 편만한 마음이 있는 ⋯ 편만한 마음이 없는 ⋯ 큰 마음이 있는 ⋯ 큰 마음이 없는 ⋯ 한량없는 마음이 있는 ⋯ 한량없는 마음이 없는 ⋯ 집중된 마음이 있는 ⋯ 집중된 마음이 없는 ⋯ 자유롭지 못한 마음이 있는 ⋯ 이미 자유로운 마음이 있는 수행승은 이미 자유로운 마음이 있다고 스스로 알아차리고 안다.

세 가지 경전에서 제시하는 마음에 대한 수행에 대한 실제적인 가르침은 거의 유사하다. 그러나 한역의 표현은 빨리 경전의 짧은 가르침보다 다소 더 서술적이다. 특히 『증일아함경』이 그렇다. 거기에서는 "알아차린다"와 "그런 [특별한 상태]의 마음이 있다고 스스로 알아차린다"라고 말하고 있다. 더욱 현저한 차이를 보이는 것은 열거된 마음의 상태에 관해서이다. 〈그림 8.1〉은 복잡한 순서에 따라서 다시 정리하여 열거하였다. 비교를 보다 더 쉽게 하기 위해서 쌍을 이루어 쭉 열거하였다.

『맛지마니까야』	『중아함경』	『증일아함경』
욕망 / 없는	감각적 욕망 / 없는	감각적 즐거움에 대한 갈애 / 없는
성냄 / 없는	성냄 / 없는	성냄 / 없는
어리석음 / 없는	어리석음 / 없는	어리석음 / 없는
위축 / 산란	오염 / 없는	갈망 / 없는
큼 / 없는	위축 / 산란	성취 / 없는
뛰어남 / 없는	자만 / 없는	산란 / 없는
집중 / 없는	큼 / 없는	흩어짐 / 없는
자유 / 없는	수행 / 없는	편만 / 없는
	집중 / 없는	큼 / 없는
	자유 / 없는	한량없음 / 없는
		집중 / 없는
		자유 / 없는

그림 8.1 마음에 대한 수행

〈그림 8.1〉에서 "감각적 욕망(sensual desire)"과 "감각적 즐거움에 대한 갈망(craving for sensual pleasures)"은 "정욕적인(lustful)"과 유사하다. 마찬가지로 "좁은(narrow)"은 "크지 않다(not great)"에 대응한다. 마음의 "산란한(distracted)" 상태는 『맛지마니까야』와

『중아함경』의 "위축된(contracted)" 마음과 대조를 이룬다. 『증일아
함경』에서는 이런 경우 두 가지 범주로 나누고 있다. 즉 "산란한
(distracted)"과 "그렇지 않은" 마음과 "흩어진(scattered)"과 "그렇지
않은" 마음이다. 위축된(contracted) 마음 상태가 갖는 함의는 다소
열린 해석을 남기고 있지만,[1] 알아차림을 확립하는 수행에서 마음
이 산란해질 때, 즉 알아차림을 상실할 때 이것을 인식하는 것이라
는 점에서 대응 경전들이 동의하고 있는 것은 분명하다.[2]

모든 경전에서 공통되는 마음 상태는 네 가지의 묶음과 세 가지
의 묶음으로 요약할 수 있다. 첫 번째 네 가지 묶음은 불선한 마음
상태와 그것이 없는 상태이다.

- 탐욕스런 마음과 그렇지 않은 마음
- 성냄이 있는 마음과 그렇지 않은 마음
- 어리석은 마음과 그렇지 않은 마음
- 산란한 마음과 그렇지 않은 마음

세 가지 묶음은 성공적인 수행을 통해서 생길 수 있는 마음의
상태이고 이와 반대되는 마음도 함께 열거한다.

- 큰 마음과 그렇지 않은 마음
- 집중된 마음과 그렇지 않은 마음

---

1) Cf. Anālayo 2003b: 178 그리고 n.19.
2) Brown et al. 2007: 214는 "주의를 기울이지 않고 알아차리지 않고 있다는 것
   을 인식하는 것 자체가 알아차림의 예이다."라고 설명한다.

● 해탈한 마음과 그렇지 않은 마음

「알아차림의 확립 경」에서만 볼 수 있는 하나의 묶음은 "뛰어난" 마음 상태와 그렇지 않은 마음, 즉 "뛰어나지 않은 마음"이다. 대응 경전에서는 이와 동일한 용어가 발견되지는 않으나, 비교 가능한 개념들은 『중아함경』의 경우 "수행한"과 "수행하지 않은" 마음의 상태이고, 『증일아함경』의 경우는 "한량없는" 또는 "한량없는 마음이 없는" 마음이다. 개별 경전의 과제는 동일하다. 즉 자신의 수행이 어느 정도 계발되어 있는지를 인식하고, 더 할 수 있는 것이 있는지를 깨닫는 것이다.

이것은 마음을 수행하는 데 있어서 주목할 만한 가르침이다. 이것은 초기불교의 관점에서 보면 자신의 수행이 어느 정도 성취를 이룩하였는지를 묻는 것은 자신의 마음 상태를 아는 중요한 부분이라는 것을 보여 준다. 이렇게 자기 마음에 대한 수행 정도를 마음 깊이 알아차리면서 새기는 것이 수행의 성취와 목표 지향에 강박적으로 매달리는 태도를 의미하지는 않는다. 적절한 접근 방식은 단지 성취만을 위하여 알아차림 수행을 과도하게 하는 것, 그리고 지금 여기에서 일어나는 것을 넘어서는 더 높은 목표에는 의미를 두지 않고 현재의 순간에 머무는 것만을 진정한 수행이라고 생각하여 어떤 종류의 선한 열망도 거부하는 것, 그 둘 사이의 중간 길을 택하는 것이다.

2. 마음의 선한 상태와 불선한 상태

「알아차림의 확립 경」과 그 두 대응 경전들은 마음에 대한 수행에서 두 가지 대극적인 상태를 구별해서 말하고 있다. 예를 들면 정욕 또는 감각적 욕망의 존재는 그 반대, 즉 정욕 또는 감각적 욕망의 부재와 함께 언급된다. 이런 기본적인 형식은 초기불교 가르침에서 핵심적인 차이, 즉 선한 것과 불선한 것의 차이를 반영하고 있다. 마음에 적용되는 이런 대극적인 차이는 『담마빠다』의 처음에 나오는 쌍둥이 시구에서 시적으로 표현된다. 여기서는 산스그리프트어로 보존된 『우다나와르가』에서 대응되는 구절을 번역하겠다.[3]

마음은 현상들을 앞서고, 현상들은 마음을 따르고 마음의 속도를 [따라간다.] 고통은 나쁜 마음을 가지고 말하고 행동하는 자를 따른다. 마치 수레바퀴가 [수레를 끄는] 황소의 발을 [따르는] 것과 같다.

마음은 현상들을 앞서고, 현상들은 마음을 따르고 마음의 속도를 [따라간다.] 행복은 순수한 마음을 가지고 말하고 행동하는 자를 따른다. 마치 그림자가 따라다니는 것과 같다.

「드웨다위딱까 경(Dvedhāvitakka-sutta)」과 이에 대응하는 『중아

---

3) Udānavarga 31.23f, Bernhard 1965: 415, 대응 경전 Gāndhārī Dharmapada 201f, Brough 1962/2001: 151, 그리고 Patna Dharmapada 1f, Cone 1989: 104. Dhp 1f (translated Norman 1997/2004: 1)는 다르마를 "마음이 만든"으로 말하는 점에서 차이가 난다. cf. also Skilling 2007 그리고 Agostini 2010.

함경』에 따르면 마음의 선한 상태와 불선한 상태를 기본적으로 구별하는 것은 붓다가 미래의 깨달음을 향하여 자신의 수행을 진전시켜 나가는 중요한 요소이다. 아래에서『중아함경』의 관련 구절을 번역해 둔다.[4)]

이전에 내가 아직 최고의 바르고 완전한 깨달음을 얻지 못했을 때, 나는 이와 같이 생각했다. "나는 생각을 둘로 나누는 것이 좋을 것이다. 감각적 욕망의 생각, 악의적인 생각, 해를 끼치려는 생각이 한 종류이고, 감각적 욕망이 없는 생각, 악의적이지 않은 생각, 해를 안 끼치려는 생각이 다른 종류이다.

이후에 나는 나의 모든 생각을 둘로 나누었다. 감각적 욕망의 생각, 악의적인 생각, 해를 끼치려는 생각이 한 종류이고, 감각적 욕망이 없는 생각, 악의적이지 않은 생각, 해를 안 끼치려는 생각이 다른 종류이다.

이와 같이 수행하고 나는 한적하고 떨어진 곳에 머물면서 부지런히 마음이 게으름으로부터 자유롭게 되도록 수행하였다. 감각적 욕망의 생각이 일어날 때, 즉시 감각적 욕망의 생각이 일어났다고 알았다. 이것은 나 자신에게도, 남에게도 해롭다고 알았다. 이것은 지혜를 부수고 많은 괴로움을 일으키고, 열반으로 이끌지 않는다는 두 측면에서 해롭다고 알았다. 이것이 나 자신에게, 남에게, 그리고 지혜를 부수고 많은 괴로움을 일으키고, 열반으로 이끌지 않는다는 두 측면에서 해롭다는 것을 알고, 나는 [그 생각을] 즉시

---

4) MĀ 102 at T 1.589a13-589b9.

그만두었다.

다시 악의적인 생각이 일어날 때, 즉시 악의적인 생각이 일어났다고 알았다. 이것은 나 자신에게도, 남에게도 해롭다고 알았다. 이것은 지혜를 부수고 많은 괴로움을 일으키고, 열반으로 이끌지 않는다는 두 측면에서 해롭다고 알았다. 이것이 나 자신에게, 남에게, 그리고 지혜를 부수고 많은 괴로움을 일으키고, 열반으로 이끌지 않는다는 두 측면에서 해롭다는 것을 알고, 나는 [그 생각을] 즉시 그만두었다.

감각적 욕망의 생각이 일어날 때 나는 그것을 받아들이지 않았고, 버렸고, 무시했고, 뱉어 냈다. 악의적인 생각이 일어날 때 나는 그것을 받아들이지 않았고, 버렸고, 무시했고, 뱉어 냈다. 무엇 때문인가? 나는 수많은 나쁘고 불선한 상태가 [그러한 생각] 때문에 일어나는 것을 확실히 보았기 때문이다.[5]

이것은 마치 지난봄에 땅에 씨를 뿌렸기 때문에 소가 풀을 뜯을 수 있는 것과 마찬가지이다. 소치는 소년은 습지 아닌 곳에 소를 풀어놓고, 소가 다른 땅으로 넘어가지 못하도록 막대기를 휘두를 것이다. 무엇 때문인가? 소치는 소년은 만약 넘어가면 야단맞고 매질 당하고 갇힐 것을 확실히 알기 때문이다. 이 때문에 소년은 [소가 다른 땅으로 넘어가지 않도록] 막대기를 휘두르는 것이다.[6]

마찬가지로 감각적 욕망의 생각이 일어날 때 나는 그것을 받아들

---

5) 대응 경전인 MN 19 at MN I 115,11 (translated Ñāṇamoli 1995: 207)은 수많은 나쁘고 불선한 상태가 일어나는 것에 대해서는 언급하지 않는다.

6) MN 19 at MN I 115,29에서 시간은 추수 때에 가까운 가을의 우기이다. 비록 MN 19는 그렇게 돌보지 않으면 소가 곡식이 있는 곳으로 나아가는 것이 문제라고 명확하게 이야기하지는 않지만, 그러한 함축이 여기에도 담겨 있다.

이지 않았고, 버렸고, 무시했고, 뱉어 냈다. 악의적인 생각이 일어날 때 나는 그것을 받아들이지 않았고, 버렸고, 무시했고, 뱉어 냈다. 무엇 때문인가? 나는 수많은 나쁘고 불선한 상태가 [그러한 생각] … 때문에 일어나는 것을 확실히 보았기 때문이다.

의도하는 바를 따라서, 생각하는 바를 따라서, 마음은 거기에서 기쁨을 느낀다. … 종종 감각적 욕망을 생각하는 자는 감각적 욕망이 없는 생각을 포기하고, 감각적 욕망을 종종 생각함으로써 마음은 거기에서 기쁨을 얻는다. … 종종 악의적인 생각을, … 해를 끼치려는 생각을 하는 자는 악의 없는 생각, … 해를 안 끼치려는 생각을 포기하고, 악의적인 생각 … 해를 끼치려는 생각을 종종 함으로써 마음은 거기에서 기쁨을 얻는다.[7]

이 경전 구절을 「드웨다위땃까 경」의 대응되는 내용과 비교해 보면 주목할 만한 차이는 그 순서에 있다. 빨리 경전에서는 어떤 것을 자주 생각하게 되면 그러한 쪽으로 마음의 경향성이 이어진다는 가르침 다음에 목동의 비유가 나온다. 여기 『중아함경』에서는 사고의 전개에 더 비중을 두는 듯이 보인다. 왜냐하면 갈아 놓은 땅에 소가 들어가지 못하게 한다는 서술은 사고와 마음의 경향성 사이의 관계를 말하는 것이 아니라 원치 않는 결과에 대한 두려움을 보여 주고 있기 때문이다.

두 경전은 이어서 동일한 설명을 감각적 욕망, 나쁜 의도, 해침의 반대 경우에도 적용하고 있다. 이런 경우는 수확을 마친 들판에

---

7) MN 19 at MN I 115,21에 따르면 의지에 대해서 사람이 종종 생각하는 것은 그에 상응하는 마음으로 이끈다.

서 소를 치게 되는 목동에게 문제가 되지 않는다. 목동은 이제 소가 경작지로 들어가지 못하게 노력을 할 필요가 더 이상 없고, 멀리서 그것을 단지 알아차리면 된다. 두 경전에서 계속해서 지적하고 있는 것은 그런 선한 생각도 결국은 몸과 마음을 지치게 하므로 정신적인 평온함을 계발하는 것이 심지어 선한 생각을 계발하는 것보다 낫다고 한다.

위의 서술은 「알아차림의 확립 경」과 두 개의 대응 경전들이 마음에 대한 수행에서 소개한 기본적인 구별을 어떻게 실제로 적용할 수 있는지를 명확하게 보여 주고 있다. 동시에 마음의 평온과 집중을 계발할 것을 암시하고 있는데, 이것은 마음의 불선한 상태의 존재 또는 부재의 인식에 이어서 나오는 것이다.

마음의 상태를 단순히 알아차린다는 알아차림의 확립에 대한 가르침과 달리 「드웨다위땃까 경」과 이에 대응하는 『중아함경』에서는 불선한 것에 대항하기 위해서 능동적인 방법들을 취하는 것을 보여 주고 있다. 「알아차림의 확립 경」에서 이런 방법들을 명확하게 언급하지 않는 이유는 올바른 알아차림으로써 알아차림의 확립은 고귀한 팔정도의 요소들 중 하나이고, 그러므로 이것은 올바른 노력 등과 함께 작동한다는 점을 고려할 필요가 있기 때문이다. 올바른 노력은 불선한 것을 정확하게 극복하고 선한 것을 계발하는 것을 과제로 한다. 그러나 이런 극복에서 필수불가결한 기반이 되는 것은 무엇이 일어나고 있는가에 대한 정직한 알아차림이고, 이런 알아차림은 마음이 즉각적으로 반응하지 않고 수용적이고 개방적일 때만 가능하다. 정확하게 말하면, 이는 알아차림이 해내야 하는 과제이다.

3. 불선한 생각 다루기

「위땃까상타나 경(Vitakkasaṇṭhāna-sutta)」과 이에 대응하는 경전인 『중아함경』은 불선한 생각을 다루는 다섯 가지 방법에 대하여 점진적으로 접근하고 있다. 아래에서 『중아함경』의 관련 구절을 번역해 둔다.[8]

불선한 생각이 일어나면 … 불선한 것과 연관된 다른 신호에 주의를 기울여야 한다. 그래서 그 나쁘고 불선한 생각이 더 이상 일어나지 않는다.[9]
선한 것과 연관된 다른 신호에 주의를 기울이는 … 사람에게 일어난 불선한 생각은 즉시 사라질 것이다. 악한 생각은 사라지고 마음은 평정 안에서 지속적으로 확립될 것이다. 마음은 통일되고 집중될 것이다.
이것은 마치 목수나 목수의 제자가 [선을 곧게 걷기 위해서] 먹줄을 나무에 튕기고 예리한 자귀로 바르게 나무를 자르는 것과 같다.

「위땃까상타나 경」은 작은 못으로 큰 못을 제거하는 목수의 예

---

8) MĀ 101 at T 1.588a10-588c21. 「위땃까상타나 경(Vitakkasaṇṭhāna-sutta)」에서 기술하고 있는 다섯 가지 방법을 현대심리학과 비교하여 기술한 것은 de Silva 2001에서 볼 수 있다.
9) 대응 경전인 MN 20 at MN I 119,7 (translated Ñāṇamoli 1995: 211)은 그러한 생각이 욕망, 화, 어리석음과도 연관된다고 구체적으로 이야기한다.

를 들면서 이런 과정을 대신 말하고 있다.[10] 이 두 경전들의 서술은 기본적으로 동일한 가르침을 서로 보완적으로 보도록 하고 있다. 말하자면 불선한 생각을 일으키게 하는 대상을 선한 대안으로 대치하는 것이다. 어떻게 하든 이것은 마음을 "곧게 펴게 하기 위한" 것이다. 마치 목수가 나무를 다듬는 것과 같다. 이것은 또한 큰 것, 즉 불선한 생각을 보다 더 작은 그 무엇으로 대치하는 것이다.

빨리 경전의 비유는 점진적인 접근 방법의 뉘앙스를 추가적으로 전달한다. 「위땃까상타나 경」의 전반적인 목표는 마음의 평온과 집중의 상태에 도달하는 것이다. 마음이 불선한 생각으로 가득 차 있을 때에는 여기에 직접 도달할 수 없다. 이런 상황에서 유익한 접근 방법은 불선한 생각을 선한 생각으로 대치하면서 우선 불선한 생각을 다루는 것이다. 이것이 달성된 다음에서야 마음은 내면적인 평온의 상태로 안정되는 것이 가능할 것이다.

그러나 때로는 이런 접근 방법이 충분하지 않을 수도 있고, 또한 불선한 생각을 보다 더 미세한 선한 그 무엇으로 대치하기 위해 마음을 "곧게 펴게 하는" 시도를 함에도 불구하고 마음은 계속해서 불선한 반응을 야기하는 대상으로 돌아갈지도 모른다. 마음이 불선한 것에서 선한 것으로 변화되지 않고 불선한 것에서 계속해서 뒹굴고 있을 위험성이 충분히 평가되지 않은 듯이 보인다. 이런 경우 두 번째 방법이 도움이 될 수 있다.

---

10) MN 20 at MN I 119,14.

불선한 생각이 [여전히] 일어나면 그러한 생각이 나쁘고 위험으로 둘러싸인다고 [다음과 같이] 관찰해야 한다. "이러한 생각은 불선하고, 이러한 생각은 나쁘고, 이러한 생각은 현명한 자들이 혐오한다. 이러한 생각으로 가득한 자는 통찰적 [지식을] 얻을 수 없다. 깨달음으로 가는 길을 얻을 수 없다. 열반을 얻을 수 없다. 왜냐하면 이러한 나쁘고 불선한 생각이 일어나기 때문이다.[11]

이것들을 이처럼 나쁘다고 관찰하는 사람들에게, 일어난 불선한 생각은 급하게 사라질 것이다. 나쁜 생각은 사라질 것이고, 마음은 평정 안에서 지속적으로 확립될 것이다. 마음은 통일되고 집중될 것이다.

이것은 마치 젊고 잘생긴 사람이 흠 없이 깨끗하게 하기 위해서, 목욕을 하고 잘 씻고 깨끗한 옷을 입고, 몸에 향수를 뿌리고 수염과 머리를 빗는 것과 같다. 어떤 사람이 죽은 뱀이나, 죽은 개, 푸르죽죽하고 부풀고 부패하고 오염물이 새어 나오는 [짐승이] 반쯤 먹은 죽은 사람 시체를 가지고, 이를 [젊은 사람의] 목에 걸어 준다고 해보자. 그 [젊은 사람은] 그 더러운 것을 혐오하고 즐기지 않고 좋아하지 않는다.

「위땃까상타나 경」에서도 이와 유사하게 장식을 좋아하는 젊은 남자 또는 여자를 예로 들고 있다. 그들이 자신들의 목에 죽은 뱀, 죽은 개, 심지어는 죽은 사람의 시체를 걸치고 있는 것과 같다고

---

11) MN 20 at MN I 119,31은 그러한 생각이 불선하고 비난받을 만하고, 둣카의 결과가 된다는 것에만 초점을 맞춘다. 현명한 자들의 태도나 열반의 성취는 언급하지 않는다.

한다. 「위땃까상타나 경」은 시체의 상황을 서술하고 있지는 않지만 위에서 번역한 『중아함경』에서는 반쯤 뜯어 먹히고, 부패한, 더러운 것이 새어 나오는 시체를 그리고 있다. 이것은 여기서 더 나아가서 마음에서 오가는 그런 불선한 생각을 허용하는 위험성은 자신의 목에 걸고 있는 시체와 같다는 냉혹한 이미지로 강화하고 있다.

불선한 생각에 몰두할 때 어느 정도의 쾌락이 발생하기도 하고 그리고 자아도 약간은 만족할 것이다. 그러나 적합한 관점에서 보면 스스로 마음의 목에 죽은 동물의 시체를 실제로 감고 있는 것이다. 이런 식으로 마음이 오염되게 허용하는 것은 깨끗이 씻고 잘 차려입은 멋있고 젊은 사람의 말쑥한 차림을 죽은 동물의 시체에서 떨어진 오염물로 더럽히는 것과 마찬가지이다.

이런 비유는 몸의 해부학적 구성물을 관찰하면서 내가 앞에서 언급한 것과 연관된다. 거기에서 나는 몸의 아름다움이라는 개념을 해체하는 것은 또 다른 아름다움의 개념, 즉 마음의 아름다움을 강조하는 것이라고 제시하였다. 현재의 비유도 동일한 생각을 드러내고 있다. 흔히 아름다움의 예로 간주되는 것, 즉 깨끗하게 잘 차려입은 젊은 멋있는 사람은 마음의 아름다움을 표현한다. 그 마음은 비록 일시적이라고 할지라도 어떤 정신적 오염으로부터 깨끗하게 된 마음이다. 불선함이라는 죽은 동물의 시체에서 새어 나오는 불순한 사고를 그런 아름다운 마음의 "목" 주위에 어떻게 두르게 할 수 있겠는가?

마음이 습관적으로 행하는 불선한 사고에 내재한 위험성을 곰곰이 생각하게 되면, 이런 나쁜 생각들을 극복하기 위해 먼 길을 가지 않을 수 없다. 하지만 때로는 이런 방법이 충분하지 않을지도 모르겠다. 불선한 생각들을 선한 생각으로 대치하거나 또는 불선한 생각이 야기하는 위험성을 깨달음에도 불구하고 불선한 생각이 계속해서 일어난다면, 세 번째 방법을 사용할 수 있다. 이 방법은 마음이 적절한 관점에서 사물들을 볼 수 있을 정도로 균형 잡힌 지혜를 충분히 회복할 때까지, 무엇이 불선한 것인지에 주의를 기울이지 않고–사실 지금까지 성공하지 못한 것이지만– 당분간 그것들을 제쳐놓는 것이다.

> 이러한 생각에 주의를 기울이지 않아야 한다. 왜냐하면 나쁘고 불선한 생각이 일어나기 때문이다. 이러한 생각에 주의를 기울이지 않는 사람에게 이미 일어난 불선한 생각은 빨리 사라진다. 나쁜 생각이 사라지면 마음은 평정 안에서 지속적으로 확립될 것이다. 마음은 통일되고 집중될 것이다.
> 이것은 마치 눈 밝은 사람이 모양을 보기를 원치 않아서 눈을 감거나 몸을 돌려 떠나는 것과 같다.[12]

자신의 마음을 사로잡고 있는 대상이 너무나 현저하게 마음을 점유하고 있는 이런 경우에는, 불선한 것을 선한 어떤 것으로 대치하고자 시도하는 것이나, 불선한 생각의 부정적인 영향력을 알아차리고자 하는 것은 성공하지 못한다. 그래서 이럴 때의 전략은 의식적으로 그것들을 밀쳐놓고 그 해당 주제를 떨쳐버리는 노력을

---

12) MN 20 at MN I 120,12는 떠나는 것은 언급하지 않고 눈을 감거나 다른 곳을 보는 것을 이야기하고 있다.

하는 것이다. 이것은 그 무엇을 보기 원하지 않을 때 밀어내거나 또는 심지어 외면하고 떠나 버리는 것과 같다.

불선한 반응이 그렇게 반복적으로 일어나는 것은 자신이 경험한 상황을 정신적으로 되살릴 때 흔히 생긴다. 이럴 때에는 마음이 계속 반복해서 동일한 주제로 돌아가고, 그 일이 일어난 지점을 향한 불선한 반응이 지속적으로 반복된다. 마음이 이런 식으로 불선한 생각과 반응에 휘둘리는 한, 적합한 방식으로 이를 다루는 것이 가능하지 않다는 것은 명확하다.

그러나 잠시 동안 문제를 제쳐놓으라고 제시하는 것은 일종의 도피주의가 아니다. 이와는 반대로 강박적인 사고 패턴의 단단한 손아귀에 있는 마음을 가라앉히는 하나의 수단이다. 이것은 그런 상황에서 자신의 마음에 일어나는 놀랄 정도로 강한 반응을 하나의 문제로 다루는 최선의 방법일 수 있다. 침착하고 균형 잡힌 마음 상태에서만 마음에 일어나는 어떤 것이라도 적합한 방법으로 다룰 수 있을 것이다. 이를 정착시키는 실제적인 방법은 지금은 이 문제를 바로 다룰 때가 아니고, 이후에 적절한 상황이 되면 이 문제를 다룰 것이라고 스스로에게 말하는 것이다. 의식적으로 언젠가는 이 문제를 다시 다룰 것이라고 스스로에게 확신하게 되면, 당분간 이 문제를 편안하게 제쳐놓을 수 있다.

「위땃까상타나 경」과 이에 대응하는 경전들은 이런 방법조차 성공할 수 없을지도 모른다는 가능성에 대해서도 서술하고 있다. 불선한 생각이 여전히 지속된다면 네 번째 방법을 시도해 볼 수 있다.

이러한 생각을 점차적으로 감소하려는 의도와 의지적 형성을 가져야 한다. 그리고 나쁘고 불선한 생각은 더 이상 일어나지 않는다. 이러한 생각과 관련해서 이러한 생각을 점차적으로 감소하려는 의도와 의지적 형성을 가진 사람에게, 이미 일어난 불선한 생각은 빨리 사라질 것이다. 나쁜 생각이 사라지면, 마음은 평정 안에서 지속적으로 확립될 것이다. 마음은 통일되고 집중될 것이다. 이것은 마치 길을 급하게 걷는 사람과 같다. 그는 생각하기를 '내가 왜 빨리 걷지? 나는 좀 더 천천히 걸을 수 있는 것이 아닌가?' 그래서 그는 천천히 걷는다. 그는 다시 생각한다. '내가 왜 천천히 걷지? 나는 서 있는 것이 더 낫지 않을까?' 그래서 그는 서 있다. 그리고 그는 다시 생각한다. '내가 왜 서 있지? 앉는 것이 좋지 않은가?' 그래서 그는 앉았다. 그리고 그는 다시 생각한다. '내가 왜 앉아 있지? 눕는 것이 더 좋지 않은가?' 그래서 그는 눕는다. 이처럼 그는 몸의 거친 활동을 점점 고요히 한다.

「위땃까상타나 경」에 따르면 이런 방법은 "생각의 형성을 고요하게 하는 것"에 관심을 기울인다.[13] 두 경전에서 말하는 "형성 (saṅkhāra)"이라는 점에서 판단해 보면 이 방법은 아마도 이런 생각의 배후에 있는 의지적인 동력을 진정시키는 것이다. 다른 말로 하면 일단 생각들을 제쳐놓는 전략이 작동하지 않으면, 그것들에 직접 직면하여 그 배후에 버티고 있는 동기의 힘(motivational force)을 쳐다보는 것을 시도한다. 불선한 생각을 제쳐놓는 것이 가능하지

---

13) MN 20 at MN I 120,18.

않다는 점을 고려하면, 이 힘은 반드시 아주 강력할 것이 틀림없다. 이렇게 동기의 힘으로 향하는 것은 이전의 방법들이 원하는 결과를 산출하지 못하였기 때문에, 갈 수밖에 없는 자연스러운 단계이다.

이 비유의 초점은 자신에게 자문하는 것이 될 것이다. 즉 "왜 나는 이것에 대해 그렇게 초조해하는가?" 또는 "이것에 대해 나를 그렇게 북돋우는 것은 도대체 무엇인가?" 그래서 결국은 정신적으로 그렇게 서두를 필요가 없다는 것을 깨닫는 것이다. 심지어 편하게 앉아 있거나 또는 누워 있다고 하더라도 상관이 없다. 이는 정신적 강박의 긴장과 스트레스에서 빠져나와 마음을 이완하는 것이다.

「위땃까상타나 경」과 대응 경전은 불선한 생각을 직접 직면하는 것조차 성공하지 못했을 경우 또 다른 대안을 제시하고 있는데, 이것은 마지막 방법이다. 마지막 방법의 목적은 불선한 생각이 넘쳐서 불선한 말과 행동으로 이어지는 것을 방지하기 위함이다. 다섯 번째 방법은 다음과 같다.

이를 꽉 물고 혀를 입천장에 붙이고 마음을 가라앉히기 위해서 마음을 써서, 마음을 꽉 잡고 가라앉혀서 나쁘고 불선한 생각이 더 이상 일어나지 않도록 한다. 마음을 가라앉히기 위해서 마음을 써서 마음을 꽉 잡고 가라앉히는 사람에게, 이미 일어난 불선한 생각은 빨리 사라질 것이다. 나쁜 생각이 사라지면, 마음은 평정 안에서 지속적으로 확립될 것이다. 마음은 통일되고 집중될 것이다. 이것은 마치 두 명의 힘센 사람이 약한 사람을 꽉 잡아서 가라앉히는 것과 같다.

이런 접근 방법은 흔히 불선한 생각을 다루어야만 할 때 마음에 떠오르는 첫 번째 방법이기도 하다. 그렇지만 「위땃까상타나 경」과 이에 대응하는 경전인 『중아함경』에 따르면 이것은 마지막 방법일 뿐이다. 이 방법은 다른 모든 방법이 실패할 때 불선한 생각을 선한 대상으로 대치할 수 없어서 이런 위험성을 성찰해도 멈출 수 없을 때, 그 생각을 당분간이라도 치워 놓을 수 없을 때, 이런 생각들이 지속적으로 발생하는 것을 추동하는 것을 바라보는 상황을 진정시킬 수 없을 때에만 시도할 뿐이다.

이런 종류의 강제적인 접근 방법은 이 자체로는 해탈의 길로 인도할 수 없다. 사실 「마하삿짜까 경(Mahāsaccaka-sutta)」과 산스끄리뜨어로 보존된 대응 경전에서는 보살 고따마가 깨달음으로 나아가고자 하였으나 그렇게 할 수 없었을 때, 이렇게 마음을 강제적으로 조절하였다고 한다.[14] 그러므로 이 방법의 핵심은 응급상황에서 브레이크를 밟는다는 것뿐이다. 브레이크를 계속 밟고 있는 사람은 더 이상 앞으로 나아갈 수 없는 것처럼, 이 방법 자체만으로는 실질적인 진전으로 나아갈 수 없을 것이다. 그럼에도 불구하고 응급 브레이크는 사고를 막는 데 중요한 기능을 한다. 이런 방법을 사용하는 경우 적어도 말할 수 있는 것은 불선한 생각에 완전히 휘둘려서 말 또는 행동으로 나타나는 사고를 최소한 막을 수 있다는 점이다.

「위땃까상타나 경」과 이에 대응하는 경전인 『중아함경』에서 제시한 다섯 가지 방법은 불선한 생각에서 빠져나올 수 있는 점진적

---

14) MN 36 at MN I 242,26 (translated Ñāṇamoli 1995: 337) 그리고 Liu 2010: 167ff.

인 일련의 접근법들이다. 이런 점진적인 접근법은 다음과 같은 다섯 가지 단계로 요약할 수 있다.

- 선한 어떤 것으로 대신 방향을 돌린다.
- 현재 진행하고 있는 것의 위험성을 깨닫는다.
- 현재의 주제를 치워놓는다.
- 그 배후에 있는 동기의 힘을 점차로 약화시킨다.
- 응급 브레이크로서 강제적인 억제를 사용한다.

4. 생각을 점점 고요하게 하기

생각을 다루는 점진적인 접근 방법은 금을 점진적으로 정제하는 비유에서 볼 수 있다. 이 비유의 『잡아함경』의 관련 내용을 번역해 둔다.[15)]

이것은 마치 흙과 모래 더미로 만든 거푸집에 금을 주조해서 물에 씻어서, 거친 [부분이] 드러나고 단단한 돌과 딱딱한 덩어리는 물에 씻겨 내려가는 것과 같다. 그러나 [금] 사이에 산재하는 거친 모래는 여전히 남아 있다. 물로 자꾸 씻음으로 거친 모래는 물과

---

15) SĀ 1246 at T 2.341b26-341c24.

함께 씻겨 간다. 비로소 금이 드러난다.[16)]

그러나 미세한 모래가 검은 흙과 함께 여전히 산재해 있다. 다시 물로 씻음으로 미세한 모래와 검은 흙은 물과 함께 씻겨 내려간다. 그다음에 순수하고 깨끗하고 불순물이 없는 진짜 금이 나온다. 그러나 여전히 금에는 미세한 불순물이 보인다. 다음으로 금세공인은 금이 녹아서 모든 불순물과 찌꺼기가 제거될 때까지, 금을 용광로에 넣고 불을 높이고 두드리고 풀무질을 한다.

그렇게 해서 나온 금은 빛나지도 않고 부드럽지도 않기 때문에 광도 안 나고 구부리거나 펴면 부러진다. 금세공인 또는 그 제자는 금을 다시 용광로에 넣고 불을 높이고 두드리고 풀무질을 하고 뒤집고 제련한다. 이윽고 금이 빛나고 부드럽고 광이 나며 구부리거나 펴도 부러지지 않는다. 이제 머리핀, 귀걸이, 목걸이, 팔찌, 장신구 등 하고자 하는 대로 만들 수 있다.

이와 마찬가지로 … 거친 번뇌의 얽힘, 나쁘고 불선한 행동, 모든 나쁘고 잘못된 견해를 점진적으로 제거하고 그치게 한다. 이것은 마치 단단한 돌과 딱딱한 덩어리를 물로 씻어낼 때 금이 드러나는 것과 같다.[17)]

거친 때, 즉 감각적 욕망의 생각, 악의적인 생각, 해치려는 생각을 순차적으로 제거한다. 이것은 마치 거친 모래가 제거되었을 때 드

---

16) 대응 경전인 AN 3.100 at AN I 253,17 (translated Bodhi 2012: 335, number 101)에서는 금을 정제하는 과정에 대한 기술이 자세하지는 않다.

17) AN 3.100 at AN I 254,14는 잘못된 견해는 언급하지 않고 불선한 행동을 신구의(身口意)로 구분한다. AN 3.100은 또한 이것과 연관해서 금을 정제하는 과정을 명시적으로 언급하지 않고, 마음의 정화에서 다음 단계로 바로 나아간다.

러나는 금과 같다. …

순차적으로 미세한 불순물, 즉 가족에 대한 생각, 자기 나라에 대한 생각, 사람들에 대한 생각, 천상에 다시 태어나는 것에 대한 생각을 제거한다. 이것을 제거하는 것에 주의를 기울여 이를 제거한다. 이것은 마치 찌꺼기와 불순물, 미세한 모래와 검은 흙이 제거될 때 … 금이 드러나는 것과 같다.[18]

다르마에 대해서 선한 생각을 [여전히] 가지고 있다면, 이것들을 제거하는 데 주의를 기울여 제거하고, 마음을 순수하게 한다. 마치 금과 비슷하게 보이는 불순물이 제거될 때 순수하고 깨끗해진 금이 드러나는 것과 같다.

[이어서] 집중을 위한 수행을 하는 사람은 마치 호숫가로 둘러싸인 호수와 같다. 그러한 상태에 잡혀 최고의 지고한 평화에 이르지 못한다. 모든 번뇌를 달래고 뿌리 뽑는 데까지 이르지 못한다. 이것은 마치 금세공인 또는 그 제자가 금을 주조하고 정련하지만 모든 불순물을 제거하지 못한 것과 같다. 금은 [아직] 빛나지 않고, 부드럽지 않고 광이 나지 않고, 구부리거나 펴면 부러지고, 원하는 장신구를 만들 수 없다. …[19]

[그러나] 집착하지 않고 집중하는 사람은 최고의 지고한 평화에 도달하고, 모든 번뇌를 뿌리 뽑고 통일되고 하나된 마음으로 깨달

---

18) 천상에 다시 태어난다는 생각 대신 AN 3.100 at AN I 254,24는 평판에 대한 생각을 언급하고 있다.
19) 집중의 형태에 잡혀 있다는 비유는 AN 3.100에서는 발견되지 않는다. 대신 AN I 254,29는 다르마와 관련된 생각을 언급한 이후에 그러한 집중(samādhi), 즉 다르마에 대한 수행은 평화롭지 않고 지고하지 않아 완전한 평정과 마음의 통일 등에 이르지 못한다고 언급하고 있다.

음에 도달한다. 이것은 마치 금세공인 또는 그 제자가 금을 주조하고 정련해서 빛이 나고 부드럽고, 부러지지 않고, 빛나고 마음대로 구부리고 펼 수 있는 금이 드러나는 것과 같다.

『앙굿따라니까야』와 비교해 보면 두 경전에서 볼 수 있는 현저한 차이는 『앙굿따라니까야』에서는 선정의 성취가 수행자가 잡는 그 무엇으로 묘사되고 있지 않다는 점이다. 그러므로 『잡아함경』만이 선정 수행에서 볼 수 있는 함정에 대해 경고를 하고 있다.

이런 차이에도 불구하고 두 경전의 핵심은 유사하다. 말하자면 금을 점진적으로 정제하듯이 생각에 대해 점진적인 접근방법을 사용하고 있는 것이다. 이런 점진적인 구축은 실제 수행에서 중요한 관점을 제공한다.

완전하게 생각에서 벗어난 마음을 경험하고자 하는 불합리한 기대를 갖고 좌식 수행을 하는 것은 모래와 돌이 여전히 섞인 금으로 장식품을 만들려고 애쓰는 것과 다소 유사하다. 그런 시도가 좌절을 맞이하는 것은 그렇게 놀랄 만한 일이 아니다.

이것은 수행하는 마음에 진정한 금이 없다는 것을 의미하는 것이 아니라, 그것과는 거리가 멀다는 것이다. 그러나 점진적인 정제 과정은 금을 드러내는 데 필요하고 따라서 금세공 기술을 배워야만 한다. 이런 기술을 익히기 위해서는 지금 순간의 마음 상태를 알아차리고, 자신이 어디에 있고 그다음 단계는 어디로 가야 하는지 목표를 설정하는 것을 알아야 한다. 만약 씻어내는 시간이 더 필요하다면 용광로에 들어가야 할 때가 아직 온 것이 아니다.

그러므로 현재의 상황이 거칠고 불선한 행동에서 아직 자유롭지 않다면 우선 그런 오염을 씻어내는 것을 목표로 해야 한다. 불선한 것은 단단한 돌과 딱딱한 덩어리로 비유되어서 표현된다. 일단 도덕적 행동의 기반이 확립되면 그다음 단계는 감각적 욕망 또는 혐오와 연관된 사고를 버리는 것이다. 불선한 생각이 지속되면 이 지점에서 「위땃까상타나 경」과 이에 대응하는 경전에서 언급한 다섯 가지 방법을 사용할 수 있다. 그러나 이것이 항상 필요한 것은 아니다. 알아차림을 통해서 이것이 불선한 생각이라는 것을 인식하였다면 내려놓을 수 있다. 이렇게 되면 마음의 금을 가렸던 거친 모래는 변화의 물결에 씻겨 내려가고 무상의 흐름에 버릴 수 있게 된다.

이것이 성취된 다음에야 이런저런 것에 붙잡혀 방황하는 산란한 생각을 파악할 때가 온 것이다. 이것이 바로 마음의 미세한 불순물이다. 다른 말로 하면 수행을 하는 동안 감각적 욕망과 혐오의 거친 상황이 개입되지 않는 한은 마음이 산란해져 이리저리 방황하는 것이라고 해도 일단 성취라고 볼 수 있다. 돌과 모래는 이미 제거되었다. 그러나 세척이 더 필요하기는 하지만 마음을 더 정제하기 위한 용광로에 이미 가까이 접근하고 있는 것이다.

이런저런 것에 관한 생각을 제거했다고 해도 이것은 아직 전체적인 마음의 평정을 위한 발판이 마련된 것은 아니다. 왜냐하면 이 단계에서 일어나는 사고의 내용이 비록 다르마와 연관되어 있다고 하여도 여전히 사고의 영역 안에서 일어나고 있기 때문이다.

실제적인 관점에서 보면, 수행할 때 마음에서 생각이 존재한다는 것은 아주 자연스러운 사실이라는 것을 스스로 상기하는 것이 중요하다. 이것을 다루는 방법은 마음을 억지로 완전히 고요하게 하도록 강제하지 않는 것이다. 이렇게 하면 좌절감에 빠지게 되는 것은 당연하다. 다른 사람은 이런 것을 쉽게 이룰 것이라고 믿고 자신은 희망이 없다고 생각한다. 생각하는 것은 마음의 자연스러운 경향이다. 지적으로 문제를 다루려고 하는 사실을 있는 그대로 받아들이고 또한 자신의 마음을 계발하기 위해서는 점진적인 과정이 필요하다는 것을 받아들여야 한다.

이런 점진적인 과정을 위해서는 「알아차림의 확립 경」과 이에 대응하는 경전들이 마음에 대한 수행에서 언급한 마음의 첫 번째 두 가지를 사용할 수 있다. 뿐만 아니라 실제 수행을 하는 동안 대응 경전들에서 말하는 짧은 이름 붙이기를 사용할 수 있다.[20] 마음의 거친 불선한 상태는 "감각적 욕망과 함께" 또는 "성냄과 함께" 하는 마음일 수 있다. 감각적 욕망과 성냄의 존재는 해탈에 이르는 길과 직접적으로 반대되고 그래서 그것에서 빠져나올 필요가 있다. 좌식 수행을 할 때 만약 감각적 욕망과 혐오의 거친 불선한 상태에 침범당하거나 휘둘리지 않는다면, 많은 것을 이미 성취한 것이다. 수행을 하는 동안 이전에 나타난 그런 거친 상태가 나타나지 않는다면 실질적인 진전을 이룩한 것이지만 그러나 아직 마음의 많은 부분은 여전히 이리저리 날뛰고 있을지도 모른다.

마치 금세공인이 모든 거친 돌과 덩어리들을 씻어낸 다음에야 비로소 미세한 불순물을 제거할 수 있는 것처럼 감각적 욕망과 성냄의 거친 불선한 상태에서 자유로워진 상태를 강하게 확립했을 때에만 마음의 산란한 경향에 도전할 수 있게 될 것이다. 마음이

---

20) 이름 붙이기의 효과에 대해서는 다음을 참조할 수 있다. Creswell et al. 2007.

떠올리는 많은 다양한 생각과 관념은 해탈의 반대 방향으로 갈 정도로까지 문제가 되지는 않는다. 말하자면 반대라기보다는 수평적으로 평행선을 그리는 것이다. 이것이 더 잘 씻어져야 할 때가 온 것이다. 그러나 마음이 이리저리 날뛰는 상태에서 이것을 모두 단한 번에 멈추고자 하는 것은 아니고, 순간순간 생각에서 벗어난 자유로운 마음을 갖는 것이다. 그러면서 마음이 생각하는 내용을 다르마와 연관된 것으로 향하게 한다. 이렇게 하여 선한 것으로 마음의 방향을 돌리고 해탈의 길로 향하게 되는 정신적 성찰로 들어가게 된다.

결국 이런 점진적인 접근 방법의 산물로서 선한 생각이라고 하더라도 모두 사라지고 자연스럽게 떠오르는 정신적 고요를 위한 공간이 생기는 때가 오게 된다. 이런 고요함은 어떤 생각을 밀어내어서 강제로 생긴 것도 아니고, 사고 활동의 재출현에 대항해서 지속적으로 방어하는 데에서 생긴 것도 아니다. 점진적인 과정을 따라가서 어느 정도의 고요함에 도달하게 되면, 생각이 다시 나타나더라도 종종 미소를 지으면서 알아차리게 되고, 이것을 고요함과 평정, 내적 평온의 상태로 마음을 다시 돌리는 것으로 충분하다. 그런 고요함과 평정과 평온은 어떤 종류의 생각보다 그야말로 더 즐겁고 매력적이다. 자신이 가진 마음의 금은 바로 이제 나타났고 이것을 수행이라는 용광로에 두게 되면, 그 금은 더 부드럽고 가볍고 유연하고 빛나게 된다. 이런 마음의 아름다움은 이전에 모래, 자갈, 돌들이 섞인 바로 그 혼합물에서 나온 것이다. 금은 항상 거기 있었다. 단지 필요한 것은 점진적인 접근 방법의 지혜와, 숨겨진 보물을 드러내기 위해 마음을 씻고 정제하고자 인내하면서 노력하는 것이다.

5. 마음의 긍정적 상태

　금세공인 비유에서 보여 주는 점진적인 접근방식을 채용하면, 자신의 마음 상태가 어떤 수준이든지 간에 스스로의 범위 내에서 기뻐하게 되면 크게 촉진될 것이다. 마음이 불선한 생각으로 향한다고 해도 이런 불선한 것이 없는 순간은 칭찬받을 만하고 긍정적인 빛에서 인정받을 만할 것이다.

　올바른 방향으로 나아가면 비록 아주 작은 단계라고 해도 그 성취를 인정하는 것은 성공적인 수행을 독려하는 중요한 측면이다. 부정적인 것, 즉 피해야만 하고 포기해야만 하는 것뿐만 아니라 또한 긍정적인 것, 즉 계발하고 격려하는 것도 중요하게 여겨야만 한다. 이것은 사실 알아차림의 확립 수행을 위한 정신적 상태 가운데 토대를 이루는 주제이다. 이런 알아차림의 확립 수행에서 부정적인 상태는 바로 그 반대인 긍정적인 것과 함께 한다. 알아차림 수행의 과제는 감각적 욕망 또는 성냄의 마음을 분명하게 알아차리는 것뿐만 아니라 또한 감각적 욕망이 없거나 성냄이 없는 마음도 알아차리는 것이다.

　여기서 말하는 감각적 욕망 또는 성냄이 없는 마음 상태는 영원히 욕망과 성냄 등으로부터 자유롭게 된 아라한의 마음만을 언급하는 것이 아니다. 만약 그렇다고 하면, 알아차림의 확립 수행에서 언급한 많은 정신적 상태들은 이미 마지막 목표에 도달한 사람들을 위해서만 적용 가능할 것이다. 이와는 달리 경전에서는 심지어 금방 들어온 신참 수행자들도 네 가지 모든 알아차림의 확립을 수행하도록 격려해야만 한다고 분명히 지적하고 있다.[21] 이 가르침은 상당히 수행을 진행한 수행자들만을 위한 것으로 보이지는 않고, 심지어 잠깐이라도 번뇌가 없는 상태는 주목할 만하고 인정받을 가치가 있다는 것을 함축하고 있다고 틀림없이 말할 수 있다.

부정적인 것뿐만 아니라 긍정적인 것도 알아차릴 필요가 있다는 것에 대한 합리적인 설명을 「아낭가냐 경(Anaṅgaṇa-sutta)」과 이에 대응하는 경전들에서 잘 볼 수 있다. 이 경전의 대응 경전의 내용은 놋그릇의 예를 들면서 번뇌가 있을 때뿐만 아니라 번뇌로부터 자유롭게 되었을 때도 알아차려야 할 필요가 있다고 설명한다. 이어서 『잡아함경』의 비유를 번역하고자 한다.[22] 이 경전에서는 모든 경전에서 논의되는 네 가지 경우들을 순서대로 열거하고 있다.

- 번뇌가 있다는 것을 알아차리지 못하는 것
- 번뇌가 있다는 것을 알아차리는 것
- 번뇌가 없다는 것을 알아차리지 못하는 것
- 번뇌가 없다는 것을 알아차리는 것

---

21) SN 47.4 at SN V 144,15 (translated Bodhi 2000: 1630) 그리고 대응 경전 SĀ 621 at T 2.173c16.
22) EĀ 25.6 at T 2.632b14-632c18.

이것은 마치 어떤 사람이 시장에 가서 매우 더럽고 먼지가 많은 놋그릇을 산 것과 같다. 그 사람은 놋그릇을 닦거나 문지르거나 씻거나 하지 않아서 놋그릇이 더 더러워지고 더 깨끗하지 않게 된다.[23]

이 비유는 번뇌가 있지만 이것을 알아차리지 못하는 사람의 경우를 들고 있다. 번뇌가 있는 것을 알아차리지 못하면 그것을 제거하려는 노력도 하지 못할 것이 분명하다. 그러나 그것을 있는 그대로 알아차리면 상황은 아주 달라진다. 마음을 정화하기 위한 노력을 할 수 있게 된다.

그것은 마치 어떤 사람이 시장에서 먼지가 쌓이고 더러운 놋그릇을 산 것과 같다. 그 사람은 때때로 그것을 깨끗하게 하고 닦고 청소해서 그릇이 깨끗하게 된다.

또한 「아낭가냐 경」과 이에 대응하는 경전들은 자신에게 번뇌가 없는 사람의 경우를 탐색하고 있다. 거기에서는 번뇌를 최종적으로 제거한 것이 아니라 일시적인 번뇌의 부재에 대한 것을 그 문맥에서 보여 주고 있다. 『잡아함경』에서는 일시적으로 번뇌로부터 자유로워진 것을 알아차리지 못하는 것에 대한 설명을 다음과 같이

---

23) 대응 경전들은 그 그릇이 깨끗하지 않다는 것에 동의한다. MN 5 at MN I 25,22(translated Ñāṇamoli 1995: 109)은 그 더러운 놋그릇을 사용하지도 않았고 더러운 곳에 놓여 있었다고 추가한다. MĀ 87 at T 1.566b11은 햇살 아래에 있는 대신 더러운 곳에 놓여 있었다고 구체적으로 지적하고 있다. T 49 at T 1.839b7도 또한 더러운 곳에 놓여 있다고 이야기하고 있다.

하고 있다.

그것은 마치 어떤 사람이 시장에 가서 먼지가 쌓이지 않고 더럽지 [않은] 놋그릇을 사는 것과 같다.[24] 그러나 [그 사람은] 그 그릇을 때때로 씻거나 청소하지 않고, 때때로 깨끗하게 하지 않는다.

이 경우 문제가 되는 것은 마음이 일시적으로 도달한 청정한 상태를 유지하는 데 주의를 기울이지 않는 것이다. 이렇게 되면 번뇌는 다시 마음에서 일어날 기회를 갖게 되고 또다시 마음을 장악하는 데 성공한다. 그러나 청정한 것을 알아차리는 경우는 다음과 같다.

그것은 마치 어떤 사람이 시장에 가서 매우 깨끗하고 청정한 놋그릇을 사는 것과 같다. 게다가 [그 사람은] 때때로 그 그릇을 깨끗하게 하고, 닦고, 씻는다. 그 그릇은 점점 깨끗해지고 보기 좋게 된다.

어느 정도의 청정함에 도달하고 그것을 알아차리는 사람은 그것을 보호하는 데 주의를 기울이면서 이렇게 더욱더 진전해 나간다. 심지어 이것이 일시적인 것이라고 할지라도 마음의 청정한 상태를 알아차리는 것에 초점을 맞추고 있다. 이런 점은 흔히 해탈의 과정에서 쉽게 간과되는 것이다. 「아낭가냐 경」과 이에 대응하는

---

24) "않은"은 문맥상 추가할 수 있고 대응 경전에서 이를 볼 수 있다.

경전들은 마음의 불선한 것을 인식하는 것에만 주의를 기울이지 말아야 한다는 점을 분명하게 하고 있다. 그 대신 성공적인 수행은 균형 잡힌 알아차림을 겸비하고 있다. 즉 번뇌의 존재를 알아차리는 동시에 그만큼 번뇌의 부재도 알아차리는 것이다.

이렇게 수행하게 되면 마음에 대한 수행은 두 극단을 피하는 중도의 길을 걷게 된다. 즉 한 극단은 자신에게서 나쁜 면만을 보고 계속해서 절망하고 자신이 부족하다는 감정에 굴복한다. 그 결과 영감은 상실되고 더 이상 전면적으로 수행을 하지 못하게 된다. 또 다른 극단은 스스로도 그리고 다른 사람 앞에서도, 자신을 실제보다 더 우월하다고 속이고 자신의 어두운 측면들과 정화가 더 필요한 마음의 영역들을 무시하는 대가를 치른다. 이렇게 무시하게 되면 어두운 측면들은 더욱 힘을 얻게 되어, 결국에는 마음을 완전히 지배하여 버리게 된다. 두 극단 사이에서 균형 잡힌 중도의 길로 나아가는 것은 솔직한 알아차림이라는, 간단하면서 효율적인 방법을 통해서 가능하다. 즉 지금의 마음 상태를 알아차려서 자신의 약점과 장점을 동등하게 잘 보는 것이다.

6. 마음의 자유

선한 것을 알아차린다는 주제는 마음에 대한 수행의 모든 알아차림의 확립 버전들에서 다른 공통된 목록들과 함께 더욱 현저하게 드러난다. 여기서 큰(great) 마음은 충분히 정제된 마음의 금으로 만들 수 있는 장식품을 상징한다. 어느 정도의 집중을 계발함으로써 마음은 일상적인 좁은 구석진 곳을 벗어나서, 광활하고 넓은 공간을 맛보게 된다. 이것은 마음의 통합으로 유도하는 다양한 수행을 통해서 이루어질 수 있다. 무한한 정신적 상태를 만들어 내는 좋은 예는 무량심(brahmavihāra)이다. 초기경전에서는 수행해서 무량심을 계발하는 과정을 사방으로 퍼져 나가는 무한한 방사(radiation)로 묘사하고 있다. 이런 마음은 결국 "큰" 마음의 상태로 귀착된다.

이런 마음 상태는 '집중되어' 있을 뿐만 아니라 또한 '자유로운' 상태로 생각될 수 있다. 번뇌로부터 최종적으로 해탈하는 것이 초기불교의 사유체계에서 마음의 정화라는 최종적인 목표라는 것은 분명하지만, 이런 체계는 해탈의 길에 이르기 위한 핵심으로서 일시적인 정신적 자유의 상태도 인정하고 있다는 점에서 중요하다.[25] 일시적으로 해탈된 마음의 상태는 자애(mettā), 연민, 공감, 평정을 계발함으로써 계발할 수 있다. 초기경전은 이런 무량심들이 온 사방으로 퍼져 나가는 것을 악기 연주자가 악기를 불면 그 소리가 온 사방에 퍼져 나가는 것에 비유하고 있다.[26] 마음이 일시적인 해탈에 도달하여 그런 퍼져 나감을 성취하는 것은 마음이 무한하게 넓어져서 어떤 한계들로부터도 자유롭게 되는 것이다.

---

25) 다른 종류의 자유, 즉 해탈에 대해서는 다음을 참조할 수 있다. Anālayo 2009: 141ff (reprinted in Anālayo 2012b: 282ff).

26) 모든 방향으로 무량심이 방사하는 것을 악기 연주자로 예를 드는 것은 다음에서도 찾을 수 있다. MN 99 at MN II 207,22 (translated Ñāṇamoli 1995: 816) 그리고 대응 경전 MĀ 152 at T 1.669c10.

그렇게 일시적으로 감각적 욕망과 혐오가 중단된 마음의 무량함을 경험하는 것은 해탈의 길로 나아가는 데 있어서 강력한 도구가 될 수 있다. 어떻든 이런 경험에서 수행의 목표를 실제로 잠깐 엿보는 것이다.

　　윤회라는 것이 생소한 현대 서구의 많은 사람들에게 다시 태어나지 않는 것을 수행의 목표로 호소하는 것은 어렵고, 때로는 불합리해 보이기까지 한다. 열반의 개념조차 쉽게 받아들여지지 않아 수행자에게 강력한 매력을 주지 못하는, 다소 먼 이상적인 개념으로 머무를 수도 있다. 이와는 대조적으로 잠깐이라도 자유와 평화라는 마음의 상태를 경험하게 되면, 내면의 자유와 평화라는 지속적인 목표로 나아가게 하는 강력한 영감으로 작용할 수 있다. 그런 내적인 평화는 『담마빠다』에서 시적인 표현으로 등장한다. 이것을 한역 경전에서 번역해 본다.

　　마음이 부드러워지고, 평정해지면 말과 행동도 [또한] 그러하다.
　　올바르게 해탈함으로써 고요해지고, 완전한 평화에 귀의한다.[27]

---

27) 한역 『법구경』 15.7, T 210 at T IV 564b10 (translated Dhammajoti 1995: 145), 대응 경전 Dhp 96 (translated Norman 1997/2004: 14), Udānavarga 31.45, Bernhard 1965: 424, Patna Dharmapada 88, Cone 1989: 126.

7. 요약

마음에 대한 수행은 마음의 표면에 떠오르는 생각의 흐름을 보게 하고, 그 배후에 있는 마음의 실제 상태를 알아차리게 하여 선한 마음과 불선한 마음을 분명하게 구분하는 능력을 심어 준다. 그리하여 단지 동물적인 힘에 의존하지 않고 불선한 생각의 모래를 점차로 씻어 냄으로써 결국은 고요한 마음의 아름다움이 수행의 용광로에서 나온다.

마음에 숨어 있는 금을 드러내기 위해서 필요한 것은 자신의 약점뿐만 아니라 자신의 장점에 알아차리는 것이다. 그리고 일시적이라도 해탈된 마음의 기쁨을 향유해야 한다.

9장

법에 대한 수행

· · ·

네 번째 알아차림의 확립인 법들에 대한 수행에 대한 「알아차림의 확립 경」과 이에 대응하는 경전인 두 개의 아함경에서 열거된 제목에는 다소 차이가 있다. 〈그림 9.1〉에서는 점점 복잡해지는 순서에 따라 이 세 가지 경전을 정리하고 있다. 굵은 글자체로 되어 있는 명상 주제는 내가 아래에서 더욱 자세하게 언급할 제목들이다.

『증일아함경』	『중아함경』	『맛지마니까야』
깨달음의 요소 네 가지 선정	감각계 **장애** **깨달음의 요소**	**장애** 오온 감각계 **깨달음의 요소** 네 가지 성스러운 진리(사성제)

그림 9.1 법들에 대한 수행

아래에서 모든 경전에서 볼 수 없는 것들을 우선 살펴볼 것이다. 먼저 한 경전에서만 볼 수 있는 것에서 시작한다.

1. 한 경전에서만 볼 수 있는 법에 대한 수행

1) 네 가지 선정

법에 대한 『증일아함경』의 설명은 네 가지 선정의 성취를 포함한다. 그 설명을 살펴보면, 네 가지 선정의 성취에 대한 표준적인 기술이 있음을 알 수 있다. 개별적인 선정은 모두 알아차림 확립 수행의 한 형태일 수 있다는 것을 암시한다. 그 전문은 다음과 같다.

다음으로 감각적 욕망에 대한 갈애로부터 자유롭고, 나쁘고 불선한 상태를 제거하고, [직접적인] 앎과 [유지되는] 관찰과 함께, 편안하고 알아차리면서 수행승은 첫 번째 선정을 즐기면서 자신 안에서 기쁨을 경험한다. 이와 같이 법[과 관련해서] 수행승은 법의 특징을 알아차림의 확립으로 관찰한다.

다음으로 [직접적인] 앎과 [유지되는] 관찰을 버리고, 안에서 기쁨이 일어나고, 마음이 통일되고, [직접적인] 앎과 [유지되는] 관찰 없이, 편안하고 알아차리면서, 기쁨과 편안함으로 수행승은 두 번째 선정에 머물면서 자신 안에서 기쁨을 경험한다. 이와 같이 법[과 관련해서] 수행승은 법의 특징을 알아차림의 확립으로 관찰한다.

다음으로 알아차리면서 [기쁨을] 버리고 수행승은 평정을 계발한다.[1] 성인이 추구하는 평정과 알아차림의 청정을, 몸에 있는 즐

---

1) 이 지점에서 기쁨을 버리는 것은 사선정에 대한 다른 기술에서도 볼 수 있다.

거운 느낌을 지속적으로 알고 경험하면서 수행승은 세 번째 선정
에 머문다. 이와 같이 법[과 관련해서] 수행승은 법의 특징을 알아
차림의 확립으로 관찰한다.

다음으로 정신적인 괴로움과 즐거움을 버리고, 또한 슬픔과 기쁨
없이, 괴로움과 즐거움 없이, 평정과 알아차림의 청정과 함께 수
행승은 네 번째 선정을 즐긴다. 이와 같이 법[과 관련해서] 수행승
은 법의 특징을 알아차림의 확립으로 관찰한다.

현재의 이런 맥락에서 네 가지 선정을 포함시킨 것은 예상치 못
한 일이다. 알아차림을 계발하는 것은 마음의 평온을 계발하는 데
있어서 중요한 기반이기는 하지만[2] 선정의 성취는 그 자체로 알
아차림의 확립 수행의 한 형태는 아니다. 알아차림의 확립 수행의
중요한 특징은 다양하게 변화하는 것을 알아차리는 것이다.[3] 이
것은 지금까지 공부한 세 가지 알아차림의 확립 수행을 잠깐이라
도 살펴보면 쉽게 알 수 있다.

『증일아함경』 T 2.582b8 또는 T 2.696c15. 각각은 지금과 비교할 수 있는 다
른 형태를 보여 주고 있다.

2) Cf. Anālayo 2003b: 61ff.

3) Gunaratana 1991/1992: 165는 "집중은 배타적이다. 하나의 주제를 정하고 나
머지는 모두 무시한다. 알아차림은 포괄적이다. 주의의 초점으로부터 물러나
서 넓은 초점을 가지고 바라보고, 일어나는 모든 변화를 빨리 알아차린다."라
고 설명한다. Olendzki 2009: 42에 따르면 "스포트라이트보다는 넓게 비추는
조명등처럼 알아차림은 특별한 대상을 집중적으로 조사하기 위해서 고립시
키기보다는 항상 변화하는 경험을 보다 더 유동적인 현상의 장에서 보고자
한다. 이렇게 관찰하는 방식은 필요하다. 왜냐하면 알아차림 수행은 대상을
조사하기보다는 과정을 탐구하기 때문이다. 모든 알아차림 수행은 마음의 힘
을 모아서 집중하기 위해서 어느 정도 집중이 요구된다. 그러나 집중된 마음
은 안정된 하나의 점보다는 움직이는 대상을, 흐르는 의식의 흐름을 지향한
다." cf. Lutz et al. 2008.

해부학적 부분에 대한 관찰은 몸의 서로 다른 부분들을 돌이켜 살펴보는 것이다. 이런 해부학적 부분들 중 하나를 선택한 후 마음을 집중하고 통일하여 선정에 이르게까지 할 수 있지만, 이것은 『증일아함경』에서 의도하는 수행 방식은 아니다. 이때의 과제는 알아차림을 몸의 여러 구성 요소로 향하게 해서 몸 전체의 전반적인 해부학적인 구성 요소를 알아차리는 것이다. 이럴 때 필요한 것은 다른 구성 요소들을 배제하여 한 부분에만 초점을 맞추는 것이 아니라, 다양한 구성 요소의 영역에 머무르는 것이다. 곡식 주머니 비유를 고려해 보면, 주머니 안에 있는 여러 종류의 곡식을 살펴보는 것이지, 하나의 곡식을 취하여 거기에 오롯이 집중하는 것은 아니다.

이것은 네 가지 요소, 즉 사대 관찰의 경우에도 동일하게 적용된다. 여기에서 수행의 포인트는 한 요소에만 집중을 하는 것이 아니라, 체화된 자아의 단일한 감각을 '나누어서' 보는 하나의 방식으로서 네 가지 요소를 알아차리는 것이다. 마찬가지로 시체의 일정한 붕괴를 지각하는 것은 마음의 평온을 계발할 목적으로 사용하고 있지만, 묘지 수행의 가르침은 몸의 붕괴 과정 전체를 알아차리고 이것을 우리 자신의 몸의 운명과 비교하는 성찰의 일종이라고 보아야 한다.

느낌에 대한 수행에서 알아차림을 확립하는 과제는 경험이 변화하는 가운데 일어나는 그 차이를 알아차리면서, 현재 경험의 정서적인 느낌이 다른 정서적인 느낌으로 변화하는 것을 알아차리고 주목하는 것이다.

마음에 대한 수행은 집중된 마음을 다루고 있긴 하지만 놀랄 만한 가르침의 포인트는 집중을 계발하는 것이 아니라 알아차림으로 현재 일어나고 있는 것을 추적하는 것이다. 예를 들면 마음이 집중하고 있는지 아니면 집중하고 있지 않은지를 알아차리는 것이다.

이런 알아차림의 확립 수행이 변화하고 있는 영역에서 일어나고 있다는 것은 분명해 보인다. 그래서 이 수행의 과제는 차이와 변화를 알아차리는 것이다. 이와는 대조적으로 선정의 성취는 마음의 통일이 필요하다. 하나의 안정된 대상에 마음을 통일시키는 것이다. 그 통일은 첫 번째 선정의 특징이다.[4] 하나의 대상에 집중해서 통일된 마음은 다양한 변화를 알아차릴 수 없다. 다양한 변화를 알아차리는 것은 첫 번째 선정 또는 더 높은 선정에 들어갈 수 없게 만든다.[5] 변화를 알아차리는 것은 수행 대상들이 갖는 무상하고 조건화된 성질을 알아차릴 수 있게 해 주는 바로 그 알아차림이다. 이것이 해탈의 지혜로 인도해 준다.

『앙굿따라니까야』에서 볼 수 있는 긴 게송은 마음의 자질을 코끼리의 신체 부위에 비유하고 있다. 이에 대응하는 경전은 『중아함경』에 있다. 이 게송에서 알아차림은 코끼리의 목에 해당된다고 말하고 있는데, 목은 코끼리의 머리를 자연스럽게 지지해 주고 있는 부분이다. 이 비유에서 코끼리의 머리는 지혜를 상징한다.[6] 이

---

4) MN 43 at MN I 294,31 (translated Ñāṇamoli 1995: 391), MĀ 210 at T 1.788c20, 그리고 D 4094 ju 8a1 또는 Q 5595 tu 8b8은 첫 번째 선정의 요소의 하나로 마음의 통일을 들고 있다.
5) MN 125 at MN III 136,26 (translated Ñāṇamoli 1995: 995)은 첫 번째 선정을 빼고 있다. 그리고 알아차림의 확립 수행이 두 번째 선정을 직접적으로 성취할 수 있다는 인상을 준다. 이것은 아마 텍스트상의 오류로 생각된다. 대응경전인 MĀ 198 at T 1.758b25는 첫 번째 선정을 언급하고 있다. 더 자세한 것은 Anālayo 2012d: 414ff를 참조할 수 있다.
6) AN 6.43 at AN III 346,24 (translated Bodhi 2012: 909) 그리고 대응 경전

런 이미지는 알아차림 확립 수행의 주요 목표를 반영하고 있다. 즉 목표는 해탈의 지혜를 낳는 것이다. 이 책의 서문에서 논의한 바와 같이, 지혜와 해탈은 알아차림의 확립 수행의 수렴점이다. 이런 점은 또한 「알아차림의 확립 경」과 이에 대응하는 경전들에서 분명하게 언급하고 있다. 이 경전들에 의하면 알아차림의 확립 수행의 목적은 단순히 세간적인 선정의 성취에만 있는 것이 아니라, 열반의 성취로 이끄는 데 있다고 한다. 이런 선정은 알아차림의 계발에 따른 부산물일 뿐이다.[7]

이런 네 가지 선정은 「알아차림의 확립 큰 경」에서도 언급하고 있다. 이 경전은 이런 네 가지 선정을 알아차림의 확립 수행의 한 형태로 다루고 있지는 않다. 그 대신 네 가지 선정은 팔정도의 한 구성 요소인 올바른 집중을 설명하는 과정에서 등장한다.[8]

성스러운 팔정도를 기술한 것을 보면 올바른 알아차림은 네 가지 선정의 형태로 나타나는 올바른 집중으로 이끄는 기능만을 가진 것은 아니다. 만약 그렇다면 동일한 이유로 올바른 노력 또한 네 가지 알아차림의 확립을 유일한 목적으로 가져야만 하지만 실제로는 그렇지 않다. 팔정도의 이런 세 가지 구성 요소들은 확실히 서로 협력하고, 서로를 확립하면서, 그리고 심지어 어느 정도 겹쳐 있기도 하다. 그럼에도 불구하고 이 구성 요소들은 마음의 수행적 특징을 뚜렷하게 잘 보여 주는 측면들이다. 이들 구성 요소들의

MĀ 118 at T 1,608c11.

7) Sujato 2005: 186에서 "알아차림 확립의 우선적인 목표는 선정으로 이끄는 것이다"라는 주장은 알아차림 확립 수행의 기능과 목표를 평가하는 데 실패하고 있는 것으로 나에게는 보인다.

8) DN 22 at DN II 313,11 (translated Walshe 1987: 349).

전반적 목적은 둣카로부터 자유롭게 되기 위해서 해탈로 나아가는 통찰을 불러일으키는 것이다. 말할 필요도 없이, 올바른 집중은 성스러운 팔정도의 마지막 목표가 아니다. 대신에 마지막 목표는 완전한 해탈의 성취이다. 만약 해탈에 이르는 길이 10가지의 구성 요소를 갖게 된다고 가정하면, 올바른 앎과 올바른 해탈이 그 정점에 있을 것이다.

물론 선정의 성취는 통찰을 계발하는 과정에서 일어날 수 있다. 사실 『증일아함경』에서 선정의 서술 다음에 나오는 "정형구"에 따르면 수행을 하는 사람은 발생의 성질, 소멸의 성질, 발생과 소멸의 성질에 대해서 관찰해야만 한다. 선정에서 나와서 이런 선정의 경험도 끝이 있다는 사실을 자각하는 것은 이런 숭고한 정신적 사건들도 무상한 성질을 갖고 있다는 통찰을 계발하는 데 강력한 힘을 준다. 이것이 「알아차림의 확립 경」과 이에 대응하는 경전에 언급되는 마음에 대한 수행에서 알아차림의 목적으로 집중된 마음 등을 언급하는 바로 그 이유이다. 그러나 이런 가능성이 네 가지 선정을 실질적으로 성취하는 것이 알아차림의 확립 수행 그 자체라고 생각할 만한 충분한 근거가 되는 것은 아니다.

그러므로 『증일아함경』의 구절들을 보면 문장에 실수가 있었다는 인상을 받는다. 다른 대응 경전들을 참고해서 판단해 보면, 원래 장애의 내용이 다른 경전들에서 대개 장애의 제거 다음에 오는 것, 즉 선정의 성취와 아마도 뒤바뀌어 있는 것을 알 수 있다. 이런 실수들은 경전이 구전되는 시대에는 흔히 일어날 수 있는 일이고, 의도된 편집이라고 여길 필요는 없다.

장애에 대해서는 『증일아함경』의 서두에서 간단하게 언급되고 있다. 존재의 정화와 열반의 실현을 위한 "한 가지 길"을 소개한 다음에 경전은 "다섯 가지 장애는 반드시 제거되어야 하고 그리고 네 가지 알아차림의 확립은 반드시 성취되어야 한다"라고 언급하고 있다. 이런 언급은 "한 가지 길"의 성질은 "마음의 통합(unification of mind)"을 말하고, "길"은 "성스러운 팔정도"를 의미한다는 설명이 뒤이어서 나온다.

이런 설명은 전체적인 맥락에 꼭 잘 맞는 것은 아니다. 왜냐하면 한 가지 길은 성스러운 팔정도의 한 구성 요소, 즉 알아차림을 확립하는 형태로서 올바른 알아차림만을 소개하고 있기 때문이다. 그러므로 알아차림의 확립으로 나아가는 한 가지 길은 성스러운 팔정도 전체와 동일시될 수 없다. 더구나 한 가지 길의 목적은 정신적 통합의 성취만이 아니라 열반의 실현이라고 분명히 언급되어 있다. 어느 정도의 정신적인 차분함은 알아차림의 확립 수행이 진전된 단계로 나아가기 위해서 확실히 필요하지만, 깊은 선정에 머무르는 것은 경전들에서 언급한 수행에 방해물이 될 수도 있다. 왜냐하면 이런 깊은 선정은 다양함과 변화를 알아차리는 것을 허용하지 않기 때문이다.

"다섯 가지 장애는 반드시 제거되어야 하고, 네 가지 알아차림의 확립은 반드시 성취되어야 한다"라고 하는 권유는 또한 현재의 맥락에서 잘 맞지 않는다. 『증일아함경』에 따르면 마음에 대한 수행에서 알아차림은 "탐욕과 감각적 욕망", "성냄", "탐욕의 생각", "산란함", 그리고 "흩어진 마음"과 함께해야만 한다. 이런 마음들 전부는 알아차림의 확립 수행에 들어가기 전에 다섯 가지 장애가 성공적으로 제거되었다고 하면 우선 일어날 여지가 없는 것이다.

그러므로 『증일아함경』의 문장들은 내가 보기에는 실수 또는 이후에 추가한 결과로 보인다. 이런 실수 또는 추가를 하는 과정에서 다섯 가지 장애에 대한 관찰이 법에 대한 수행이라는 항목에서 없어지는 대신 네 가지 선정으로 대체되어 버렸고, 다섯 가지에 대한 짧은 언급은 전체 경전의 서론 부분의 일부로 나온다.

2) 다섯 가지 무더기

집착의 다섯 무더기[五取蘊]와 사성제에 대한 수행은 단 하나의 경전, 즉 『맛지마니까야』에서 볼 수 있다. 『맛지마니까야』의 「알아차림의 확립 경」에서 알아차림은 다섯 무더기 중 하나로 향하고 그 발생과 소멸을 관찰하도록 가르치고 있다. 경전에서는 다음과 같이 말하고 있다.

> 수행승은 '육체적 형태가 그러하다, 육체적 형태의 일어남이 그러하다, 육체적 형태의 사라짐이 그러하다, 느낌이 그러하다, 느낌의 일어남이 그러하다, 느낌의 사라짐이 그러하다, 지각이 그러하다, 지각의 일어남이 그러하다, 지각의 사라짐이 그러하다, 의도의 형성이 그러하다, 의도의 형성의 일어남이 그러하다, 의도의 형성의 사라짐이 그러하다, 의식이 그러하다, 의식의 일어남이 그러하다, 의식의 사라짐이 그러하다'라고 안다.

「알아차림의 확립 경」에서 각각의 무더기에 대한 수행에 뒤따르는 "정형구"를 또한 다음과 같이 말하면서 무상에 주의를 기울이고 있다.

　수행승은 법에서 일어나는 특성을 관찰하면서 머물거나, 법에서 사라지는 특성을 관찰하면서 머물거나, 법에서 일어나고 사라지는 특성을 관찰하면서 머문다.

　얼른 보기에는 무엇인가 부족한 듯이 보이지만,[9] 자세히 살펴보면 실질적인 가르침은 개별적으로 각각의 무더기에 대해 알아차리라는 것을 알 수 있다. 그 반면 "정형구"는 일반적으로 "법들"에 대해서 말하고 있다. 실제의 수행적인 측면에서 보면 이것은 의미 있는 접근이라는 것을 알 수 있다. 우선 알아차림은 개별적인 각각의 무더기 자체를 알아차리고 그것이 갖는 무상한 성질을 알아차린다. 이런 수행 방식은 다섯 무더기 전체를 변화하는 성질을 갖는다는 관점에서 관찰하는 데로 이끌게 된다. 다섯 무더기들은 분명히 "법들"의 넓은 범주에 속하기 때문에 이것은 "정형구"와 조화를 이루는 수행이 된다. 그러므로 알아차림의 확립에 대응하는 한역 경전들에서 집착의 다섯 무더기에 대한 관찰이 없다는 것이 의미심장한 것은 분명하지만, 수행이 구성되어 있는 방식을 보면 그 자체로는 별로 문제가 되지 않는 듯하다.

　다른 초기경전들에서도 완전한 깨달음의 가능성을 내포하면서 통찰을 계발하는, 특별히 강력한 양식으로서 집착의 다섯 무더기들이 갖는 무상한 성질을 수행하도록 가르치고 있다. 「마하빠다

---

9) Cf. Sujato 2005: 258.

나 경(Mahāpadāna sutta)」과 이에 대응하는 경전에 따르면, 과거불인 위빳시(Vipassī) 붓다는 이 수행을 계발하여 깨달음을 얻었다고 한다.[10] 과거·미래·현재의 모든 붓다들이 장애를 극복하고 알아차림을 확립하는 수행을 하고 깨달음의 요소들을 계발하여 깨달음에 이르렀다는 가르침의 관점에서 보면,[11] 집착의 다섯 무더기들을 위빳시 붓다가 수행한 것을 알아차림 확립 수행의 한 예로서 간주하는 것은 좋은 근거가 될 수 있을 것이다. 집착의 다섯 무더기가 몸과 마음에 애착을 느끼고 있다는 것을 대표적으로 표현하고 있는 것처럼, 실제적인 관점에서 보면 네 가지 알아차림의 확립은 이런 문제를 정확하게 표현하고 있다고 볼 수 있다. 심지어 다섯 무더기에 대한 집중을 명시적으로 드러내지 않고서도 네 가지 알아차림의 확립을 수행하는 것은 다섯 무더기들인 몸, 느낌, 지각, 의도, 의식에 집착하는 것을 줄여 준다. 그러므로 심지어 다섯 무더기에 대한 수행이 아마도 후기에 「알아차림의 확립 경」에 추가되었다고 할지라도 대응 경전에서 공통적으로 서술하고 있는 네 가지 알아차림의 확립을 계발하는 것은 다섯 무더기에 대한 수행의 목적을 성취하게 한다.

---

10) DN 14 at DN II 35,15 (translated Walshe 1987: 212), 대응 경전인 T 3 at T 1.156b20 그리고 산스끄리뜨 단편 S 462R과 S 685V, Waldschmidt 1953: 50.

11) SN 47.12 at SN V 160,28 (translated Bodhi 2000: 1642) 그리고 대응 경전 SĀ 498 at T 2.131a11.

3) 네 가지 성스러운 진리

『맛지마니까야』의 「알아차림의 확립 경」에서만 볼 수 있는 네 가지 성스러운 진리에 대해서 다음과 같이 언급하고 있다.

수행승은 '이것이 괴로움이다'라고 있는 그대로 안다. 수행승은 '이것은 괴로움의 일어남이다'라고 있는 그대로 안다. 수행승은 '이것은 괴로움의 소멸이다'라고 있는 그대로 안다. 수행승은 '이것은 괴로움의 소멸로 이끄는 길이다'라고 있는 그대로 안다.

유사한 형식의 수행이 『사리불아비담론(Śāriputrābhidharma, 舍利弗阿毘曇論)』에서 볼 수 있다. 이 논서는 법장부 전통의 아비달마 논장에 속하는 것이다.[12] 『디가니까야』의 「알아차림의 확립 큰 경」은 상당한 분량에서 동일한 주제를 다루고 있다. 이 경전에서는 첫 번째와 네 번째 성스러운 진리를 각각 상세하게 설명하고 있고, 그리고 두 번째와 세 번째 성스러운 진리를 개별적인 감각의 문에서 일어나는 지각 과정의 여러 단계의 도움을 받아서 탐색하고 있다. 경전의 이런 내용은 원래는 주석적인 성질을 갖는 내용물이 이 경전에 들어와 통합되어서 생긴 결과로 보인다.[13]

실제적인 관점에서 보면 네 가지 성스러운 진리의 구조는 네 가지 알아차림의 확립 수행과 상당히 밀접한 관련성을 갖는

---

12) T 1548 at T 28.616b8.
13) Winternitz 1920/1968: 51, Bapat 1926: 11, Thomas 1927/2003: 252, Barua 1971/2003: 366ff; cf. Anālayo forthcoming 1.

다. 이런 측면에서 도움이 되는 정보는 바수반두의 『중변분별론(Madhyāntavibhāgabhāṣya, 中边分別論)』에서 볼 수 있다. 이 논서에서는 네 가지 알아차림의 확립을 네 가지 성스러운 진리와 관련시키고 있다. 여기에 의하면,

- 몸에 대한 수행은 첫 번째 성스러운 진리에 대응한다.
- 느낌에 대한 수행은 두 번째 성스러운 진리에 대응한다.
- 마음에 대한 수행은 세 번째 성스러운 진리에 대응한다.
- 법에 대한 수행은 네 번째 성스러운 진리에 대응한다.[14]

이런 제시는 비교 연구에서 나타난 네 가지 알아차림의 확립의 핵심적인 구성 요소들과 잘 어울린다. 몸에 대한 수행은 진정으로 몸이 갖는 아름다움 없음, 그 무아적 성질, 그 무상성을 드러냄으로써 몸이 갖는 만족스럽지 않은 성질을 드러낸다. 그리하여 몸에 대한 수행은 첫 번째 성스러운 진리가 제공하는 전망을 실제적으로 정착시키는 것을 볼 수 있다.

몸이 갖는 만족스럽지 않은 성질을 깨닫게 되면 그다음은 갈망의 발생, 즉 두 번째 성스러운 진리의 주제를 더 자세하게 고려하는 데로 들어가게 된다. 이것은 느낌을 관찰할 때 일어난다. 이것은 갈망을 일으키고 따라서 둣카의 발생으로 이끌 수 있는 개인적 경험을 정확하게 보여 주고 있다. 둣카의 발생에 대한 통찰은 선한 것과 불선한 것 사이의 핵심적인 차이와 밀접하게 관련되어 있다. 이것은

---

14) Anacker 1984/2005: 446,6 (translated ibid. 246); 이와 관련된 것으로 다음이 있다. cf. Anālayo 2003b: 25f.

세간적인 느낌과 출세간적인 느낌과의 차이에 바탕을 두고 있다. 선한 것과 불선한 것 사이의 동일한 기본적인 차이는 또한 세 번째 알아차림의 확립에 열거된 정신적 상태의 배경을 이룬다.

세 번째 알아차림의 확립의 부분인 긍정적인 정신적 상태들에 대한 관찰은 해탈을 먼저 맛보게 해줄 수 있다. 이때 정신적 자유를 잠깐이라도 경험하게 된다는 것을 알아차리게 된다. 정신적 자유는 일단 둣카가 완전히 제거되면 지속적으로 이어지게 된다. 그러므로 마음을 관찰하는 이런 측면은 둣카의 제거라는 세 번째 성스러운 진리와 연관되어 있다고 볼 수 있다.

마음의 성질에 대한 통찰을 더 세밀하게 진전시켜 가면 장애들과 깨달음의 요소들에 대한 수행에 도달하게 된다. 장애의 제거로 나아가고 그리고 깨달음의 요소들을 계발하는 것을 촉진하는 상황을 알아차리게 되면, 네 번째 성스러운 진리의 주제인 둣카의 종결에 이르게 되는 실제적인 길을 발견하게 된다.

설사 네 가지 성스러운 진리에 대한 수행이 「알아차림의 확립경」에 대응하는 경전들에서 모습을 드러내지 않고 아마도 후대에 추가되었다고 하더라도, 그럼에도 불구하고 네 가지 성스러운 진리는 전체적으로 네 가지 알아차림의 확립을 수행하는 바탕을 이루는 것으로 간주할 수 있다.

2. 두 경전에서 볼 수 있는 법에 대한 수행

1) 여섯 감각 영역

법들에 대한 수행에서 『맛지마니까야』와 『중아함경』은 알아차림을 여섯 감각 영역으로 향하고 있다. 두 경전의 가르침은 다음과 같다.

『맛지마니까야』
수행승은 눈을 알고, 형태를 알고, 둘에 의존하여 일어나는 족쇄를 안다. 그리고 수행승은 일어나지 않은 족쇄가 어떻게 일어나는지를 안다. 수행승은 일어난 족쇄가 어떻게 제거되는지를 안다. 그리고 수행승은 제거된 족쇄가 어떻게 미래에 일어나지 않는지를 안다.
수행승은 귀를 알고, 소리를 알고 … 수행승은 코를 알고, 냄새를 알고 … 수행승은 혀를 알고, 맛을 알고 … 수행승은 몸을 알고, 촉감을 알고 … 수행승은 마음을 알고, 마음의 대상을 알고, 둘에 의존하여 일어나는 족쇄를 안다. 그리고 수행승은 일어나지 않은 족쇄가 어떻게 일어나는지를 안다. 수행승은 일어난 족쇄가 어떻게 제거되는지를 안다. 그리고 수행승은 제거된 족쇄가 어떻게 미래에 일어나지 않는지를 안다.

『중아함경』

눈과 형태에 의지하여 족쇄가 안에서 일어난다. 실제로 족쇄를 안에 가지고 있는 수행승은 족쇄를 안에 가지고 있다는 것을 있는 그대로 안다. 실제로 족쇄를 안에 가지고 있지 않은 수행승은 족쇄를 안에 가지고 있지 않다는 것을 있는 그대로 안다. 수행승은 아직 일어나지 않은 족쇄가 안에서 어떻게 일어나는지를 있는 그대로 안다. 그리고 수행승은 안에서 일어난 족쇄가 어떻게 멈추는지, 다시 일어나지 않는지를 있는 그대로 안다.

귀와 소리에 의지하여 … 코와 냄새에 의지하여 … 혀와 맛에 의지하여 … 몸과 촉감에 의지하여 … 마음과 마음의 대상에 의지하여 족쇄가 안에서 일어난다. 실제로 족쇄를 안에 가지고 있는 수행승은 족쇄를 안에 가지고 있다는 것을 있는 그대로 안다. 실제로 족쇄를 안에 가지고 있지 않은 수행승은 족쇄를 안에 가지고 있지 않다는 것을 있는 그대로 안다. 수행승은 아직 일어나지 않은 족쇄가 안에서 어떻게 일어나는지를 있는 그대로 안다. 그리고 수행승은 안에서 일어난 족쇄가 어떻게 멈추는지, 다시 일어나지 않는지를 있는 그대로 안다.

두 경전 사이의 차이는 『중아함경』에서는 감각기관들과 이에 해당하는 대상들을 알아차리지 않고 이것들을 단순히 족쇄의 발생에 대한 조건으로만 본다는 점이다. 그러므로 『중아함경』의 가르침에서 과제는 하나의 감각의 문과 그 대상을 알아차리는 것이 아니라 족쇄의 존재 또는 부재를 알아차리는 것이다. 달리 표현하면, 지각적 경험이 갖는 족쇄의 힘과 불선한 마음의 반응으로 이끄는 족쇄의 잠재적 힘이 이 수행의 주요 목표물로 여겨지는 듯하다.

또 다른 차이는 순서의 문제이다. 『중아함경』은 법들에 대한 수행을 설명하면서 여섯 가지 감각 영역을 먼저 언급하면서 이것을 감각의 억제가 깨달음으로 나아가는 점진적인 길이라는 맥락에서 다루고 나서 그 후 다섯 가지 장애의 제거가 나온다. 그러나 『맛지마니까야』에서는 다섯 가지 장애에 대한 관찰 다음에 여섯 감각 영역에 대한 관찰이 나온다.

순서에 대한 이런 차이는 후대에 추가되었을 가능성이 있는데, 이런 수행은 『증일아함경』에서는 발견되지 않는다는 사실에 의해서도 뒷받침을 받고 있지만, 이런 형태의 수행은 현재의 맥락과 잘 어울려 보인다. 이것은 감각 영역에 대한 수행이 인과론이라는 주제를 야기한다는 점에서는 더욱 그러하다. 인과론은 또한 장애들과 깨달음의 요소들에 대한 수행을 중심으로 한 것이다. 감각 영역에 대한 수행의 과제는 족쇄의 발생에 대한 조건을 알아차리고 자각하는 것이다.

이 수행의 주요 관심사는 여섯 감각들의 개별적인 것에 의존해서 일어나는 족쇄에 대한 것이므로, 실제적인 관점에서 보면, 이 수행의 주요 취지는 장애에 대한 수행으로 파악할 수 있다. 여기서 과제는 어떤 감각의 문에서 경험된 것과 관련하여 마음을 족쇄같이 옥죄는, 그리고 말 그대로 깨달음의 길로 나아가는 과정을 "방해하는" 해로운 정신 상태가 일어날 때를 정확히 알아차리는 것이다.

3. 모든 경전에서 볼 수 있는 법에 대한 수행

엄격하게 말해서, 장애들은 모든 버전에서 발견되는 법에 대한 수행이 아니다. 다섯 가지 장애에 대한 수행은 『맛지마니까야』와 『중아함경』에서만 볼 수 있는데, 이것은 각 경전에서 법들에 대한 수행이라는 제목 아래 실려 있다. 그런 반면 『증일아함경』에서 장애는 경전의 바로 처음 시작 부분에 실려 있다. 『증일아함경』에서 법들에 대한 수행 아래에서 다섯 가지 장애 대신, 네 가지 선정을 언급하는 것이 초기 내용들을 대체한 문헌적 실수의 결과라고 볼 수 있다는 가정하에서 보면, 나는 장애에 대한 수행이 깨달음의 일곱 가지 수행과 함께 법들에 대한 수행의 핵심적인 부분이 되어야만 한다고 생각한다.

깨달음의 요소들을 계발하는 것이 깨달음으로 이어지려고 한다면, 사실 장애들은 극복되어야 할 필요가 있다. 실제적인 관점에서 보면 장애와 그 극복 방법을 알아차리는 것은 성공적으로 깨달음의 요소들을 계발하는 데 이미 내포되어 있는 것으로 간주할 수 있다.

상좌부 아비담마의 『위방가』에서는 법들에 대한 수행에서 장애와 깨달음의 요소만을 언급하고 있다.[15] 이런 점들을 보면 두 가지 즉 장애와 깨달음의 요소에 대한 수행은 법들에 대한 수행에서 아주 핵심적인 위치를 차지하는 것을 명확하게 알 수 있다.

또한 장애와 네 번째 알아차림의 확립과의 관련성은 또한 「사무

---

15) Vibh 199,14 (translated Thiṭṭila 1969: 258).

다야 경(Samudaya-sutta)」에 대한 주석에서도 볼 수 있다. 이 경전
에서는 중국과 티베트의 대응 경전들과 마찬가지로 네 가지 알아
차림의 확립이 각각 발생하는 조건들을 제시하고 있다. 법들에 대
한 수행에서 필수적인 조건은 주의(attention)이다.[16] 빨리 주석에서
는 현명한 주의는 깨달음의 요소가 발생하도록 하지만, 현명하지
못한 주의는 장애가 발생하도록 한다고 설명한다.[17]

이전의 세 가지 알아차림의 확립과 전체적으로 연관시켜서 고
찰해 보면, 마음을 관찰하는 것에서 마음의 영역에 있는 법을 관찰
하는 것으로 나아가는 것은 자연스러운 진행으로 보인다.[18] 마음
의 영역 안에 머무르면서 특별한 마음의 상태들을 제거 또는 계발
하는 조건을 알아차림으로써 더욱더 세밀하게 나아가게 된다. 이
런 마음 상태들은 깨달음의 길로 나아가는 데 있어서 핵심 사항이
다. 즉 이것은 장애들과 깨달음의 요소들이다.

세 가지 경전에서 장애와 깨달음의 요소를 법들에 대한 수행에
서 공통되는 기반으로 간주하는 것은, 깨달음의 과정에서 네 번째
알아차림 확립의 주요 핵심을 파악하는 것이다. 이런 관점에서 보
면, 법들에 대한 수행은 다소 깨달음의 길을 축약해서 서술한 것처
럼 보인다. 그것은 장애를 극복한 다음에 깨달음의 요소들을 계발

---

16) SN 47.42 at SN V 184,22 (translated Bodhi 2000: 1660), SĀ 609 at T
    2.171b8, 그리고 D 4094 nyu 15b4 또는 Q 5595 thu 49a4.
17) Spk III 229,21.
18) 이것은 다섯 가지 무더기와 여섯 가지 감각영역에 대한 수행을 유지하지 않
    는다. 첫 번째 무더기와 다섯 번째 감각영역의 형태인 몸을 포함한다. 이들
    은 마음의 현상만을 대상으로 하지 않는다. 어느 정도 이것은 결국 네 가지
    성스러운 진리와 연결된다. 생노사의 형태로 첫 번째 진리가 드러나는 것은
    마음적인 것에만 연결되는 것이 아니다. 이것들은 태어나고, 늙고, 죽는 형
    태로 몸과 연관된다.

할 필요가 있는 것이다. 그러므로 법들에 대한 수행이라는 맥락에서 알아차림의 과제는 깨달음의 길로 가는 마음을 살펴보아서 장애를 극복하고 깨달음의 요소들을 잘 확립하는 것이다.

이것은 어떤 수행에도 적용 가능하다. 다섯 가지 무더기에도, 여섯 가지 감각 영역에도, 네 가지 성스러운 진리에도, 또는 깨달음으로 인도할 수 있는 잠재력을 가진 어떤 형태의 수행에서도 가능하다. 즉 법들에 대한 수행은 특별한 주제에 대해 알아차림을 하는 것이 아니다. 그 대신 이것은 수행하는 동안 일종의 알아차림을 넘어선 알아차림(meta-awareness)을 말하는 것이다. 말하자면 깨달음을 향하고 있는 마음이 어떤 상태에 있는지에 대한 알아차림이다.

4. 요약

네 번째 알아차림 확립의 과제는 해탈로 향하는 길에 놓인 마음을 잘 살펴보는 것이다. 이 길에서 두 가지 핵심적인 구성요소는 장애를 극복하는 것과 깨달음의 요소를 계발하는 것이다.

10장

—

장애

1. 가르침

이 장에서 나는 장애들을 다룰 것이다. 장애는 그 성질상 보다 깊은 집중과 해탈로 나아가는 마음을 "방해하는" 마음 상태를 말한다. 「알아차림의 확립 경」과 이에 대응하는 경전들에서는 다음과 같이 장애들에 대해 수행하는 가르침을 주고 있다.

『맛지마니까야』
감각적 욕망이 지금 안에 있다면 수행승은 감각적 욕망이 내 안에 있다고 안다. 또는 감각적 욕망이 지금 안에 없다면 수행승은 감각적 욕망이 내 안에 없다고 안다. 그리고 수행승은 일어나지 않은 감각적 욕망이 어떻게 일어나는지를 안다. 수행승은 일어난 감각적 욕망이 어떻게 제거되는지를 안다. 그리고 수행승은 제거된 감각적 욕망이 어떻게 미래에 일어나지 않는지를 안다.
성냄이 … 게으름과 무기력이 … 불안과 걱정이 … 의심이 지금 안에 있다면 수행승은 의심이 내 안에 있다고 안다. 또는 의심이 지금 안에 없다면 수행승은 의심이 내 안에 없다고 안다. 그리고 수행승은 일어나지 않은 의심이 어떻게 일어나는지를 안다. 수행승은 일어난 의심이 어떻게 제거되는지를 안다. 그리고 수행승은 제거된 의심이 어떻게 미래에 일어나지 않는지를 안다.

『중아함경』
실제로 감각적 욕망을 안에 가지고 있는 수행승은 감각적 욕망을 가지고 있다는 것을 있는 그대로 안다. 실제로 감각적 욕망을 안에 가지고 있지 않은 수행승은 감각적 욕망을 가지고 있지 않다는 것을 있는 그대로 안다. 수행승은 아직 일어나지 않은 감각적 욕망이 어떻게 일어나는지를 있는 그대로 안다. 그리고 수행승은 일어난 감각적 욕망이 어떻게 멈추는지, 다시 일어나지 않는지를 있는 그대로 안다.

이와 마찬가지로 실제로 성냄을 … 게으름과 무기력을 … 불안과 걱정을 … 의심을 안에 가지고 있는 수행승은 의심을 가지고 있다는 것을 있는 그대로 안다. 실제로 의심을 안에 가지고 있지 않은 수행승은 의심을 가지고 있지 않다는 것을 있는 그대로 안다. 수행승은 아직 일어나지 않은 의심이 어떻게 일어나는지를 있는 그대로 안다. 그리고 수행승은 일어난 의심이 어떻게 멈추는지, 다시 일어나지 않는지를 있는 그대로 안다.

『증일아함경』
무엇이 버려야 할 다섯 가지 장애인가? 말하자면 감각적 욕망의 장애, 악의의 장애, 불안과 [걱정]의 장애, 게으름과 무기력의 장애, 의심의 장애이다. 이들은 버려야 할 다섯 가지 장애이다.

「알아차림의 확립 경」과 이에 대응하는 경전인 『중아함경』의 가르침은 아주 비슷하다. 장애의 알아차림이란 점에서 보면 두 경전에서 구성하고 있는 내용은 장애가 실제로 존재하고 있다는 것을 알아차려야만 한다는 것을 강조하고 있다. 이 점을 우리가 분명히 알고 있어야 한다는 것은 언급할 만한 가치가 있다. 『맛지마니까야』에 따르면, "[하나의 장애]가 지금 안에 있다면, '[그 장애]가 내 안에 있다'고 안다". 『중아함경』에 따르면 "실제로 [하나의 장애]를 안에 가지고 있고, [하나의 장애]를 있는 그대로 안다." 이런 가르침들은 알아차림의 중심적인 과제는 바로 이 순간에 마음에서 하나의 장애가 존재하는 것을 알아차리는 것이다.

2. 알아차림과 번뇌

후대 상좌부 전통이 장애를 알아차리는 것에 알아차림의 회상적인 모습이 포함되어 있다고 언급하는 것은 의미심장하다. 다른 말로 하면 실제로 마음에 장애가 있지만 알아차리지 못하는 것이 아니라 오히려 알아차리기 바로 찰나 전에 장애가 마음에 있었다는 사실을 알아차리지 못한다는 것이다.

이런 개념 뒤에는 상좌부 전통에서 취하는 입장, 즉 알아차림은 전적으로 선한 마음의 요소이므로 불선한 마음 상태에서는 일어날 수 없다는 입장이 자리잡고 있다.[1] 이제 성스러운 팔정도의 한 요소로서 올바른 알아차림을 확립하는 것은 분명히 선한 결과를 초래한다는 것은 의심할 여지가 없다. 사실 『상윳따니까야』와 이에 대응하는 『잡아함경』의 내용에서는 네 가지 알아차림의 확립을 선

---

1) As 250,3 (translated Pe Maung Tin 1976: 333).

한 것들의 덩어리로 간주하고 있고,[2] 이와는 대조적으로 다섯 가지 장애는 불선한 것들의 덩어리로 생각하고 있다. 그러나 동시에 초기경전들은 반복해서 알아차림의 잘못된 형태들에 대해 언급하고 있다. 이런 잘못된 형태는 분명히 선한 것으로 간주될 수 없다.[3] 그러므로 초기경전들의 입장에서 보면 알아차림이라고 해서 변함없이 선한 마음의 요소로 간주되어야만 한다는 법은 없는 것으로 보인다.

마음의 찰나의 순간에 대한 상좌부 이론에 따르면, 선한 마음의 요소들과 불선한 마음의 요소들은 공존할 수 없다. 만약 알아차림이 선한 마음의 요소라면, 불선한 어떤 번뇌와의 공존은 불가능한 일이다.[4] 알아차림의 존재는 자동적으로 동일한 순간에 어떤 번뇌도 같이 있을 수 없다는 것을 의미하기 때문에 장애 또는 마음의 번뇌를 알아차리는 것은 회상적으로만 가능하다. 말하자면 알아차림이 일어나기 바로 전에 장애 또는 번뇌가 있었다는 사실을 알아차리게 된다.

---

2) SN 47.5 at SN V 146,6 (translated Bodhi 2000: 1631) 그리고 SĀ 611 at T 2.171b26.

3) 빨리 경전에서 잘못된 알아차림(micchā sati)에 대한 언급에 대해서는 Anālayo 2003b: 52 n.31을 볼 수 있다. 이 각주에서 너무 많은 것을 담지 않기 위해서 네 종류의 아함경 각각에 대한 언급만 하고자 한다. DĀ 10 at T 1.55a11, MĀ 74 at T 1.540c26, SĀ 271 at T 2.71c4, 그리고 EĀ 16.6 at T 2.580b10.

4) 상좌부 전통의 관점에서 보면 Olendzki 2011: 61이 이야기하듯이 "보편적인 선한 요소로서 알아차림은 산만함과 어리석음과 다른 모든 불선한 상태와 배타적이다. 그리고 동일한 순간에 이들과 함께 일어날 수 없다." Olendzki 2011: 64는 더 나아가서 이 견해로부터 "동일한 순간에 알아차리면서 화를 낼 수 없다. 따라서 어떤 순간이라도 참된 알아차림이 일어나면 실제적인 성냄은 이미 사라졌다"라고 언급한다.

이런 언급은 마음의 찰나 이론이라는 변수 내에서는 그 의미를 지니고 있는 것이 분명하지만,[5] 실제 수행 경험을 돌이켜 생각해 보면 문제가 될 수 있다. 알아차림이 선하지 않은 어떤 것과도 공존할 수 없다는 가정은, 장애가 존재한다는 것이 실제로 어떤 수행자가 알아차림을 할 수 없는 증거라는 잘못된 개념으로 나아갈 수 있다. 왜냐하면 어떤 수행자가 진정으로 알아차림을 하고 있다면 어떤 장애라도 사라져야만 하기 때문이다. 이것은 사실이 아니다. 앞 장에서 논의한 바와 같이, 마음에 대한 수행의 가르침에 따르면 어떤 한 순간에 수행자의 마음이 번뇌 상태에 있다는 사실을 알아차리는 것은 알아차림의 확립 수행의 통합적인 측면이다. 이것은 장애에 대한 수행에서 더욱 분명히 드러난다. 여기에서 경전의 가르침은 분명히 어떤 수행자가 현재의 바로 이 순간에 자신의 마음에 있는 감각적 욕망 또는 성냄과 같은 장애의 존재를 알아차리도록 요구하고 있다.

장애의 경우 그런 알아차림은 당분간 유지될 필요가 있다. 왜냐하면 수행의 과제는 장애가 존재한다는 것을 알아차리는 동시에, 무엇이 그 장애를 발생시키는지, 그리고 어떻게 하면 장애를 제거할 수 있는지를 이해하는 것이기 때문이다. 이런 수행은 장애를 없애기 위해 노력하면서 그 장애에 즉각적으로 반응하지 않고 자신의 마음에 있는 장애의 존재에 직면하는 능력을 필요로 한다. 그

---

5) Gethin 1992: 43은 "사고과정에 대한 상좌부의 개념은 이 과정은 빨리 연속적으로 좋은 의식과 좋지 않은 의식을 혼합해서 개념화하는 것이 가능하다. 결과적으로 알아차림의 개념은 알아차림이라 부르는 마음의 성질이 강하면 강할수록 마음의 불선한 상태는 더 약해지고, 이들이 생각과 말과 행동을 장악하기가 더 어려워진다."라고 말한다.

러므로 어떤 번뇌도 없는 상태에서만 진정한 수행이 이루어진다고 하는 잘못된 믿음을 가지지 말아야 한다. 이와는 아주 대조적으로 진정으로 변화를 초래하는 수행은 바로 이 순간, 즉 마음에 있는 장애 또는 번뇌의 존재를 솔직히 인식하고 그것을 알아차림의 대상이 되게 하는 데서 이루어진다. 이것은 마음이 번뇌의 상태에 있다는 사실을 어느 정도 "껴안는" 것을 의미한다. 이런 인내심 있는 수용으로 인해서 수행자는 자신이 원하는 상태와는 다른 상태에 있다는 것을[6) 명확하게 보는 부조화적인 경험에 노출되어 있는 자신을 허용하고, 이로 인해서 번뇌가 어떻게 자신에게 영향을 미치는지를 더 완전하게 이해하는 것으로 나아갈 수 있다.

사실 설일체유부의 전통은 상좌부 전통과는 다른데, 설일체유부에서는 알아차림을 어떤 마음의 상태에서도 존재하는 보편적인 요소로 생각한다.[7) 이런 정의는 이미 알아차림의 장에서 언급한 바와 같이, 경전의 내용과는 꼭 맞지 않는데 경전에서는 알아차림이 없는 마음의 상태, 즉 알아차림이 상실된 상태를 분명히 예상하고 있다.[8) 알아차림은 상실될 수 있기 때문에 초기경전의 관점에서 보면 알아차림은 마음의 보편적인 요소로 자격을 인정받을 수 없다.

---

6) Hölzel et al. 2011: 545는 "수행자가 예를 들어 두려움, 슬픔, 성냄, 혐오와 같은 즐겁지 않은 정서를 회피하기보다는 그것과 만나도록 가르친다는 점을 지적하면서 현대심리치료와의 유사성에 주목한다. 이는 여기에서 기술하고 있는 과정과 노출치료와의 유사성을 볼 때 분명하다."라고 언급한다.
7) Dhātukāya, T 1540 at T 26.614b16, Prakaraṇapāda, T 1541 at T 26.634a25 또는 T 1542 at T 26.698c11 cf. Abhidharmakośabhāṣya 2.24, Pradhan 1967: 54,17.
8) 본서의 2장을 참조할 수 있다.

이런 측면에서 초기불교 경전의 입장을 잘 반영하고 있는 내용을 바수반두의『대승오온론(Pañcaskandhaka–prakaraṇa, 大乘五蘊論)』에서 볼 수 있다. 이 경전에 따르면 알아차림은 모든 마음에서 볼 수 있는 보편적인 요소가 아니고 또한 변함없이 항상 선한 요소도 아니다. 그 대신, 그것은 때때로 있는 요소이다. 즉, 알아차림은 집중처럼 어떤 특정 상황에서만 있는 요소이다.[9]

요약하자면, 알아차림은 의식적으로 불러와야만 하는 마음의 자질이다. 그러므로 장애를 수행하는 것은 지금 이 순간 자신의 마음에 있는 불선한 상태가 발생하는 것을 알아차릴 수 있게끔 알아차림을 계발할 필요가 있다.

3. 장애의 제거

장애의 존재를 알아차려야 한다는 경전의 가르침은 물론 수행자가 장애를 극복하는 노력을 하지 말아야 한다는 것을 의미하지는 않는다. 사실 장애를 내려놓을 필요가 있다는 것은『증일아함경』과 이에 대응하는 경전인「알아차림의 확립 경」에서 명확하게 언급하고 있다. 이 경전에서는 "반드시 버려야 할" 다섯 가지 장애

---

9) Xuezhu and Steinkellner 2008: 4,7 and 5,1 (§4.1). 티베트어 번역은 Anacker 1984/2005: 66을 참조할 수 있다. 동일한 관점이 Sthiramati's commentary on Vasubandhu's Triṃśikā, Lévi 1925: 25,19 (§10)에서도 볼 수 있다.

를 바로 적시하고 있다. 이것은 전체 경전의 처음에 나오므로 공식적으로 법들에 대한 수행의 일부분으로 되어 있지는 않다.

장애를 제거해야 할 필요성은 또한 「고빠까 목갈라나 경(Gopakamoggallāna-sutta)」과 이에 대응하는 한역 경전과 티베트 경전에서도 분명히 나온다. 이 경전에 따르면 붓다는 장애가 폭주하는 바로 그런 상황에서 하는 수행의 유형을 인정하지 않았다고 한다. 한역인 『중아함경』에서는 다음과 같이 언급하고 있다.[10]

어떤 사람이 감각적 욕망에 사로잡혀 감각적 욕망이 일어날 때 감각적 욕망으로부터 어떻게 벗어나는지를 있는 그대로 알지 못한다고 생각해 보자. 결국 그러한 사람은 감각적 욕망을 막기 위해서 수행하고, 점점 더 수행하고, 반복해서 수행한다. … 이것은 세존이 칭찬하지 않는 첫 번째 유형의 수행이다.

경전은 다른 장애들과 연관해서도 동일한 가르침을 지속적으로 보여 주고 있다. 이런 장애들에서 벗어나는 방법을 모른 채 장애에 사로잡혀 있는 것은 붓다가 칭찬하지 않는 수행에 해당된다.[11] 분명히 장애는 제거되어야 할 필요가 있고 장애에 계속 매어 있는 것은 수행의 방법이 아니다.

---

10) MĀ 145 at T 1.655b28-655c1.
11) MĀ 145 at T 1.655c7는 실제로 불안과 걱정의 장애를 언급하지 않고 네 가지 장애만 언급한다. 이는 분명히 텍스트 전승상의 오류이다. 불안과 걱정을 포함한 다섯 가지 장애 모두 대응 경전인 MN 108 at MN III 14,13 (translated Ñāṇamoli 1995: 885) 그리고 D 4094 nyu 68a2 또는 Q 5595 thu 112a2에서 언급하고 있다.

「알아차림의 확립 경」과 이에 대응하는 경전인 『중아함경』에서 볼 수 있는 수행에 대한 가르침은 이런 두 가지 측면을 모두 다 폭넓게 살펴보고 있다. 한편으로 수행자는 장애의 존재에 대해 알아차려야 할 필요가 있고, 또 다른 한편으로 수행자는 그것을 제거할 필요가 있다. 처음에는 단지 알아차리고 있는 수용적인 방식이 적절하다. 여기서는 단순히 장애가 마음에 있다는 사실을 알아차리게 된다. 때로는 장애를 일시적으로 중지하는 것만으로도 충분할 수도 있다.

그러나 때로 다른 경우에서는 이것으로 충분하지 않다. 장애가 있으면 알아차림은 그 상황의 전모를 파악하고, 장애에 대한 느낌을 파악하고, 장애가 몸과 마음에 어떻게 영향을 미치는지 알 수 있는 기회를 잡게 된다. 이렇게 얻은 정보는 향후 특별한 장애의 존재를 재빨리 간파하는 데 도움을 줄 것이다. 상황의 전모를 보다 더 완전하게 파악하게 되면 장애가 처음 어떻게 발생하고, 어떻게 거기에서 빠져나오고, 어떻게 미래에 일어나는 장애를 방지할 수 있는지를 이해하는 방향으로 나아가게 된다. 말할 필요도 없이 이런 이해는 게으르게 정보만을 모으는 것이 아니라 오히려 올바른 노력을 동원하고 그리고 장애를 극복하는 기반을 제공한다는 의미를 지니게 된다.

마음의 번뇌 또는 장애들을 실질적으로 제거하는 것은 해탈로 가는 팔정도에서 또 다른 요소, 즉 올바른 노력[正精進]의 과제이다. 올바른 노력을 통해서 발생한 번뇌를 제거하고 미래에 일어날 번뇌도 예방한다. 알아차림은 상황을 완전하게 탐색하고 올바른 노력을 효율적이고 성공적으로 동원할 수 있도록 정보를 모아서 그런 장애들을 제거하도록 한다. 알아차림과 노력을 조화롭고 능숙하게 잘 사용하는 것은 알아차림이 부재하여 지금의 상황을 충분히 완전하게 탐색하지 못하여 장애에 즉각적으로 반응하는 것보다 장기적으로 성공할 가능성이 높다.

심지어 장애 또는 마음의 불선한 상태를 제거하는 실제 수행 과정에서도 알아차림은 여전히 해결해야 할 과제를 가지고 있다. 이런 과제는 「마하짯따리사까 경(Mahācattārīsaka-sutta)」과 이에 대응하는 한역과 티베트 경전에서도 잘 기술되어 있다. 그 경전에 따르면 알아차림은 불선한 마음의 상태를 극복하기 위한 올바른 노력을 연속적으로 행하는 상황을 계속 추적 관찰한다.[12]

4. 장애에 대한 해독제

장애에 대한 수행의 두 번째 단계는 특정 장애의 발생 원인과 그 장애를 제거하는 것이다. 장애를 극복하는 데 도움이 되는 부가적인 정보는 『상윳따니까야』와 이에 대응하는 경전인 『잡아함경』에서 발견할 수 있을 뿐만 아니라 또한 대응하는 티베트 경전에서도

---

12) MN 117 at MN III 71,24 (translated Ñāṇamoli 1995: 934) 그리고 대응 경전 MĀ 189 at T 1.735c13 그리고 D 4094 nyu 44b4 또는 Q 5595 thu 84a5는 잘못된 길의 요소를 극복하는 것은 올바른 견해를 토대로 얻는 것이고, 이는 올바른 노력과 올바른 알아차림이 연합함으로써 일어난다는 것을 가리킨다.

볼 수 있다. 대응 경전들은 장애들과 깨달음의 요소들의 자양분이라는 관점에서 장애들과 깨달음의 요소들을 탐색하고 있다. 여기 『잡아함경』에서 장애와 관련된 부분들을 보기로 하자.[13]

마치 몸이 자양분의 도움으로 유지되고 자양분이 없으면 유지되지 않듯이, 같은 방식으로 다섯 가지 장애는 자양분의 도움으로 유지되고 자양분이 없으면 유지되지 않는다. …[14]

감각적 욕망의 장애에 대해서 자양분을 뺏는 것은 무엇인가? 아름다움이 없다는 것을 관찰하고[15] 아직 일어나지 않은 감각적 욕망의 장애가 일어나지 않고 이미 일어난 감각적 욕망의 장애가 제거되도록 주의를 기울인다. …

성냄의 장애에 대해서 자양분을 뺏는 것은 무엇인가? 자애를 가진 마음 상태에 주의를 기울이고, 아직 일어나지 않은 성냄의 장애가 일어나지 않고 이미 일어난 성냄의 장애가 제거되도록 주의를 기울인다. …[16]

---

13) SĀ 715 at T 2.192a28-192c16.

14) SN 46.2 at SN V 64,11 (translated Bodhi 2000: 1568)에 유사한 언급이 보인다. 여기서는 단지 장애와 깨달음의 요소에 자양분을 공급하는 것만 자세히 설명한다. 그러나 자양분이 없는 것에 대해서는 언급하지 않는다. 그러한 설명은 SĀ 715의 대응 경전 SN 46.51 at SN V 105,15 (translated Bodhi 2000: 1599)에서 볼 수 있다.

15) 여기서 사용하고 있는 용어인 부정(不淨, bùjìng)은 아름다움 없음에 해당한다. 빨리 대응 경전 SN 46.51 at SN V 105,17에서는 asubha 그리고 티베트 대응 경전 D 4094 ju 285b6 또는 Q 5595 thu 30b8에서는 mi sdug pa에 해당한다. 또한 이에 대한 논의는 본서 4장을 참조할 수 있다.

16) 대응 경전 SN 46.51 at SN V 105,23은 자애(mettā)를 통한 마음의 해탈 (cetovimutti)을 말한다. 티베트 대응 경전 D 4094 ju 285b7 또는 Q 5595 thu 31a2는 byams pa와 같이 자애를 언급한다는 점에서는 SĀ 715에 동의한다.

게으름과 무기력의 장애에 대해서 자양분을 뺏는 것은 무엇인가? 명료하고 밝은 마음 상태에 주의를 기울이고, 아직 일어나지 않은 게으름과 무기력의 장애가 일어나지 않고 이미 일어난 게으름과 무기력의 장애가 제거되도록 주의를 기울인다. …

불안과 걱정의 장애에 대해서 자양분을 뺏는 것은 무엇인가? 고요하고 평정한 마음 상태에 주의를 기울이고, 아직 일어나지 않은 불안과 걱정의 장애가 일어나지 않고 이미 일어난 불안과 걱정의 장애가 제거되도록 주의를 기울인다. …

의심의 장애에 대해서 자양분을 뺏는 것은 무엇인가? 연기하는 마음 상태에 주의를 기울이고, 아직 일어나지 않은 의심의 장애가 일어나지 않고 이미 일어난 의심의 장애가 제거되도록 주의를 기울인다.

『상윳따니까야』와는 다음과 같은 점에서 다르다. 즉 게으름과 무기력(sloth and torpor)에 자양분을 주지 않는다는 것은 각성, 노력, 분발의 요소에 집중하는 것이고, 그리고 의심에 자양분을 주지 않는다는 것은 선한 것과 불선한 것, 비난받을 만한 것과 비난받지 않는 것, 열등한 것과 우월한 것, 어두운 것과 밝은 것의 구분에 집중하는 것이다.[17] 티베트 경전은 앞서 말한 두 가지 경우에서 위에서 번역한『잡아함경』의 내용과 일치한다.[18]

대응 경전들은 아름답지 않다고 여기는 것은 감각적 욕망(lust)에 대항하는 것이고, 자애는 성냄(anger)에 대항하는 것이라고 말

---

17) SN 46.51 at SN V 105,27.
18) D 4094 ju 286a1 또는 Q 5595 thu 31a3.

한다. 게으름과 무기력에 대해서는 서로 다른 대응 경전에서 두 가지 사항을 권유하고 있다. 하나는 어두운 곳에 있는 것보다 밝은 장소에 있는 게 낫다는 의미에서 마음의 명료함과 밝음에 대해 주의를 집중하는 것이다. 또 다른 하나는 마음을 다잡고 일으켜서 분발하여 수행을 활성화시키는 것이다. 이것은 수행 대상을 명료하게 파악하면 가능하다. 그러므로 이 두 가지 제안은 자신의 정신적 명료함을 증장시키는 노력을 하면 함께 성취가 가능하다. 불안과 걱정(restlessness and worry)은 이와는 반대를 요구한다. 즉 고요함과 평정으로 나아가 정신적 에너지를 이완시키는 것이다.

『잡아함경』의 내용에 따르면, 의심(doubt)은 연기에 집중함으로써 치료될 수 있다. 현재의 맥락이 수행이라는 점을 감안하면, 연기에 집중한다는 것은 현재의 수행 경험에 영향을 미치는 조건들과 아마도 또한 현재까지 행한 수행의 긍정적·부정적인 결과들을 검토하는 일이 될 것이다.

대응 경전인 『상윳따니까야』에 따르면 진정으로 선한 것과 그 반대인 불선한 것이 무엇인지 스스로에게 명료하게 해두면 의심에 대응할 수 있다. 실제적인 관점에서 이것은 『잡아함경』의 내용과 유사하다. 왜냐하면 수행과 관련하여 의심은 현재의 수행과 이전부터 해왔던 수행의 결과에서 나타난 선한 점들을 성찰해 보면 진정으로 극복할 수 있기 때문이다. 이런 해석들은 아래의 표와 같이 요약할 수 있다.

장애	자양분 주지 않기
감각적 욕망	아름다움의 결여
성냄	자애
게으름과 무기력	마음을 더 명료화하기 위해 노력하기
불안과 걱정	평온
의심	선함과 불선함을 구분하기

그림 10.1 장애에 자양분 주지 않기

5. 장애의 현상

장애에 대한 더 많은 정보는 「빠리야야 경(Pariyāya-sutta)」에서 얻을 수 있다. 이 경전은 한역과 티베트역의 대응 경전이 있다. 대응 경전들은 통상적인 다섯 가지 장애를 열 가지로 배가시키면서 이에 대한 분석을 제시하고 있다. 이 또한 깨달음의 요소들에 적용할 수 있는데 이 경우 일곱 가지에서 시작하여 열 네 가지로 배가된다. 나는 「빠리야야 경」에 대응하는 『잡아함경』의 장애에 해당되는 내용을 번역해 보겠다.[19]

다섯 가지 장애가 어떻게 열 가지 장애가 되는가? 내적인 것에 대한 감각적 욕망이 있고, 외적인 것에 대한 감각적 욕망이 있다. 내

---

19) SĀ 713 at T 2.191b11-191b20.

적인 것에 대한 감각적 욕망은 앎에 반대되는 장애이고, 깨달음에 반대되고, 열반으로 이끌지 않는다.[20]

성냄이 있고 성냄의 신호가 있다. 성냄과 성냄의 신호는 [각각] 앎에 반대되는 장애이고, 깨달음에 반대되고, 열반으로 이끌지 않는다.

게으름이 있고 무기력이 있다. 게으름과 무기력은 [각각] 앎에 반대되는 장애이고, 깨달음에 반대되고, 열반으로 이끌지 않는다.

불안이 있고 걱정이 있다. 불안과 걱정은 [각각] 앎에 반대되는 장애이고, 깨달음에 반대되고, 열반으로 이끌지 않는다.

선한 상태에 대한 의심이 있고 불선한 상태에 대한 의심이 있다. 선한 상태에 대한 의심과 불선한 상태에 대한 의심은 [각각] 앎에 반대되는 장애이고, 깨달음에 반대되고, 열반으로 이끌지 않는다.

『상윳따니까야』의 「빠리야야 경」은 성냄이라는 두 번째 장애와 의심이라는 다섯 번째 장애의 경우 내적 및 외적 현상들을 말한다는 점에서 다르다.[21] 티베트역은 위에서 번역한 『잡아함경』의 내용과 일치한다.[22]

이렇게 다섯 가지에서 열 가지로 늘어난 합리적인 이유에 대해서 경전의 서문에 따르면 붓다 당시의 다른 종교 지도자들이 장애를 가르치는 분석 방식과 붓다의 분석 방식이 다르다는 것을 드러

---

20) 빨리 대응 경전 SN 46.52 at SN V 110,5 (translated Bodhi 2000: 1603)은 각각의 장애가 앎 등에 반대된다고 하지 않는다. 티베트 대응 경전 D 4094 ju 60a1 또는 Q 5595 tu 66a4에서도 마찬가지이다.
21) SN 46.52 at SN V 110,7.
22) D 4094 ju 60a3 또는 Q 5595 tu 66a6.

내기 위한 것이라고 한다. 즉 이것이 말하고자 하는 것은 붓다의 분석 방식이 불교 수행에서 장애를 다루는 데 성공적이라는 점이다.

불안과 걱정과 마찬가지로 게으름과 무기력의 경우는 보다 직설적으로 말하고 있다. 두 가지 다소 다른 상태들이 함께 제시되어 있는데 그 이유는 그것들이 마음에 미치는 영향이 비슷하기 때문이다.[23] 실제 수행에서 에너지를 상실하는 것은 수행에 방해물이 된다. 왜냐하면 지루하고, 무기력하고, 영감도 없기 때문이거나 또는 피로하거나, 과식하거나, 육체적으로 지치거나 소진되어 있기 때문이다. 이와는 반대로 에너지 과잉의 문제는 과도한 노력과 초조 때문이거나 또는 과거에 행한 일 또는 미래에 일어날 일들에 대한 근심 때문에 생기기도 한다. 게으름과 무기력, 불안과 걱정을 명확하게 구별하게 되면 각각의 경우에 적절한 치료책을 쉽게 세울 수 있다.

감각적 욕망에 대해서 언급하자면, 핵심적인 것은 그런 감각적 욕망이 외적인 자극 또는 내적인 상상에 의해 촉발될 수 있다는 점이다. 내적인 상상은 과거의 감각적 쾌락을 되살리거나 또는 현재 유입되고 있는 것을 이미지화하여 이루어진다. 감각적 욕망을 원초적으로 작동시키는 것이 무엇인지 명확하게 알아차리는 것이 도움이 된다. 왜냐하면 실제 수행에서 감각적 욕망의 외적인 측면과 내적인 측면이 다소 중첩된다고 해도 감각적 욕망에 대한 대처가 약간 달라질 수 있기 때문이다. 외적인 자극이 주요 원인이라면 감

---

23) Abhidharmakośabhāṣya 5.59, Pradhan 1967: 318,14는 게으름과 무기력을 하나의 장애로 생각한다. 왜냐하면 게으름과 무기력은 동일한 효과, 자양분, 해독제를 가지기 때문이다. 불안과 걱정도 마찬가지이다.

각을 제어하는 것을 기르는 것이 특히 요구된다. 만약 수행자가 감각적 쾌락들을 마음속에서 재활성화시키거나 상상을 한다면 「위땃까상타나 경(Vitakkasaṇṭhāna-sutta)」에서 언급된 불선한 생각에 대한 해독제가 쓸모가 있을 것이다.[24] 두 경우 모두 몸의 해부학적인 성질을 관찰하는 것이 분명히 유익할 것이다.

『상윳따니까야』의 「빠리야야 경」에 따르면 성냄 또는 혐오의 경우는 유사하다. 짜증은 외적인 자극 또는 자신의 마음 내부에서 일어날 수 있다. 한역과 티베트역의 대응 경전은 서로 다르다. 두 경전에 따르면 그 차이는 성냄과 성냄의 신호 사이에 있다. 실제적인 관점에서 해석을 시도해 보면 성냄의 신호가 언급하는 바는 특정한 상황 또는 사건을 재활성화시키는 것이 "신호"인데, 이것이 그 사람의 성냄을 발생시키는 것이다. 이런 해석에 따르면 한역과 티베트역의 대응 경전은 내적인 것과 외적인 것을 구별하는 빨리 경전과 그렇게 많은 차이를 보인다고 할 수 없다.

다르게 말하자면, 현재 성냄의 상황은 실제적인 외적 상황에 의해 야기될 수도 있고, 또는 일어났음직한 것을 상상하거나 또는 과거에 일어난 것을 되살리는 마음의 산물에 의해서도 야기될 수 있다. 이 두 가지 경우에도 약간의 서로 다른 해독제를 사용할 수 있다. 외적인 자극의 경우는 신체적 및 언어적 제어가 필요하다. 필요하다면 심지어 그 자극을 피해야 할지도 모른다. 성냄을 계속 마음속에서 되새기는 그런 경향을 보이는 경우는 「위땃까상타나 경」에서 기술한 방법들이 다시 요구된다. 두 가지 경우 모두 자애의

---

24) 8장을 참조할 수 있다.

태도를 계발하는 것이 아주 도움이 될 것이다.

　의심의 경우 「빠리야야 경」이 제시하는 내적인 것과 외적인 것 사이의 구별에 의하면 불확실성은 다른 사람이 말하는 것에 너무 많이 의존하거나 또는 자신에 대한 확신이 부족한 데서 올 수 있다. 대응 경전에서 말하는 중요 핵심은, 의심은 선한 것에 대한 것일 수 있고, 불선한 것에 대한 것일 수도 있다. 다른 말로 하면, 계발해야만 하는 것에 대한 불확실성 또는 극복해야 하거나 피해야 할 것에 대한 명료함의 부족에서 오는 것이다.

　의심의 문제는 내가 이 책의 서두에서 언급한 인용구로 다시 되돌아가게 한다. 그 인용구에 따르면, 알아차림의 확립 수행은 다른 어떤 것을 필요로 하지 않고 자신과 법에 의존하는 것이다. 지속적인 알아차림의 확립 수행을 하게 되면 선한 것과 계발하여야 하는 것이 무엇인지, 이와는 대조적으로 불선한 것과 피해야 하는 것이 무엇인지를 보다 더 명료하게 알게 된다. 법들에 대한 수행이라는 관점에서 보면 극복해야만 하는 것은 다섯 가지 장애이고 계발해야만 하는 것은 깨달음을 위한 일곱 가지 요소이다. 이렇게 하여 이룩한 성공적인 수행은 내적인 확신을 구축하게 될 것이고 또한 다른 사람들이 말한 것에 영향을 받지 않고 법에 의존하게 될 것이다.

　실제적인 면에서 다른 사람들이 말한 것에 의해 의심이 일어나고 있다면, 경전의 가르침을 탐구하는 것이 아주 도움이 될 것이다. 이것은 다른 사람이 말한 것과 균형을 잡아 주는 하나의 방식이다. 장애를 제거하는 데로 이끄는 장애에 대한 수행은 불선한 것에 대한 의심을 말끔히 치워 줄 것이고, 깨달음의 요소들에 대한 계발은 선한 것에 대한 내적인 확신으로 이끌어 줄 것이다.

대응하는 경전들의 가르침을 모아서 〈그림 10.2〉에 표시해 두었다. 그림에서 장애의 현상들을 제시하였다.

장애	자양분 주지 않기
감각적 욕망	내적 또는 외적
성냄	내적 또는 외적, 성냄 또는 성냄의 신호
게으름과 무기력	게으름 또는 무기력
불안과 걱정	불안 또는 걱정
의심	내적 또는 외적, 선한 것 또는 불선한 것

그림 10.2 장애의 현상

6. 장애의 있음과 없음

장애들이 나타날 수 있는 다른 여러 방식들을 명료하게 이해하는 것은 수행자가 수행을 하려고 할 때뿐만 아니라 무엇을 배우려고 노력하는 것과 같은 보다 세간적인 과제를 할 때도 연관이 된다. 장애라는 바로 그 이름들이 보여 주고 있는 바와 같이 감각적 욕망, 성냄, 게으름과 무기력, 불안과 걱정, 의심은 마음의 적절한 기능을 "방해"한다.

언어, 이론 그 밖의 다른 무엇을 공부하려고 할 때 자신의 마음 상태를 알아차리고 있으면 그 학습은 증장될 수 있다. 그런 알아차림으로 인해서 다섯 가지 장애 중 어떤 것이 있는지를 분명히 알 수 있다. 예를 들면 눈앞의 과제에 집중하는 대신 감각적 환상에 사로잡혀 있거나, "배워야만" 하는 것에 혐오감을 갖거나, 지루해하거나, 빨리 해치워야겠다고 불안해하거나 또는 그 일을 성공적으로 수행할 능력에 대한 자신감 상실 같은 것들이다. 이런 마음의 상태들은 효율적으로 학습하고자 하는 노력을 좌절시킬 것이다. 그러나 이런 상태들을 인식하게 되면 효율적으로 학습하고자 하는 시도를 "방해하는" 마음의 상태를 극복할 수 있을 것이다. 이렇게 하여 장애들에 대한 수행은 교육과 학습과 관련해서도 상당한 정도의 가능성을 내포하고 있다.

고대 인도에서 무엇을 배운다는 것은 기억하는 것, 기계적으로 외워서 무엇을 배우는 것과 불가분하게 얽혀 있었다. 이것은 초기 불교 공동체에서는 상당히 중요한 것이었다. 왜냐하면 붓다와 그의 제자들의 가르침은 입에서 입으로 전해졌기 때문이다. 그러므로 고대의 맥락에서 학식이 있다고 하는 사람은 문자 그대로 "많이 듣고" 그리고 그것을 기억하는 사람이었다.

『상윳따니까야』와 『앙굿따라니까야』의 「상가라와 경(Saṅgārava-sutta)」에서는 그 출발점으로 이런 종류의 학습을 취하고 있다. 이 경전에서 브라흐만인 어떤 사람은 때로는 배우는데 왜 노력을 적게 들이는데도 잘 기억할 수 있는지, 그리고 때로는 노력을 이전에 많이 들였음에도 불구하고 그것을 기억하지 못하는지를 묻고 있다. 경전의 가르침을 보면 붓다는 다섯 가지 장애의 유무 때문에 그렇다고 대답하고 있다. 다섯 가지 장애로부터 자유로운 마음은 빨리 배우지만, 그러나 장애들 중 어느 하나에라도 휘둘리면 배우는 데 어려움을 겪는다. 이런 점을 예시하는 방법으로 「상가라와 경」은 다섯 가지 장애 각각을 비유로써 설명한다. 여기에서 산스끄리뜨어로 남아 있는 경전의 일부에서 든 비유를 옮겨 본다.[25]

그것은 마치 강황이나 염료를 섞어서 흐린 물을 담아 놓은 물그릇과 같아서, 눈 밝은 사람이 자기 얼굴을 [적절하게] 비추어 보지 못하는 것과 같다.[26]

산스끄리뜨 경전은 이어서 오염된 마음은 자신의 장점과 다른 사람의 장점, 두 가지 모두의 장점을 보지 못하고 또한 보다 높은 수행의 성취에 도달하지 못한다고 언급하고 있다. 수행의 성취뿐만 아니라 「상가라와 경」에서는 이 경전의 서두에서 제기한 질문에 대한 직접적인 답으로서 자신이 기억한 것을 회상하는 능력에 대해서 언급한다.[27] 나머지 비유는 다음과 같다.

그것은 마치 펄펄 끓어서 거품이 올라오는 물을 담아 놓은 물그릇과 같아서, 눈 밝은 사람이 자기 얼굴을 [적절하게] 비추어 보지 못하는 것과 같다.

---

25) Tripāṭhī 1995: 127 (§5.11) to 132 (§9.11).
26) 대응 경전 SN 46.55 at SN V 121,25 (translated Bodhi 2000: 1611)은 더 많은 염료를 언급한다. 물의 상태에 따라서 얼굴을 있는 그대로 보지 못한다고 한다. cf. AN 5.193 at AN III 230,26 (translated Bodhi 2012: 807).
27) SN 46.55 at SN V 122,3 cf. AN 5.193 at AN III 231,7.

그것은 마치 끈적한 이끼와 조류로 뒤덮인 물그릇과 같아서, 눈 밝은 사람이 자기 얼굴을 [적절하게] 비추어 보지 못하는 것과 같다.

그것은 마치 힘껏 휘저어서 회오리가 생긴 물을 담은 물그릇과 같아서, 눈 밝은 사람이 자기 얼굴을 [적절하게] 비추어 보지 못하는 것과 같다.

그것은 마치 어두운 장소에 놓여 있는 물그릇과 같아서, 눈 밝은 사람이 자기 얼굴을 [적절하게] 비추어 보지 못하는 것과 같다.[28]

「상가라와 경」은 이런 다섯 가지 비유들을 다섯 가지 장애에 대응시키고 있다. 염료로 물들인 비유는 감각적 욕망을, 끓는 물은 성냄을, 이끼가 자란 물은 게으름과 무기력을, 바람에 흔들리는 물은 불안과 걱정을, 어두운 곳에 있는 물은 의심을 말하고 있다.

장애	물의 상태
감각적 욕망	염료로 물든
성냄	끓는
게으름과 무기력	이끼가 자란
불안과 걱정	바람에 흔들리는
의심	어두운 곳에 있는

그림 10.3 장애의 영향

---

28) SN 46.55 at SN V 123,33에서는 어두운 곳에 있는 그릇뿐만 아니라 물은 탁하고 흔들리고 진흙탕이라고 한다. cf. AN 5.193 at AN III 233,10.

이런 비유의 핵심은 감각적 욕망은 자신의 지각을 물들여서 사물을 있는 그대로 보기보다는 물든 것으로 보이게 하고, 그리하여 사물이 갖는 진정한 본성을 알아차리지 못하게 만든다는 것이다. 마음이 성냄으로 끓어올라서 아주 말 그대로 이런 장애로 인해서 "뜨거워"지면 사물을 적절한 관점에서 바라보는 것은 불가능하게 될 것이다. 게으름과 무기력으로 침체되어 있으면 마음은 점차로 느려지고 둔감해진다. 그 반대는 불안과 걱정이다. 과도한 초조는 마음을 사로잡고 그리고 불안한 생각의 파도를 넘치게 만들어서 결국에는 마음을 차분하게 가지기 어렵게 만든다. 마지막으로 의심은 마음을 어둠속에 내팽개친다. 마음은 명료함을 잃고 적절하게 일을 처리하는 것과 반드시 피해야 하는 것을 스스로 보지 못하게 된다.

「사만나팔라 경(Sāmaññaphala-sutta)」과 근본설일체유부 율장의 「상가베다와스뚜(Saṅghabhedavastu)」의 산스끄리뜨 단편의 대응 경전에서 볼 수 있는 또 다른 비유의 묶음은 다섯 가지 장애들의 부재를 보여 주고 있다. 아래에 그 산스끄리뜨 단편에서 연관되는 문장을 번역해 둔다.[29]

이것은 마치 어떤 사람이 빚을 내어 장사를 해서 큰 성공을 하고 빚을 갚고도 여전히 가정을 꾸릴 만큼 부유한 것과 같다.

이것은 마치 어떤 사람이 아프고, 괴롭고 약해져서 음식을 삼

---

29) Gnoli 1978: 241,19-242,15. Wille 1990: 124,19의 교정이 함께 실려 있다.

킬 수 없고, 소화를 시킬 수 없고 물을 마셔도 위가 아픈 것과 같다.[30] 얼마 후 그는 건강해지고 강해져서 음식을 스스로 소화시키고 물을 마셔도 더이상 위가 아프지 않다.

이것은 마치 어떤 사람이 노예여서 심부름하고 명령을 받고 의존적이고 자기 뜻대로 행할 수 없는 것과 마찬가지이다. 얼마 후 그는 더 이상 노예가 아니고 심부름하지 않고 의존하지 않고 바라는 대로 행동한다.

이것은 마치 어떤 사람이 손이 단단하게 묶여 있는 것과 마찬가지이다. 묶인 것에서 풀려나자 좋고, 편하고, 두려움 없고 안전하게 된다.[31]

이것은 마치 어떤 사람이 위험한 곳에서 안전한 곳으로 나아가는 것과 마찬가지이다. 기근이 가득한 곳에서 풍족한 곳으로 여행한다.[32]

「사만냐팔라 경」은 위와는 다른 순서를 취하고 있는데, 노예의 비유는 감옥에 갇혀 있는 비유 다음에 나온다.[33] 경전들 중 어떤

---

30) 빨리 대응 경전 DN 2 at DN I 72,6 (translated Walshe 1987: 101)은 마실 것을 언급하지 않고, 그가 약하다는 것을 추가로 언급한다.
31) DN 2 at DN I 72,15는 감옥에 갇혀 있는 것으로 나온다.
32) DN 2 at DN I 73,3에 따르면 그는 위험한 사막을 지나 부유하게 여행한다.
33) DN 2 at DN I 72,23. DĀ 20 at T 1.85a25에서는 다른 순서를 볼 수 있다. DN 3에서는 동일한 다섯 가지 비유가 병렬적으로 나온다. DN I 100,6에서는 생략하고 있어서, DN 2에서 온전하게 기술한 것을 보충할 필요가 있다.

것도 특정한 비유와 장애들 사이의 명시적인 관계를 적시하고 있지는 않지만, 비유와 장애의 관계는 순서에 맞추어서 나오는 것으로 보인다.

「사만냐팔라 경」에서 채택한 순서에 따르면 그 관계가 다음과 같은 식으로 나온다. 감각적 욕망은 빚진 상태에 대응한다. 이렇게 "빚을 지고" 있으면 감각적 욕망의 배후에 있는 부족함과 갈망의 감정이 주는 압박감을 만족시키기 위해서 계속해서 무엇인가를 추구하게 된다. 성냄은 말 그대로 불편한 감정이다. 이런 상태는 좋지 않기 때문에 음식을 적절하게 소화시키기 어렵다. 게으름과 무기력은 묶여 있는 것과 같아서 자유롭게 움직일 수 없다. 불안과 걱정은 결국 강박적인 행동을 하게 만들고 정신적 초조함에 사로잡혀 버린다. 의심은 사람이 드문 장소에서 위험한 여행을 하는 것과 같다.

그러나 「상가베다와스뚜」의 순서에 따르면 게으름과 무기력은 노예와 같고 불안과 걱정은 속박의 비유라고 할 수도 있다. 두 경전들을 결합하여 정리하면 다음과 같은 〈그림 10.4〉가 된다.

DĀ 20은 노예로부터 풀려나는 것을 첫 번째(DN 2에서는 네 번째), 빚을 내는 것을 두 번째(DN 2에서는 첫 번째), 병으로부터 회복하는 것을 세 번째(DN 2에서는 두 번째), 감옥에서 풀려나는 것을 네 번째(DN 2에서는 세 번째), 그리고 부유하고 안전하게 여행하는 것을 다섯 번째(DN 2에서는 다섯 번째)로 두고 있다. 그러나 T 21 at T 1.265c17 (DN 1의 대응 경전)에서는 다른 순서를 볼 수 있다, 빚을 내는 것을 첫 번째(DN 2에서는 첫 번째), 노예로부터 풀려나는 것을 두 번째(DN 2에서는 네 번째), 감옥에서 풀려나는 것을 세 번째(DN 2에서는 세 번째), 병으로부터 회복하는 것을 네 번째(DN 2에서는 두 번째), 부유하고 안전하게 여행하는 것을 다섯 번째(DN 2에서는 다섯 번째)로 두고 있다.

장애	곤경
감각적 욕망	빚을 진
성냄	병든
게으름과 무기력	속박 또는 노예
불안과 걱정	노예 또는 속박
의심	위험한 여행

그림 10.4 장애를 보여 주는 곤경

　모든 대응 경전들은 이런 개별적인 곤경들을 극복할 때 결과적으로 생기는 기쁨들을 묘사하고 있다. 이와 유사하게 다섯 가지 장애가 극복될 때도 기쁨이 생긴다. 이로 인해서 자연스럽게 마음은 집중으로 이어지고 결국은 선정의 성취에 도달한다.

　이는 장애를 수행하는 것이 갖는 중요한 측면들을 지적하고 있다. 즉 경전의 가르침은 개별적인 번뇌 또는 장애의 존재를 직접 알아차리라고 언급하고 있을 뿐만 아니라 그 번뇌와 장애의 부재에 대해서도 말하고 있다. 장애에서 자유로워진 마음을 알아차리게 되면 그 마음은 기쁨으로 이어지고, 그런 기쁨은 성공적인 수행의 중요한 조건이 된다. 사실 그런 기쁨은 보다 깊은 수준의 집중에 도달하는 열쇠이다. 이 점에 대해서는 다음 장에서 언급하게 될 깨달음의 요소들을 살펴보면서 더욱 자세하게 언급할 것이다.

　장애들과 깨달음의 요소들 사이의 밀접한 관계는 「알아차림의 확립 경」에 대응하는 『중아함경』의 처음에 나오는 문장에 주의를 기울이게 해 준다. 그 경전에 따르면 과거, 미래, 현재의 여래들은 다음과 같은 식으로 끝이 없고 완전한 깨달음을 성취하였거나 성취할 것이다.

　　마음을 더럽히고 지혜를 약하게 하는 다섯 가지 장애를 끊고, 네
　가지 알아차림을 잘 확립하고 있는 마음에 머물고, 깨달음을 위한
　일곱 가지 요소를 계발함으로써.

　　얼른 처음 보기에는 장애와 깨달음의 요소들이 네 가지 알아차
림의 확립과 함께 언급되는 것이 다소 혼란스러울지도 모르겠다.
이런 두 가지 묶음, 즉 장애와 깨달음의 요소가 처음부터 네 번째
알아차림의 확립의 일부분이라고 한다면, 개별적으로 나누어서 그
것들을 언급할 이유가 없을지도 모르겠다. 그러나 이 인용문의 요
점은 시간적인 순서에 따라서 진전되어 가는 것을 묘사하는 것이
다. 장애를 버린 다음에 네 가지 알아차림의 확립에서 "잘 확립하
는 것"이 가능하게 된다. 즉 욕망과 혐오 등이 더 이상 나타나지
않는 보다 더 높은 수준에서 알아차림의 확립을 수행하는 것이다.
결국 이것은 깨달음의 일곱 가지 요소를 계발하는 기반이 된다.

7. 요약

　　알아차림은 지금 바로 이 순간 마음에서 일어난 장애를 자각하
게 해 준다. 수용적인 자각의 이런 핵심적인 요소는 이후 뒤이은

장애를 극복하는 기반이 된다. 적절한 치료책과 함께 이런 장애들을 극복하게 되면 기쁨으로 이어지고, 이것은 성공적인 수행의 중요한 조건이 된다.

감각적 욕망의 장애는 마음을 물들이고 그리고 만족을 압박적으로 요구하는 것은 수행자를 빚쟁이로 만든다. 성냄이 끓어오르는 것은 말 그대로 불편함이다. 게으름과 무기력은 마음을 정체시키고 이것은 이끼가 수북이 자라난 연못과 같다. 불안과 걱정은 마음을 초조하게 만들고 불안한 생각은 계속 파도같이 흔들린다. 두 경우 모두 다 속박의 형태이고 결국 마음은 노예가 된다. 의심을 경험하는 것은 어둠 속에 놓인 것과 같다. 그럼으로써 마음은 명료함을 잃고 사람이 드문 장소에서 위험한 여행을 하는 것과 같다.

11장

깨달음의 요소

1. 가르침

이 장에서 나는 깨달음의 요소들에 대한 수행을 탐구할 것이다. 「알아차림의 확립 경」과 이에 대응하는 경전인 두 아함경에서 이에 대한 가르침을 다음과 같이 서술하고 있다.

『맛지마니까야』
만약 알아차림의 깨달음의 요소가 안에 있다면 수행승은 알아차림의 깨달음의 요소가 내 안에 있다고 안다. 또는 만약 알아차림의 깨달음의 요소가 안에 없다면 수행승은 알아차림의 깨달음의 요소가 내 안에 없다고 안다. 그리고 수행승은 일어나지 않은 알아차림의 깨달음의 요소가 어떻게 일어나는지를 안다. 그리고 수행승은 일어난 알아차림의 깨달음의 요소가 계발에 의해서 어떻게 완전해지는지를 안다.

만약 법을 탐구하는 깨달음의 요소가 … 에너지의 깨달음의 요소가 … 기쁨의 깨달음의 요소가 … 고요의 깨달음의 요소가 … 집중의 깨달음의 요소가 … 평정의 깨달음의 요소가 안에 있다면 수행승은 평정의 깨달음의 요소가 내 안에 있다고 안다. 또는 만약 평정의 깨달음의 요소가 안에 없다면 수행승은 평정의 깨달음의 요소가 내 안에 없다고 안다. 그리고 수행승은 일어나지 않은 평정의 깨달음의 요소가 어떻게 일어나는지를 안다. 그리고 수행승은 일어난 평정의 깨달음의 요소가 계발에 의해서 어떻게 완전해지는지를 안다.

『중아함경』

실제로 알아차림의 깨달음의 요소를 안에 가지고 있는 수행승은 알아차림의 깨달음의 요소를 가지고 있다는 것을 있는 그대로 안다. 실제로 알아차림의 깨달음의 요소를 안에 가지고 있지 않은 수행승은 알아차림의 깨달음의 요소를 가지고 있지 않다는 것을 있는 그대로 안다. 수행승은 아직 일어나지 않은 알아차림의 깨달음의 요소가 어떻게 일어나는지를 있는 그대로 안다. 그리고 수행승은 일어난 알아차림의 깨달음의 요소가 어떻게 손실되거나 퇴보하지 않고 유지되는지, 어떻게 더 계발되고 증장하는지를 있는 그대로 안다.

이와 마찬가지로 실제로 법을 탐구하는 깨달음의 요소를 … 에너지의 깨달음의 요소를 … 기쁨의 깨달음의 요소를 … 고요의 깨달음의 요소를 … 집중의 깨달음의 요소를 … 평정의 깨달음의 요소를 안에 가지고 있는 수행승은 평정의 깨달음의 요소를 가지고 있다는 것을 있는 그대로 안다. 실제로 평정의 깨달음의 요소를 안에 가지고 있지 않은 수행승은 평정의 깨달음의 요소를 가지고 있지 않다는 것을 있는 그대로 안다. 수행승은 아직 일어나지 않은 평정의 깨달음의 요소가 어떻게 일어나는지를 있는 그대로 안다. 그리고 수행승은 일어난 평정의 깨달음의 요소가 어떻게 손실되거나 퇴보하지 않고 유지되는지, 어떻게 더 계발되고 증장하는지를 있는 그대로 안다.

『증일아함경』

수행승은 통찰의 도움을 받으며, 이욕의 도움을 받으며, 소멸의 도움을 받으며, 나쁜 상태를 버리면서 알아차림의 깨달음의 요소를 계발한다.

수행승은 [통찰의 도움을 받으며, 이욕의 도움을 받으며, 소멸의 도움을 받으며, 나쁜 상태를 버리면서] 법을 탐구하는 깨달음의 요소를 … 에너지의 깨달음의 요소를 … 기쁨의 깨달음의 요소를 … 고요의 깨달음의 요소를 … 집중의 깨달음의 요소를 … 평정의 깨달음의 요소를 계발한다.

『맛지마니까야』와『중아함경』에서 볼 수 있는 깨달음의 요소들에 대한 수행의 가르침은 아주 유사하다. 여기서 수행의 주요 과제는 장애의 관찰에서 출발하여 앞으로 나아가는 것이다. 말하자면 장애의 존재 또는 부재에 대한 알아차림, 그다음 뒤이어서 그 존재 또는 부재와 연관된 조건들에 대한 알아차림으로 이어지는 것이다. 아주 실제적이고 직접적인 방식으로 이루어지는 이런 조건성에 대한 탐구 방식은 이런 두 가지 법의 수행에서 공유되는 특징이다.

장애의 경우와 마찬가지로 그 조건들에 대한 물음은 그것의 제거와 연관되어 있다. 깨달음의 요소의 과제는『맛지마니까야』에 따르면 "그것들을 계발함으로써 완전하게 하는 것"이고, 또는『중아함경』의 가르침에 따르면 그것들을 "더욱 계발하고 증가시키는 것"이다.

『중아함경』에서는 조금 더 자세하게 수행의 두 번째 단계를 언급하고 있다. 특정한 깨달음의 요소가 어떻게 일어나고 그것을 어떻게 더 증장시킬 수 있는지를 아는 것에 더하여,『중아함경』에 따르면 수행자는 또한 상실 또는 퇴보 없이 어떻게 유지할 수 있는지를 반드시 알아야만 한다.

『증일아함경』에서는 다른 관점이 등장한다. 여기서의 가르침은 위에서 언급한 다른 두 경전의 두 단계 접근법과 일치하지 않는다. 그 대신『증일아함경』은 깨달음의 요소들을 어떻게 계발하여야 하는지를 기술하고 이것이 통찰, 이욕, 소멸에 의해 지지받고 있다고 언급한다. 이렇게 하여 마음에서 일어나는 어떤 불선한 것이라도 극복하는 길로 나아가게 된다. 그러므로『알아차림의 확립 경』에 대응하는『증일아함경』의 중요한 공헌은 깨달음의 요소들을 어떻게 계발하여야 하는지에 초점을 맞추고 있다는 점에 있다.

그러나『증일아함경』에 있는 이 서술의 실질적인 구성은 여러 다양한 변화를 겪은『증일아함경』전체의 맥락을 고려하여 살펴볼 필요가 있다.[1] 이것은『증일아함경』의 구성 내용들이 전승 내지 번역과정에서 실수가 있을 수 있다는 점을 고려하게 된다. 이와는 대조적으로 빨리 경전과 다른 한역 경전에서 볼 수 있는 해당 내용은 거의 일치한다. 즉 다른 경전들에서는 깨달음의 요소들이 "출리에 의해 지지받고, 이욕에 의해 지지받고, 그리고 소멸로 지지를 받아서 결국은 놓아 버림으로 최고조에 달하면서" 계발될 수 있다고 지적하고 있다. 그 예로서 나는『잡아함경』의 일부 내용을 이어서 번역해 두고자 한다. 여기에서는 깨달음을 위한 일곱 가지 요소의 계발이라는 측면을 중점적으로 언급하고 있다.[2]

---

1) Cf, EĀ 21.2 at T 2.602c3 그리고 EĀ 40.6 at T 2.741b3.
2) SĀ 729 at T 2.196a18-196a21.

어떻게 깨달음을 위한 일곱 가지 요소, 즉 알아차림의 깨달음의 요소에서 평정의 깨달음의 요소까지를 계발하는가? … 출리에 의해 지지받고, 이욕에 의해 지지받고, 그리고 소멸로 지지를 받아서 놓아 버림으로 이끄는 알아차림의 깨달음의 요소를 계발한다. 출리에 의해 지지받고, 이욕에 의해 지지받고, 그리고 소멸로 지지를 받아서 놓아 버림으로 이끄는 법을 탐구하는 깨달음의 요소를 … 에너지의 깨달음의 요소를 … 기쁨의 깨달음의 요소를 … 고요의 깨달음의 요소를 … 집중의 깨달음의 요소를 … 평정의 깨달음의 요소를 계발한다.

이 문장에 대응하는 『상윳따니까야』에서는 이런 계발의 방식으로 갈망의 소멸로 가는 길을 다루고 있다.[3] 다른 말로 하면 깨달음의 요소들이 그 이름이 약속하는 것으로 귀착되기 위해서는, 즉 깨달음 그리고 갈망과 다른 번뇌들을 소멸하기 위해서는 깨달음의 요소들을 여기서 언급하는 방법으로 계발하여야 할 필요가 있다. 법들에 대한 수행에 대해서 『증일아함경』의 내용만은 이런 모습에 명시적으로 초점을 맞추고 있는 반면, 다른 두 가지 경전에서는 깨달음의 요소들을 "계발하는" 것을 암묵적으로 제시하고 있다.

사실 「아나빠나사띠 경」과 『잡아함경』의 대응 경전은 아주 유사한 용어로 이런 네 가지 자질들은 깨달음의 요소들을 계발하여 해탈로 이끄는 것이 확실하다고 지적하고 있다. 여기서 이와 관련된 내용을 『잡아함경』에서 번역해 둔다.[4]

---

3) SN 46.27 at SN V 87,11 (translated Bodhi 2000: 1586).
4) SĀ 810 at T 2.208c2-208c6.

출리에 의해 지지받고, 이욕에 의해 지지받고, 그리고 소멸로 지지를 받아서 놓아 버림으로 이끄는 알아차림의 깨달음의 요소를 계발한다. [이와 같이] 알아차림의 깨달음의 요소를 계발하고, 앎과 해탈은 가득하다. … 출리에 의해 지지받고, 이욕에 의해 지지받고, 그리고 소멸로 지지를 받아서 놓아 버림으로 이끄는 평정의 깨달음의 요소를 계발한다. [이와 같이] 평정의 깨달음의 요소를 계발하고, 앎과 해탈은 가득하다.

그러므로 이런 네 가지 수행의 주제를 깨달음의 요소라는 주제 아래 모아 놓은 마음의 일곱 가지 자질은 깨달음으로 나아가는 가능성을 열어 놓는다.

출리, 이욕, 소멸 → 놓아 버림

다음으로 이런 네 가지 자질이 갖는 실제적인 측면들을 언급하고자 한다. 이 네 가지는 출리, 이욕, 소멸 그리고 결국은 놓아 버림으로 귀결된다. 이 네 가지 중 첫 번째인 출리에는 신체적 측면과 정신적 측면이 있다. 초기경전들은 종종 수행의 목적으로 출리의 시간을 갖기를 권유하고 있다. 이런 출리는 불선한 상태로부터 정신적으로 멀어지게 하고, 보다 깊은 집중을 획득하게 한다.[5]

이욕의 빨리 용어는 위라가(virāga)인데 이 용어는 또한 "점차 사

---

5) "출리(viveka)"에 대한 더 자세한 것은 Anālayo 2010b: 137ff (reprinted in Anālayo 2012b: 258ff)를 참조할 수 있다.

라짐(fading away)"이라는 의미도 가지고 있다. 이런 의미는 이 용어와 연관된 수행의 역동성이 갖는 중심적인 측면을 보여 준다. 말하자면 현상들의 "사라짐"을 보는 것에서, 그것들이 없어지고 보이지 않게 된다는 의미에서 그런 현상에서 느끼는 매력이 점차 사라지기 시작하고 결국은 점차 "이욕"에 도달하게 된다.[6]

더 높은 통찰의 계발을 서술하는 문장에서 이욕은 염오(disenchantment)와 소멸과 종종 함께 언급되는 것을 볼 수 있다. 또한 이욕과 소멸은 호흡의 알아차림을 통해서 법들에 대한 수행에서 볼 수 있는 특징적인 단계이다. 이 점에 대해서는 다음 장에서 탐구할 예정이다. 소멸이라는 용어는 그 자체로 불교 수행의 마지막 목표로서 둣카의 소멸과 아주 밀접하게 연관되어 있다.

출리, 이욕, 소멸의 목적은 놓아 버림 또는 내려놓음으로 귀착된다. 그렇게 불선한 것을 놓아 버리는 것은 수행의 길 처음부터 끝까지 그 바탕을 이루는 것이다. 수행의 끝 지점에서 최종적인 귀착지인 놓아 버림은 해탈의 돌파와 열반의 체험과 함께 일어난다.[7]

『대승아비달마잡집론(大乘阿毘達磨雜集論, Abhidharmasamuccaya-vyākhyā)』에서는 네 가지 성스러운 진리와 "출리로 지지받고, 이욕으로 지지받고, 소멸로 지지받고, 결국 놓아 버림으로 가는 것에 의해" 깨달음의 요소들을 계발하는 것 사이의 관계를 제시하

---

6) "이욕" 또는 "사라짐(virāga)"에 대한 더 자세한 것은 Anālayo 2009: 36ff (reprinted in Anālayo 2012b: 45ff)를 참조할 수 있다.
7) "놓아 버림" 또는 "단념"(vossagga) 그리고 이와 밀접히 연관된 "포기(paṭinissagga)"에 대한 더 자세한 것은 Anālayo 2010b: 145ff (reprinted in Anālayo 2012b: 266ff)를 참조할 수 있다.

고 있다.[8] 만약 어떤 수행자가 둣카로 괴롭다고 하면, 그 둣카로부터 "멀리 떨어져서 은둔하고자" 노력해야만 하는 것은 당연하다. 둣카가 갈망의 결과로 발생한 것이라면 "이욕"을 열망하게 될 것이다. 둣카의 경험이 (일시적이라도) 멈출 때마다 그런 소멸을 (지속적으로 영원히) 실현하는 방법들을 탐색하게 될 것이다. 그러므로 네 가지 성스러운 진리의 첫 세 가지는 "출리로 지지받고", "이욕으로 지지받고", "소멸로 지지받고"라는 것에 대응한다. 마지막으로 둣카를 내려놓는 힘을 경험하게 되면 내려놓음 또는 "놓아버림"에 이르는 길을 계발하고자 바라게 된다. 이런 관점에서 깨달음의 요소들을 통해서 계발해야만 하는 수행의 네 가지 주제는 초기불교 사유에서 붓다가 가르친 근본적인 가르침인 네 가지 성스러운 진리를 통해서 제대로 정착하게 된다.

2. 깨달음의 요소와 장애

해탈의 길로 나아가는 역할이라는 점에서 깨달음의 요소들은 장애들과 정반대의 위치에 서 있다. 경전들은 지속적으로 반복해서 이 두 가지 사이의 대조적인 모습에 초점을 맞추고 있다. 그러므로 『상윳따니까야』와 이에 대응하는 경전인 『잡아함경』에서 장애

---

8) T 1606 at T 31.740c18.

들은 마음의 장님으로 이끄는 반면, 깨달음의 요소들은 마음의 눈 밝음으로 이끈다고 지적하고 있다. 여기서는 『잡아함경』에서 해당 되는 구절들을 번역해 둔다.[9]

> 어둠을 가능하게 하고, 봄을 잊어버리게 하고, 앎을 상실하게 하고, 지혜를 약하게 하고, 앎에 반대되고, 깨달음에 반대되고, 열반으로 이끌지 않는 다섯 가지 상태가 있다. 무엇이 다섯인가? 감각적 욕망, 성냄, 게으름과 무기력, 불안과 걱정, 의심이다. …[10]
>
> 큰 앎을 쉽게 만들 수 있고, 볼 수 있게 하고, 지혜를 증가시키고, 앎을 낳고, 올바른 깨달음을 낳고, 열반으로 이끄는 깨달음을 위한 일곱 가지 요소가 있다. 무엇이 일곱인가? 알아차림의 깨달음의 요소, 법을 탐구하는 깨달음의 요소, 에너지의 깨달음의 요소, 고요의 깨달음의 요소, 기쁨의 깨달음의 요소, 집중의 깨달음의 요소, 평정의 깨달음의 요소이다.[11]

이런 두 가지 모음, 즉 장애들과 깨달음의 요소들 사이의 반대적인 성격에도 불구하고 몇 가지 깨달음의 요소를 기르는 것은 몇몇 장애가 완전히 극복되지 않았을 때에도, 이미 분명히 작동할 수 있다고 할 수 있다. 이런 점은 『상윳따니까야』와 이에 대응하는 경

---

9) SĀ 706 at T 2.189c3-189c11.
10) 빨리 대응 경전 SN 46.40 at SN V 97,14 (translated Bodhi 2000: 1593)는 다섯 가지 장애가 깨달음에 반대되고 또는 깨달음의 요소가 올바른 깨달음을 낳는다는 것을, 비록 이것이 열반으로 이끌지 않는다는 사실을 함축한다고 할지라도, 명확하게 언급하지 않는다.
11) 여기서 깨달음의 요소의 순서는 혼합된 것으로 보인다. 표준적인 순서에 따르면 기쁨은 고요 앞에 온다.

전인 『잡아함경』에서 제시되고 있다. 이어지는 것은 『잡아함경』의 해당 내용을 번역한 것이다.[12]

알아차림의 깨달음의 요소를 부지런히 계발할 때, 주의를 기울이면서 "마음은 잘 해방되지 않았고, 게으름과 무기력은 파괴되지 않았고, 불안과 걱정은 억제되지 않았다. 따라서 내가 부지런히 노력하여 법에 참여함으로써 알아차림의 깨달음의 요소를 확립하는 것은 균형잡히지 않았다."라고 이해한다. 법을 탐구하는 깨달음의 요소 … 에너지의 깨달음의 요소 … 고요의 깨달음의 요소 … 기쁨의 깨달음의 요소 … 집중의 깨달음의 요소 … 평정의 깨달음의 요소도 이와 같다.

이어서 경전은 긍정적인 경우에 대해서 계속 언급하고 있다. 어떤 수행자가 이런 두 가지 장애를 넘어설 수 있다면 마음은 잘 해탈되고 그리고 별로 힘들이지 않고 균형 잡힌 방식으로 하나의 일정한 깨달음의 요소를 확립하게 된다. 대응 경전인 『상윳따니까야』에서는 부정적인 경우를 언급하지 않고, 단지 깨달음의 요소들이 잘 수행되는 방식만을 보여줌으로써 긍정적인 경우를 다루고 있다.[13] 그럼에도 불구하고 이런 묘사는 깨달음의 요소들이 잘 수행되지 못하는 경우도 때로는 있다는 것을 내포하고 있다. 위에서 번역한 구절에 따르면 게으름과 무기력 또는 불안과 걱정과 같은 장애들이 충분하고 완전히 극복되지 못하는 경우에 이런 부정적인

---

12) SĀ 719 at T 2.193c8-193c11.
13) SN 46.8 at SN V 76,23 (translated Bodhi 2000: 1578).

경우들이 일어난다.

그러므로 감각적 욕망과 분노라는 첫 두 가지 장애가 어떤 깨달음의 요소들을 계발하기 위해서 극복될 필요가 있다고 하여도,[14] 이것은 게으름과 무기력 또는 불안과 걱정의 장애에 완전하게 적용되지 않을 수도 있다. 이런 경우를 우리는 「악기 경(Aggi-sutta)」과 이에 대응하는 경전인 『잡아함경』에서 볼 수 있고 또한 티베트 경전에도 잘 보존되어 있다. 이 경전들은 어떤 경우에 어떤 깨달음의 요소들이 훌륭한지를 보여 주고 있다. 여기서는 『잡아함경』의 해당 부분을 번역해 둔다.[15]

마음이 나태해지고 움직이지 않는다면 고요의 깨달음의 요소, 집중의 깨달음의 요소, 평정의 깨달음의 요소를 계발하는 것은 적절하지 않다. 왜 그러한가? 마음에서 나태가 일어나고 나태하면 마음은 움직이지 않는다. 이 상태 때문에 나태는 증가한다. 이것은 마치 작은 불이 확 타오르기를 기대하면서 다 타버린 숯을 넣는 것과 같다. 불이 죽지 않기를 바라면서 [다 타버린] 숯을 넣는 것을 어떻게 생각하는가?

『상윳따니까야』의 「악기 경」에서는 이런 세 가지 깨달음의 요소들은 축 처진 마음을 활기차게 만들 수 없다고 말하면서 동일한 지적을 하고 있다. 이것은 마치 작은 불을 더 크게 만들고자 하는데

---

14) 이러한 장애에 대처하는 다양한 방법에 대한 탐구는 Anālayo 2003b: 192ff 를 볼 수 있다.
15) SĀ 714 at T 2.191c25-192a23.

젖은 잔디, 젖은 소똥, 젖은 나무뿐만 아니라 물과 흙을 뿌리는 것과 같다.[16] 이에 대응되는 티베트 경전에서는 이런 깨달음의 요소들은 그런 장애에 대응하는 데 충분하지 않다는 것을 넘어서서 오히려 실제로 문제를 더 악화시킨다고 말하면서 『잡아함경』에 동의하고 있다.[17] 그리고 티베트 경전에서도 작은 불에 젖은 나무, 젖은 잔디, 젖은 소똥을 던지는 「악기 경」의 비유를 들고 있다. 티베트 경전은 나머지 부분에서도 동일한 패턴을 보이고 있다. 즉 깨달음의 요소의 영향에 대해서는 『잡아함경』과 동일하고, 비유에 대해서는 『상윳따니까야』의 「악기 경」과 동일하게 말하고 있다.

마음에 동요가 일어나고 동요되면 마음이 움직이지 않는다. 그때 법을 탐구하는 깨달음의 요소, 에너지의 깨달음의 요소, 기쁨의 깨달음의 요소를 계발하는 것은 적절하지 않다. 왜 그러한가? 마음에 동요가 일어나고 동요되면 마음은 움직이지 않는다. 이 상태 때문에 동요는 증가한다. 이것은 마치 맹렬한 불이 꺼지기를 기대하면서 마른 장작을 넣는 것과 같다. 불이 더 이상 타지 않을 것이라고 생각하는가?

『상윳따니까야』의 「악기 경」에서는 이런 세 가지 깨달음의 요소들을 통해서는 마음을 고요하게 하는 것이 불가능할 것이라고 지적하고 있다. 그렇게 하는 것은 마치 큰 불을 끄기 위해서 마른 풀, 마른 소똥, 마른 나무를 던지는 것과 같기 때문이다.

---

16) SN 46.53 at SN V 112,28 (translated Bodhi 2000: 1605).
17) D 4094 nyu 52a6 또는 Q 5595 thu 92b8.

「악기 경」은 다른 두 경전과 순서상에 차이를 보인다. 「악기 경」에서는 고요, 집중, 평정이 부적절한 경우를 지적한 다음에 비로소 그것들이 적절한 때를 언급한다. 그리고 이어서 탐구, 에너지, 기쁨이 부적절한 경우를 말하고 있다.

마음에 나태함이 일어나고 나태해지고 [마음이] 움직이지 않는다면, 법을 탐구하는 깨달음의 요소, 에너지의 깨달음의 요소, 기쁨의 깨달음의 요소를 계발하는 것은 적절하다. 왜 그러한가? 마음에서 나태가 일어나고 나태하면 마음은 움직이지 않는다. 이 상태 때문에 마음은 분명해지고, 다룰 수 있게 되고, 밝아지고, 기쁘게 될 수 있다. 이것은 마치 작은 불이 확 타오르기를 기대하면서 마른 장작을 넣는 것과 같다. 불이 확 타오를 것이라고 생각하는가?

「악기 경」에 따르면 축 처진 마음은 이런 깨달음의 요소의 도움으로 쉽게 일으킬 수 있다. 이것은 마치 조그만 불에 마른 풀, 마른 소똥, 마른 나무를 던지는 것과 같다.

마음에 동요가 일어나고 동요되면 마음이 움직이지 않는다. 그때 고요의 깨달음의 요소, 집중의 깨달음의 요소, 평정의 깨달음의 요소를 계발하는 것은 적절하다. 왜 그러한가? 마음에 동요가 일어나고 동요된 마음은 움직이지 않기 때문이다. 이 상태로 인해서 마음을 안으로 가라앉힐 수 있고, 통일시키고 모을 수 있다. 이것은 마치 맹렬한 불이 꺼지기를 기대하면서 다 타버린 숯을 넣는 것과 같다. 불이 더 이상 타지 않을 것이다.

「악기 경」은 이런 초조한 마음은 이런 세 가지 깨달음의 요소들의 도움으로 쉽게 고요해 질 수 있다고 한다. 이것은 마치 물과 흙뿐만 아니라 젖은 풀, 젖은 소똥, 젖은 나무을 던져서 끄는 것과 같다.

「악기 경」과 이에 대응하는 경전에서 언급하는 것을 보면 어떤 깨달음의 요소들을 계발하는 것은 축 처진 마음 또는 초조한 마음의 해독제가 될 수 있다는 것을 확신할 수 있다. 이런 장애들은 게으름과 무기력 또는 불안과 걱정이라는 장애가 현상적으로 드러난 것들이다. 이런 설명의 또 다른 측면에서 보면 어떤 깨달음의 요소들은 축 처진 마음에서 계발해서는 안 되고, 또한 어떤 깨달음의 요소들은 마음이 초조할 때는 적절하지 않다는 것을 알 수 있다. 다른 말로 하면, 깨달음의 일곱 가지 요소를 활용한다는 의미는 때로는 보다 더 미세한 장애들은 심지어 남겨 두어야 한다는 것을 의미한다. 이것이 함축하는 의미는 깨달음의 요소를 계발하는 것은 점진적인 과정을 필요로 한다는 것이다. 개별적인 깨달음의 요소들은 어떤 상황에 맞추어 계발된다. 이런 과정을 통해서 마음을 더욱 정화해 가면서 결국은 모든 깨달음의 요소를 확립하는 것이 가능하다.

이렇게 깨달음의 요소 전체를 말하면서 주목해야 할 점은 「악기 경」과 이에 대응하는 경전은 아직까지 알아차림에 대해서 언급하고 있지 않다는 것이다. 이런 이유는 간단한다. 왜냐하면 『잡아함경』에서는 다음과 같이 말하면서 깨달음의 요소들을 개관하면서 결론을 맺고 있다.

알아차림이라는 깨달음의 요소는 항상 사용된다.

대응 경전에서 유사하게 언급되는 이런 진술은 알아차림의 핵심적인 역할을 반영하고 있는 것으로 보인다. 이 요소는 수행자가 바로 지금 이 순간의 마음을 알아차리는 역할을 함에 있어서, 다른 깨달음의 요소들을 계발하는 데 지극히 중요한 기반을 이룬다. 수행자의 마음 상태에 대한 알아차림을 확립하지 않고서는, 마음이 처져 있는지 또는 초조해하고 있는지를 알아차릴 수 없고, 따라서 「악기 경」과 이에 대응하는 경전이 제공하는 가르침은 아무 소용이 없다. 그러므로 알아차림은 정말로 항상 유익하고, 항상 필요하고, 항상 그것에 의존해야 한다.

이런 알아차림의 역할이 중심적이라는 관점에서 보면, 네 가지 알아차림의 확립 수행이 갖는 주요한 목적은 다른 깨달음의 요소들을 계발하는 데 기반이 될 수 있는 알아차림을 확립하는 것이다. 이런 관점에서 왜 많은 경전들이 네 가지 알아차림을 확립하는 실제 수행 방식에 대한 자세한 해설을 곁들이지 않고, 그냥 단순히 네 가지 알아차림의 확립만을 언급하고 있는지를 이해할 수 있다. 이런 것은 「알아차림의 확립 경」의 경우도 마찬가지이다. 그러므로 정말로 중요한 것은 알아차림의 확립 수행을 통해서 몸, 느낌, 마음, 법들에 대한 알아차림이 확립되고, 그러한 방식으로 다른 깨달음의 요소들로 나아가는 것이다. 이것은 깨달음으로 가는 직접적인 길로서, 알아차림의 확립 수행의 핵심 요지라고 할 수 있다.

「악기 경」과 이에 대응하는 경전들의 가르침을 요약하여 〈그림

11.1〉에 제시하였다. 일단 두 가지 커다란 장애인 감각적 욕망과 성냄으로부터 벗어난 수행자는 〈그림 11.1〉에 표시된 대로 점진적인 수행의 과정을 밟을 수 있게 된다.

마음의 상태	계발해야 하는 것
처져 있거나 또는 초조한 경우	알아차림
처져 있는 경우	탐구, 에너지, 기쁨
초조한 경우	고요, 집중, 평정
처져 있지 않거나 또는 초조하지 않은 경우	깨달음의 일곱 가지 요소들

그림 11.1 처져 있거나 초조함을 극복하는 방법

상태에 따라서 필요한 요소를 적용하는 이런 유연한 접근을 하기 위해서는 여러 깨달음의 요소들을 개별적으로 계발하는 능력이 필요하다. 그런 능력을 숙달하는 것에 대해서는 『상윳따니까야』와 이에 대응하는 『잡아함경』에 언급되어 있다. 여기서는 아라한인 사리뿟따가 자신의 능력을 어떻게 발휘하는지를 비유를 통해서 보여주고 있다. 여기서는 『잡아함경』의 해당 구절들을 옮겨 본다.[18]

노력을 기울이지 않고 깨달음을 위한 일곱 가지 요소를 얻기를 선택함으로써 나는 깨달음의 일곱 가지 요소를 얻는다. 아침 동안에, 점심 동안에, 저녁 동안에 깨달음의 요소를 얻기를 바라면서, 얻고자 바란다면, 나의 바람에 따라서 나는 성취한다.

---

18) SĀ 718 at T 2.193b17-193b22.

그것은 마치 왕이나 대신이 상자에 둔 다양한 옷을 아침에 필요에 따라서 입고, 점심에 필요에 따라서 입고, 저녁에 필요에 따라서 자유롭게, 바람대로 입는 것과 마찬가지이다.[19]

이에 대응하는 경전인 『상윳따니까야』에서 사리뿟따는 아침, 점심, 저녁에 자신이 머무르기를 원하는 어떤 깨달음의 요소라도 마음대로 머물 수 있다고 단순히 언급하고 있다.[20] 『상윳따니까야』는 이런 깨달음의 요소가 별로 힘들이지 않고 일어난다고 명시적으로 밝히고 있지는 않지만 문맥상 내포하고 있는 것으로 볼 수 있다.

3. 깨달음의 요소에 자양분 주기

장애들과 깨달음의 요소들 사이의 기본적인 대립으로 다시 돌아가서 보면 「악기 경」과 이에 대응하는 경전들은 어떤 깨달음의 요소들을 계발하는 것이 어떻게 처짐과 초조함을 극복하는지를 보여 주고 있다. 이런 처짐과 초조함은 다섯 가지 장애 가운데 세 번째와 네 번째에 대응하는 정신적 상태를 대표하는 것이다. 이제까

---

19) 대응 경전 SN 46.4 at SN V 71,25 (translated Bodhi 2000: 1574)는 옷들이 다양한 색깔이라고 한다.
20) SN 46.4 at SN V 71,7.

지 탐구하지 않았던 주제는 의심의 장애와 관련해서 어떤 깨달음의 요소들이 또한 도움이 될 수 있는지를 알아보는 것이다.

깨달음의 두 번째 요소인 법들의 탐구라는 요소를 계발하는 것이 의심에서 빠져나오는 방법이라는 것을 바로 잘 보여 주고 있다. 장애들과 깨달음의 요소들 사이의 기본적인 대립의 일부분인 이런 두 가지 대립은 『상윳따니까야』와 이에 대응하는 경전들에서 자세히 설명하고 있고, 이것의 일부는 내가 이미 장애에 대한 수행을 다룬 앞 장에서 다루었다. 이 경전에서는 장애에게 자양분을 주지 말고 깨달음의 요소들에게 자양분을 주라고 가르치고 있다. 깨달음의 요소들에 자양분을 주는 내용을 언급하고 있는 『잡아함경』을 번역하겠다.[21]

이것은 마치 몸이 자양분에 의해서 지지되고 자양분에 의해서 존재하듯이, 같은 방식으로 깨달음을 위한 일곱 가지 요소는 자양분에 의해서 지지되고 자양분에 의해서 존재한다.[22]

무엇이 알아차림의 깨달음의 요소를 위한 자양분인가? 네 가지 알아차림의 확립에 주의를 기울이고, 아직 일어나지 않은 알아차림의 깨달음의 요소가 일어나고, 이미 일어난 알아차림의 깨달음의 요소가 증가하고 증장하기 위해서 더 일어나도록 한다. …

무엇이 법을 탐구하는 깨달음의 요소를 위한 자양분인가? 선한 상태를 탐구하는 것이 있고, 선하지 않은 상태를 탐구하는 것이 있다. 이것에 주의를 기울이고, 아직 일어나지 않은 법을 탐구하

---

21) SĀ 715 at T 2.192c16-193a6.
22) 본서 10장의 각주 14번을 참조할 수 있다.

는 깨달음의 요소가 일어나고, 이미 일어난 법을 탐구하는 깨달음의 요소가 증가하고 증장하기 위해서 완전하게 일어나도록 한다. …

무엇이 에너지의 깨달음의 요소를 위한 자양분인가? 네 가지 올바른 노력에 주의를 기울이고, 아직 일어나지 않은 에너지의 깨달음의 요소가 일어나고, 이미 일어난 에너지의 깨달음의 요소가 증가하고 증장하기 위해서 완전하게 일어나도록 한다. …

무엇이 기쁨의 깨달음의 요소를 위한 자양분인가? 기쁨이 있고, 기쁨을 확립하는 것이 있다. 이것에 주의를 기울이고, 아직 일어나지 않은 기쁨의 깨달음의 요소가 일어나고, 이미 일어난 기쁨의 깨달음의 요소가 증가하고 증장하기 위해서 완전하게 일어나도록 한다. …

무엇이 고요의 깨달음의 요소를 위한 자양분인가? 몸의 고요가 있고, 마음의 고요가 있다. 이것에 주의를 기울이고, 아직 일어나지 않은 고요의 깨달음의 요소가 일어나고, 이미 일어난 고요의 깨달음의 요소가 증가하고 증장하기 위해서 완전하게 일어나도록 한다. …

무엇이 집중의 깨달음의 요소를 위한 자양분인가? 네 가지 선정이 있다. 이것들에게 주의를 기울이고, 아직 일어나지 않은 집중의 깨달음의 요소가 일어나고, 이미 일어난 집중의 깨달음의 요소가 증가하고 증장하기 위해서 완전하게 일어나도록 한다. …

무엇이 평정의 깨달음의 요소를 위한 자양분인가? 세 가지 요소가 있다. 무엇이 세 가지인가? 제거의 요소, 이욕의 요소, 소멸의 요소가 있다. 이것들에 주의를 기울이고, 아직 일어나지 않은 평정의 깨달음의 요소가 일어나고, 이미 일어난 평정의 깨달음의 요소가 증가하고 증장하기 위해서 완전하게 일어나도록 한다. …

『상윳따니까야』의 내용과 이것을 비교하면 여러 다른 점을 볼 수 있다. 알아차림의 경우 자양분을 제공하는 것은 "알아차림이라는 깨달음 요소의 토대가 되는 것들"이다.[23] 이것은 네 가지 알아차림의 확립에 대한 『잡아함경』의 대응 내용들을 보충한 것이고, 이것은 티베트 대응 경전에서도 언급되어 있다.[24] 이 두 가지 대응 경전들의 내용들은 「아나빠나사띠 경」과 이의 대응하는 경전으로부터 확증을 받고 있다. 이들 경전에 따르면 알아차림이라는 깨달음 요소는 알아차림의 확립 수행을 통해서 발생하게 된다.[25]

모든 경전들에 따르면 선한 것과 불선한 것 사이의 명료한 구분은 법들의 탐구를 통해서 자양분을 공급받는다. 이것은 깨달음의 요소가 어떻게 장애에 대항하는지에 관한 주제를 완결시킨다. 왜냐하면 법들의 탐구라는 깨달음의 요소는 의심에 대항할 수 있다는 것을 보여 주기 때문이다. 이 깨달음의 요소에 영양분을 공급하는 선한 것과 불선한 것을 구별하는 능력은 『상윳따니까야』에 따르면 의심의 장애라는 요소의 영양분을 정확하게 제거한다. 즉 의심을 극복하는 것은 신앙을 필요로 하는 것이 아니라 그 대신 탐구를 요청한다.

에너지의 경우 각 대응 경전들은 모두 다르다. 『상윳따니까야』

---

23) SN 46.51 at SN V 103,32 (translated Bodhi 2000: 1598).
24) D 4094 ju 286b1 또는 Q 5595 thu 31b5.
25) MN 118 at MN III 85,8 (translated Ñāṇamoli 1995: 946) 그리고 대응 경전 SĀ 810 at T 2.208b15.

의 가르침은 각성, 노력, 분발의 요소에 주의를 기울인다. 반면 『잡아함경』과 티베트 경전은 네 가지 올바른 노력들을 도입하고 있다. 이것들을 함께 고려하면 두 경전의 가르침은 에너지를 활성화시키는 자질들과 이것을 어떻게 활용할 것인지를 언급하고 있다. 즉 불선한 것에 대항하고 선한 것을 계발하는 것이다.

　기쁨의 경우 각 경전들의 서술은 아주 비슷하다. 『상윳따니까야』는 "기쁨이라는 깨달음의 요소의 토대가 되는 것들"에 대해 말하고 있는 반면, 다른 대응 경전들은 "기쁨"에 대해 말하고 "기쁨을 확립하는 것"에 대해 말한다.

　세 가지 경전들은 신체적 그리고 정신적 고요가 고요라는 깨달음의 요소에 자양분을 제공할 것이라는 데 동의하고 있다. 그러므로 고요한 행동과 마음의 평화를 유지하는 것은 서로 협력하여 고요라는 깨달음의 요소를 성장시키는 데 적합한 환경을 조성하게 될 것이다.

　집중과 관련해서는 다시 차이가 드러난다. 『상윳따니까야』에서는 고요의 신호와 산만하지 않음의 신호에 대해 언급한다.[26] 그 반면 대응되는 『잡아함경』은 네 가지 선정들을 명문화하고 있다. 이런 선정들은 어쨌든 고요와 산만하지 않음에서 성공을 이루었다는 것을 예로 보여 준다. 이런 경우에 티베트 경전은 『상윳따니까야』의 서술과 더 유사하다. 왜냐하면 티베트 경전은 집중과 집중의 신호에 대해 언급하고 있기 때문이다.[27]

　평정에 자양분을 공급하는 것은 『상윳따니까야』에 따르면 "평정

---

26) SN 46.51 at SN V 105,3.
27) D 4094 ju 287a2 또는 Q 5595 thu 32a7.

이라는 깨달음의 요소의 토대가 되는 것들"이다. 반면 이에 대응하는 경전인 『잡아함경』과 티베트 경전은 "제거", "이욕", "소멸"의 요소를 언급하면서 이런 요소들을 수행하고 계발하면 결국 평정의 확립으로 귀결될 것이라고 지적하고 있다.

대응 경전들의 가르침들을 어느 정도 결합하여서 요약하면 〈그림 11.2〉로 정리할 수 있다.

깨달음의 요소	자양분
알아차림	네 가지 알아차림의 확립
탐구	선한 것과 불선한 것의 구분
에너지	네 가지 올바른 노력
기쁨	기쁨의 확립
고요	신체적 및 정신적 고요
집중	산만하지 않음, 집중의 신호, 네 가지 선정
평정	평정의 토대로서 제거, 이욕, 소멸

그림 11.2 깨달음의 요소를 위한 자양분

4. 깨달음의 요소의 현상

다른 경전들 역시 장애와 깨달음의 요소를 다루고 있다. 그 일부는 내가 앞 장에서 언급한 바가 있다. 또 다른 경전들은 장애와 깨달음의 요소의 숫자를 두 배로 확장하고 있다. 여기서 「빠리야야

경」에 대응하는 『잡아함경』에서 두 배로 늘어난 깨달음의 요소들을
언급하고 있는 구절들을 살펴보자.[28]

어떻게 깨달음을 위한 일곱 가지 요소가 열네 가지가 되는가? 내
적인 현상과 관련된 알아차림의 확립이 있고, 외적인 현상과 관련
된 알아차림의 확립이 있다. 내적인 현상과 관련된 알아차림의 확
립은 앎을 따르고, 깨달음을 따르고, 열반으로 이끌 수 있는 알아
차림의 깨달음의 요소이다. 그리고 외적인 현상과 관련된 알아차
림의 확립은 앎을 따르고, 깨달음을 따르고, 열반으로 이끌 수 있
는 알아차림의 깨달음의 요소이다.[29]
선한 상태를 탐구하는 것이 있고, 선하지 않은 상태를 탐구하는
것이 있다. 선한 상태에 대한 탐구는 법을 탐구하는 깨달음의 요
소이고 … 그리고 선하지 않은 상태에 대한 탐구는 법을 탐구하는
깨달음의 요소이다. …
선하지 않은 상태를 제거하는 노력이 있고, 선한 상태를 계발하는
노력이 있다. 선하지 않은 상태를 제거하는 노력은 에너지의 깨달
음의 요소이고 … 그리고 선한 상태를 계발하는 노력은 에너지의
깨달음의 요소이다. …
기쁨이 있고, 기쁨을 확립하는 것이 있다. 그 기쁨은 기쁨의 깨달

---

28) SĀ 713 at T 2.191b21-191c13.
29) 빨리 대응 경전 SN 46.52 at SN V 110,31 (translated Bodhi 2000: 1604)은
    열반의 성취를 언급하지 않는다. 대신 이처럼 깨달음의 요소가 두 종류라는
    것을 보여 준다. 티베트 대응 경전인 D 4094 ju 60b7 또는 Q 5595 tu 67a4
    는 열반의 성취와 깨달음의 요소가 두 종류라는 점에서는 앞의 두 가지 번
    역에 동의한다.

음의 요소이고 … 그리고 그 기쁨을 확립하는 것은 기쁨의 깨달음의 요소이다. …

몸의 고요가 있고, 마음의 고요가 있다. 그 몸의 고요는 고요의 깨달음의 요소이고 … 그리고 그 마음의 고요는 고요의 깨달음의 요소이다. …

집중이 있고, 집중의 신호가 있다. 그 집중은 집중의 깨달음의 요소이고 … 그리고 그 집중의 신호는 집중의 깨달음의 요소이다. …

선한 상태로 나아가는 평정이 있고, 선하지 않은 상태로 나아가는 평정이 있다. 선한 상태로 나아가는 평정은 앎을 따르고, 깨달음을 따르고, 열반으로 이끌 수 있는 평정의 깨달음의 요소이다. 그리고 선하지 않은 상태로 나아가는 평정은 앎에 따르고, 깨달음에 따르고, 열반으로 이끌 수 있는 평정의 깨달음의 요소이다.

『상윳따니까야』의 「빠리야야 경」은 알아차림이 내적 또는 외적 현상들로 향할 수 있다는 점에서 위에서 번역한 『잡아함경』과 일치하고 있다. 이것은 「알아차림의 확립 경」에서 언급하는 내적인 것과 외적인 것 사이의 구별을 의미하는 것이기도 하다. 티베트 경전은 다른 내용을 언급하고 있는데 내적인 것 및 외적인 것 대신에 선한 현상 또는 불선한 현상을 알아차릴 것을 말하고 있다.[30]

「빠리야야 경」은 다음 깨달음의 요소인 현명한 탐구가 내적인 현상 또는 외적인 현상과 연관된다는 점을 지적하는 것에서는 동

---

30) D 4094 ju 60b6 또는 Q 5595 tu 67a3.

일한 양식을 취하고 있다. 그러나『잡아함경』에서는 선한 상태와 불선한 상태를 탐구하는 것을 구별해야 한다고 언급하고 있는데, 이것은 티베트 경전에서도 발견되는 것이다. 그러므로『상윳따니까야』의 내용에서 본다면, 자신의 마음에서 일어나는 내적인 탐구와 수행자 자신의 경험에 영향을 미치는 것과 연관된 외부 세계의 탐구 사이에는 구별이 있는 것이다. 그러나 위의 두 경전에서 보면 탐구의 대상은 불선한 상태와 그 불선한 상태가 어떻게 발생하는지를 알아차리거나 또는 선한 상태와 그 선한 것을 어떻게 계발할 것인지에 대한 것이다.

에너지의 경우『상윳따니까야』에서는 이런 깨달음의 요소가 갖는 신체적 및 정신적 현상들을 구분 짓고 있다. 예를 들면, 신체적 노력의 예로서 앉은 자세로 움직이지 않고 계속해서 유지하겠다는 결심이고, 정신적인 노력은 마음을 다른 데로 향하지 않고 수행을 지속적으로 하겠다는 결심이다. 이것과는 달리『잡아함경』과 이에 대응하는 경전인 티베트 경전은 불선한 상태의 제거와 선한 상태의 계발을 언급하고 있다. 이와 연관해서 선한 것을 계발하거나 또는 선하지 않은 것을 극복하는 수행을 예로 들고 있다.

또 다른 깨달음의 요소인 기쁨에 대해서『상윳따니까야』는 첫번째 선정에서 볼 수 있는 마음의 두 가지 상태, 즉 초기 집중과 지속된 집중(vitakka and vicāra)에 동반되는 기쁨과 이것들이 없는 기쁨, 즉 두 번째 선정의 기쁨을 구별하고 있다. 이에 대응하는 경전인『잡아함경』과 티베트 경전에서는 이런 구체적인 구분은 하지 않고, 단순히 기쁨에 대해서 그리고 기쁨을 확립하는 것에 대해서 언급하고 있다.

세 가지 경전은 모두 신체적 및 정신적 고요에 대해 동일하게 언급하고 있다. 고요의 신체적 현상은 신체적 행동, 언어적 행동, 고요하게 앉은 자세를 포함한다. 이에 해당되는 마음의 고요는 수행을 하는 동안이나 일상적인 활동을 하는 동안 마음의 고요를 확립하고 지속하는 것이다.

집중의 경우 『상윳따니까야』는 또 다시 초기 집중과 지속된 집중이 동반되는 것과 이것이 없는 것, 그리하여 첫 번째 선정 이상에서 시작되는 선정 그리고 두 번째 선정 이상에서 시작되는 선정을 구별하고 있다. 기쁨의 경우도 서로 차이가 있는데, 세 번째 선정과 네 번째 선정에서 기쁨이라는 깨달음의 요소는 없다. 여기에서도 『잡아함경』과 티베트 경전은 단지 일반적으로 말하고 있을 뿐인데, 이 경전들에서는 단순히 집중과 집중의 신호를 언급하고 있다.

평정의 경우 『상윳따니까야』에서는 내적인 것과 외적인 것을 구별하고 있다. 반면 『잡아함경』과 티베트 경전에서는 선한 것과 불선한 것의 차이를 말하고 있다. 이것은 법들에 대한 탐구라는 깨달음의 요소와 유사한데, 세 경전은 각기 나름대로 언급하고 있다. 실제적인 관점에서 보면, 평정의 계발은 자신에게서 발생한 것 또는 외부 세계로부터 유래한 것으로 나누어진다. 그리고 선한 것과 불선한 것을 구별하기 위해서는 마음의 균형을 유지하는 것이 필요하다.

대응 경전들의 가르침들을 종합하여 요약하면 〈그림 11.3〉과 같이 정리할 수 있다. 이 그림은 개별적인 깨달음의 요소들이 어떻게 드러나는지를 보여 주고 있다.

깨달음의 요소	현상
알아차림	선한 것 또는 불선한 것의 내적 또는 외적인 것
탐구	선한 것 또는 불선한 것의 내적 또는 외적인 것
에너지	선한 것 또는 불선한 것과 연관된 신체적 또는 정신적인 것
기쁨	첫 번째 선정 또는 두 번째 선정에서 기쁨의 확립
고요	신체적 및 정신적 고요
집중	첫 번째 선정 이상에서 보이는 집중
평정	선한 것 또는 불선한 것과 연관된 내적 또는 외적인 것

그림 11.3 깨달음의 요소들의 현상

5. 치유와 깨달음의 요소

깨달음의 요소들을 계발함으로써 얻을 수 있는 잠재적인 가능성에는 심지어 의학적인 치유의 힘도 포함되어 있다. 이런 점은 붓다가 아팠을 때를 기록한 경우를 보면 알 수 있다. 이런 내용을 담은 경전은 『상윳따니까야』와 『잡아함경』인데, 산스끄리뜨어와 위구르어 번역도 일부 남아 있다. 나는 『잡아함경』의 내용 일부를 번역하겠다.

이 경전은 붓다가 여행에서 돌아와서 병이 든 것에서 시작하고 있다. 아난다가 붓다를 위해서 자리를 마련하고 있는 장면을 보면 붓다의 병이 굉장히 심각하였다는 인상을 받는다. 붓다는 자리에

누운 다음 아난다에게 이렇게 말한다.[31]

[붓다는] 아난다에게 말하였다. "깨달음을 위한 일곱 가지 요소를 암송하거라." 아난다는 붓다에게 대답하였다. "세존이시여, 알아차림의 깨달음의 요소는 세존께서 완전한 깨달음을 통하여 스스로 실현하셨고 출리에 의해 지지받고, 이욕에 의해 지지받고, 그리고 소멸로 지지를 받아서 놓아 버림으로 이끈다고 가르쳤습니다. 법을 탐구하는 깨달음의 요소는 … 에너지의 깨달음의 요소는 … 기쁨의 깨달음의 요소는 … 고요의 깨달음의 요소는 … 집중의 깨달음의 요소는 … 평정의 깨달음의 요소는 세존께서 완전한 깨달음을 통하여 스스로 실현하셨고 출리에 의해 지지받고, 이욕에 의해 지지받고, 그리고 소멸로 지지를 받아서 놓아 버림으로 이끈다고 가르쳤습니다.

붓다는 아난다에게 말하였다. "에너지라고 말했는가?" 아난다는 붓다에게 대답하였다. "세존이시여, 저는 에너지라고 말했습니다. 에너지라고 말했습니다. 선서시여."

붓다는 아난다에게 말하였다. "참으로 에너지를 계발하였고 최고의 완전한 깨달음에 이르는 것을 중시하였다." 이렇게 말씀하시고 붓다는 몸을 바르게 세워 알아차림을 확립하셨다.

이에 대응하는 경전인 『상윳따니까야』에서는 다소 다른 상황을 전하고 있다. 여기서 붓다는 여행을 하는 대신, 대나무 숲의 다람

---

31) 지금 인용문과 다음 인용문은 T 2.195c7-196a5에서 발췌한 것이다.

쥐 보호구역에 머무셨고 붓다를 위해 깨달음의 요소들을 암송한 수행자는 마하쭌다(Mahācunda)였다.[32] 실제로 암송은 깨달음을 위한 일곱 가지 요소를 잘 설명하였고, 이것들은 직접적인 앎, 깨달음, 열반으로 이끄는 길이라는 점을 강조한다.『상윳따니까야』에서 붓다는 이 암송을 듣고 질병에서 회복되어 잘 치료되었다고 언급하는 것으로 끝을 맺고 있다.[33]

『잡아함경』은 계속해서 어떤 일이 일어났는지를 분명히 목격한 수행승이 붓다의 회복을 축하하는 시를 지었다고 언급하고 있다. 이 시구의 일부분은 산스끄리뜨와 위구르 단편에 또한 보존되어 있다.『잡아함경』에 있는 그 수행승의 시구의 일부를 번역하고자 한다.

병을 인내하는 [동안] [붓다는] 이 법을 암송하게 하였고,
놀라운 법을 듣고 기뻐하셨다.
수행승은 법을 암송하였다.
깨달음으로 [이끄는] 깨달음을 위한 일곱 가지 요소,
"알아차림, 법의 탐구, 에너지, 기쁨, 고요, 집중,
평정의 깨달음의 요소를 암송하였다.
이들은 깨달음을 위한 일곱 가지 요소이고,

---

32) SN 46,16 at SN V 81,1 (translated Bodhi 2000: 1581).
33) 『상윳따니까야』에는 두 가지 유사한 대화가 있다. 상수제자들도 붓다가 깨달음의 요소를 암송하는 것을 듣고 건강을 회복한다. 이에 대해서는 SN 46,14 그리고 SN 46,15를 볼 수 있다. 첫 번째 경전의 티베트 대응 경전 D 40 ka 281b1 또는 Q 756 tsi 298a8이 있다. 이 대화는 명백히 빨리 경전에서부터 번역된 것이다. cf. Skilling 1993.

이들은 지고하고 잘 설해졌다."
깨달음을 위한 일곱 가지 요소를 설하는 것을 들으시고,
완전한 깨달음의 맛을 철저하게 경험하시고,
[비록] 몸은 통증으로 인해서 일그러지고 괴롭지만,
병을 견디면서 [붓다는] 곳곳이 앉아 들으신다.

산스끄리뜨 단편은 신체적 차원에서 놀랄 만한 효과를 보이는 것은 바로 깨달음의 요소들의 맛이라는 점을 확실하게 한다.[34] 이런 내용은 붓다가 깨달음의 요소들을 통해서 얻은 것을 회상함으로써, 그리고 이런 회상이 강력한 기쁨의 느낌과 내적 에너지의 발생으로 이어지고 있음을 보여 주고 있다. 이런 기쁨과 내적 에너지는 눈에 띄게 질병 치료의 효과를 보일 만큼 붓다의 신체에 영향을 미친다. 시구는 어떤 수행자가 법을 적절하게 들으면 일반적으로 어떤 일이 일어나는지를 지속적으로 언급하고 있다.

법이 있는 그대로 설해지는 것을 듣고,
마음을 모아서 총명하고 지혜롭게 듣는다.
붓다가 설하는 법을 듣고 감각적 욕망 없이 기뻐하고 즐거워한다.
기쁘고 즐거워하면서 몸은 고요해지고
마음도 또한 스스로 행복해지고
행복한 마음을 적합하게 성취하고
존재, 현상, 형성에 대한 올바른 통찰을 성취한다.

---

34) Waldschmidt 1967: 244. 위구르어 역에는 다음이 있다. von Gabain 1954: 13.

위의 시구가 보여 주는 것은 깨달음의 요소들을 계발하는 것은 단지 공식적인 수행에만 한정되지 않는다는 것이다. 마음을 모아서 붓다의 가르침을 듣게 되면 감각적인 것에서 벗어난 기쁨으로 이어지고, 그럼으로써 몸은 평온해지고 행복한 마음은 집중을 성취한다. 분명히 몇몇 깨달음의 요소들은 이런 일정한 상황에서 일어나고 이것은 다시 올바른 통찰로 이어진다.

이런 시구에 대응되는 내용은 빨리어 대응 경전에서 볼 수 없지만, 유사한 내용은 『상윳따니까야』에서 볼 수 있다. 이에 따르면 마음을 충분히 집중해서 붓다의 법을 들을 때 깨달음을 위한 일곱 가지 요소는 모두 발생할 수 있다는 것이다.[35]

앞에서 언급한 바와 같이, 『상윳따니까야』의 「빠리야야 경」에 따르면 깨달음의 요소인 기쁨과 집중은 마음을 처음 적용하는 것 및 지속적으로 적용하는 것과 함께 한다. 이런 두 가지 요소들은 첫 번째 선정의 특징이고, 또한 첫 번째 선정으로 이어지게 하는 고요의 단계에서 나타난다. 이와는 달리 보다 높은 선정의 상태에서는 처음 적용하는 것 및 지속적으로 적용하는 것은 없어질 수도 있다. 붓다의 법을 들으면서 일단 깨달음의 요소들이 발생하면 기쁨과 집중과 같은 깨달음의 요소들은 깊은 선정에만 한정되는 것이 아닌 것은 분명해진다. 그러므로 「빠리야야 경」에서 마음에 처음 적용하는 것과 지속적으로 적용하는 것에 동반된 기쁨과 집중은 선한 기쁨과 집중의 형태이기는 하지만, 완전한 선정의 성취에는 미치지 못한다고 말하고 있다. 이런 결론은 「빠리야야 경」의 대응 경전들에 의해

---

35) SN 46.38 at SN V 95,19 (translated Bodhi 2000: 1592).

서도 지지를 받고 있다. 이런 경전들에서는 깨달음의 요소인 기쁨과 집중을 언급할 때 선정에 대해서는 다루지 않고 있다.

6. 알아차림의 확립과 깨달음의 요소

그럼에도 불구하고 공식적인 수행의 맥락에서 깨달음의 요소들은 아주 특별한 의미를 띄고 있다. 알아차림의 확립 수행에서 깨달음의 요소들이 어떻게 발생하는가에 대한 내용은 「아나빠나사띠경」과 이에 대응하는 경전인 『잡아함경』에서 볼 수 있다. 그 대응 경전들에서 보여 주고 있는 것은 깨달음의 요소들이 열거된 순서는 깨달음의 잠재력을 펼치는 방식에 해당된다는 점이다. 이런 연속적인 순서는 수행의 점진적인 진전을 반영하고 있는데, 앞의 깨달음의 요소는 그다음에 오는 깨달음의 요소의 발생을 도와준다. 이와 연관된 『잡아함경』의 구절은 이런 역동성을 보여 준다. 또한 이 구절은 개별적인 깨달음의 요소가 갖는 중요한 의미에 대해 몇 가지 유익한 지침도 제공하고 있다.[36]

몸과 [관련해서] 몸을 관찰하면서 알아차림을 확립한다. 알아차림을 확립하고 [그래서] 알아차림은 확고히 확립되고 잊지 않는다.

---

36) SĀ 810 at T 2.208b15-208c6.

그때 알아차림의 깨달음의 요소를 부지런히 계발한다. [이와 같이] 알아차림의 깨달음의 요소를 계발하여 알아차림의 깨달음의 요소는 완전해진다.

알아차림의 깨달음의 요소가 완전해질 때, 그 상태를 탐구하고 조사한다. 그때 법을 탐구하는 깨달음의 요소를 부지런히 계발한다. [이와 같이] 법을 탐구하는 깨달음의 요소를 계발하여 법을 탐구하는 깨달음의 요소는 완전해진다.[37]

그 상태를 탐구하고 구분하고 조사할 [때] 부지런히 에너지를 얻는다. 그때 에너지의 깨달음의 요소를 부지런히 계발한다. [이와 같이] 에너지의 깨달음의 요소를 계발하여 에너지의 깨달음의 요소는 완전해진다.[38]

부지런하고 에너지가 생길 [때] 마음은 즐겁고 기쁘게 된다. [그때] 기쁨의 깨달음의 요소를 부지런히 계발한다. [이와 같이] 기쁨의 깨달음의 요소를 계발하여 기쁨의 깨달음의 요소는 완전해진다.[39]

즐겁고 기쁘게 될 [때] 몸과 마음은 고요해지고 편안해진다. 그때 고요의 깨달음의 요소를 부지런히 계발한다. [이와 같이] 고요의 깨달음의 요소를 계발하여 고요의 깨달음의 요소는 완전해진다.

몸과 마음이 행복해질 [때] 집중을 얻게 된다. 그때 집중의 깨달음의 요소를 부지런히 계발한다. [이와 같이] 집중의 깨달음의 요소

---

37) 빨리 대응 경전 MN 118 at MN III 85,17 (translated Ñāṇamoli 1995: 946)은 지혜를 탐구한다고 구체적으로 밝힌다.

38) MN 118 at MN III 85,26에 따르면 에너지는 흔들리지 않는다.

39) MN 118 at MN III 85,32는 이 상태에서 일어난 기쁨은 세간적이지 않다고 한다.

를 계발하여 집중의 깨달음의 요소는 완전해진다. [40]

집중의 깨달음의 요소가 완전해질 [때] 탐욕과 슬픔은 멈추고 균형과 평정을 얻는다. 그때 평정의 깨달음의 요소를 부지런히 계발한다. [이와 같이] 평정의 깨달음의 요소를 계발하여 평정의 깨달음의 요소는 완전해진다. [41]

그러므로 동일한 과정을 다른 알아차림의 확립들에도 적용할수 있다. 즉 알아차림을 첫 출발점으로, 위에서 언급한 과정을 나머지 알아차림의 확립에도 확립할 수 있고 그리고 이것은 동일한방식으로 깨달음의 계발로 이어진다.

이런 가르침이 갖는 함축을 염두에 두면서, 첫 번째 알아차림의확립을 통해서 계발된 알아차림은 몸을 아름답게 생각하는 피상적인 지각을 넘어서서 매력적이지 않은 신체 내부로 관통해 들어간다. 몸에 대한 알아차림 수행은 결국 자아동일성이라는 견고한 감각을 "해체하고", 몸 전체는 단순히 네 가지 구성 요소의 결합이라는 것을 드러낸다. 죽음이라는 주제는 현대 사회에서 습관적으로회피하는 문제이다. 중요한 과제는 우리 자신의 불가피한 유한성과 삶의 총체적인 측면에 완전히 주의를 기울이는 것이다. 알아차림이라는 깨달음의 요소가 확립된 것을 기반으로 하여 다른 알아차림의 확립 수행들에서 에너지를 가지고 탐구하게 되면, 결국 출리는 기쁨과 고요로 이어지고 마음은 집중되고 평정하게 된다. 이

---

40) MN 118 at MN III 86,10에서의 형식은 몸이 고요해지고 행복해질 때 마음은 집중된다는 점에서 조금 차이가 있다.

41) MN 118 at MN III 86,16은 이와 같이 집중한 마음에서 평정을 본다고 대신말한다.

런 식으로 몸에 대해 불선한 정신적 태도에서 멀어지면서 수행자는 몸에 대해 이욕을 계발하고, 애착은 점차로 소멸되고 몸과 동일시하는 것을 놓아버리는 것을 배우게 된다.

동일한 과정이 다른 알아차림의 확립들에도 적용된다. 거기에서는 알아차림의 확립에 기반을 두고서 다른 깨달음의 요소들이 등장하고 이의 계발은 출리, 이욕, 소멸로 이어지고, 그리고 놓아 버림으로 결론을 맺는다. 유일한 차이는 개별적인 알아차림의 확립의 기본적인 과제에 있다. 느낌에 대한 알아차림 수행은 지금 현재 자신의 경험이 갖는 정서적인 특징에 강박적인 방식으로 반응하는 대신, 명확하게 자신의 감정이 어떤지를 확인함으로써 그것에 대한 앎을 가져온다. 마음에 대한 알아차림 수행은 생각의 정글을 뚫고 들어가서 그 주어진 순간에 발생하는 기저의 정신적 상태를 여지없이 드러낸다. 그리고 장애들과 깨달음의 요소들과 연관해서 과제는 지금 무엇이 일어나고 있는지를 알아차릴 뿐만 아니라, 장애들 또는 깨달음의 요소들의 존재 또는 부재와 관련된 조건들을 과감하게 드러내는 것이다.

「아나빠나사띠 경」은 깨달음의 요소들이 네 가지 알아차림의 확립 수행에 기반을 두고서 지혜와 해탈로 귀결되는 방식으로 계발되어야 한다고 말한다. 그런 점에서 『잡아함경』의 대응 경전과 일치한다. 깨달음으로 나아갈 수 있는 이러한 가능성으로 인해서, 핵심이나 총체성의 관점에서 깨달음의 요소들은 알아차림의 확립 수행 가운데 법에 대한 수행에서도 정점에 있게 된다. 경전들에서 이것이 얼마나 중요한지에 대해서 보여 주는 예로, 깨달음을 위한 일곱 가지 요소를 전륜성왕의 일곱 가지 귀중한 보물에 비유하는 것이 있다.

7. 전륜성왕

전륜성왕이라는 개념은 초기불교 경전에서 반복적으로 나오는 주제이다. 이 주제는 인도에서 붓다의 출현보다 앞서는 왕권의 개념에 그 뿌리를 두고 있다.[42] 초기경전에서 전륜성왕은 세간적인 활동을 하는 붓다로서 역할을 말한다. 붓다는 여래(Tathāgata)로서 영적인 영역에서 최고의 지위를 점하고 있다.

전통에 의하면, 전륜성왕은 신통력을 가진 일곱 가지 보물을 지니고 있다고 한다. 그 첫 번째가 마술적인 힘을 가진 바퀴이다. 하늘에서 나타난 징조는 왕의 역할이 바퀴를 돌리는 왕(cakkavattin)이라는 것을 확인시켜 준다. 바퀴는 왕이 전 세상을 평화롭게 지배할 수 있도록 길잡이 역할을 한다. 이런 평화로운 통치를 위해서 왕은 신비로운 코끼리·말·보석의 도움을 받는다. 이 동물들은 왕이 가고 싶어 하는 곳은 어디라도 날아서 데려다 줄 수 있고, 보석은 모든 방향을 비추어 준다. 다른 보물들은 인간적인 것들이다. 여기에 속하는 것은 최고의 아름다움을 지닌 왕비, 왕의 성격, 엄청난 부를 가능하게 하는 재상, 그리고 모든 질서를 바로잡아 줄 수 있

---

42) Anālayo 2011b: 54f.

는 장군이다.

『상윳따니까야』와 이에 대응하는 경전인 『잡아함경』의 내용은 깨달음의 요소들에 이런 이미지의 묘사를 적용하고 있다. 여기서는 『잡아함경』의 해당 구절들을 옮겨 본다.[43)]

전륜성왕이 세상에 나타날 때, 세상에는 일곱 가지 보배도 나타난다. 황금으로 만든 바퀴, 코끼리, 말, 초자연적인 보석, 여성, 재상, 장군이다.[44)] 이러한 방식으로 여래는 세상에 출현한다. 깨달음을 위한 일곱 가지 요소의 보배도 나타난다.

『상윳따니까야』에서는 유사한 비유를 한 다음 끝을 맺지만 그러나 대응 경전인 『잡아함경』에서는 계속해서 왕이 포살일에 왕궁의 꼭대기에서 금으로 된 바퀴가 수천의 바큇살과 함께 하늘에서 자신에게로 날아오고 있는 것을 설명하고 있다. 이것을 보면서 왕은 그 자신이 바퀴를 돌리는 왕이라는 것을 인식하게 된다. 왕은 공중에서 바퀴를 돌리면서 자신의 군대는 모든 방향으로 나아가서 이 세상을 평화롭게 지배하고, 스스로 왕의 규율에 지배받기를 열망하는 소국의 왕들에게 환대를 받는다.

경전 자체가 일대일의 대응을 보여 주고 있는 것은 아니지만, 바퀴는 알아차림의 깨달음의 요소에 해당한다는 주석의 전통을 따르는 것은 안전하게 보인다.[45)] 이런 이미지가 갖는 함축성을 그리

---

43) SĀ 721 at T 2.194a6-194a9.
44) 빨리 대응 경전 SN 46.42 at SN V 99,3 (translated Bodhi 2000: 1594)은 이 바퀴가 황금이라거나 보석이 초자연적이라고 이야기하지 않는다.
45) Spk III 154,19.

면서 깨달음에 이르는 길은 마음의 우주를 평화롭게 정복하는 것으로 말끔히 정리된다. 알아차림에 의한 정복은 마음의 공간에서 자신의 바퀴, 즉 알아차림의 바퀴를 굴림으로써 자신의 경험 세계의 영적인 황제가 될 수 있게 해 준다. 이렇게 깨달음의 요소로서 알아차림은 알아차림의 확립 수행에서 최고의 보석이다.

바퀴를 돌리는 왕의 보물이라는 이미지는 초기불교의 깨달음에 이르는 길에서 차지하는 중심적이고 중요한 역할을 더욱 돋보이게 만든다. 그 이유는, 그 이름이 말해 주고 있는 바와 같이 깨달음의 요소들은 깨달음으로 인도해 주기 때문이다.

8. 수행에서 깨달음의 요소

깨달음의 요소들이 갖는 이런 잠재성과 명맥한 중요성이라는 관점에 이어서, 수행의 관점에서 깨달음의 요소들을 계발하는 본질적인 측면들을 요약하고자 한다. 이런 작업은 지금까지 논의한 경전 구절에 의존할 것이다. 우선 깨달음의 요소를 기르는 수행의 네 가지 주제들을 다룰 것이다. 즉 이것들은 출리, 이욕, 소멸로 인해서 지지를 받고 결국은 놓아 버림으로 이어지는 것이다. 이런 네 가지에 대한 논의를 먼저 하고 난 다음, 깨달음의 요소들 그 자체에 대한 논의로 다시 돌아갈 것이다.

깨달음의 요소들을 계발하는 이런 네 가지 측면들을 실천에 옮길 수 있는 하나의 방법은—분명한 것은 하나만은 아니라는 점이다—출리라는 주제를 특히 "불선한 것으로부터 출리"라는 맥락으로 다루는 것이다. 선정을 성취하는 서론의 부분에서 출리라는 용어가 자주 등장하는 배경을 이룬다. 그러므로 "불선한 것으로부터 출리"라는 것은 깊은 집중을 통해서 출리의 행복을 경험하게 만드는 도덕적 훈련의 단계를 하나로 요약한 듯이 보인다. 그런 출리는 도덕적 행동과 내적인 출리의 건강함이라는 단단한 기반을 이룰 수 있다. 그리하여 더 이상 세상의 것들에게 휘둘리지 않게 된다.

이욕에 해당하는 빨리어 용어는 세 번째 성스러운 진리인 갈망의 소멸과 연관되어서 종종 나타난다. 이것은 또한 "서서히 사라진다"는 또 다른 의미도 갖고 있는데, 이것은 갈망이 점진적으로 사라짐을 의미한다. 그러므로 단계적으로 "갈망이 점진적으로 사라짐"으로서 이욕은 깨달음의 요소와 관련하여 이 용어가 갖는 함의를 요약하고 있다고 볼 수 있다. 이것은 갈망이 나타나는 그 지점을 인식할 필요가 있고, 그다음 단계적으로 점차로 사라지는 과정을 밟게 된다.

마지막으로 소멸은 둣카의 소멸과 주로 연관되어서 가장 현저하게 나타난다. 연기(緣起, dependent arising, paṭiccasamup-pāda)의 가르침에 따르면, 이런 둣카의 소멸은 무명이 소멸함으로써 도달하게 되는 결과이다. 둣카의 총체적인 소멸은 완전한 깨달음에 이를 때에만 달성되는 반면, 둣카가 부분적으로 일시적으로 소멸하는 것은 바로 지금 여기에서 경험할 수 있다.

종합해서 말하면, 다른 가능한 해석들을 배제하지 않는다면 첫 세 가지 측면들은 다음과 같은 방식으로 이해할 수 있다.

- 불선한 것으로부터 출리
- 갈망이 점진적으로 사라짐으로써 이욕
- 둣카의 점진적인 소멸

이런 세 가지는 삼각대의 세 다리로 형상화할 수 있다. 이런 세 가지 다리의 지지를 받으면서 "놓아 버림" 또는 "포기"는 적절한 자리를 차지하게 된다. 왜냐하면 이 세 가지는 놓아 버림이 적절한 형태라는 것을 확인해 주기 때문이다. 결과적으로 아래와 같은 〈그림 11.4〉가 된다.

놓아 버림

출리 　　　 이욕 　　　 소멸

그림 11.4 깨달음의 요소를 계발하는 핵심적인 측면

이 삼각대는 개별적인 깨달음의 요소 각각에 대해서 상기할 필요가 있다. 알아차림에서 평정에 이르기까지 개별적인 깨달음의 요소들은 출리의 지지를, 이욕의 지지를, 소멸의 지지를 받아야만 하고 결국은 놓아 버림으로 가야 한다.

이런 자질들은 분명히 통찰로 나아가는 방향성을 갖고 있는데, 이런 통찰이야말로 깨달음의 요소들이 갖는 깨달음의 가능성을 실현하는 바로 그 정확한 이유라고 할 수 있다. 깨달음의 요소들은 그 자체로 통찰과 고요를 모두 포괄하는 것으로 보인다. 『성문지(Śrāvakabhūmi)』에 의하면 법의 탐구, 에너지, 기쁨은 통찰과 연관성을 갖는 반면 집중, 고요, 평정은 고요에 관여하고 알아차림은 이 둘에 모두 연관한다.[46] 이런 비교를 고려해 보면, 깨달음의 요소들은 에너지를 주는 요소들과 차분하게 하는 요소들로 대별할 수 있다.

탐구와 에너지는 어느 정도 「알아차림의 확립 경」의 "정의" 부분에서 언급한 알아차림의 확립 수행의 중심적인 자질들과 유사하다. 이 경전에 의하면 수행을 하는 사람은 누구나 반드시 "부지런하고"(=에너지) "명료한 앎"(=탐구)을 수행해야만 한다.

알아차림 다음에 나오는 첫 두 가지 깨달음의 요소들은 보다 더 통찰 지향적인 측면을 표현하고 있는 반면, 기쁨의 경우는 다르다. 왜냐하면 기쁨은 또한 고요와 집중의 계발을 위한 중요한 기반을 이룬다. 그러므로 깨달음의 요소로서 기쁨은 통찰의 계발에 제한할 필요는 없다.

마찬가지로, 평정은 선정 성취에서 중요한 역할을 하면서도 또한 이 평정은 통찰과 연관해서도 상당한 정도의 의미를 지니고 있

---

46) Śrāvakabhūmi, Shukla 1973: 326,5.

다. 평정과 통찰의 연관성은 하나의 깨달음의 요소로서 평정을 기르는 것이라는 정의에서도, 그리고 서로 다른 현상의 기술에서도 반영되어 있다. 기쁨과 집중의 경우와는 달리 이런 정의와 기술은 선정을 전혀 가져오지 않는다. 그러므로 평정은 내적인 것 또는 외적인 것과 연관해서 그리고 선한 것 또는 불선한 것과 연관해서 볼 수 있고 그것은 제거, 이욕, 소멸의 수행 주제들과 밀접한 연관을 갖고 있다. 종합해 보면, 이런 가르침들은 분명히 통찰에 강조점을 부여하는 표현인 것이다.

초기불교의 사유에서 통찰과 고요는 서로 보완적인 성질을 갖고 있다. 이 둘은 모두 해탈의 여정이 열매를 맺기 위해서 반드시 필요한 것들이다. 그러므로 통찰과 고요가 깨달음의 요소들의 밑바탕을 이루는 것은 지극히 자연스러운 일이고, 만약 깨달음의 요소들이 단지 해탈의 통찰을 계발하는 데에만 관심을 기울이거나 또는 깨달음의 요소들이 집중을 계발하고 선정에 들어가는 길이라는 것뿐이라면, 초기경전의 정신을 제대로 다루지 못하는 것이다.

〈그림 11.5〉는 통찰과 고요를 함께 계발하는 방식으로서 깨달음의 요소들의 주요 측면들을 함께 다루고자 한다. 일곱 가지의 깨달음의 요소들을 「아나빠나사띠 경」과 이에 대응하는 경전인 『잡아함경』에 따라서 그 계발의 순서를 제시하였다. 화살표를 보면, 깨달음의 요소들 서로가 각각 어떻게 구성되어 있는지를 알 수 있다. (+)와 (−)의 표시는 「악기 경」과 대응 경전인 『잡아함경』에 따라서 각 깨달음의 요소들이 갖는 활기찬 또는 고요한 측면을 나타낸 것이다. 개별적인 깨달음의 요소들의 위치에 놓여 있는 삼각대는 이런 개별적인 요소들이 출리, 이욕, 소멸의 놓아 버림으로 이어져

서 계발되어야 한다는 것을 표시하기 위한 것이다. 그림의 오른쪽은 통찰의 영역을 드러내는 부분이고, 왼쪽은 고요의 영역을 드러내는 부분이다.

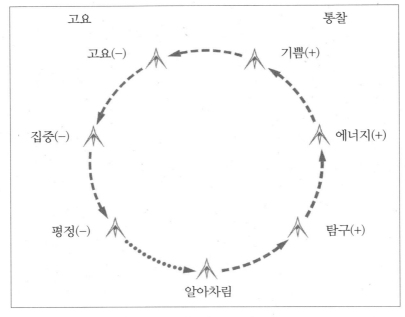

그림 11.5 깨달음의 요소들의 계발

알아차림의 요소는 모든 경우에 인정받을 만한 깨달음의 요소이므로 바닥에 놓여 있다. 좌표로 비유한다면 알아차림은 제로 포인트, 즉 영점이다. 말하자면 전체 체계의 토대이다.

「악기 경」과 「빠리야야 경」과 이들의 대응 경전에 있는 정보들을 모두 결합해서 생각해 보면(〈그림 11.2〉와 〈그림 11.3〉), 이 깨달음의 요소는 네 가지 알아차림의 확립을 내적·외적으로 수행하는 것을 통해서 실현되고, 무엇이 선한 것인지 또는 불선한지를 깨달는 기능을 한다.

알아차림의 요소에서 좌표계의 위로 올라가는 (+) 영역은, 「악기 경」과 이에 대응하는 경전에 따르면, 마음이 처져 있을 때 활기를 불어넣는 기능(+)을 하는 요소들이다. 탐구와 에너지의 요소들은 통찰과 밀접하게 연관되어 있다. 이 둘 모두는 선한 것 또는 불선한 것과 관련이 있다. 탐구는 내적으로 또는 외적으로 이루어질 수 있고, 에너지는 신체적이고 또한 정신적으로 이루어진다.

기쁨은 도식의 오른쪽인 통찰에서 왼쪽인 고요로 넘어가는 지점에 있다. 기쁨은 여전히 (+) 영역에 속하는 요소이다. 동시에 기쁨은 정신적인 고요의 계발로 이어지는 토대가 된다. 그런 기쁨은 어떤 단계의 표현일 수 있는데 예를 들면 첫 번째 선정의 요소이기도 하고 또한 두 번째 선정의 기쁨이 되기도 한다.

나머지 깨달음의 요소들은 마음을 차분하게(−) 하는 것들이다. 마음을 차분하게 하는 가장 두드러진 요소들은 고요와 집중의 요소이다. 고요는 신체적이기도 하고 정신적인 것이기도 하다. 집중은 첫 번째 선정의 구성 요소이기도 하고 또는 더 높은 선정의 요소이기도 하다.

이것들은 평정으로 나아간다. 이 요소는 제거, 이욕, 소멸과 같은 자질로부터 영감을 받는다. 평정은 선한 것 또는 불선한 것과 연관되기도 한다. 그리고 평정은 내적인 또는 외적인 것을 향하기도 한다.

「알아차림의 확립 경」과 이에 대응하는 경전인 『중아함경』의 가르침에 따르면, 평정이라는 깨달음의 요소의 확립을 감독하는 것은 알아차림의 확립 수행의 한 측면이다. 수행적인 관점에서 이것은 평정과 알아차림 사이의 상호 연관성을 지적해 주고 있다. 이런 상호연관성의 중요한 측면은 평정의 존재가 알아차림을 강화시킨다는 점이다.[47] 이 도식에서 이것은 화살표가 평정에서 알아차림으로 이동하는 것으로 나타나 있다. 평정이 알아차림으로 피드백되면 깨달음의 요소들이 증장하는 순환은 지속된다. 그리고 이것들은 항상 그림에서 삼각대로 표현되고 있는 출리, 이욕, 소멸, 놓아 버림에 의해 지지를 받는다.

깨달음의 요소들의 순서에 따라서 개별적인 단계를 자세히 살펴보면, 실제적인 수행과 연관성을 갖고 있다는 것을 더 확실히 알 수 있다. 통찰의 계발이라는 관점에서 살펴보면 알아차림은 법의 탐구로 반드시 이어져야 하고, 이것은 다시 에너지로 이어진다. 현재의 맥락에서는 수행의 연속성을 특히 강조하고 있는데, 현재의 수행 과제를 지속하는 노력을 의미한다. 이런 연속성이 제시하는 것은 자신의 수행에 대해서 탐구적인 호기심을 갖는 것, 날카로운 앎을 갖는 것이 자신의 알아차림 수행의 연속성을 증가시킬 수 있다는 것이다.

이런 태도의 전형적인 실례는 『증일아함경』에서 볼 수 있다. 이 경전에서는 요소들의 관찰에 대해 다음과 같은 가르침을 주고 있다. "이 몸에 땅의 요소, 물(의 요소), 불(의 요소), 바람(의 요소)가 있는가?" 이와 동일한 방식으로 아름다움이란 것이 없는 몸을 관찰하는 대신에 예를 들면 다음과 같은 질문을 던질 수 있다. "이것은 정말로 매력적인 것인가?" 또는 어떤 것을 영원한 것으로 보는 대

---

47) Ṭhānissaro 1996: 154는 "세간에서 깨달음의 요소로서 평정은, 좀 더 지속적으로 알아차림을 위한 든든한 토대를 제공하면서, 수행의 과정을 피드백할 수 있다."라고 설명한다.

신 다음과 같은 질문으로 이어진다. "그것은 변화하고 있는가?" 이런 호기심에 가득 찬 탐구의 방식은 수행에 진정한 탐구 정신을 불어넣고, 알아차림이 그 대상에 잘 머무르게 하는 것을 보다 쉽게 만들어 주어서 자연스럽게 수행을 흥미롭게 이끌어간다.

수행을 해 나가면서 특별한 질문을 언어화하지는 않지만 위에서 말한 그런 의문을 바로 품을 수도 있다. 사실 탐구는 지적인 성찰만 지속적으로 이어갈 정도로 과도하게 하지 않는 편이 좋다. 왜냐하면 이런 식으로 하게 되면 에너지가 너무 분산되어 버리기 때문이다. 이런 것을 피하게 되면 알아차림에서 출발한 탐구는 탄력적인 에너지를 생성할 수 있고 이것은 수행을 순조롭게 유지하게 해 준다. 수행은 이런 식으로 억지로 노력을 들이지 않고 진행되는데, 이것은 탐구라는 흥미와 결합된 알아차림에 바탕을 두고 있기 때문이다.

이런 알아차림의 확립 수행을 성공적으로 이룩하게 되면 때로는 불쾌한 기분이 들 수도 있다. 예를 들면 자신의 단점을 직면하지 않을 수 없거나 또는 오랫동안 견지해 온 자신의 가치관에 의문을 제기할 수도 있다. 그러나 통찰을 건전하게 계발하는 것은 결국 기쁨으로 결론을 맺게 된다. 〈그림 11.5〉에서 본 바와 같이, 알아차림, 탐구, 에너지는 결국 기쁨으로 이어진다. 이것은 오랫동안 수행해 온 방식을 점검하는 데 도움을 주는 하나의 의미 있는 표시이기도 하다. 순수한 수행은 다소 시간적인 차이는 있지만 결국 놓아 버림의 기쁨이라는 종착역에 도달한다.

결국 기쁨은 정신적 고요를 계발하기 위한 하나의 열쇠이다. 마음을 집중하기 위해서 수행 대상을 무엇으로 선택하든지 간에, 그

대상에 집중하면서 선한 기쁨을 성공적으로 만들어 내는 한, 고요와 집중은 결국 자연스럽게 일어난다. 여기서 고요는 기쁨의 높은 에너지 상태에 균형감을 부여하는 역할을 한다. 그리하여 마음이 집중할 수 있게 보장해 준다. 기쁨에서 고요로 전환하기 위해서는 도식의 오른쪽 편의 에너지(+)에서 왼쪽 편의 고요함(−)으로 이동하는 것이 필요하다.

선한 기쁨과 평온의 자연스러운 귀착점은 집중이다. 이런 집중 위에서 진정한 내적 아름다움과 마음의 힘이 전개된다. 평정은 깨달음을 위한 일곱 가지 요소들의 계발의 정점으로서, 그다음에 일어난다. 그런 평정은 보다 더 깊은 집중의 단계를 성취하기 위한 균형과, 선정의 성취로부터 통찰의 계발로 전환하는 데 필요한 출리를 포함한다.

수행의 일정한 지점에서 마음의 평정을 전반적으로 강조한다면 〈그림 11.5〉에서 알아차림에서 기쁨으로 이어지는 오른쪽의 첫 번째 단계는 실제 수행에서 비중을 덜게 된다. 이것들은 아마도 장애가 있는지(탐구), 현재 있는 장애들을 극복하는지(에너지), 장애들로부터 자유로운 마음을 즐거워하는지(기쁨)를 고요와 집중의 계발을 위한 토대로서 그저 단순히 점검하는 것이 될 것이다.

그러나 이와 달리 통찰의 계발이 수행의 주된 주제라고 한다면 강조점은 자연히 알아차림을 활용하여 지속적인 탐구(에너지)에 두게 된다. 그림의 왼쪽에 있는 것들, 예를 들면 산만함에 무릎을 꿇지 않게 하는 고요와 집중이라는 요소들은 몸과 마음의 고요라는 모습에서 그 배경을 이루고 있다.

전반적이고 지속적인 수행의 요체로서 유지되는 것은 알아차림이라는 토대에 탄탄하게 자리를 잡는 것 그리고 평정의 균형에 그 목표를 두는 것이다. 이것은 공식적인 수행뿐만 아니라 일상생활에서도 적용된다. 말하자면 지속적인 알아차림과 마음의 평정을 유지하는 것이 초석이다. 어떤 상황에서도 개별적인 깨달음의 요소에 깨달음으로 나아갈 가능성을 부여하는 것은 바로 출리, 이욕, 소멸 그리고 귀착되는 놓아 버림이다.

9. 요약

알아차림의 확립 수행을 통해서 잘 확립된 알아차림의 바퀴가 작동할 때 깨달음을 위한 일곱 가지 요소가 계발되고, 자신의 마음의 우주를 평화롭게 지배하게 되어 깨달음에 이르는 길은 깨끗하게 정리된다. 그런 계발은 마음이 느슨해질 때 탐구, 에너지, 기쁨을 강조하거나, 또는 고요, 집중, 평정을 통해서 번잡한 마음을 다스리게 된다. 이런 깨달음을 위한 일곱 가지 요소가 갖는 깨달음의 가능성은 불선한 것으로부터 출리하는 것에 의해 지지를 받고, 갈망이 사라지는 이욕에 의해 지지를 받고, 둣카의 점진적인 소멸에 의해 지지를 받고, 그리고 그것들은 마침내 놓아 버림이라는 정점에 도달하여 결국 놓아 버림의 최고 경지인 열반의 경험으로 끝을 맺는다.

12장

―

알아차림의 확립 수행

이어서 나는 「알아차림의 확립 경」과 이에 대응하는 경전들을 넘어서서 알아차림의 확립과 관련이 있는 다른 경전 구절들로 나아갈 것이다. 우선 모든 네 가지 알아차림의 확립을 계발하는 하나의 방법으로서 호흡의 16단계 구조에서 시작하고자 한다. 그러고서 붓다 자신이 수행한 세 가지 다른 알아차림의 확립을 볼 것이다. 이런 점들을 고려하게 되면, 알아차림의 확립이라는 주제를 타인에 대한 배려와 자기계발을 결합하는 하나의 방법으로 생각하지 않을 수 없다. 그러고서 「알아차림의 확립 경」의 말미와 이에 대응하는 경전인 『중아함경』에서 예측하고 있는 내용, 즉 열반을 실현하는 접근법으로서 알아차림의 확립이 가지는 점진적인 성질에 대해 언급하면서 결론을 맺을 것이다.

1. 호흡의 알아차림에 대한 가르침

　네 가지 알아차림의 확립을 세 가지 현존하는 경전들과 비교해서 다시 살펴보면 핵심적인 요소들은 다음과 같다. 즉 알아차림의 계발을 통해서 흔히 무시되는 몸의 측면들을 더 충분하게 자각할 수 있다. 말하자면 내재적인 아름다움의 결핍, 몸이 갖는 무아의 성질, 몸은 결국 불가피하게 죽어서 흩어진다는 사실이다. 이렇게 몸을 관찰하면서 몸에 대한 알아차림을 확립해 나간다. 느낌에 대한 수행에서는 정서적인 요소에 즉각적으로 반응하지 않고 그 정서적인 정보의 입력을 받아들이면서 알아차리는 것이 임무이다. 마음에 대한 수행에서는 알아차림이 마음의 표면 아래 흐르는 사고의 흐름을 관통하여 바닥에 있는 마음의 상태를 알아차린다. 법들에 대한 수행에서는 알아차림이 장애를 제거하고 깨달음의 요소를 확립하는 것을 살펴보면서 해탈로 나아가는 진전을 직접적으로 촉진시킨다.

　네 가지 알아차림의 확립은 또한 하나의 대상을 중심으로 계발할 수 있다. 이런 가능성을 보여 주고 있는 하나의 예는『맛지마니까야』의「아나빠나사띠 경」에 있는 16가지 단계의 호흡의 알아차림에 있는 가르침에서 볼 수 있다. 이에 대응하는 경전은『잡아함경』과 대중부 율장에 있다. 여기서 호흡 알아차림의 16가지 단계는 네 가지 알아차림의 확립들에 관한 수행의 예로써 아주 유사한 내용으로 드러나고 있다. 각각의 알아차림의 확립은 16가지 단계 가운데 네 가지씩에 대응하여 이루어진다. 이것은 아주 실제적인 방식에서 볼 수 있는 수행의 한 형태로서 네 가지 알아차림의 확립과 어떻게 상호 연관되어 있는지를 보여 준다.

『잡아함경』은 우선 어떻게 호흡의 들숨과 날숨을 알아차리는지를 기술하고 이어서 다음과 같이 16단계로 계속해서 나아가는지를 보여 준다.[1]

호흡이 들어오는 것을 알아차리고, 그것을 지속적으로 알아차리도록 잘 훈련한다. 호흡이 나가는 것을 알아차리고, 그것을 지속적으로 알아차리도록 잘 훈련한다.

… (1) 긴 호흡을 … (2) 짧은 호흡을 … (3) 호흡을 들이쉴 때 몸 전체를 경험하고, 호흡을 들이쉴 때 몸 전체를 [경험하는 것]을 잘 훈련한다. 호흡을 내쉴 때 몸 전체를 경험하고, 호흡을 내쉴 때 몸 전체를 [경험하는 것]을 잘 훈련한다. (4) 호흡을 들이쉴 때 모든 몸의 형성이 고요해지는 것을 경험하고, 호흡을 들이쉴 때 모든 몸의 형성이 고요해지는 것을 [경험하는 것]을 잘 훈련한다. 호흡을 내쉴 때 모든 몸의 형성이 고요해지는 것을 경험하고, 호흡을 내쉴 때 모든 몸의 형성이 고요해지는 것을 [경험하는 것]을 잘 훈련한다.

(5) 기쁨을 경험하고 … (6) 행복을 경험하고 … (7) 마음의 형성을 경험하고 … (8) 호흡을 들이쉴 때 마음의 형성이 고요해지는 것을 경험하고, 호흡을 들이쉴 때 마음의 형성이 고요해지는 것을 경험하는 것을 잘 훈련한다. 호흡을 내쉴 때 마음의 형성이 고요

---

1) SĀ 803 at T 2.206a27-206b11, 원문에서 이미 생략되어 있다. 단계를 구별하기 편리하도록 번역하면서 숫자를 넣었다.

해지는 것을 경험하고, 호흡을 내쉴 때 마음의 형성이 고요해지는 것을 경험하는 것을 잘 훈련한다.

(9) 마음을 경험하고 … (10) 마음이 기뻐하는 것을 경험하고 … (11) 마음이 집중하는 것을 경험하고 … (12) 호흡을 들이쉴 때 마음이 자유로워지는 것을 경험하고, 호흡을 들이쉴 때 마음이 자유로워지는 것을 경험하는 것을 잘 훈련한다. 호흡을 내쉴 때 마음이 자유로워지는 것을 경험하고, 호흡을 내쉴 때 마음이 자유로워지는 것을 경험하는 것을 잘 훈련한다.

(13) 무상함을 관찰하고 … (14) 제거를 관찰하고 … (15) 이욕을 관찰하고 … (16) 호흡을 들이쉴 때 소멸을 관찰하고, 호흡을 들이쉴 때 소멸을 관찰하는 것을 잘 훈련한다. 호흡을 내쉴 때 소멸을 관찰하고, 호흡을 내쉴 때 소멸을 관찰하는 것을 잘 훈련한다.

대중부 율장에서 볼 수 있는 호흡의 알아차림 16단계는 이와 유사한 패턴을 따르고 있다. 여기서도 호흡의 들숨과 날숨을 초기에 자각한 후에 16가지 단계로 나아간다. 다음과 같이 기술되어 있다.[2]

숨을 들이쉴 때 숨을 들이쉬는 것을 알고, 숨을 내쉴 때 숨을 내쉬는 것을 안다.

(1) 숨을 길게 들이쉴 때 숨을 길게 들이쉬는 것을 알고, 숨을 길게 내쉴 때 숨을 길게 내쉬는 것을 안다.

---

2) T 1425 at T XXII 254c14-255a4.

(2) 숨을 짧게 들이쉴 때 숨을 짧게 들이쉬는 것을 알고, 숨을 짧게 내쉴 때 숨을 짧게 내쉬는 것을 안다.

(3) 몸에 스며들면서 숨을 들이쉴 때 몸에 스며들면서 숨을 들이쉬는 것을 알고, 몸에 스며들면서 숨을 내쉴 때 몸에 스며들면서 숨을 내쉬는 것을 안다.

(4) 몸의 형성을 놓아 버리면서 숨을 들이쉴 때 몸의 형성을 놓아 버리면서 숨을 들이쉬는 것을 알고, 몸의 형성을 놓아 버리면서 숨을 내쉴 때 몸의 형성을 놓아 버리면서 숨을 내쉬는 것을 안다.

(5) 기뻐하면서 숨을 들이쉴 때 기뻐하면서 숨을 들이쉬는 것을 알고, 기뻐하면서 숨을 내쉴 때 기뻐하면서 숨을 내쉬는 것을 안다.

(6) 행복하면서 숨을 들이쉴 때 행복하면서 숨을 들이쉬는 것을 알고, 행복하면서 숨을 내쉴 때 행복하면서 숨을 내쉬는 것을 안다.

(7) 마음의 행함을 [알아차리면서] 숨을 들이쉴 때 마음의 행함을 [알아차리면서] 숨을 들이쉬는 것을 알고, 마음의 행함을 [알아차리면서] 숨을 내쉴 때 마음의 행함을 [알아차리면서] 숨을 내쉬는 것을 안다.

(8) 마음의 행함을 놓아 버리면서 숨을 들이쉴 때 마음의 행함을 놓아 버리면서 숨을 들이쉬는 것을 알고, 마음의 행함을 놓아 버리면서 숨을 내쉴 때 마음의 행함을 놓아 버리면서 숨을 내쉬는 것을 안다.

(9) 마음을 알면서 숨을 들이쉴 때 마음을 알면서 숨을 들이쉬는 것을 알고, 마음을 알면서 숨을 내쉴 때 마음을 알면서 숨을 내

쉬는 것을 안다.

(10) 마음을 기쁘게 하면서 숨을 들이쉴 때 마음을 기쁘게 하면서 숨을 들이쉬는 것을 알고, 마음을 기쁘게 하면서 숨을 내쉴 때 마음을 기쁘게 하면서 숨을 내쉬는 것을 안다.

(11) 마음을 집중하면서 숨을 들이쉴 때 마음을 집중하면서 숨을 들이쉬는 것을 알고, 마음을 집중하면서 숨을 내쉴 때 마음을 집중하면서 숨을 내쉬는 것을 안다.

(12) 마음을 자유롭게 하면서 숨을 들이쉴 때 마음을 자유롭게 하면서 숨을 들이쉬는 것을 알고, 마음을 자유롭게 하면서 숨을 내쉴 때 마음을 자유롭게 하면서 숨을 내쉬는 것을 안다.

(13) 무상함을 [알아차리면서] 숨을 들이쉴 때 무상함을 [알아차리면서] 숨을 들이쉬는 것을 알고, 무상함을 [알아차리면서] 숨을 내쉴 때 무상함을 [알아차리면서] 숨을 내쉬는 것을 안다.

(14) 제거를 [알아차리면서] 숨을 들이쉴 때 제거를 [알아차리면서] 숨을 들이쉬는 것을 알고, 제거를 [알아차리면서] 숨을 내쉴 때 제거를 [알아차리면서] 숨을 내쉬는 것을 안다.

(15) 이욕을 [알아차리면서] 숨을 들이쉴 때 이욕을 [알아차리면서] 숨을 들이쉬는 것을 알고, 이욕을 [알아차리면서] 숨을 내쉴 때 이욕을 [알아차리면서] 숨을 내쉬는 것을 안다.

(16) 소멸을 [알아차리면서] 숨을 들이쉴 때 소멸을 [알아차리면서] 숨을 들이쉬는 것을 알고, 소멸을 [알아차리면서] 숨을 내쉴 때 소멸을 [알아차리면서] 숨을 내쉬는 것을 안다.

2. 16가지 단계

『잡아함경』과 대중부 율장의 가르침들은 『맛지마니까야』의 「아나빠나사띠 경」의 가르침과 아주 유사하다. 이들 경전들이 각각 근본설일체유부, 대중부, 상좌부를 대표한다는 것을 감안하면 서로 상응하여 전개되고 있다는 것을 알 수 있고, 이런 16가지 단계가 초기 가르침의 핵심적인 부분이라고 어렵지 않게 결론을 내려도 될 것이라고 본다.

가르침들은 (1)긴 호흡에서 시작하여 (2)짧은 호흡, (3)몸 전체, 그리고 (4)몸의 형성들로 이어진다. 대응 경전들은 이런 단계들을 수행의 한 형태로 간주해야 하는지에 대해서는 다소 차이가 난다. 『잡아함경』은 전체적으로 수행을 언급하고 있지만, 대중부 율장은 수행에 대해서 전혀 언급하지 않는다. 하지만 『맛지마니까야』에서는 세 번째 단계에서 수행을 시작한다.[3]

대중부 율장의 구성 형식은 "온몸에 스며들며"라고 말함으로써 이 세 번째 단계를 이해하는 데 유익한 가르침을 주고 있다. 이런 구절로 인해, 첫 두 단계의 호흡을 전체 길이로 체험하는 것에서 시작하여 몸 전체를 알아차리는 것으로 나아가는 것, 즉 알아차림의 범위를 확대하고 있다는 점을 잘 이해하게 된다. 대중부 율장의 또 다른 특징적인 점은 몸의 형성들을 "고요하게" 하는 대신 이 경전에서는 몸의 형성들을 "놓아 버림"에 대해서 말하고 있다. 이 두

---

3) MN 118 at MN III 82,32 (translated Ñāṇamoli 1995: 945).

가지는 서로 보완적인 관점에서 수행의 동일한 측면을 언급하고 있는 것으로 보인다. 왜냐하면 이 단계의 고요함은 놓아 버림의 태도에서 정확하게 나타나기 때문이다.

네 가지 단계의 다음 묶음은 (5)기쁨, (6)행복, (7)마음의 행함, (8)마음의 행함의 고요함 또는 포기이다. 세 가지 경전은 이 단계들의 배경에 들숨과 날숨에 대한 지속적인 알아차림을 두고 있다. 이것이 의미하는 바는 이런 수행의 진전이 선정의 성취에만 한정되지 않다는 것이다. 그 대신 적어도 내 생각으로는 보다 더 적극적인 해석은 이런 단계들은 꼭 선정에 들어가지 않고서도 어느 정도 마음의 전적인 기쁨 또는 행복을 일으킬 수 있는 수행자에게 접근가능하다는 점이다.

동일한 것이 다음의 네 가지 수행 단계에도 적용된다. 이것들은 (9)마음을 경험하는 것, (10)마음을 기쁘게 하는 것, (11)마음을 집중하는 것, (12)마음을 해탈하는 것이다. 대응 경전들은 거의 유사한데 이런 단계들을 수행의 한 형태로서 간주해야만 하는가에 대해서만 차이가 있을 뿐이다. 여기서 네 번째 단계인 마음을 "해탈하는" 개념은 절대적인 의미로 받아들일 필요는 없다.[4] 단순히 마음의 장애와 불선한 상태에서 일시적으로 해탈되는 어떤 것이라고 해석할 수 있다.

실질적인 차이는 마지막 네 가지 모음에서 생긴다.『잡아함경』과 대중부 율장은 (13)무상에서 시작하여 (14)제거, (15)이욕, (16)소멸로 끝난다.[5]『맛지마니까야』의「아나빠나사띠 경」에 의하

---

4) 본서 8장 6절을 참조할 수 있다.
5) Śravakabhūmi, Shukla 1973: 231,6은 유사한 형태를 띤다. cf. Yogalehrbuch,

면 마지막 네 가지 단계의 주제들은 (13)무상, (14)이욕, (15)소멸, (16)놓아 버림이다.[6] 여기서 비교의 편의를 위해서 두 가지 패턴을 차례대로 나열해 보았다.

무상 – 제거 – 이욕 – 소멸 (대중부, 근본설일체유부)
무상 – 이욕 – 소멸 – 놓아 버림 (상좌부)

호흡의 알아차림의 마지막 네 가지에서 공통적인 세 가지가 드러난다. 즉

무상 – 이욕 – 소멸

이다. 실제적인 관점에서 보면 "이욕"은 애착의 제거라는 점에서 "소멸"을 포함한다. 그리고 "소멸"은 "놓아 버림"과 밀접한 연관성을 갖는다. 그러므로 모든 경전에서 언급하고 있지 않다고 하여도 세 가지 모든 경전에서 서로 어느 정도 공통되는 기본적인 세 가지 주제에서 일치를 보인다.

이 세 가지 주제들의 모음은 초기경전들에서 통찰을 계발하기 위한 반복적인 패턴과 상당한 정도의 친화성을 갖는다. 이것은 무상의 지각에서 시작하여 무상한 것의 둣카를 보고 그리고 나서 그

Schlingloff 1964: 82f. 다른 한문 텍스트에 보전되어 있는 16단계의 다양한 형태에 대해서는 Deleanu 1992: 51f를 참조할 수 있다.

6) Arthaviniścaya-sūtra, Samtani 1971: 45,1 그리고 Vimuttimagga, T 1648 at T32.430a5는 이 점에 대해서 MN 118에 동의한다.

자아가 둣카라는 점에서 자아의 부재를 지각하게 된다.[7] 이렇게 되면 세 가지 특징적인 점들이 서로를 구축하면서 수행의 역동적인 측면이 전개된다.

무상 – 둣카 – 무아

호흡의 무상한 성질은 모든 경전에서 네 가지 단계의 마지막 모음의 공통적인 출발점이다. 사실 무상을 알아차리는 것은 16단계의 전체 모음에서 기반이 되는 주제이다. 이것은 들숨과 날숨 사이의 차이를 알아차리면서 구별하는 것을 통해 되풀이해서 드러나고 있다. 마지막 네 가지 단계 중 첫 번째는 호흡은 항상 변한다는 사실을 더욱 강조하고 있고, 이제 이런 무상함의 성질은 무대 뒤에서 수행자의 주의집중의 바로 앞으로 이동한다. 이런 식으로 심지어 호흡은 시체에 대한 명상을 다루는 장에서 언급한 바와 같이 죽음에 대한 알아차림 수행의 한 방법으로 사용할 수 있다. 말하자면 누구나 이 숨이 마지막일 수 있다는 사실을 알아차리게 된다.

다음 단계에서 이런 무상에 대한 경험은 애착을 버리게 되는 그 무엇을 향해 가는 것, 영원한 만족을 낳을 수 없는 그 무엇을 향해 가는 것이 된다. 즉 이것은 둣카이다. 이욕은 무상에 대한 알아차림이 깊어지기 때문에 자연스럽게 확실히 생겨난다. 이런 진전과 함께 생기는 출리는 무아에 대한 이해를 높이는 열쇠이다. 그런

---

7) Cf. AN 7.46 at AN IV 46,21 (translated Bodhi 2012: 1031, number 48). 동일한 패턴이 다음에서도 일어나고 있다. DĀ 2 at T 1.11c28, MĀ 86 at T 1.563c17, SĀ 747 at T 2.198a20, 그리고 EĀ 37.10 at T 2.715b4. 더 자세한 것은 Anālayo 2012a: 42ff를 참조할 수 있다.

이해는 자연스럽게 무상과 둣카에 대한 통찰로 나아가게 된다. 다른 말로 하면, 무상한 것을 둣카로서 이욕과 함께 보게 되면 잠재적인 동일시의 패턴은 줄어들면서 사라지는 것이 자연스러운 일이 되고, 또한 자신의 전체 경험을 "나의 존재" 또는 "나의 것"이라고 정당화하는 어떤 것도 공허하다는 것이 드러나게 된다. 이렇게 하여 마음은 열반의 경험과 함께 궁극적인 의미에서 소멸을 향한 준비를 하게 된다.

3. 16단계와 네 가지 알아차림의 확립

『잡아함경』의 또 다른 경전 내용에서 16단계를 언급하고 있는데, 이 경전은 이 16단계와 네 가지 알아차림의 확립을 연관 짓고 있다.[8] 이 경전은 네 가지의 각 묶음을 그 대상으로 각각 몸, 느낌, 마음, 법에 대응시키고 있다. 그러므로 각 묶음은 네 가지 알아차림의 확립 각각을 수행하는 예가 되고 있다.

「아나빠나사띠 경」은 이런 기본적인 연관성에 동의하면서도 두 번째, 세 번째, 네 번째 묶음의 경우 이런 연관성의 배후에 있는 근거를 설명하는 방식에서는 차이가 난다. 그 설명에 의하면 두 번째 묶음, 즉 기쁨, 행복, 마음의 행함, 마음의 행함을 고요하게 하는

---

8) SĀ 810 at T 2.208a29 (translated Anālayo 2007b).

것은 느낌에 대한 수행을 충족시킨다. 왜냐하면 호흡에 밀접하게 집중하는 것이 여러 느낌 중에서 어떤 하나의 느낌으로 간주될 수 있기 때문이다.[9] 이런 설명은 분명히 그렇게 간단한 것은 아니다. 왜냐하면 경전의 다른 곳에서는 주의집중(manasikāra)을 하나의 느낌으로 간주하고 있지 않기 때문이다.[10]

세 번째 묶음, 즉 마음을 경험하고, 기쁘게 하고, 집중하고, 해탈하는 것은 「아나빠나사띠 경」에 따르면 마음에 대한 수행에 대응한다. 왜냐하면 호흡의 알아차림은 알아차림을 상실하고 명료한 앎이 없으면 적절하게 계발될 수 없기 때문이다.[11] 확실히 이런 점을 감안하면, 알아차림과 명료한 앎은 호흡을 알아차리는 다른 단계들에서도 유사하게 요구되는 것이다. 그러므로 이것이 마음에 대한 수행과 호흡을 알아차리는 네 가지 단계 사이의 연결고리를 제공하는지는 명확하지 않다.

「아나빠나사띠 경」은 마지막 묶음, 즉 무상, 이욕, 소멸, 놓아 버림의 수행은 법들에 대한 수행에 대응한다고 한다. 왜냐하면 이 경지에서는 평정심을 갖고 바라보고 지혜로써 탐욕과 불만족을 극복한 것을 보기 때문이다.[12] 그러나 이것이 왜 법들에 대한 수행인지에 대해서도 명확하지 않다. 왜냐하면 「알아차림의 확립 경」에 의하면 탐욕과 불만족으로부터 자유로움을 얻는 것은 네 가지 알아차림의 확립 전체에 대해서 함께 계발되어야 하기 때문이다. 그러

---

9) MN 118 at MN III 84,9.
10) Ps IV 140,14는 이 구절이 가지는 어려움을 알고서 이러한 언급은 주의 자체를 가리키는 것이 아니고 단지 그 대상을 가리킨다고 설명한다.
11) MN 118 at MN III 84,23.
12) MN 118 at MN III 84,33.

므로 그와 같은 탐욕과 불만족의 부재는 단지 법들에 대한 수행에 만 한정하여 특별한 관계를 맺을 필요는 없다.

빨리 주석에 의하면 호흡의 알아차림의 마지막 네 단계와 법에 대한 수행 사이의 관계는 "지혜를 갖고" 탐욕과 불만족의 부재를 보는 것과 연관해서 발견된다. 여기서 언급하는 지혜는 무상에 대한 수행을 통해서 일어나는 통찰을 의미하는 것으로 반드시 이해해야 한다.[13]

무상 등에 대한 수행은 호흡의 알아차림 수행에서 지혜의 계발에 강한 강조점을 둔다. 그렇지만 「알아차림의 확립 경」에 의하면, 무상에 대한 수행은 네 가지 알아차림의 확립들 각각과 연관된다. 각각의 경우 일어남과 사라짐이라는 성질은 "세상의 어떤 것에도 집착하지 않고 독립적으로" 나아가는 방식으로 반드시 수행하여야 한다. 각 경전마다 호흡의 알아차림과 연관하여 사용하는 용어들이 경전의 구성 형태에 따라 다르다고 하여도, 기본적으로 함축하고 있는 의미는 동일하게 보인다. 그러므로 "지혜로" 보는 것은 원리상 네 가지 알아차림의 확립들 각각에 대해서 계발할 수 있는 것이지, 법들에 대한 수행이라는 네 번째 알아차림의 확립에만 한정되는 것은 아니다.

대응 경전인 『잡아함경』의 설명은 「아나빠나사띠 경」과 비교해서 보면 보다 더 직접적이고 단순하게 보인다. 네 가지 묶음 각각의 알아차림의 대상은 몸, 느낌, 마음, 법이기 때문에, 이 네 가지 각각은 하나의 알아차림의 확립 수행으로서 몸, 느낌, 마음, 법을

---

13) Ps IV 142,4.

수행하는 데 대응한다.

「아나빠나사띠 경」과 이에 대응하는 경전인 『잡아함경』은 이런 호흡의 알아차림의 네 가지 묶음 각각은 깨달음의 요소들을 계발함으로써 해탈의 성취에 나름 도달할 수 있다는 점에는 동의한다.[14] 다른 말로 하면, 네 가지 알아차림의 확립들 중 어떤 것 하나를 수행해도 해탈에 직접적으로 이르는 잠재적인 가능성을 갖고 있다는 것이다.

4. 16단계의 수행

이어서 나는 실제 수행의 관점에서 16단계를 살펴보고자 한다. 그러나 나의 해석을 접근 가능한 유일한 방법이라고 생각하지 말기를 바란다. 이런 수행 방식을 이행할 수 있는 가능한 하나의 방법은 호흡의 길이와 호흡과 몸의 관계를 관찰하는 것으로 시작하는 것이다. 이런 식으로 호흡과 몸의 성질을 알아차리게 되는 것은 해부학적인 부분들, 요소들, 붕괴의 단계를 관찰함으로써 몸의 성질을 관찰하는 것과 형태상 유사하다고 생각된다. 물론 이런 경우 몸의 성질을 탐색하는 것은 더 도전적인 방식으로 이루

---

14) MN 118 at MN III 85,8 그리고 대응 경전 SĀ 810 at T 2.208b15는 네 가지 알아차림의 확립 가운데 어떤 것이라도 깨달음을 위한 일곱 가지 요소를 충족시킬 수 있는 토대가 될 수 있다고 언급하고 있다.

어질 것이다.

호흡의 알아차림을 통해서 생긴 내적 고요함의 결과로 나타난 기쁨과 행복을 알아차리는 것은 느낌에 대한 수행, 특히 출세간적인 종류의 즐거운 느낌을 보여 주는 전형적인 예가 된다. 두 번째 알아차림 확립에서 알아차림의 임무는 이런 느낌의 존재를 알아차리는, 예를 들면 수행자가 정신이 산만해져서 다른 느낌이 바로 앞에 일어난 느낌을 대체하게 될 때 이것을 정신 바짝 차리고 알아차리는 것이다. 기쁨과 행복을 알아차리는 것이 더욱 진전되어서 마음의 행함과 마음의 고요함을 알아차리는 상태로 나아가게 되면 수행은 더욱 깊어지게 된다. 이런 모든 것은 호흡의 무상한 성질을 지속적으로 알아차리는 것이 바탕이 되어 일어난다. 이것은 들숨과 날숨이 일어남을 알아차림과 함께 각각의 느낌을 경험한다.

지속적인 수행은 마음에 대한 수행 방식으로 마음을 알아차리고, 기쁘게 하고, 집중하고, 해탈시키는 것을 통해서 앞으로 나아간다. 이것은 「알아차림의 확립 경」과 이에 대응하는 경전에 공통적으로 서술되어 있는 마음 상태의 목록 중에서 집중하는 마음 그리고 해탈하는 마음과 연관되어 있다.

법들에 대한 수행은 무상에 주의를 집중하고 통찰과 연관된 다른 관점들, 즉 깨달음의 길로 가는 중심 주제들에 주의를 집중한다. 이것들은 깨달음의 요소들을 네 가지 측면에서 계발해야 하는 것과 아주 유사한 형태를 띤다. 즉 출리, 이욕, 소멸, 그리고 놓아버림에서 절정을 이루는 이 네 가지를 계발하고 지지한다.

이런 식으로 호흡의 알아차림 16단계라는 구조는 각각의 수행 대상에 기반을 두고 네 가지 알아차림의 확립을 능숙하게 불러오는 수행 모델을 형성할 수 있다. 이것을 보면 중요한 핵심은 선택된 대상, 즉 그것이 호흡이든 몸이든 중요한 것이 아니고 오히려 네 가지 알아차림의 확립의 바탕을 이루는 네 가지 관점에서 이런 대상들을 수행하는 것이다.

말할 필요도 없이 이것을 수행하는 것은 호흡을 알아차리는 것의 단순한 부산물이 아니다. 오히려 16단계를 정착시키기 위해서 자신의 알아차림을 확대하는 데 의식적인 노력을 기울일 필요가 있는 듯이 보인다. 호흡의 알아차림의 확립에 기반을 두고 수행은 몸 전체, 느낌, 마음의 상황, 무상 등을 알아차리는 방식으로 의도적으로 계발된다.

5. 수행에 접근하는 유연한 방법

경전을 보면 호흡을 알아차리는 16단계 접근법이 붓다의 제자들이 호흡을 알아차릴 때 실제 수행에서 사용하는 유일한 형식이 아님을 알 수 있다. 『상윳따니까야』와 이에 대응하는 경전을 보면, 붓다가 한 무리의 수행승들로부터 어떻게 호흡을 알아차리는 수행을 해야 하는지에 대한 질문에 어떻게 대답하는지를 알 수 있다.[15] 욕망에서 자유로운 마음을 강조하는 상대적으로 보다 단순한 수

---

15) SN 54.6 at SN V 314,25 (translated Bodhi 2000: 1768) 그리고 대응 경전 SĀ805 at T2.206b26.

행 방식을 붓다는 인정한다. 그리고서 분명히 동일한 수행 주제에 대한 관점을 확대하는 하나의 방식으로서 16단계를 자세히 설명하고 있다. 또 다른 경전인 『맛지마니까야』와 이에 대응되는 『증일아함경』에서 붓다는 아들 라훌라에게 호흡을 알아차리라고 말하고 난 후, 보다 더 자세한 가르침이 필요하여 라훌라가 돌아왔을 때 16단계를 라훌라에게 설명하였던 것이다.[16]

이런 경전 구절들을 보면 붓다의 제자들은 수행에서 자신만의 방법을 자유롭게 계발하였다는 인상을 받는다. 또 다른 예는 앞에서 논의한 바와 같이, 죽음에 대한 수행의 가르침이다. 여기서의 기록을 보면, 붓다는 또한 한 무리의 수행승들에게 어떻게 이런 수행을 하고 있는지 질문하고 그들의 다양한 대답을 들으면서 이 주제에 대해 조심스럽게 언급하고 있다.[17]

이런 구절에서 받는 인상은 초기경전에서는 수행의 가르침들이 유연하였다는 느낌이다. 종종 가르침은 간결하게 전달되었지만 수행은 개방적이었다. 모든 개별적인 사람들이 한 구절까지 엄격하게 지켜야 하는 고착된 문장은 아니었다. 이것은 왜 「알아차림의 확립 경」과 이에 대응하는 경전에서만 알아차림에 대한 자세한 가르침이 있는지에 대한 이유를 설명해 주고 있다. 이와는 대조적으로 다른 경전들에서는 단순하게 네 가지 알아차림의 확립만을 언급하고 나머지 것들을 어떻게 정착시킬 것인지에 대해서는 개별 수행자들 스스로에게 맡겨 두고 있다.[18] 「알아차림의 확립 경」과

---

16) MN 62 at MN I 421,24 (translated Ñāṇamoli 1995: 527) 그리고 대응 경전 EĀ 17.1 at T2.582a6.
17) 본서 6장 3절을 참조할 수 있다.
18) 본서 11장 2절을 참조할 수 있다.

이에 대응하는 경전이 알아차림의 확립 수행으로 나아가는 유일한 단 하나의 고정된 처방이 아니라는 사실이, 「아나빠나사띠 경」과 이에 대응하는 경전에서 제시된 것에서 볼 때 함축되어 있다. 거기에서는 모든 네 가지 알아차림의 확립은 호흡이라는 하나의 대상과 함께 정착된다.

그러므로 호흡의 알아차림 16단계는 네 가지 알아차림의 확립을 유연하게 활용함으로써 자신의 수행을 풍부하게 해 준다. 이렇게 함으로써 그들이 가진 상호 연관적인 효과가 드러나게 된다. 네 가지 알아차림 확립들이 가지고 있는 이런 상호 연관적인 효과는 『상윳따니까야』와 이에 대응하는 경전인 『잡아함경』에 있는 비유를 통해서 잘 볼 수 있다. 여기서 『잡아함경』의 관련 구절들을 옮겨보겠다.[19]

마치 북쪽 방향에서 마차를 타고 오는 사람이 네거리의 흙더미를 평평하게 만드는 것처럼, 그는 더미를 평평하게 할 수 있는가?

북쪽 방향에서 오는 사람이 흙더미를 평평하게 만드는 것처럼 또한 나머지 세 방향 가운데 어느 쪽에서 오는 사람이라도 역시 동일한 일을 할 수 있다. 네 가지 알아차림의 확립을 수행하는 것도 이와 유사하다. 『잡아함경』의 설명에 의하면 각각의 알아차림 확립은 내면의 선한 것을 알게 하는 곳으로 인도할 것이고, 또는 대응 경전인 『상윳따니까야』에 의하면 네 가지 알아차림의 확립들 각

---

19) SĀ 813 at T 2.209a17-209a19.

각은 불선한 상태들을 평평하게 만들 수 있다.[20] 이런 비유가 의미하는 것은 각각의 알아차림의 확립이 그 나름대로 불선한 상태들을 평평하게 하는 데 실질적인 기여를 할 뿐만 아니라 이들 네 가지 알아차림의 확립들을 결합하게 되면 자신의 마음속에 쌓인 오염 더미를 평평하게 하는 데 더 강한 효과를 낼 수 있다는 것이다. 이것은 마치 마차들이 네 방향 모두에서 오면 흙더미가 더 빨리 줄어들어 없어지는 것과 같다.

네 가지 알아차림의 확립을 어떻게 결합하여 계발할 수 있는지를 보여줌으로써 호흡의 알아차림 16단계는 초기경전들이 마음에 대한 수행에 접근하는 훌륭한 예를 제공하고 있다. 유연한 방식으로 수행을 엮어 나가고 능숙하게 결합함으로써 해탈의 전 과정은 호흡과 같은 단순한 하나의 대상을 통해서도 전개될 수 있다.

『상윳따니까야』와 이에 대응하는 경전인『잡아함경』은 요리사의 비유를 통해서 마음에 대한 수행에 슬기롭게 대처하고 접근할 필요가 있다는 것을 보여 주고 있다.『잡아함경』에서 관련 구절을 번역해 보겠다.[21]

마치 예를 들어 어리석은 요리사는 다양한 맛을 구별하지 못하거나 구별하는 데 능숙하지 못하고, 그것이 신지, 짠지, 싱거운지를 구별하기 위해서 주인을 기다려야 하고, 주인의 마음에 적합하지 않은 방식으로 섞고, 신지, 짠지, 싱거운지와 관련해서, 다양한 맛을 섞는 것과 관련해서 주인의 선호를 잘 파악하지 못하는 것과

---

20) SN 54.10 at SN V 325,7 (translated Bodhi 2000: 1777).
21) SĀ 616 at T 2.172b27-172c4.

같다.

요리사는 주인의 왼쪽 오른쪽에 [서서] 주인을 즉각적으로 시중들 수 없다. 그가 하라는 대로 시중들 수 없고, 그의 요구를 충족시킬 수 없고, [주인의] 마음을 잘 파악할 수 없다. 그는 자신의 생각에 따라서 다양한 맛을 섞어서 주인에게 내어놓는다. 따라서 이것들은 [주인의] 마음에 적합하지 않고 주인은 기뻐하지 않는다. 그 요리사는 주인을 즐겁게 하지 못하였기 때문에 보상을 받을 수 없고 애정 어리게 생각되지 않는다.

대응 경전인 『상윳따니까야』를 보면 어리석은 요리사는 자신이 모시고 있는 왕 또는 주인이 어느 정도의 양을 먹는지 또는 어떤 음식에 손을 뻗어서 먹고 그것을 칭찬하는지를 알아채지 못한다.[22] 두 경전에서 어리석은 요리사의 예는 번뇌를 극복하거나 마음을 집중으로 인도하는 데 성공하지 못한 네 가지 알아차림의 확립의 수행 형태를 보여 주고 있다.

이런 비유를 호흡의 알아차림에 적용해 보면 호흡이라는 것은 그 자체로는 별로 재미없는 단조로운 대상에 불과하다. 어떤 수행자들은 자연스럽게 마음을 이런 대상으로 성공적으로 향하게 하고 거기에 마음을 유지할 수 있을 것이다. 그러나 다른 수행자들은 이것이 어렵다. 왜냐하면 이 수행자에게 호흡은 매력적인 주의를 줄 만한 대상이 아니기 때문이다. 이런 어려움은 요리되지 않은 생쌀에 비교할 수 있다. 생쌀은 그 자체로는 맛이 없다. 단지 거기에 생

---

22) SN 47.8 at SN V 150,2 (translated Bodhi 2000: 1634).

쌀밖에 없다면 그 요리에 맛을 더할 무엇인가를 금방 찾는 것과 마찬가지로 호흡과 같이 무미건조한 것을 향하고 있는 마음은 곧 지루해져서 자연히 보다 더 맛있는 무엇, 예를 들면 과거의 기억을 되살리거나 또는 미래의 계획을 고안하는 것으로 향하기도 한다. 이런 경우에는 억지로 금욕적인 태도를 취하면서 생쌀을 계속해서 목에 넘길 필요가 없다. 심지어 어떤 사람들은 억지로 생쌀이라는 음식을 먹기 위해 생쌀을 하나하나씩 세는 방법을 사용할지도 모른다. 그러나 이렇게 하는 대신 16단계의 도움을 받아 대상에 보다 쉽게 마음을 유지하는 대안적인 접근방법을 취할 수 있다.

마음을 즐겁게 하기 위해서 슬기로운 요리사는 호흡이라는 생쌀을 「아나빠나사띠 경」과 이에 대응하는 경전에서 제시하는 요리 방법에 따라서 16가지 서로 다른 요리로 만든다. 이로써 호흡은 마음을 즐겁게 하고 흥미를 가지면서 계속 머물 수 있도록 충분히 맛있게 된다. 이렇게 다양한 관점을 소개하고 즐거움과 기쁨의 선한 종류들이 일어나도록 격려하는 이런 방식으로 호흡을 맛있게 만들어서 마음을 호흡과 함께 머무는 데 도움을 주어 먼 길을 갈 수 있게 해 준다. 그 이유는 간단하다. 말하자면 이런 접근 방법은 수행의 대상으로 선택된 대상에 자연스럽게 흥미를 일으키기 때문이다.

깨달음의 요소와 함께 알아차림과 기쁨은 중요한 "부엌의 주방용품"이다. 알아차림은 호흡에 관계할 뿐만 아니라 또한 호흡과 관련된 여러 측면들을 알아차린다. 더욱 중요한 것은 알아차림은 마음이 바로 지금의 수행에 어떻게 임하고 있는지를 자각한다는 점이다. 이것은 마치 솜씨 좋은 요리사가 주인이 어떤 요리를 좋아하는지를 알아차리는 것과 같다. 잘 확립된 알아차림으로 무엇이 마음을 즐겁게 하는지, 무엇이 선한 기쁨을 일으키는지, 무엇이 마음을 흥미롭게 하고 잘 임하게 하는지를 깨닫게 된다. 그리고 이런 점을 활용하여 슬기롭게 수행을 진전시킨다. 말할 필요도 없이, 동일한 원리가 호흡에 기반을 두지 않은 네 가지 알아차림의 확립 수행에도 적용된다. 이렇게 슬기롭게 마음의 자연스러운 경향과 함께함으로써 수행의 진전은 가속화되고 깨달음의 먼 길을 갈 수 있다.

6. 세 가지 알아차림의 확립

「알아차림의 확립 경」과 「아나빠나사띠 경」, 그리고 이에 대응하는 경전들에서 볼 수 있는 네 가지 알아차림의 확립의 체계라는 관점에 부가하여, 초기경전들은 또한 세 가지 알아차림의 확립의 모음을 언급하고 있다. 이것들은 가르치는 자로서 붓다 자신의 임무와 연관되어 있다. 이런 세 가지 알아차림의 확립은 「살라야따나위방가 경」과 한역 및 티베트어로 보존된 대응 경전에 기록되어 있다. 여기서는 「살라야따나위방가 경」의 대응 경전에 해당되는 『중아함경』의 해당 내용을 번역하여 보겠다.[23]

---

23) MĀ 163 at T 1.693c24-694a19.

여래는 공감과 배려의 마음으로 제자들에게 법을 가르친다. 이익과 유익을 추구하고, 평화와 행복을 추구하고, 자애와 연민의 마음으로 [제자들에게 말한다.] "이것은 너희들에게 유익하다. 이것은 너희들의 행복을 위한 것이다. 이것은 너희들의 유익과 행복을 위한 것이다."

제자들이 존중하지 않고 그것에 따라서 행동하지 않고, 앎으로 확립하지 않고, 그들의 마음이 법으로 기울지 않으면, 그들은 법을 따르지 않고, 올바른 법을 수용하지 않고, 세존의 가르침을 무시하고, 가르침에 대한 확신을 성취할 수 없다. 이 때문에 세존은 슬퍼하지 않는다. 대신 세존은 평정하고 영향을 받지 않고 항상 알아차리고 항상 알고 있다. 이것은 고귀한 자가 수행하는 첫 번째 알아차림의 확립이다. 이를 수행했으면 고귀한 자는 대중을 가르칠 수 있다. …

제자들이 존중하고 그것에 따라서 행동하고, 앎으로 확립하고, 그들의 마음이 수순하고 법으로 기운다면, 그들은 법을 따르고, 올바른 법을 수용하고 유지하고, 세존의 가르침을 무시하지 않고, 가르침에 대한 확신을 성취할 수 있다. 이 때문에 세존은 기뻐하거나 즐거워하지 않는다. 대신 세존은 평정하고 영향을 받지 않고 항상 알아차리고 항상 알고 있다. 이것은 고귀한 자가 수행하는 두 번째 알아차림의 확립이다. 이를 수행했으면 고귀한 자는 대중을 가르칠 수 있다. …

어떤 제자들은 존중하지 않고 그것에 따라서 행동하지 않고, 앎으로 확립하지 않고, 그들의 마음이 법으로 기울지 않으면, 그들은 법을 따르지 않고, 올바른 법을 수용하지 않고, 세존의 가르침을 무시하고, 가르침에 대한 확신을 성취할 수 없다. 어떤 제자들은 존중하고 그것에 따라서 행동하고, 앎으로 확립하고, 그들의 마음이 수순하고 법으로 기운다면, 그들은 법을 따르고, 올바른 법을 수용하고 유지하고, 세존의 가르침을 무시하지 않고, 가르침에 대한 확신을 성취할 수 있다. 이 때문에 세존은 슬퍼하지 않고, 기뻐하거나 즐거워하지 않는다. 대신 세존은 평정하고 영향을 받지 않고 항상 알아차리고 항상 알고 있다. 이것은 고귀한 자가 수행하는 세 번째 알아차림의 확립이다. 이를 수행했으면 고귀한 자는 대중을 가르칠 수 있다. …

위에서 언급한 『중아함경』은 좀 덜 분명하게 언급하고 있지만 「살라야따나위방가 경」과 대응하는 티베트 경전은 붓다가 가르침을 펼 때 제자들이 온전하게 귀를 기울이지 않는다는 것을 중요한 문제로 분명하게 다루고 있다.[24] 그러므로 알아차림 또는 알아차림의 확립 가운데 세 가지 확립에는 다음과 같은 세 가지 상황이 있다.

- 제자들이 귀를 기울이지 않는다.
- 제자들이 귀를 잘 기울인다.
- 어떤 제자들은 귀를 기울이고 어떤 제자들은 귀를 기울이지 않는다.

---

24) MN 137 at MN III 221,8 (translated Ñāṇamoli 1995: 1071) 그리고 D 4094 nyu 59a3 또는 Q 5595 thu 101b3은 제자들이 "듣지 않는다" 그리고 "귀를 기울이지 않는다"라고 각각 기술하면서 시작한다.

『중아함경』에 의하면 이런 세 가지 상황 각각에 대해서 붓다는 어떤 일이 일어나고 있는지를 완전히 알아차리고 있지만 그것에 의해 영향을 받지 않는다. 붓다는 자신의 이야기를 듣지 않는다는 것을 알고 실망하지도 않고 자신의 가르침을 잘 듣는다고 기뻐하지도 않는다. 티베트 경전은 『중아함경』의 기록과 유사하다.

그러나 『맛지마니까야』의 「살라야따나위방가 경」에 의하면 제자들이 귀를 잘 기울이지 않으면 붓다는 만족하지 않고,[25] 일부 제자들만이 귀를 기울이면 붓다는 만족하지도 않고 불만족하지도 않고, 모든 제자들이 귀를 기울이면 붓다는 만족한다고 언급하고 있다. 달리 말하면 빨리 주석에 의하면 제자들이 귀를 기울이는지 그렇지 않은지에 따라서 붓다의 태도에는 차이가 있는 듯이 보인다.

「살라야따나위방가 경」과 이에 대응하는 경전에 기록되어 있는 것뿐만 아니라 이 세 가지 알아차림의 확립은 또한 다른 경전에서 예를 들면 『아바달마꼬사바샤(Abhidharmakośabhāṣya)』, 『대지도론(Mahāprajñāpāramitāśāstra)』, 『아비달마대비바사론(Mahāvibhāṣā)』, 『마하브윳뜨빳띠(Mahāvyutpatti)』 등에서도 보인다. 이런 경전에서는 모두 『중아함경』의 내용들을 지지하고 있다. 말하자면 붓다의 태도는 이런 세 가지 상황 모두에서 영향을 전혀 받지 않는다는 점이다.[26]

---

25) MN 137 at MN III 221,10.

26) Abhidharmakośabhāṣya, T 1558 at T 29.140c26 그리고 T 1559 at T 29.292a6 (the Sanskrit version, Pradhan 1967: 414,11은 세 가지 경우를 모두 보여 주지는 않는다). Mahāprajñāpāramitāśāstra, T 1509 at T 25.91b24, *Mahāvibhāṣā, T 1545 at T 27.160b20 그리고 T 27.942b16, 그리고 Mahāvyutpatti 188-90, Sakaki 1926/1962: 16f. 더 자세한 참고문헌은 Anālayo 2011a: 787 n.147을 참조할 수 있다.

『맛지마니까야』의 「살라야따나위방가 경」의 내용은 이들 대응 경전과 위의 다른 경전들과 다를 뿐만 아니라 또한 상좌부 전통의 빨리 경전에 속하는 『상윳따니까야』와도 어느 정도 차이가 있다. 이 경전에 의하면 붓다가 다른 사람들을 가르칠 때 좋거나 또는 싫은 것에서 완전히 자유롭다.[27] 좋거나 싫은 감정이 만족이나 불만족이라는 것보다 강한 반응이라고 해도 「살라야따나위방가 경」은 전승되는 동안 다소의 실수가 있음직하다. 즉 적절한 내용이라고 추정되는 것은 붓다의 제자들이 귀를 기울이든 아니든 간에 붓다의 반응은 동일한 것이 되어야 한다는 것이다.[28]

이런 세 가지 알아차림의 확립을 네 가지 알아차림의 확립과 비교해 볼 때 현저히 눈에 띄는 점은 세 가지의 모음은 몸, 느낌, 마음, 법으로 표현되는 공통적인 네 측면과 아무런 명시적인 연관성을 갖지 않는다는 점이다. 이런 네 가지 모음은 법문을 할 때 이 세 가지 상황, 즉 주의 집중을 받거나, 청중이 무시를 하거나, 일부만 주의 집중을 하는 상황에 직면하거나 하는 상황들을 자연스럽게 알아차리지 못하게 된다.

이런 차이를 평가하기 위해서는 네 가지 알아차림의 확립은 깨달음의 실현의 길을 표현하는 것인 반면, 세 가지 알아차림의 확립은 완전히 깨달은 스승의 태도를 그려 내고 있다는 점을 염두에 두어야 한다.[29] 그럼에도 불구하고 깨달은 스승으로서 붓다의 세 가

---

27) SN 4.14 at SN I 111,20. Kuan 2008: 29은 주석에서 MN 137과 대조되는 입장을 취하고 있다.
28) 전승에서 발생할 수 있는 실수의 유형에 대해서는 Anālayo 2011a: 786 n.145를 참조할 수 있다.
29) Weber 1994: 68이 이미 지적하고 있듯이, 세 가지 알아차림의 확립에서 묘

지 태도는 알아차림의 확립이라는 동일한 용어로 언급되고 있다는 점은 특징적이다. 원래 이 용어는 몸, 느낌, 마음, 법들을 수행하면서 알아차림을 확립하는 데 사용하는 것이다.

그러므로 두 구조에서 공통적으로 나타나는 것은 알아차리는 대상이 아니라 오히려 적절하게 알아차림을 확립하는 것과 이상적으로 함께 오는 마음의 태도를 말한다. 이런 태도는 좋음과 싫음에 물든 반응들을 쉽게 야기하지 않는 일종의 정신적 현존을 필요로 한다. 이것이 세 가지와 네 가지 알아차림의 확립에서 공통되는 특징적인 것이다.

마음의 균형이라는 개념은, 이미 고찰한 알아차림의 상실을 언급하는 구절들에서도 다루었다.[30] 알아차림을 적절하게 확립하면 좋음과 싫음을 일으키지 않고 사물들을 볼 수 있다. 그냥 본 것에는 본 것만이 있을 뿐이다. 종합해서 말하면, 내 생각으로는 알아차림의 확립은 무엇이 일어나고 있는지를 완전히 알아차리는 것과 마음의 평형을 유지하는 것이라는 두 가지를 결합한 것이라고 여겨진다.

사뙨 태도는 모든 수행하는 불자의 태도를 보여 준다.
30) 본서 2장을 참조할 수 있다.

7. 알아차림의 확립과 균형

알아차림의 확립 수행을 통해서 균형을 유지한다는 주제는 두 명의 곡예사가 협력하는 비유에서 잘 나타나고 있다. 이 비유는 『상윳따니까야』의 「세다까 경」과 이에 대응하는 『잡아함경』에서 볼 수 있다. 여기서는 『잡아함경』의 비유를 번역해서 옮긴다.[31]

이전에 장대 곡예사 스승이 있었다. 그는 장대를 그 어깨 위에 똑바로 세우고 그의 제자에게 말했다. "이 장대를 올라갔다가 내려오는 동안 너는 나를 보호하고, 나는 너를 보호할 것이다. 서로를 보호하면서 우리는 공연을 할 것이고 많은 돈을 모으게 될 것이다."[32]

제자 곡예사는 스승에게 말하였다. "그렇게 해서는 안 됩니다. 대신 우리는 자신을 보호하기 위해서 각자 조심해야 합니다. [이처럼] 우리는 공연을 할 것이고 많은 돈을 모으게 될 것입니다. 우리는 쉽게 할 수 있을 것이고 나는 안전하게 내려갈 것입니다." 스승은 말했다. "너가 말한 대로 우리는 우리 자신을 보호하자. 이것은

---

31) SĀ 619 at T 2.173b7-173b18. 더 자세한 것은 Anālayo 2012e를 참조할 수 있다.

32) SN 47.19 at SN V 168,18 (translated Bodhi 2000: 1648)은 장대가 어디에 있는지에 대해서 구체적으로 보여 주지 않는다. 다른 대응 경전인 근본설일체유부의 율장인 Bhaiṣajyavastu, T 1448 at T24.32b11은 어깨 위에 있다고 이야기한다. SN 47.19는 또한 장대를 오르내리는 동안 서로를 보호해야 한다고 언급하지 않고 있다. 스승이 먼저 제자에게 어깨 위로 올라가라고 하는 이야기는 사실 SN 47.19에서 제자와의 대화가 이미 스승의 어깨 위에서 이루어지고 있다는 것이다.

올바르고 내가 의미하는 바이다.”

[붓다는 말했다.] “자신을 보호하는 것이 곧 남을 보호하는 것이다. 남과 자신을 보호할 때, 이것이 참된 보호이다.”[33]

[어떻게 자신을 보호하는 것이 남을 보호하는 것인가?] 자신의 마음에 익숙해지고, 계발하고, 보호하고 따라서 열반을 실현하는 것, 이것을 “자신을 보호하는 것이 남을 보호하는 것”이라고 불린다.[34]

어떻게 남을 보호하는 것이 자신을 보호하는 것인가? 두려움 없음이라는 선물, 비폭력의 선물, 해끼치지 않음의 선물, 남을 연민하고 자애하는 마음의 선물, 이것은 “남을 보호하는 것이 자신을 보호하는 것”이라고 불린다.[35]

이러한 이유 때문에 … 다음과 같이 자신을 훈련해야 한다. “자신을 보호하기 위해서 나는 네 가지 알아차림의 확립을 수행할 것이다. 남을 보호하기 위해서 나는 네 가지 알아차림의 확립을 수행할 것이다.”

약간은 사소하지만 두 경전 사이에 있는 주목할 만한 차이는 「세다까 경」에 의하면 스승은 제자에게 답을 하고 있지 않다는 점

---

33) SN 47.19 at SN V 169,11에서 붓다는 먼저 자신을 보호하고 다른 이를 보호하기 위해서 알아차림의 확립 수행을 추천한다. 그리고 자신을 보호하면서 남을 보호하고, 남을 보호하면서 자신을 보호하는 것을 말한다.

34) SN 47.19 at SN V 169,16은 마음이 계발해야 할 대상이라고 분명하게 언급하지 않는다. Bhaiṣajyavastu, T 1448 at T 24.32b22는 또한 마음에 익숙하다는 것을 언급하지 않고 있다.

35) 두려움 없음, 비폭력, 해끼치지 않음 대신 SN 47.19 at SN V 169,19는 단지 인내와 해끼치지 않음을 이야기한다. Bhaiṣajyavastu, T 1448 at T 24.32b24는 성내지 않음, 분노하지 않음, 남에게 해끼치지 않음을 언급한다.

이다. 그리고 붓다는 제자가 언급한 것이 옳은 방법이라고 말하고 있다.[36] 이것이 암시하는 바는 이 스승은 실제로 가르치는 위치에 있지 않다는 것이다. 왜냐하면 어떻게 적절하게 행할 것인지와 같은 근본적인 문제와 연관하여 스승은 자신의 제자에 비해서 명확한 위계질서가 있어야 할 필요가 있기 때문이다.

그러나 『잡아함경』에서는 스승 자신이 제자가 말한 것의 옳음을 인정하고, 그 후 그는 이것은 "또한 내가 말한 것의 의미"라고 부가하고 있다. 말하자면 이것이 바로 스승이 원래 말하고자 하는 것을 묵시적으로 내포하고 있다는 점이다. 여기서 스승 자신은 이미 제자가 말한 핵심을 알아차리고 있다고 지적하고 있다. 비록 제자에 대한 걱정으로 다른 사람을 보호한다는 의미로 스승이 자신의 견해를 표현하고 있기는 하지만, 서로가 자신의 균형을 잡음으로써 자신들을 보호하게 된다는 내용이 스승의 말에 이미 함축되어 있다. 이런 식으로 제자의 언급은 스승의 입장이 무지를 내포하는 것이 아니라 단지 서로를 보호한다는 스승의 언급에 이미 내포되어 있다는 원리를 강조하고 있다.

이제 두 명의 곡예사가 자신들의 능력을 성공적으로 보여 주기 위해서는 스승은 장대를 똑바로 꽉 잡아야 하고 그리고 제자는 장대의 꼭대기에 있는 동안 균형을 잡아야 한다.[37] 상호 협력이 필

---

36) SN 47.19 at SN V 169,9.
37) Olendzki 2010: 127f는 육체적인 균형에 주의를 기울일 필요가 있는 곡예사의 이미지는 수행자의 임무를 보여 준다고 한다. "수행자와 마찬가지로 곡예사는 항상 일어나고 있지만 일반적으로 간과하는 과정을 의식적으로 알아차린다." 따라서 이 비유는 "알아차림은 균형을 잡기 위해서 안을 보는 도구라는 것"을 예로 보여 주고 있다.

요하다는 관점에서 스승의 제안, 즉 "너는 나를 보호하고 나는 너를 보호할 것"이라는 말은 아주 의미심장하다. 그는 장대를 똑바로 하여 제자를 보호할 것이다. 동시에 그는 제자가 장대의 균형을 무너뜨려 장대를 똑바르게 하는 것을 힘들게 하는 어떤 급작스러운 행동도 피하여 스승을 보호하기를 바란다. 스승 자신이 실수를 하든 아니면 제자가 실수를 하든 떨어져서 다치게 되는 사람은 결국 제자가 되리라는 것이 스승의 걱정이다. 그래서 스승은 자연스럽게 걱정하면서 상대방에 대한 보호라는 의미의 의견을 피력하고 있다.

제자가 제시한 관점, 즉 "우리 각각은 스스로를 보호하는 데 주의를 기울여야만 한다"는 것은 단지 상대방만을 보호해야만 하는 것이 아니라는 점을 지적함으로써 조화로운 협력의 기본 원리를 세밀하게 더 잘 표현하고 있다. 이것은 상대방에 대해 서로가 걱정을 해야 한다는 것을 부정하는 것이 아니다. 그 대신 매끄러운 협력을 하기 위한 적절한 관점을 제시한다. 즉 먼저 자신에게 초점을 맞추는 것이 그다음에는 이것이 상대방을 보호할 수 있는 것으로 이어지는 것이다.

만약 스승이 제자에 대해 너무 지나치게 걱정을 하게 되면 자신의 균형을 잡는 데 주의가 산만해져서 전체의 틀을 뒤엎게 되는 결과를 초래한다. 이와 유사하게 제자는 스승에 대해 지나치게 걱정을 해서는 안 된다. 우선 첫째로 자신의 균형을 유지하는 것에 주의를 기울일 필요가 있다. 그렇지 않으면 장대에서 떨어질 위험이 있다.

이렇게 두 곡예사의 비유는 상호 보호를 주제로 일종의 균형에 대한 알아차림을 확립하는 이미지를 끌어들이고 있다. 알아차림을 하면서 자신을 보호하고 동시에 상대방을 보호한다. 여기서 중요한 의미는 자신의 수행을 기르는 것이 이기적인 사항이 아니라는 것이다. 이것은 상대방을 진정으로 보호할 수 있는 기반을 준비하는 것이다. 알아차림 그 자체를 확립하지 않고 내면적인 균형의 지점을 발견하지 못하고서 상대방을 진정으로 지지해 주는 것은 어렵다.[38] 그러므로 해탈의 길을 걸어가는 것은 자신에게 도움이 되는 것만큼 상대방에도 똑같이 도움이 된다.

---

38) Ñāṇaponika 1968/1986: 35는 다음과 같이 설명한다. "마치 어떤 반사운동이 자동적으로 몸을 보호하듯이, 유사하게 마음은 자동적으로 영적이고 도덕적으로 자기 보호를 필요로 한다." 5페이지에서는 그러한 "자기보호는 다른 이들, 개인들, 사회를 우리 자신의 제어되지 않은 열정과 이기적인 충동으로부터 보호할 것이다. … 이들은 우리의 소유와 권력에 대한 무모한 탐욕으로부터 안전하게 될 것이다. 우리의 제어되지 않은 성적 욕망과 관능으로부터, 우리의 시기와 질투로부터, 증오와 적의의 파괴적인 결과로부터 안전하게 될 것이다." 8페이지에서 냐나뽀니까 스님은 "진지하게 자신을 도덕적으로 향상시키고 영적으로 자기를 계발하는 데 헌신하는 자는 세상의 선함을 위한 강력하고 능동적인 힘이 될 것이다."라고 정리한다. 반면 "우리가 우리 안에 있는 사회적 악의 능동적인 또는 잠재적인 근원을 해결하지 않은 채로 남겨 둔다면, 우리의 외적인 사회 활동은 무익하거나 현저하게 불완전할 것이다. 따라서 우리가 사회적 책임을 가지고 활동한다면, 우리는 도덕적이고 영적인 자기계발이라는 어려운 과제를 회피해서는 안 된다. 사회적 활동에 몰두하는 것이 우리의 첫 번째 임무, 즉 자기 집을 먼저 깨끗하게 하는 것에 대한 변명이나 회피여서는 안 된다."

8. 알아차림의 확립과 해탈

「알아차림의 확립 경」과 이에 대응하는 『중아함경』은 서로 다른 시간대를 열거하고 있다. 그 기간 내에 알아차림의 확립 수행이 적절하게 이루어진다면 불환과 또는 완전한 깨달음으로 이어질 가능성을 내포하고 있다. 이에 대한 경전 내용을 각각 옮겨 본다.

『맛지마니까야』
만약 누군가가 칠 년 동안 그러한 방식으로 이러한 네 가지 알아차림의 확립을 수행한다면, 지금 여기에서의 궁극의 지혜 또는 집착이 남아 있다면 다시는 돌아오지 않는 경지라는 두 가지 결과 중 하나를 기대할 수 있다. … 칠 년은 아니더라도 … 육 년 … 오년 … 사 년 … 삼 년 … 이 년 … 일 년 … 일곱 달 … 여섯 달 … 다섯 달 … 넉 달 … 석 달 … 두 달 … 한 달 … 반달 … 만약 누군가가 칠 일 동안 그러한 방식으로 이러한 네 가지 알아차림의 확립을 수행한다면, 지금 여기에서의 궁극의 지혜 또는 집착이 남아 있다면 다시는 돌아오지 않는 경지라는 두 가지 결과 중 하나를 기대할 수 있다.

『중아함경』
만약 남자 수행승 또는 여자 수행승이 칠 년 동안 마음이 네 가지 알아차림의 확립에 잘 머문다면, 두 가지 결과 가운데 하나를 얻게 될 것이다. 지금 여기에서 궁극의 지혜를 얻게 되거나, [집착이] 남아 있다면 아나함을 성취할 것이다. 칠 년은 그만두고 … 육 년 … 오 년 … 사 년 … 삼 년 … 이 년 … 일 년 … 칠 개월 … 육 개월 … 오 개월 … 사 개월 … 삼 개월 … 이 개월 … 일 개월 … 칠 일 밤낮 … 육 일 밤낮 … 오 일 밤낮 … 사 일 밤낮 … 삼 일 밤 낮 … 이틀 밤낮 … 하루 밤낮 동안 마음이 네 가지 알아차림의 확 립에 잘 머문다면, 두 가지 결과 가운데 하나를 얻게 될 것이다. 지 금 여기에서 궁극의 지혜를 얻게 되거나, 집착이 남아 있다면 아나 함을 성취할 것이다. 하루 밤낮은 그만두고 만약 … 짧은 시간 동 안이라도 마음이 네 가지 알아차림의 확립에 잘 머문다면, 아침에 이와 같이 수행하면 저녁에 반드시 진전이 있을 것이고, 저녁에 이와 같이 수행하면 다음날 아침에 반드시 진전이 있을 것이다.

「알아차림의 확립 경」에서 불환과 또는 완전한 깨달음에 이르는 데 필요한 시간대의 열거는 7년에서부터 7일에 이른다. 또한 이에 대응하는 경전인 『중아함경』에서는 분명하게 남자 수행승뿐만 아 니라 여자 수행승도 언급하면서[39] 7일에서 하루까지 쭉 진행하면 서 열거하고 있다. 심지어 바로 한 순간이라도 온전하게 수행하면 진전이 있을 것이라는 언급으로 결론을 맺고 있다. 그러므로 두 경 전은 목표에 이르는 시간은 상당한 정도로 변화가 있을 수 있다고 동의하고 있다. 그렇지만 『중아함경』이 분명하게 밝히고 있는 바와 같이 해탈의 길에 이르는 한 걸음 한 걸음은 올바른 방향으로 나아

---

39) 여자 수행승이 알아차림의 확립을 능숙하게 수행했다는 것은 SN 47.10 at SN V 154,28 (translated Bodhi 2000: 1638) 그리고 대응 경전 SĀ 615 at T 2.172b2에서도 볼 수 있다.

가야 하고 결국은 해탈에 점차 가깝게 될 것이다.

해탈로 나아가는 진전의 길이 갖는 성질에 대해서 경전은 넓은 바다가 갖는 점진적인 특성을 예로 들면서 설명하고 있다. 여기서는『중아함경』의 관련 구절을 옮겨 본다.[40]

이것은 마치 바닥에서 표면까지, 둘레에서 표면까지, 고르게 증가해서 해변까지 점진적으로 더 넓어지는 대양과 같다. 그리고 대양은 항상 물로 가득차지만 절대 넘치지 않는다. … 마치 나의 참된 법과 가르침이 점진적이고, 수행이 점진적이고, 완성이 점진적이고, 가르침이 점진적인 것과 마찬가지이다.

대응 경전인『앙굿따라니까야』는 최후의 앎은 갑작스럽게 일어나는 것이 아니라는 점을 강조하고 있다.[41] 해변에서 멀어지면서 넓은 바다가 자연스럽게 점차로 깊어지는 것과 같이 알아차림을 확립하는 수행은 점차로 깊어지는 자연스러운 경향을 갖는다. 어떤 해변은 평평할 수도 있고 또 다른 해변은 가파를지도 모른다. 그러므로 깊은 물에 들어가는 데 걸리는 시간은 서로 다르다. 이것은 「알아차림의 확립 경」과 대응 경전인『중아함경』에서 지적한 바와 같이 해탈의 목표에 도달하는 데 걸리는 시간이 서로 다르다는 사실과 일맥상통한다. 하지만 올바른 방향으로 계속 움직이는 한 수행은 점차로 점점 더 깊어질 것이다.

---

40) MĀ 35 at T 1.476b22-476b25.
41) AN 8.19 at AN IV 201,2 (translated Bodhi 2012: 1143). 점진적인 성질은 다른 대응 경전 EĀ 42.4 at T 2.753a20에서는 언급되지 않는다.

수행의 점진적인 성격을 잘 보여 주는 세 가지 다른 비유를 『상 윳따니까야』에서 볼 수 있다. 나는 대응 경전인 『잡아함경』의 구절을 번역해 둔다.[42]

이것은 마치 암탉이 적절한 시간에 온도를 고르게 하면서 적절하게 알을 보호하고 품는 것과 같다. 비록 병아리가 노력을 기울여 껍질을 깨고 자기 힘으로 밖으로 나오기를 암탉이 바란다고 하지 않더라도, 그럼에도 불구하고 병아리는 스스로 노력하여 껍질로부터 안전하게 나올 수 있을 것이다. 왜 그런가? 암탉이 알을 보호하고 품었고 적절한 시간에 온도를 고르게 하였기 때문이다. ...[43]

이것은 마치 능숙한 스승 또는 제자가 도끼를 다루는 것과 같다. 지속적으로 쥐고 있음으로 손과 손가락의 미세한 흔적이 점진적으로 보이는 것과 같다. 도끼를 다루는 데 미세한 흔적을 알아차리지 못한다고 할지라도 흔적은 곳곳에서 보이게 될 것이다. ...[44]

이것은 마치 큰 배가 여름 동안 해안에 정박하고 있는 것과 마찬가지이다. 육 개월 동안 바람이 불고 태양에 노출되면서 밧줄이 점점 떨어져 나간다.[45]

---

42) SĀ 263 at T 2.67b12–67b27 (translated Anālayo 2013b).
43) 대응 경전 SN 22.101 at SN III 154,10 (translated Bodhi 2000: 960; cf. AN 7.67 at AN IV 125,18, translated Bodhi 2012: 1088, AN 7.71), 대응하는 간다리 단편 Glass 2007: 207, 그리고 Bhaiṣajyavastu, T 1448 at T 24.31c4는 암탉이 12개의 알을 품었다고 언급한다.
44) SN 22.101 at SN III 154,31 (그리고 AN 7.67)에서 이 비유의 초점은 목수가 오늘 연장이 얼마나 많이 닳았는지, 전날 얼마나 많이 닳았는지 모른다. 그러나 일단 닳으면 그 닳은 것을 알게 되리라는 것이다.
45) SN 22.101 at SN III 155,6 (그리고 AN 7.67)에 따르면 밧줄은 배가 육 개월

이런 일련의 비유는 암탉이 규칙적으로 보금자리에 앉아서 알을 품는 것처럼 수행자가 자신의 규율을 잘 지켜나가는 한 결국은 원하는 결과를 마침내 얻을 것이 기대된다는 것을 보여 주고 있다. 수행의 진전은 매일 눈으로 볼 수 있는 것은 아니지만 오랜 기간 동안 헌신적 수행을 통해서 일어나는 변화는 현저하게 눈으로 볼 수 있다. 마치 도끼 자루의 손잡이가 닳는 것과 같다.

위에서 언급한 비유들에서 묘사한 것처럼 점진적으로 길을 향해하기 위해서는 미세한 균형 감각이 필요하다. 이때 직면하는 과제는 두 극단을 피하는 중도의 균형을 유지하는 것이다. 한 극단은 과도한 목표 지향이다. 수행의 성취를 계속해서 심하게 몰아붙이는 것은 결국 좌절감에 빠진다. 이런 좌절감은 무엇을 얻기 위해 과도하게 좌선 수행을 하는 균형 잡히지 못한 태도에 기인한다. 이런 종류의 태도는 심지어 자기기만에 빠지게 만든다. 말하자면 해탈의 길에 이르는 단순한 디딤돌을 마지막 목표로 착각하게 되어 버린다. 또 다른 극단은 해탈의 열망을 마치 초월해 있는 체하는 것이다. 잘못된 믿음, 즉 선하고자 하는 바람 없이 불선한 욕망을 극복할 수 있다는 잘못된 신념은 결국 수행이 정체되어 멈추어 있는 것을 마치 출리한 상태라고 착각하게 만든다. 이것은 단지 현재의 상태에 그대로 있는 것, 완전한 중지야말로 알아차림의 확립이

동안 물에 잠겨 있을 때 이미 영향을 받았다. 그리고 지금은 겨울 동안 배가 밖으로 올라와서 태양과 바람에 의해서 더 영향을 받고 있다. 비가 오면 밧줄은 떨어져 나간다. Bhaiṣajyavastu, T 1448 at T24.32a11은 또한 배가 처음에는 육 개월 동안 물에 잠겨 있고 그 이후 해안으로 올라왔다고 기술하고 있다. 비록 이것이 여름 동안 일어났다고 할지라도 말이다. 여기에서 바람과 태양의 영향을 받는다. 나중에 비가 내릴 때 자연스럽게 밧줄이 떨어져 나간다.

라고 생각해 버린다.

중도의 균형을 이루는 한 가지 방법은 완전한 해탈에 이르고자 하는 열망과 마지막 목표의 맛보기로서 일시적인 해탈을 순간적으로 경험하고 있다는 알아차림을 결합시키는 것이다.[46] 이런 식으로 먼 미래에 실현될 그 무엇을 열망하는 대신, 이런 열망에 부합되는 바로 지금 순간에 일어나는 그 무엇도 알아차리게 된다.

사성제를 확립하는 수행 방식으로서 팔정도의 맥락에서 이루어진 알아차림의 확립을 점진적으로 수행하는 것이 지향하는 마지막 목표는 분명히 완전한 깨달음을 성취하는 것이다. 그러나 이것이 무엇을 의미하는지는 아주 일상적인 상황에서도 볼 수 있다. 이 때마다 마음은 비록 한 순간이라도 번뇌에 의해 압도당하지 않는다. 이렇게 수행하여 가면서 수행자는 깨달음이 갖는 근본적인 "맛"을 통해서 가르침과 해탈의 심오함을 더 잘 알아차리게 된다. 진리의 다르마가 갖는 이런 성질을 보여 주는 비유에서는 이것을 넓은 바다와 비교하고 있다. 『중아함경』의 구절을 보기로 하자.[47]

이것은 마치 깊은 대양의 물이 헤아릴 수 없이 깊고 어마어마하게 넓고 가없는 것과 같다. … 같은 방식으로 나의 바른 다르마와 규칙에서 가르침은 헤아릴 수 없이 깊고 어마어마하게 넓고 가없다. … 이것은 마치 대양의 물이 짜고 어느 곳에서나 같은 맛이 나는 것과 같다. … 같은 방식으로 나의 바른 다르마와 규칙은 이욕의 맛을 가지고, 열반의 맛을 가지고, 이완의 맛을 가지고, 깨달음의 맛

---

46) 본서 8장 6절을 참조할 수 있다.
47) MĀ 35 at T 1.476c6-476c12.

을 가진다.

넓은 바다의 깊이와 비교하는 것은 빨리어 대응 경전인 『앙굿따라니까야』에서는 보이지 않는다. 그러나 비교할 만한 경전 내용은 『증일아함경』에 보존되어 있다.[48] 대응 경전인 『증일아함경』에서는 단지 하나의 맛을 계속해서 언급하고 있다. 이 하나의 맛은 성스러운 팔정도이다.[49] 『앙굿따라니까야』 또한 단지 하나의 맛, 즉 해탈의 맛을 언급하고 있을 뿐이다.[50]

삶의 모든 상황은 해탈로 가는 가능성을 품고 있다. 해탈의 맛은 우리가 찾으려고 노력만 한다면 어디에서든지 발견할 수 있다. 사성제의 측면에서 살펴보면 어떤 상황이라도 고와 고의 발생(첫 번째와 두 번째 진리)뿐만 아니라 고의 멸과 해탈에 이르는 것(세 번째와 네 번째)과 잠재적인 연결을 갖고 있다. 스스로 점진적으로 해탈시킴으로써 그리고 마음의 혀로 해탈의 "짠" 맛을 봄으로써 깨달음을 통해서 다시는 돌아오지 않는 완전한 해탈을 향한 진전은 자연스럽게 열린다.

"해탈"과 "깨달음"이라는 용어와 함께 최종 목표라는 단어는 서로 다른 측면과 함축된 의미를 야기하는 여러 용어들을 통해서 포착할 수 있는 다양한 의미심장한 뉘앙스를 갖는다. 최종 목표라는 단어가 갖는 이런 상호 보완적인 의미를 전달하기 위해서 나는 『상윳따니까야』의 「아상카따상윳따」와 이에 대응하는 경전인 『잡아함

---

48) EĀ 42.4 at T 2.753a20.
49) EĀ 42.4 at T 2.753a28.
50) AN 8.19 at AN IV 203,7 (translated Bodhi 2012: 1144).

경』에서 열반에 대한 여러 다양한 표현을 인용하면서 이 연구의 결론을 맺고자 한다. 이 두 경전은 수행의 목표를 표현하기 위해 여러 대안적인 기술을 하고 있다. 어떤 것은 더 시적이고 또 다른 어떤 것은 더 실제적이다. 아래에서 두 경전에서 볼 수 있는 이런 다양한 표현들을 열거할 것이다.[51] 나는 이런 여러 표현들에서 독자들의 개인적 열망을 잘 포착하는 묘사가 적어도 하나라도 있기를 바란다.

> 조건 없는 … 보기 어려운 … 흔들리지 않는 … 죽음 없는 … 오염 없는 … 보호 … 섬 … 피난처 … 출세간적인 … 평화로운 … 병 없는 … 열반

9. 요약

호흡에 대한 16단계의 알아차림은 네 가지 알아차림의 확립을 통해서 해탈에 이르는 총체적 길이 하나의 대상에 기반을 두고 전개되는 방식으로 계발된다는 것을 잘 보여 주고 있다. 세 가지 그리고 네 가지 알아차림 확립의 특징적인 공통점은 현재 일어나고 있는 것을 완전히 알아차리는 것과 마음의 균형을 결합하는 것이

---

51) SĀ 890 at T 2.224b7-224b10, 대응 경전 SN 43 at SN IV 368,1-373,14 (translated Bodhi 2000: 1378).

다. 이렇게 알아차리는 것이 자신을 보호하고, 동시에 상대방을 보호한다. 자신의 알을 품는 암탉 같이 앉아서 헌신적인 수행으로 자신의 수행을 심화시킴으로써 번뇌는 마치 도끼자루의 손잡이같이 벗겨지고 태양과 바람에 노출된 묶여 있는 배처럼 마음의 장애는 점차로 떨어져 나간다. 마음의 해탈이 주는 짠맛을 유지해 가면 수행의 진전은 최종적 해탈을 향하여 자연스럽게 전개된다.

13장

알아차림의 확립 경

13장에서는 『맛지마니까야』의 「알아차림의 확립 경」 그리고 이에 대응하는 『중아함경』과 『증일아함경』을 번역하고자 한다. 나는 이전 장에서는 읽기 쉽고 대응 경전과 비교를 용이하게 하기 위해서 종종 매우 생략된 형태로 번역하였다. 그러나 여기서는 경전들을 완전한 형태로, 나아가서는 원문에 생략되어 있는 부분을 대괄호[ ]를 사용하여 채워 넣으면서까지 번역하였다. 『증일아함경』의 경우 번역이 때때로 불규칙적일 때는 어느 정도 해석을 포함하고 있다.

1. 『맛지마니까야』

「알아차림의 확립 경」[1]

이와 같이 나는 들었다. 한 때에 세존께서는 쿠루 지방의 깜맛사담마라는 쿠루족의 성읍에 머물고 계셨다. 거기에서 세존께서는 수행승들에게 "수행승들이여"라고 말씀하셨다. 그러자 수행승들도 "세존이시여."라고 대답하였다. 세존께서는 이와 같이 말씀하셨다.

"수행승들이여, 이것은 존재의 청정을 위하고, 슬픔과 비탄을 극복하고, 괴로움과 불만족을 사라지게 하고, 참된 방법을 얻고, 열반을 실현하기 위한 직접적인 길, [56][2] 즉 네 가지 알아차림의 확립이다. 무엇이 네 가지인가?

수행승들이여, 여기 수행승은 몸과 관련해서 몸을 관찰하면서, 부지런히 분명하게 알면서, 세간에 대한 욕망과 불만족으로부터 자유롭고, 알아차리면서 머문다. 수행승은 느낌과 관련해서 느낌을 관찰하면서, 부지런히 분명하게 알면서, 세간에 대한 욕망과 불만족으로부터 자유롭고, 알아차리면서 머문다. 수행승은 마음과 관련해서 마음을 관찰하면서, 부지런히 분명하게 알면서, 세간에 대한 욕망과 불만족으로부터 자유롭고, 알아차리면서 머문다. 수행승은 법과 관련해서 법을 관찰하면서, 부지런히 분명하게 알

---

1) MN 10 at MN I 55,27-63,21 (translated Ñāṇamoli 1995: 145ff).
2) 대괄호 안에 있는 숫자는 원문의 페이지를 가리킨다.

면서, 세간에 대한 욕망과 불만족으로부터 자유롭고, 알아차리면서 머문다.

그리고 수행승들이여, 어떻게 수행승은 몸과 관련해서 몸을 관찰하면서 머무는가? 수행승들이여, 여기 수행승은 숲으로, 나무 아래로, 빈 집으로 가서 앉는다. 가부좌를 하고, 몸을 바로 세우고, 전면에 알아차림을 확립하고, 알아차리면서 들이쉬고, 알아차리면서 내쉰다.

길게 들이쉬면서 수행승은 내가 길게 들이쉰다고 알고, 길게 내쉬면서 수행승은 내가 길게 내쉰다고 안다. 짧게 들이쉬면서 수행승은 내가 짧게 들이쉰다고 알고, 짧게 내쉬면서 수행승은 내가 짧게 내쉰다고 안다. 수행승은 내가 몸 전체를 경험하면서 들이쉰다고 익히고, 수행승은 내가 몸 전체를 경험하면서 내쉰다고 익힌다. 수행승은 내가 몸의 형성을 고요하게 하면서 들이쉰다고 익히고, 수행승은 내가 몸의 형성을 고요하게 하면서 내쉰다고 익힌다.

수행승이여, 이것은 마치 도자기공 또는 도자기공의 제자가 길게 돌릴 때 나는 길게 돌린다고 알고, 짧게 돌릴 때 나는 짧게 돌린다고 아는 것과 같다.

이와 마찬가지로 수행승은 길게 들이쉬면서 나는 길게 들이쉰다고 알고, [길게 내쉬면서 나는 길게 내쉰다고 안다. 짧게 들이쉬면서 나는 짧게 들이쉰다고 알고, 짧게 내쉬면서 나는 짧게 내쉰다고 안다. 수행승은 나는 몸 전체를 경험하면서 들이쉰다고 익힌다. 수행승은 나는 몸 전체를 경험하면서 숨을 내쉰다고 익힌다. 수행승은 나는 몸의 형성을 고요하게 하면서 들이쉰다고 익힌다.]

수행승은 나는 몸의 형성을 고요하게 하면서 내쉰다고 익힌다.

이와 같이 몸과 관련해서 수행승은 몸을 내적으로 관찰하면서 머물거나, 몸을 외적으로 관찰하면서 머물거나, 몸을 내적으로 그리고 외적으로 관찰하면서 머문다. 또는 수행승은 몸에서 일어나는 특성을 관찰하면서 머물거나, 몸에서 사라지는 특성을 관찰하면서 머물거나, 몸에서 일어나고 사라지는 특성을 관찰하면서 머문다. 또는 오직 순수한 앎과 지속적인 알아차림을 위하여 '몸이 있다'는 알아차림이 수행승에게 확립된다. 그리고 수행승은 세간의 어떤 것에도 집착하지 않고, 독립적으로 머문다. 수행승이여, 이것이 수행승이 몸과 관련해서 몸을 관찰하면서 머무는 것이다.

다음으로 수행승들이여, 수행승은 걸으면서 걷는다고 알고, 서면서도 선다고 알고, 앉으면서 [57] 앉는다고 알고, 누우면서 눕는다고 알고, 뭘 하든 그에 따라서 그것을 안다.

이와 같이 몸과 관련해서 수행승은 몸을 내적으로 관찰하면서 머물거나, [몸과 관련해서 몸을 외적으로 관찰하면서 머물거나, 몸과 관련해서 몸을 내적으로 그리고 외적으로 관찰하면서 머문다. 또는 수행승은 몸에서 일어나는 특성을 관찰하면서 머물거나, 몸에서 사라지는 특성을 관찰하면서 머물거나, 몸에서 일어나고 사라지는 특성을 관찰하면서 머문다. 또는 오직 순수한 앎과 지속적인 알아차림을 위하여 '몸이 있다'는 알아차림이 수행승에게 확립된다. 그리고 수행승은 세간의 어떤 것에도 집착하지 않고, 독립적으로 머문다.] 수행승이여, 이것이 수행승이 몸과 관련해서 몸을 관찰하면서 머무는 것이다.

다음으로 수행승들이여, 나아갈 때도, 돌아올 때도 수행승은 분명하게 알면서 행동한다. 앞을 볼 때도, 돌아볼 때도 수행승은 분명하게 알면서 행동한다. [사지를] 구부릴 때도, 펼 때도 수행승은 분명하게 알면서 행동한다. 겉옷을 입을 때도, [다른] 옷을 입을 때도, 발우를 들 때도 수행승은 분명하게 알면서 행동한다. 먹을 때도, 마실 때도, 씹을 때도, 맛볼 때도 수행승은 분명하게 알면서 행동한다. 대변을 볼 때도, 소변을 볼 때도 수행승은 분명하게 알면서 행동한다. 걸을 때도, 설 때도, 앉을 때도, 잘 때도, 깰 때도, 말할 때도, 침묵할 때도 수행승은 분명하게 알면서 행동한다.

이와 같이 몸과 관련해서 수행승은 몸을 내적으로 관찰하면서 머물거나, [몸을 외적으로 관찰하면서 머물거나, 몸을 내적으로 그리고 외적으로 관찰하면서 머문다. 또는 수행승은 몸에서 일어나는 특성을 관찰하면서 머물거나, 몸에서 사라지는 특성을 관찰하면서 머물거나, 몸에서 일어나고 사라지는 특성을 관찰하면서 머문다. 또는 오직 순수한 앎과 지속적인 알아차림을 위하여 '몸이 있다'는 알아차림이 수행승에게 확립된다. 그리고 수행승은 세간의 어떤 것에도 집착하지 않고, 독립적으로 머문다.] 수행승들이여, 이것이 수행승이 몸과 관련해서 몸을 관찰하면서 머무는 것이다.

다음으로 수행승이여, 수행승은 동일한 이 몸을 발바닥에서부터 위까지, 머리카락에서부터 아래까지 피부로 둘러싸여 있고, 깨끗하지 않은 많은 것으로 가득 차 있다고 조사한다. 이 몸 안에 머리카락, 털, 손발톱, 치아, 피부, 살, 힘줄, 뼈, 골수, 콩팥, 심장, 간, 횡격막, 비장, 폐, 장, 장간막, 위장의 내용물, 똥 덩어리, 담즙, 가래, 고름, 피, 땀, 지방, 눈물, 기름, 침, 콧물, 윤활액, 오줌이 있다고 조사한다.

　수행승들이여, 이것은 마치 눈 밝은 사람이 다양한 종류의 곡물, 예를 들어 벼, 보리, 콩, 완두, 수수, 쌀로 가득한 자루를 양쪽으로 열어서 조사하는 것과 같다. 이것은 벼이고, 이것은 보리고, 이것은 콩이고, 이것은 완두고, 이것은 수수이고, 이것은 쌀이라고 조사한다.

　이와 마찬가지로 수행승들이여, 수행승은 동일한 이 몸을 발바닥에서부터 위까지, 머리카락에서부터 아래까지 피부로 둘러싸여 있고, 많은 깨끗하지 않은 것으로 가득 차 있다고 조사한다. 이 몸 안에 머리카락, 털, 손발톱, 치아, 피부, 살, 힘줄, 뼈, 골수, 콩팥, 심장, 간, 횡격막, 비장, 폐, 장, 장간막, 위장의 내용물, 똥 덩어리, 담즙, 가래, 고름, 피, 땀, 지방, 눈물, 기름, 침, 콧물, 윤활액, 오줌이 있다고 조사한다.

　이와 같이 몸과 관련해서 수행승은 몸을 내적으로 관찰하면서 머물거나, [몸을 외적으로 관찰하면서 머물거나, 몸을 내적으로 그리고 외적으로 관찰하면서 머문다. 또는 수행승은 몸에서 일어나는 특성을 관찰하면서 머물거나, 몸에서 사라지는 특성을 관찰하면서 머물거나, 몸에서 일어나고 사라지는 특성을 관찰하면서 머문다. 또는 오직 순수한 앎과 지속적인 알아차림을 위하여 '몸이 있다'는 알아차림이 수행승에게 확립된다. 그리고 수행승은 세간의 어떤 것에도 집착하지 않고, 독립적으로 머문다.] 수행승이여, 이것이 수행승이 몸과 관련해서 몸을 관찰하면서 머무는 것이다.

　다음으로 수행승들이여, 수행승은 동일한 이 몸을 어디에 있든,

어떻게 있든, 이 몸 안에는 땅의 요소, 물의 요소, 불의 요소, 바람의 요소가 있다고, 요소를 통해서 조사한다. [58]

　수행승들이여, 이것은 마치 능숙한 백정 또는 백정의 제자가 소를 잡아 부위별로 잘라서 네거리에 두는 것과 같다.

　이와 마찬가지로 수행승들이여, 수행승은 동일한 이 몸을 어디에 있든, 어떻게 있든, 이 몸 안에는 땅의 요소, 물의 요소, 불의 요소, 바람의 요소가 있다고, 요소를 통해서 조사한다.

　이와 같이 몸과 관련해서 수행승은 몸을 내적으로 관찰하면서 머물거나, [몸을 외적으로 관찰하면서 머물거나, 몸을 내적으로 그리고 외적으로 관찰하면서 머문다. 또는 수행승은 몸에서 일어나는 특성을 관찰하면서 머물거나, 몸에서 사라지는 특성을 관찰하면서 머물거나, 몸에서 일어나고 사라지는 특성을 관찰하면서 머문다. 또는 오직 순수한 앎과 지속적인 알아차림을 위하여 '몸이 있다'는 알아차림이 수행승에게 확립된다. 그리고 수행승은 세간의 어떤 것에도 집착하지 않고, 독립적으로 머문다.] 수행승이여, 이것이 수행승이 몸과 관련해서 몸을 관찰하면서 머무는 것이다.

　다음으로 수행승들이여, 마치 수행승은 묘지에 던져진 시체가 죽은 지 하루나 이틀이나 삼일이 지나 부풀고 검푸르고 흘러내리는 것을 보듯이, 이 동일한 몸을 그것과 비교하면서 이 몸도 또한 같은 특성을 가지고 있고, 그것과 같이 될 것이고, 그 운명으로부터 피할 수 없다고 안다.

　이와 같이 몸과 관련해서 수행승은 몸을 내적으로 관찰하면서 머물거나, [몸을 외적으로 관찰하면서 머물거나, 몸을 내적으로 그리고 외적으로 관찰하면서 머문다. 또는 수행승은 몸에서 일어나는 특성을 관찰하면서 머물거나, 몸에서 사라지는 특성을 관찰하면서 머물거나, 몸에서 일어나고 사라지는 특성을 관찰하면서 머문다. 또는 오직 순수한 앎과 지속적인 알아차림을 위하여 '몸이 있다'는 알아차림이 수행승에게 확립된다. 그리고 수행승은 세간의 어떤 것에도 집착하지 않고, 독립적으로 머문다.] 수행승이여, 이것이 수행승이 몸과 관련해서 몸을 관찰하면서 머무는 것이다.

다음으로 수행승들이여, 마치 수행승은 묘지에 던져진 시체가 까마귀, 매, 독수리, 개, 자칼, 다양한 벌레에게 먹힌 것을 보듯이, 이 동일한 몸을 그것과 비교하면서 이 몸도 또한 같은 특성을 가지고 있고, 그것과 같이 될 것이고, 그 운명으로부터 피할 수 없다고 안다.

이와 같이 몸과 관련해서 수행승은 몸을 내적으로 관찰하면서 머물거나, [몸을 외적으로 관찰하면서 머물거나, 몸을 내적으로 그리고 외적으로 관찰하면서 머문다. 또는 수행승은 몸에서 일어나는 특성을 관찰하면서 머물거나, 몸에서 사라지는 특성을 관찰하면서 머물거나, 몸에서 일어나고 사라지는 특성을 관찰하면서 머문다. 또는 오직 순수한 앎과 지속적인 알아차림을 위하여 '몸이 있다'는 알아차림이 수행승에게 확립된다. 그리고 수행승은 세간의 어떤 것에도 집착하지 않고, 독립적으로 머문다.] 수행승이여, 이것이 수행승이 몸과 관련해서 몸을 관찰하면서 머무는 것이다.

다음으로 수행승들이여, 마치 수행승은 묘지에 던져진 시체의 해골이 살과 뼈와 힘줄로 연결되어 있는 것을 보듯이, [이 동일한 몸을 그것과 비교하면서 이 몸도 또한 같은 특성을 가지고 있고, 그것과 같이 될 것이고, 그 운명으로부터 피할 수 없다고 안다.]

[이와 같이 몸과 관련해서 수행승은 몸을 내적으로 관찰하면서 머물거나, 몸을 외적으로 관찰하면서 머물거나, 몸을 내적으로 그리고 외적으로 관찰하면서 머문다. 또는 수행승은 몸에서 일어나는 특성을 관찰하면서 머물거나, 몸에서 사라지는 특성을 관찰하면서 머물거나, 몸에서 일어나고 사라지는 특성을 관찰하면서 머문다. 또는 오직 순수한 앎과 지속적인 알아차림을 위하여 '몸이 있다'는 알아차림이 수행승에게 확립된다. 그리고 수행승은 세간의 어떤 것에도 집착하지 않고, 독립적으로 머문다. 수행승이여, 이것이 수행승이 몸과 관련해서 몸을 관찰하면서 머무는 것이다.]

[다음으로 수행승들이여, 마치 수행승은 묘지에 던져진 시체의] 해골이 살 없이 피로 얼룩져 힘줄로 연결되어 있는 것을 보듯이, [이 동일한 몸을 그것과 비교하면서 이 몸도 또한 같은 특성을 가지고 있고, 그것과 같이 될 것이고, 그 운명으로부터 피할 수 없다고 안다.]

[이와 같이 몸과 관련해서 수행승은 몸을 내적으로 관찰하면서 머물거나, 몸을 외적으로 관찰하면서 머물거나, 몸을 내적으로 그리고 외적으로 관찰하면서 머문다. 또는 수행승은 몸에서 일어나는 특성을 관찰하면서 머물거나, 몸에서 사라지는 특성을 관찰하면서 머물거나, 몸에서 일어나고 사라지는 특성을 관찰하면서 머문다. 또는 오직 순수한 앎과 지속적인 알아차림을 위하여 '몸이 있다'는 알아차림이 수행승에게 확립된다. 그리고 수행승은 세간

의 어떤 것에도 집착하지 않고, 독립적으로 머문다. 수행승이여, 이것이 수행승이 몸과 관련해서 몸을 관찰하면서 머무는 것이다.]

[다음으로 수행승들이여, 마치 수행승은 묘지에 던져진 시체의] 해골이 살과 피도 없이 힘줄로 연결되어 있는 것을 보듯이, [이 동일한 몸을 그것과 비교하면서 이 몸도 또한 같은 특성을 가지고 있고, 그것과 같이 될 것이고, 그 운명으로부터 피할 수 없다고 안다.]

[이와 같이 몸과 관련해서 수행승은 몸을 내적으로 관찰하면서 머물거나, 몸을 외적으로 관찰하면서 머물거나, 몸을 내적으로 그리고 외적으로 관찰하면서 머문다. 또는 수행승은 몸에서 일어나는 특성을 관찰하면서 머물거나, 몸에서 사라지는 특성을 관찰하면서 머물거나, 몸에서 일어나고 사라지는 특성을 관찰하면서 머문다. 또는 오직 순수한 앎과 지속적인 알아차림을 위하여 '몸이 있다'는 알아차림이 수행승에게 확립된다. 그리고 수행승은 세간의 어떤 것에도 집착하지 않고, 독립적으로 머문다. 수행승이여, 이것이 수행승이 몸과 관련해서 몸을 관찰하면서 머무는 것이다.]

[다음으로 수행승들이여, 마치 수행승은 묘지에 던져진 시체의] 뼈가 사방으로 흩어져 여기에 손뼈, 저기에 발뼈, 다른 곳에 정강이뼈, 또 다른 곳에 허벅지뼈, 또 다른 곳에 엉치뼈, 또 다른 곳에 척추뼈, 또 다른 곳에 해골[3]이 있는 것을 보듯이, 이 동일한 몸을 그것과 비교하면서 이 몸도 또한 같은 특성을 가지고 있고, 그것과 같이 될 것이고, 그 운명으로부터 피할 수 없다고 안다.

---

3) 미얀마본과 태국본에는 뼈 이름을 추가하고 있다.

이와 같이 몸과 관련해서 수행승은 몸을 내적으로 관찰하면서 머물거나, [몸을 외적으로 관찰하면서 머물거나, 몸을 내적으로 그리고 외적으로 관찰하면서 머문다. 또는 수행승은 몸에서 일어나는 특성을 관찰하면서 머물거나, 몸에서 사라지는 특성을 관찰하면서 머물거나, 몸에서 일어나고 사라지는 특성을 관찰하면서 머문다. 또는 오직 순수한 앎과 지속적인 알아차림을 위하여 '몸이 있다'는 알아차림이 수행승에게 확립된다. 그리고 수행승은 세간의 어떤 것에도 집착하지 않고, 독립적으로 머문다.] 수행승이여, 이것이 수행승이 몸과 관련해서 몸을 관찰하면서 머무는 것이다.

다음으로 수행승들이여, 마치 수행승은 묘지에 던져진 시체의 뼈가 빛 바랜 흰색, 소라껍질 색이라는 것을 보듯이, [이 동일한 몸을 그것과 비교하면서 이 몸도 또한 같은 특성을 가지고 있고, 그것과 같이 될 것이고, 그 운명으로부터 피할 수 없다고 안다.]

[이와 같이 몸과 관련해서 수행승은 몸을 내적으로 관찰하면서 머물거나, 몸을 외적으로 관찰하면서 머물거나, 몸을 내적으로 그리고 외적으로 관찰하면서 머문다. 또는 수행승은 몸에서 일어나는 특성을 관찰하면서 머물거나, 몸에서 사라지는 특성을 관찰하면서 머물거나, 몸에서 일어나고 사라지는 특성을 관찰하면서 머문다. 또는 오직 순수한 앎과 지속적인 알아차림을 위하여 '몸이 있다'는 알아차림이 수행승에게 확립된다. 그리고 수행승은 세간의 어떤 것에도 집착하지 않고, 독립적으로 머문다. 수행승이여, 이것이 수행승이 몸과 관련해서 몸을 관찰하면서 머무는 것이다.]

[다음으로 수행승들이여, 마치 수행승은 묘지에 던져진 시체의]

뼈가 일 년이 넘게 쌓여 있는 것을 보듯이, [이 동일한 몸을 그것과 비교하면서 이 몸도 또한 같은 특성을 가지고 있고, 그것과 같이 될 것이고, 그 운명으로부터 피할 수 없다고 안다.]

[이와 같이 몸과 관련해서 수행승은 몸을 내적으로 관찰하면서 머물거나, 몸을 외적으로 관찰하면서 머물거나, 몸을 내적으로 그리고 외적으로 관찰하면서 머문다. 또는 수행승은 몸에서 일어나는 특성을 관찰하면서 머물거나, 몸에서 사라지는 특성을 관찰하면서 머물거나, 몸에서 일어나고 사라지는 특성을 관찰하면서 머문다. 또는 오직 순수한 앎과 지속적인 알아차림을 위하여 '몸이 있다'는 알아차림이 수행승에게 확립된다. 그리고 수행승은 세간의 어떤 것에도 집착하지 않고, 독립적으로 머문다. 수행승이여, 이것이 수행승이 몸과 관련해서 몸을 관찰하면서 머무는 것이다.]

[다음으로 수행승들이여, 마치 수행승은 묘지에 던져진 시체의] 뼈가 삭아 가루가 되는 것을 보듯이, [59] 이 동일한 몸을 그것과 비교하면서 이 몸도 또한 같은 특성을 가지고 있고, 그것과 같이 될 것이고, 그 운명으로부터 피할 수 없다고 안다.

이와 같이 몸과 관련해서 수행승은 몸을 내적으로 관찰하면서 머물거나, [몸을 외적으로 관찰하면서 머물거나, 몸을 내적으로 그리고 외적으로 관찰하면서 머문다. 또는 수행승은 몸에서 일어나는 특성을 관찰하면서 머물거나, 몸에서 사라지는 특성을 관찰하면서 머물거나, 몸에서 일어나고 사라지는 특성을 관찰하면서 머문다. 또는 오직 순수한 앎과 지속적인 알아차림을 위하여 '몸이 있다'는 알아차림이 수행승에게 확립된다. 그리고 수행승은 세간의 어떤 것에도 집착하지 않고, 독립적으로 머문다.] 수행승이여, 이것이 수행승이 몸과 관련해서 몸을 관찰하면서 머무는 것이다.

그리고 수행승들이여, 어떻게 수행승은 느낌과 관련해서 느낌을 관찰하면서 머무는가? 여기 수행승들이여, 즐거운 느낌을 느낄 때 수행승은 즐거운 느낌을 느낀다고 안다. 괴로운 느낌을 느낄 때 수행승은 괴로운 느낌을 느낀다고 안다. 중립적인 느낌을 느낄 때 수행승은 중립적인 느낌을 느낀다고 안다.

세간적인 즐거운 느낌을 느낄 때 수행승은 세간적인 즐거운 느낌을 느낀다고 안다. 출세간적인 즐거운 느낌을 느낄 때 [수행승은 출세간적인 즐거운 느낌을 느낀다고 안다.] 세간적인 괴로운 느낌을 느낄 때 [수행승은 세간적인 괴로운 느낌을 느낀다고 안다.] 출세간적인 괴로운 느낌을 느낄 때 [수행승은 출세간적인 괴로운 느낌을 느낀다고 안다.] 세간적인 중립적인 느낌을 느낄 때 [수행승은 세간적인 중립적인 느낌을 느낀다고 안다.] 출세간적인 중립적인 느낌을 느낄 때 [수행승은 출세간적인 중립적인 느낌을 느낀다고 안다.]

이와 같이 느낌과 관련해서 수행승은 느낌을 내적으로 관찰하면서 머물거나, 느낌을 외적으로 관찰하면서 머물거나, 느낌을 내적으로 그리고 외적으로 관찰하면서 머문다. 또는 수행승은 느낌에서 일어나는 특성을 관찰하면서 머물거나, 느낌에서 사라지는 특성을 관찰하면서 머물거나, 느낌에서 일어나고 사라지는 특성을 관찰하면서 머문다. 또는 오직 순수한 앎과 지속적인 알아차림을 위하여 '느낌이 있다'는 알아차림이 수행승에게 확립된다. 그리고 수행승은 세간의 어떤 것에도 집착하지 않고, 독립적으로 머문다.

수행승이여, 이것이 수행승이 느낌과 관련해서 느낌을 관찰하면서 머무는 것이다.

그리고 수행승들이여, 어떻게 수행승은 마음과 관련해서 마음을 관찰하면서 머무는가? 여기 수행승들이여, 수행승은 욕망이 있는 마음을 욕망이 있는 마음이라고 안다. 또는 수행승은 욕망이 없는 마음을 욕망이 없는 마음이라고 안다. 또는 수행승은 성냄이 있는 마음을 [성냄이 있는 마음이라고 안다. 또는 수행승은] 성냄이 없는 마음을 [성냄이 없는 마음이라고 안다. 또는 수행승은] 어리석음이 있는 마음을 [어리석음이 있는 마음이라고 안다. 또는 수행승은] 어리석음이 없는 마음을 [어리석음이 없는 마음이라고 안다. 또는 수행승은] 위축된 마음을 [위축된 마음이라고 안다. 또는 수행승은] 산란한 마음을 [산란한 마음이라고 안다.]

[또는 수행승은] 큰 마음을 [큰 마음이라고 안다. 또는 수행승은] 크지 않은 마음을 [크지 않은 마음이라고 안다. 또는 수행승은] 뛰어난 마음을 [뛰어난 마음이라고 안다. 또는 수행승은] 뛰어나지 않은 마음을 [뛰어나지 않은 마음이라고 안다. 또는 수행승은] 집중된 마음을 [집중된 마음이라고 안다. 또는 수행승은] 집중되지 않은 마음을 [집중되지 않은 마음이라고 안다. 또는 수행승은] 자유로운 마음을 [자유로운 마음이라고 안다. 또는 수행승은] 자유롭지 못한 마음을 [자유롭지 못한 마음이라고 안다.]

이와 같이 마음과 관련해서 수행승은 마음을 내적으로 관찰하면서 머물거나, 마음을 외적으로 관찰하면서 머물거나, 마음을 내적으로 그리고 외적으로 관찰하면서 머문다. 또는 수행승은 마음에서 일어나는 특성을 관찰하면서 머물거나, [60] 마음에서 사라지는 특성을 관찰하면서 머물거나, 마음에서 일어나고 사라지는 특성을 관찰하면서 머문다. 또는 오직 순수한 앎과 지속적인 알아차림을 위하여 '마음이 있다'는 알아차림이 수행승에게 확립된다. 그리고 수행승은 세간의 어떤 것에도 집착하지 않고, 독립적으로 머문다. 수행승이여, 이것이 수행승이 마음과 관련해서 마음을 관찰하면서 머무는 것이다.

그리고 수행승들이여, 어떻게 수행승은 법과 관련해서 법을 관찰하면서 머무는가? 여기 수행승들이여, 법과 관련해서 수행승은 다섯 가지 장애와 관련된 법을 관찰하면서 머문다. 그리고 수행승들이여, 어떻게 수행승은 법과 관련해서 다섯 가지 장애와 관련된 법을 관찰하면서 머무는가? 여기 수행승들이여, 감각적 욕망이 지금 안에 있다면 수행승은 감각적 욕망이 내 안에 있다고 안다. 또는 감각적 욕망이 지금 안에 없다면 수행승은 감각적 욕망이 내 안에 없다고 안다. 그리고 수행승은 일어나지 않은 감각적 욕망이 어떻게 일어나는지를 안다. 수행승은 일어난 감각적 욕망이 어떻게 제거되는지를 안다. 그리고 수행승은 제거된 감각적 욕망이 어떻게 미래에 일어나지 않는지를 안다.

성냄이 지금 안에 있다면 수행승은 성냄이 내 안에 있다고 안다. [또는 성냄이 지금 안에 없다면 수행승은 성냄이 내 안에 없다고 안다. 그리고 수행승은 일어나지 않은 성냄이 어떻게 일어나는지를 안다. 수행승은 일어난 성냄이 어떻게 제거되는지를 안다. 그리고 수행승은 제거된 성냄이 어떻게 미래에 일어나지 않는지를 안다.]

게으름과 무기력이 지금 안에 있다면 수행승은 게으름과 무기력이 내 안에 있다고 안다. [또는 게으름과 무기력이 지금 안에 없다면 수행승은 게으름과 무기력이 내 안에 없다고 안다. 그리고 수행승은 일어나지 않은 게으름과 무기력이 어떻게 일어나는지를 안다. 수행승은 일어난 게으름과 무기력이 어떻게 제거되는지를 안다. 그리고 수행승은 제거된 게으름과 무기력이 어떻게 미래에 일어나지 않는지를 안다.]

불안과 걱정이 지금 안에 있다면 수행승은 불안과 걱정이 내 안에 있다고 안다. [또는 불안과 걱정이 지금 안에 없다면 수행승은 불안과 걱정이 내 안에 없다고 안다. 그리고 수행승은 일어나지 않은 불안과 걱정이 어떻게 일어나는지를 안다. 수행승은 일어난 불안과 걱정이 어떻게 제거되는지를 안다. 그리고 수행승은 제거된 불안과 걱정이 어떻게 미래에 일어나지 않는지를 안다.]

의심이 지금 안에 있다면 수행승은 의심이 내 안에 있다고 안다. 또는 의심이 지금 안에 없다면 수행승은 의심이 내 안에 없다고 안다. 그리고 수행승은 일어나지 않은 의심이 어떻게 일어나는지를 안다. 수행승은 일어난 의심이 어떻게 제거되는지를 안다. 그리고 수행승은 제거된 의심이 어떻게 미래에 일어나지 않는지를 안다.

이와 같이 법과 관련해서 수행승은 법을 내적으로 관찰하면서 머물거나, 법과 관련해서 법을 외적으로 관찰하면서 머물거나, 법과 관련해서 법을 내적으로 그리고 외적으로 관찰하면서 머문다. 또는 수행승은 법에서 일어나는 특성을 관찰하면서 머물거나, 법에서 사라지는 특성을 관찰하면서 머물거나, 법에서 일어나고 사라지는 특성을 관찰하면서 머문다. 또는 오직 순수한 앎과 지속적인 알아차림을 위하여 '법이 있다'는 알아차림이 수행승에게 확립된다. 그리고 수행승은 세간의 어떤 것에도 집착하지 않고, 독립적으로 머문다. 수행승들이여, 이것이 수행승이 법과 관련해서 다섯 가지 장애와 관련된 법을 관찰하면서 머무는 것이다.

다음으로 수행승들이여, 법과 관련해서 수행승은 다섯 가지 집착의 무더기와 관련된 법을 관찰하면서 머문다. [61] 그리고 수행승들이여, 어떻게 수행승은 법과 관련해서 다섯 가지 집착의 무더기와 관련된 법을 관찰하면서 머무는가?

여기 수행승들이여, 수행승은 '육체적 형태가 그러하다, 육체적 형태의 일어남이 그러하다, 육체적 형태의 사라짐이 그러하다, 느낌이 그러하다, 느낌의 일어남이 그러하다, 느낌의 사라짐이 그러하다, 지각이 그러하다, 지각의 일어남이 그러하다, 지각의 사라짐이 그러하다, 의도의 형성이 그러하다, 의도의 형성의 일어남이 그러하다, 의도의 형성의 사라짐이 그러하다, 의식이 그러하다, 의식의 일어남이 그러하다, 의식의 사라짐이 그러하다'라고 안다.

이와 같이 법과 관련해서 수행승은 법을 내적으로 관찰하면서 머물거나, [법과 관련해서 법을 외적으로 관찰하면서 머물거나, 법과 관련해서 법을 내적으로 그리고 외적으로 관찰하면서 머문다. 또는 수행승은 법에서 일어나는 특성을 관찰하면서 머물거나, 법에서 사라지는 특성을 관찰하면서 머물거나, 법에서 일어나고 사라지는 특성을 관찰하면서 머문다. 또는 오직 순수한 앎과 지속적인 알아차림을 위하여 '법이 있다'는 알아차림이 수행승에게 확립된다. 그리고 수행승은 세간의 어떤 것에도 집착하지 않고, 독립적으로 머문다.] 수행승들이여, 이것이 수행승이 법과 관련해서 다섯 가지 집착의 무더기와 관련된 법을 관찰하면서 머무는 것이다.

다음으로 수행승들이여, 법과 관련해서 수행승은 여섯 가지 내적 감각 영역과 여섯 가지 외적 감각 영역과 관련된 법을 관찰하면서 머문다. 그리고 수행승들이여, 어떻게 수행승은 법과 관련해서 여섯 가지 내적 감각 영역과 여섯 가지 외적 감각 영역과 관련된 법을 관찰하면서 머무는가?

여기 수행승들이여, 수행승은 눈을 알고, 형태를 알고, 둘에 의존하여 일어나는 족쇄를 안다. 그리고 수행승은 일어나지 않은 족쇄가 어떻게 일어나는지를 안다. 수행승은 일어난 족쇄가 어떻게 제거되는지를 안다. 그리고 수행승은 제거된 족쇄가 어떻게 미래에 일어나지 않는지를 안다.

수행승은 귀를 알고, 소리를 알고, [둘에 의존하여 일어나는 족쇄를 안다. 그리고 수행승은 일어나지 않은 족쇄가 어떻게 일어나는지를 안다. 수행승은 일어난 족쇄가 어떻게 제거되는지를 안다. 그리고 수행승은 제거된 족쇄가 어떻게 미래에 일어나지 않는지를 안다.]

수행승은 코를 알고, 냄새를 알고, [둘에 의존하여 일어나는 족쇄를 안다. 그리고 수행승은 일어나지 않은 족쇄가 어떻게 일어나는지를 안다. 수행승은 일어난 족쇄가 어떻게 제거되는지를 안다. 그리고 수행승은 제거된 족쇄가 어떻게 미래에 일어나지 않는지를 안다.]

수행승은 혀를 알고, 맛을 알고, [둘에 의존하여 일어나는 족쇄를 안다. 그리고 수행승은 일어나지 않은 족쇄가 어떻게 일어나는지를 안다. 수행승은 일어난 족쇄가 어떻게 제거되는지를 안다. 그리고 수행승은 제거된 족쇄가 어떻게 미래에 일어나지 않는지를 안다.]

수행승은 몸을 알고, 촉감을 알고, [둘에 의존하여 일어나는 족쇄를 안다. 그리고 수행승은 일어나지 않은 족쇄가 어떻게 일어나는지를 안다. 수행승은 일어난 족쇄가 어떻게 제거되는지를 안다. 그리고 수행승은 제거된 족쇄가 어떻게 미래에 일어나지 않는지를 안다.]

수행승은 마음을 알고, 마음의 대상을 알고, [둘에 의존하여 일어나는 족쇄를 안다. 그리고 수행승은 일어나지 않은 족쇄가 어떻게 일어나는지를 안다. 수행승은 일어난 족쇄가 어떻게 제거되는지를 안다. 그리고 수행승은 제거된 족쇄가 어떻게 미래에 일어나지 않는지를 안다.]

이와 같이 법과 관련해서 수행승은 법을 내적으로 관찰하면서 머물거나, [법과 관련해서 법을 외적으로 관찰하면서 머물거나, 법과 관련해서 법을 내적으로 그리고 외적으로 관찰하면서 머문다. 또는 수행승은 법에서 일어나는 특성을 관찰하면서 머물거나, 법에서 사라지는 특성을 관찰하면서 머물거나, 법에서 일어나고 사라지는 특성을 관찰하면서 머문다. 또는 오직 순수한 앎과 지속적인 알아차림을 위하여 '법이 있다'는 알아차림이 수행승에게 확립된다. 그리고 수행승은 세간의 어떤 것에도 집착하지 않고, 독립적으로 머문다. 수행승들이여, 이것이 수행승이 법과 관련해서 여섯 가지 내적 감각 영역과 여섯 가지 외적 감각 영역과 관련된 법을 관찰하면서 머무는 것이다.

다음으로 수행승들이여, 법과 관련해서 수행승은 깨달음을 위한 일곱 가지 요소와 관련된 법을 관찰하면서 머문다. 그리고 수행승들이여, 어떻게 수행승은 법과 관련해서 깨달음을 위한 일곱 가지 요소와 관련된 법을 관찰하면서 머무는가?

　여기 수행승들이여, 만약 알아차림의 깨달음의 요소가 안에 있다면 수행승은 알아차림의 깨달음의 요소가 내 안에 있다고 안다. 또는 만약 알아차림의 깨달음의 요소가 안에 없다면 수행승은 알아차림의 깨달음의 요소가 내 안에 없다고 안다. [62] 그리고 수행승은 일어나지 않은 알아차림의 깨달음의 요소가 어떻게 일어나는지를 안다. 그리고 수행승은 일어난 알아차림의 깨달음의 요소가 계발에 의해서 어떻게 완전해지는지를 안다.

　만약 법을 탐구하는 깨달음의 요소가 안에 있다면 [수행승은 법을 탐구하는 깨달음의 요소가 내 안에 있다고 안다. 또는 만약 법을 탐구하는 깨달음의 요소가 안에 없다면 수행승은 법을 탐구하는 깨달음의 요소가 내 안에 없다고 안다. 그리고 수행승은 일어나지 않은 법을 탐구하는 깨달음의 요소가 어떻게 일어나는지를 안다. 그리고 수행승은 일어난 법을 탐구하는 깨달음의 요소가 계발에 의해서 어떻게 완전해지는지를 안다.]

　만약 에너지의 깨달음의 요소가 안에 있다면 [수행승은 에너지의 깨달음의 요소가 내 안에 있다고 안다. 또는 만약 에너지의 깨달음의 요소가 안에 없다면 수행승은 에너지의 깨달음의 요소가 내 안에 없다고 안다. 그리고 수행승은 일어나지 않은 에너지의 깨달음의 요소가 어떻게 일어나는지를 안다. 그리고 수행승은 일어난 에너지의 깨달음의 요소가 계발에 의해서 어떻게 완전해지는지

를 안다.]

만약 기쁨의 깨달음의 요소가 안에 있다면 [수행승은 기쁨의 깨달음의 요소가 내 안에 있다고 안다. 또는 만약 기쁨의 깨달음의 요소가 안에 없다면 수행승은 기쁨의 깨달음의 요소가 내 안에 없다고 안다. 그리고 수행승은 일어나지 않은 기쁨의 깨달음의 요소가 어떻게 일어나는지를 안다. 그리고 수행승은 일어난 기쁨의 깨달음의 요소가 계발에 의해서 어떻게 완전해지는지를 안다.]

만약 고요의 깨달음의 요소가 안에 있다면 [수행승은 고요의 깨달음의 요소가 내 안에 있다고 안다. 또는 만약 고요의 깨달음의 요소가 안에 없다면 수행승은 고요의 깨달음의 요소가 내 안에 없다고 안다. 그리고 수행승은 일어나지 않은 고요의 깨달음의 요소가 어떻게 일어나는지를 안다. 그리고 수행승은 일어난 고요의 깨달음의 요소가 계발에 의해서 어떻게 완전해지는지를 안다.]

만약 집중의 깨달음의 요소가 안에 있다면 [수행승은 집중의 깨달음의 요소가 내 안에 있다고 안다. 또는 만약 집중의 깨달음의 요소가 안에 없다면 수행승은 집중의 깨달음의 요소가 내 안에 없다고 안다. 그리고 수행승은 일어나지 않은 집중의 깨달음의 요소가 어떻게 일어나는지를 안다. 그리고 수행승은 일어난 집중의 깨달음의 요소가 계발에 의해서 어떻게 완전해지는지를 안다.]

만약 평정의 깨달음의 요소가 안에 있다면 [수행승은 평정의 깨달음의 요소가 내 안에 있다고 안다. 또는 만약 평정의 깨달음의 요소가 안에 없다면 수행승은 평정의 깨달음의 요소가 내 안에 없다고 안다. 그리고 수행승은 일어나지 않은 평정의 깨달음의 요소가 어떻게 일어나는지를 안다. 그리고 수행승은 일어난 평정의 깨

달음의 요소가 계발에 의해서 어떻게 완전해지는지를 안다.]

이와 같이 법과 관련해서 수행승은 법을 내적으로 관찰하면서 머물거나, [법과 관련해서 법을 외적으로 관찰하면서 머물거나, 법과 관련해서 법을 내적으로 그리고 외적으로 관찰하면서 머문다. 또는 수행승은 법에서 일어나는 특성을 관찰하면서 머물거나, 법에서 사라지는 특성을 관찰하면서 머물거나, 법에서 일어나고 사라지는 특성을 관찰하면서 머문다. 또는 오직 순수한 앎과 지속적인 알아차림을 위하여 '법이 있다'는 알아차림이 수행승에게 확립된다. 그리고 수행승은 세간의 어떤 것에도 집착하지 않고, 독립적으로 머문다.] 수행승들이여, 이것이 수행승이 법과 관련해서 깨달음을 위한 일곱 가지 요소와 관련된 법을 관찰하면서 머무는 것이다.

다음으로 수행승들이여, 법과 관련해서 수행승은 네 가지 고귀한 진리와 관련된 법을 관찰하면서 머문다. 그리고 수행승들이여, 어떻게 수행승은 법과 관련해서 네 가지 고귀한 진리와 관련된 법을 관찰하면서 머무는가?

여기 수행승들이여, 수행승은 '이것이 괴로움이다'라고 있는 그대로 안다. 수행승은 '이것은 괴로움의 일어남이다'라고 있는 그대로 안다. 수행승은 '이것은 괴로움의 소멸이다'라고 있는 그대로 안다. 수행승은 '이것은 괴로움의 소멸로 이끄는 길이다'라고 있는 그대로 안다.

이와 같이 법과 관련해서 수행승은 법을 내적으로 관찰하면서 머물거나, 법과 관련해서 법을 외적으로 관찰하면서 머물거나, 법과 관련해서 법을 내적으로 그리고 외적으로 관찰하면서 머문다.

또는 수행승은 법에서 일어나는 특성을 관찰하면서 머물거나, 법에서 사라지는 특성을 관찰하면서 머물거나, 법에서 일어나고 사라지는 특성을 관찰하면서 머문다. 또는 오직 순수한 앎과 지속적인 알아차림을 위하여 '법이 있다'는 알아차림이 수행승에게 확립된다. 그리고 수행승은 세간의 어떤 것에도 집착하지 않고, 독립적으로 머문다. 수행승들이여, 이것이 수행승이 법과 관련해서 네 가지 고귀한 진리와 관련된 법을 관찰하면서 머무는 것이다.

수행승들이여, 만약 누군가가 칠 년 동안 그러한 방식으로 이러한 네 가지 알아차림의 확립을 수행한다면, 지금 여기에서의 궁극의 지혜 또는 집착이 남아 있다면 다시는 돌아오지 않는 경지라는 두 가지 결과 중 하나를 기대할 수 있다.

수행승들이여, 칠 년은 아니더라도 만약 누군가가 육 년 동안 그러한 방식으로 이러한 네 가지 알아차림의 확립을 수행한다면, [63] [지금 여기에서의 궁극의 지혜 또는 집착이 남아 있다면 다시는 돌아오지 않는 경지라는 두 가지 결과 중 하나를 기대할 수 있다.]

[수행승들이여, 육 년은 아니더라도 만약 누군가가] 오 년 동안 [그러한 방식으로 이러한 네 가지 알아차림의 확립을 수행한다면, 지금 여기에서의 궁극의 지혜 또는 집착이 남아 있다면 다시는 돌아오지 않는 경지라는 두 가지 결과 중 하나를 기대할 수 있다.]

[수행승들이여, 오 년은 아니더라도 만약 누군가가] 사 년 동안 [그러한 방식으로 이러한 네 가지 알아차림의 확립을 수행한다면, 지금 여기에서의 궁극의 지혜 또는 집착이 남아 있다면 다시는 돌아오지 않는 경지라는 두 가지 결과 중 하나를 기대할 수 있다.]

[수행승들이여, 사 년은 아니더라도 만약 누군가가] 삼 년 동안 [그러한 방식으로 이러한 네 가지 알아차림의 확립을 수행한다면, 지금 여기에서의 궁극의 지혜 또는 집착이 남아 있다면 다시는 돌아오지 않는 경지라는 두 가지 결과 중 하나를 기대할 수 있다.]

[수행승들이여, 삼 년은 아니더라도 만약 누군가가] 이 년 동안 [그러한 방식으로 이러한 네 가지 알아차림의 확립을 수행한다면, 지금 여기에서의 궁극의 지혜 또는 집착이 남아 있다면 다시는 돌아오지 않는 경지라는 두 가지 결과 중 하나를 기대할 수 있다.]

[수행승들이여, 이 년은 아니더라도 만약 누군가가] 일 년 동안 [그러한 방식으로 이러한 네 가지 알아차림의 확립을 수행한다면, 지금 여기에서의 궁극의 지혜 또는 집착이 남아 있다면 다시는 돌아오지 않는 경지라는 두 가지 결과 중 하나를 기대할 수 있다.]

수행승들이여, 일 년은 아니더라도 만약 누군가가 일곱 달 동안 그러한 방식으로 이러한 네 가지 알아차림의 확립을 수행한다면, 지금 여기에서의 궁극의 지혜 또는 집착이 남아 있다면 다시는 돌아오지 않는 경지라는 두 가지 결과 중 하나를 기대할 수 있다.

[수행승들이여, 일곱 달은 아니더라도 만약 누군가가] 여섯 달 동안 [그러한 방식으로 이러한 네 가지 알아차림의 확립을 수행한다면, 지금 여기에서의 궁극의 지혜 또는 집착이 남아 있다면 다시는 돌아오지 않는 경지라는 두 가지 결과 중 하나를 기대할 수 있다.]

[수행승들이여, 여섯 달은 아니더라도 만약 누군가가] 다섯 달 동안 [그러한 방식으로 이러한 네 가지 알아차림의 확립을 수행한다면, 지금 여기에서의 궁극의 지혜 또는 집착이 남아 있다면

다시는 돌아오지 않는 경지라는 두 가지 결과 중 하나를 기대할
수 있다.]

　[수행승들이여, 다섯 달은 아니더라도 만약 누군가가] 넉 달 동
안 [그러한 방식으로 이러한 네 가지 알아차림의 확립을 수행한다
면, 지금 여기에서의 궁극의 지혜 또는 집착이 남아 있다면 다시는
돌아오지 않는 경지라는 두 가지 결과 중 하나를 기대할 수 있다.]

　[수행승들이여, 넉 달은 아니더라도 만약 누군가가] 석 달 동안
[그러한 방식으로 이러한 네 가지 알아차림의 확립을 수행한다면,
지금 여기에서의 궁극의 지혜 또는 집착이 남아 있다면 다시는 돌
아오지 않는 경지라는 두 가지 결과 중 하나를 기대할 수 있다.]

　[수행승들이여, 석 달은 아니더라도 만약 누군가가] 두 달 동안
[그러한 방식으로 이러한 네 가지 알아차림의 확립을 수행한다면,
지금 여기에서의 궁극의 지혜 또는 집착이 남아 있다면 다시는 돌
아오지 않는 경지라는 두 가지 결과 중 하나를 기대할 수 있다.]

　[수행승들이여, 두 달은 아니더라도 만약 누군가가] 한 달 동안
[그러한 방식으로 이러한 네 가지 알아차림의 확립을 수행한다면,
지금 여기에서의 궁극의 지혜 또는 집착이 남아 있다면 다시는 돌
아오지 않는 경지라는 두 가지 결과 중 하나를 기대할 수 있다.]

　[수행승들이여, 한 달은 아니더라도 만약 누군가가] 반달 동안
[그러한 방식으로 이러한 네 가지 알아차림의 확립을 수행한다면,
지금 여기에서의 궁극의 지혜 또는 집착이 남아 있다면 다시는 돌
아오지 않는 경지라는 두 가지 결과 중 하나를 기대할 수 있다.]

　수행승들이여, 반달은 아니더라도 만약 누군가가 칠 일 동안 그
러한 방식으로 이러한 네 가지 알아차림의 확립을 수행한다면, 지

금 여기에서의 궁극의 지혜 또는 집착이 남아 있다면 다시는 돌아오지 않는 경지라는 두 가지 결과 중 하나를 기대할 수 있다.

그래서 이 때문에 이렇게 이야기한 것이다. '수행승들이여, 이것은 존재의 청정을 위하고, 슬픔과 비탄을 극복하고, 괴로움과 불만족을 사라지게 하고, 참된 방법을 얻고, 열반을 실현하기 위한 직접적인 길, 즉 네 가지 알아차림의 확립이다.'

세존께서 이렇게 말씀하시자 수행승들은 세존께서 하신 말씀에 기뻐하고 즐거워했다.

2. 『중아함경』

「염처경(念處經)」[4]

이와 같이 나는 들었다. 한때 붓다는 쿠루 지방의 깜마담마라는 곳에 계셨다.

그때 세존은 수행승에게 말씀하셨다. "중생을 청정하게 하고, 슬픔과 공포를 넘어서고, 괴로움과 스트레스를 없애고, 울음과 눈물을 멈추고, 바른 법을 성취하는 하나의 길[一道], 말하자면 네 가

---

4) MĀ 98 at TI 582b7-584b28. 이미 영어로 번역되었다. Minh Chau 1964/1991: 87-95, Saddhāloka 1983: 9-15, Nhat Hanh 1990: 151-67, Kuan 2008: 146-54.

지 알아차림의 확립이 있다.

집착으로부터 자유롭게 완전히 깨달은 과거의 여래들은 모두, 마음을 더럽히고 지혜를 약하게 하는 다섯 가지 장애를 끊고, 네 가지 알아차림을 잘 확립하고 있는 마음에 머물고, 깨달음을 위한 일곱 가지 요소를 계발함으로써, 완전하고 최고인 깨달음을 성취하였다.

집착으로부터 자유롭게 완전히 깨달은 미래의 여래들은 모두, 마음을 더럽히고 지혜를 약하게 하는 다섯 가지 장애를 끊고, 네 가지 알아차림을 잘 확립하고 있는 마음에 머물고, 깨달음을 위한 일곱 가지 요소를 계발함으로써, 완전하고 최고인 깨달음을 성취하였다.

집착으로부터 자유롭게 완전히 깨달은 현재의 여래들은 모두, 마음을 더럽히고 지혜를 약하게 하는 다섯 가지 장애를 끊고, 네 가지 알아차림을 잘 확립하고 있는 마음에 머물고, 깨달음을 위한 일곱 가지 요소를 계발함으로써, 완전하고 최고인 깨달음을 성취하였다.

무엇이 네 가지인가? 몸을 몸으로 관찰하는 알아차림의 확립, 같은 방식으로 느낌을 [느낌으로] [관찰하는 알아차림의 확립], 마음을 [마음으로] [관찰하는 알아차림의 확립], 법을 법으로 관찰하는 알아차림의 확립이다.

무엇이 몸을 몸으로 관찰하는 알아차림의 확립인가? 수행승은 걸으면서 걷는다고 알고, 서면서 선다고 알고, 앉으면서 앉는다고 알고, 누우면서 눕는다고 알고, 잠들면서 잠든다고 알고, 깨면서 깬다고 알고, 자거나 깨면서 자거나 깬다고 안다.

이와 같이 수행승은 내적으로 몸을 몸으로 관찰하고, 외적으로 몸을 몸으로 관찰한다. 수행승은 몸에 알아차림을 확립하고, 알고[知], 보고[見], 이해하고[明], 통찰한다[達]. 이것이 수행승이 몸을 몸으로 관찰하는 것이다[觀身如身].

다음으로 수행승은 몸을 몸으로 관찰한다. 수행승은 나가고 들어오는 것을 분명하게 알고, [사지를] 굽히거나 펴거나 숙이거나 펴는 것을 잘 관찰하고 분별한다. 겉옷이나 [다른] 옷을 입거나 발우를 [지니는] 것을 잘 관찰하고 분별한다. 걷거나 서거나 앉거나 눕거나 자거나 깨거나 말하거나 침묵하는 것, 이 모두를 수행승은 분명하게 안다.

이와 같이 수행승은 내적으로 몸을 몸으로 관찰하고, 외적으로 몸을 몸으로 관찰한다. 수행승은 몸에 알아차림을 확립하고, 알고, 보고, 이해하고, 통찰한다. 이것이 수행승이 몸을 몸으로 관찰하는 것이다.

다음으로 수행승은 몸을 몸으로 관찰한다. [582c] 악하고 불선한 생각이 일어날 때, 수행승은 선한 상태를 떠올리면서 악하고 불선한 생각을 바로잡고, 버리고, 없애고, 멈춘다[治斷滅止].

이것은 마치 목수나 목수의 제자가 [직선을 긋기 위해서] 나무에 먹줄을 튕기고 날선 자귀로 나무를 바르게 깎는 것과 같다. 이와 마찬가지로 악하고 불선한 생각이 일어날 때, 수행승은 선한 상태를 떠올리면서 악하고 불선한 생각을 바로잡고, 버리고, 없애고, 멈춘다.

이와 같이 수행승은 내적으로 몸을 몸으로 관찰하고, 외적으로 몸을 몸으로 관찰한다. 수행승은 몸에 알아차림을 확립하고, 알고, 보고, 이해하고, 통찰한다. 이것이 수행승이 몸을 몸으로 관찰하는 것이다.

다음으로 수행승은 몸을 몸으로 관찰한다. 수행승은 이를 꽉 물고 혀를 입천장에 대고, 마음의 [의지력을] 사용하여 [마음을] 바로잡고, [악하고 불선한 생각을] 버리고, 없애고, 멈춘다.

이것은 마치 힘센 두 사람이 약한 사람을 붙잡아 돌리면서 마음대로 때리는 것과 같다. 이와 마찬가지로 수행승은 이를 꽉 물고 혀를 입천장에 대고, 마음의 [의지력을] 사용하여 [마음을] 바로잡고, [악하고 불선한 생각을] 버리고, 없애고, 멈춘다.

이와 같이 수행승은 내적으로 몸을 몸으로 관찰하고, 외적으로 몸을 몸으로 관찰한다. 수행승은 몸에 알아차림을 확립하고, 알고, 보고, 이해하고, 통찰한다. 이것이 수행승이 몸을 몸으로 관찰하는 것이다.

다음으로 수행승은 몸을 몸으로 관찰한다. 수행승은 들이쉬면서 알아차리고, 알아차리면서 들이쉰다는 것을 안다. 수행승은 내쉬면서 알아차리고, 알아차리면서 내쉰다는 것을 안다.

수행승은 길게 들이쉬면서 길게 들이쉰다고 알고, 길게 내쉬면서 길게 내쉰다고 안다. 수행승은 짧게 들이쉬면서 짧게 들이쉰다고 알고, 짧게 내쉬면서 짧게 내쉰다고 안다. 수행승은 들이쉬면서 몸 전체를 [경험하는 것을] 배우고, 내쉬면서 몸 전체를 [경험하는 것을] 배운다. 들이쉬면서 몸의 형성[身行]을 고요하게 하는 것을 배우고, 내쉬면서 몸의 형성을 고요하게 하는 것을 배운다.[5]

---

5) 원래는 '언어의 형성[口行]'으로 되어 있었다. 이는 분명히 텍스트상의 오류로 보인다. '몸의 형성[身行]'으로 교정하였다.

이와 같이 수행승은 내적으로 몸을 몸으로 관찰하고, 외적으로 몸을 몸으로 관찰한다. 수행승은 몸에 알아차림을 확립하고, 알고, 보고, 이해하고, 통찰한다. 이것이 수행승이 몸을 몸으로 관찰하는 것이다.

다음으로 수행승은 몸을 몸으로 관찰한다. 수행승은 [첫 번째 선정에서 경험하는] 떠남에서 생기는 기쁨과 행복[離生喜樂]에 몸을 완전히 적시고 스며들어서, 떠남에서 생기는 기쁨과 행복이 몸에 스며들지 않은 부분이 없게 된다.

이것은 마치 목욕을 도와주는 사람이 입욕제를 욕조에 타서 저으면 물에 완전히 적셔지지 않거나 스며들지 않는 부분이 없는 것과 같다.

이와 마찬가지로 수행승은 떠남에서 생기는 기쁨과 행복[離生喜樂]에 몸을 완전히 적시고 스며들어서, 떠남에서 생기는 기쁨과 행복이 몸에 스며들지 않은 부분이 없게 된다.

이와 같이 수행승은 내적으로 몸을 몸으로 관찰하고, 외적으로 몸을 몸으로 관찰한다. 수행승은 몸에 알아차림을 확립하고, 알고, 보고, 이해하고, 통찰한다. 이것이 수행승이 몸을 몸으로 관찰하는 것이다.

다음으로 수행승은 몸을 몸으로 관찰한다. 수행승은 [두 번째 선정에서 경험하는] 집중에서 생기는 기쁨과 행복[定生喜樂]에 몸을 완전히 적시고 스며들어서, 집중에서 생기는 기쁨과 행복이 몸에 스며들지 않은 부분이 없게 된다.

이것은 마치 깨끗하고 맑은 물이 가득차서 넘치는 산의 샘과 같다. [583a] 그래서 네 방향으로부터 들어오는 물이 샘으로 들어올 수 없고, 샘 바닥에서부터 솟아오는 샘물이 주변으로 넘쳐 흘러 산 전체를 완전하게 적셔서 스며들지 않은 부분이 없는 것과 같다.

이와 마찬가지로 수행승은 집중에서 생기는 기쁨과 행복에 몸을 완전히 적시고 스며들어서, 집중에서 생기는 기쁨과 행복이 몸에 스며들지 않은 부분이 없게 된다.

이와 같이 수행승은 내적으로 몸을 몸으로 관찰하고, 외적으로 몸을 몸으로 관찰한다. 수행승은 몸에 알아차림을 확립하고, 알고, 보고, 이해하고, 통찰한다. 이것이 수행승이 몸을 몸으로 관찰하는 것이다.

다음으로 수행승은 몸을 몸으로 관찰한다. 수행승은 [세 번째 선정에서 경험하는] 기쁨 없음에서 생기는 행복[無喜生樂]에 몸을 완전히 적시고 스며들어서, 기쁨 없음에서 생기는 행복이 몸에 스며들지 않은 부분이 없게 된다.

이것은 마치 물에서 태어나 물에서 자란 청련, 백련, 홍련이 물에 잠겨 있고, 뿌리, 줄기, 꽃, 잎이 완전히 물에 적셔지고 스며들어서, 물이 스며들지 않는 부분이 없는 것과 같다.

이와 마찬가지로 수행승은 기쁨 없음에서 생기는 행복에 몸을 완전히 적시고 스며들어서, 기쁨 없음에서 생기는 행복이 몸에 스며들지 않은 부분이 없게 된다.

이와 같이 수행승은 내적으로 몸을 몸으로 관찰하고, 외적으로 몸을 몸으로 관찰한다. 수행승은 몸에 알아차림을 확립하고, 알고, 보고, 이해하고, 통찰한다. 이것이 수행승이 몸을 몸으로 관찰하는 것이다.

다음으로 수행승은 몸을 몸으로 관찰한다. 수행승은 [네 번째 선정에서 경험하는] 몸에 청정한 마음이 완전하게 스며드는 것을 성취한 채로 머물고자 한다. 청정한 마음이 몸에 스며들지 않은 부분이 없게 된다.

이것은 마치 머리에서 발까지 일곱, 여덟 자 정도의 옷감으로 덮을 수 있는 사람에게 덮이지 않는 부분이 없는 것과 같다.

이와 마찬가지로 수행승은 [네 번째 선정에서 경험하는] 몸에 청정한 마음이 완전하게 스며들어서, 청정한 마음이 몸에 스며들지 않은 부분이 없게 된다.

이와 같이 수행승은 내적으로 몸을 몸으로 관찰하고, 외적으로 몸을 몸으로 관찰한다. 수행승은 몸에 알아차림을 확립하고, 알고, 보고, 이해하고, 통찰한다. 이것이 수행승이 몸을 몸으로 관찰하는 것이다.

다음으로 수행승은 몸을 몸으로 관찰한다. 수행승은 알아차리면서 빛을 지각하고[念光明想], 잘 잡고, 잘 유지하고, 알아차리고 있다는 것을 잘 기억한다. 그래서 뒤의 것은 앞의 것과 같고, 앞의 것은 뒤의 것과 같고, 밤은 낮과 같고, 낮은 밤과 같고, 위의 것은 아래의 것과 같고, 아래의 것은 위의 것과 같다. 이처럼 수행승은 전도되지 않고 얽매임이 없는 마음, 밝고 분명한 마음, 장애에 방해받지 않는 마음을 계발한다.

이와 같이 수행승은 내적으로 몸을 몸으로 관찰하고, 외적으로 몸을 몸으로 관찰한다. 수행승은 몸에 알아차림을 확립하고, 알고, 보고, 이해하고, 통찰한다. 이것이 수행승이 몸을 몸으로 관찰하는 것이다.

다음으로 수행승은 몸을 몸으로 관찰한다. 수행승은 관찰한 표상을 [마음에] 잘 유지하고, 알아차린 것을 잘 기억한다.

이것은 마치 앉아 있는 사람이 누워 있는 사람을 관찰하거나 [583b] 누워 있으면서 앉아 있는 사람을 관찰하는 것과 같다. 이와 마찬가지로 수행승은 관찰한 표상을 [마음에] 잘 유지하고, 알아차린 것을 잘 기억한다.

이와 같이 수행승은 내적으로 몸을 몸으로 관찰하고, 외적으로 몸을 몸으로 관찰한다. 수행승은 몸에 알아차림을 확립하고, 알고, 보고, 이해하고, 통찰한다. 이것이 수행승이 몸을 몸으로 관찰하는 것이다.

다음으로 수행승은 몸을 몸으로 관찰한다. 수행승은 몸의 위치에 따라서, 매력적인 것과 혐오스러운 것에 따라서, 머리에서 발끝까지 깨끗하지 못한 다양한 것으로 가득하다고 보면서, 몸을 관찰한다. 나의 이 몸 안에는 머리카락, 털, 손발톱, 치아, 거칠거나 부드러운 살갗,[6] 피부, 살, 힘줄, 뼈, 심장, 콩팥, 간, 폐, 대장, 소장, 비장, 위, 똥 덩어리, 뇌, 뇌간,[7] 눈물, 땀, 침,[8] 고름, 피, 지방, 골수, 점액, 가래,[9] 오줌이 있다.

이것은 마치 시력이 좋은 사람이 다양한 씨앗이 담겨 있는 그릇을 보고 그 안에 담겨 있는 것 전부를 쌀, 수수, 무씨, 겨자씨라고 분명하게 구분하는 것과 같다.

---

6) 여기서 언급하고 있는 "거칠거나 부드러운 살갗"에 대해서는 Glass 2007: 153 이하에서 원래의 의미는 힘줄과 정맥일 수 있다고 주장한다.

7) Kuan 2008: 211 n.28에서는 "뇌간"은 뒷머리뼈를 가리킬 수 있다고 설명한다.

8) Glass 2007: 162가 신수대장경에서는 두 부분으로 방점을 찍어 놓은 것을 해부학적으로 하나로 읽는 것을 따르고 있다.

9) 이 번역은 Kuan 2008: 211 n.29를 따르고 있다.

이와 마찬가지로 수행승은 이 몸을 몸의 위치에 따라서, 매력적인 것과 혐오스러운 것에 따라서, 머리에서 발끝까지 몸은 깨끗하지 않은 다양한 것으로 가득하다고 보면서, 몸을 관찰한다. 나의 이 몸 안에는 머리카락, 털, 손발톱, 치아, 거칠거나 부드러운 살갗, 피부, 살, 힘줄, 뼈, 심장, 콩팥, 간, 폐, 대장, 소장, 비장, 위, 똥 덩어리, 뇌, 뇌간, 눈물, 땀, 침, 고름, 피, 지방, 골수, 점액, 가래, 오줌이 있다.

이와 같이 수행승은 내적으로 몸을 몸으로 관찰하고, 외적으로 몸을 몸으로 관찰한다. 수행승은 몸에 알아차림을 확립하고, 알고, 보고, 이해하고, 통찰한다. 이것이 수행승이 몸을 몸으로 관찰하는 것이다.

다음으로 수행승은 몸을 몸으로 관찰한다. 수행승은 몸의 요소를 관찰한다. 나의 이 몸 안에는 땅의 요소, 물의 요소, 불의 요소, 바람의 요소, 공간의 요소, 의식의 요소가 있다.

이것은 마치 백정이 소를 도살하고 가죽을 벗겨 [팔기 위해서] 여섯 부분으로 나누어서 땅 위에 펼쳐 놓은 것과 같다.

이와 마찬가지로 수행승은 몸의 요소를 관찰해야 한다. 나의 이 몸 안에는 땅의 요소, 물의 요소, 불의 요소, 바람의 요소, 공간의 요소, 의식의 요소가 있다.

이와 같이 수행승은 내적으로 몸을 몸으로 관찰하고, 외적으로 몸을 몸으로 관찰한다. 수행승은 몸에 알아차림을 확립하고, 알고, 보고, 이해하고, 통찰한다. 이것이 수행승이 몸을 몸으로 관찰하는 것이다.

다음으로 수행승은 몸을 몸으로 관찰한다. 수행승은 하루, 이틀 동안 또는 엿새, 이레 동안 까마귀에 쪼이고, 승냥이나 늑대에 먹히고, 불에 태워지거나, 땅에 묻히거나, 완전히 썩거나 부패한 시체를 관찰한다. 수행승은 이를 보고 자신과 견주어서, '지금 나의 이 몸도 이와 같다. 똑같은 특성을 가지고 있고 결코 [이 운명을] 피할 수 없다'라고 안다.

이와 같이 수행승은 내적으로 몸을 몸으로 관찰하고, 외적으로 몸을 몸으로 관찰한다. 수행승은 몸에 알아차림을 확립하고, 알고, 보고, 이해하고, 통찰한다. 이것이 수행승이 몸을 몸으로 관찰하는 것이다.

다음으로 수행승은 몸을 몸으로 관찰한다. [583c] 과거에 묘지에서 보았던 것처럼, 수행승은 푸른 색의, 썩고 반쯤 [짐승에게] 먹히고, 뼈가 여전히 연결되어 있는 시체를 [회상한다]. 수행승은 이를 보고 자신과 견주어서, '지금 나의 이 몸도 이와 같다. 똑같은 특성을 가지고 있고 결코 [이 운명을] 피할 수 없다'라고 안다.

이와 같이 수행승은 내적으로 몸을 몸으로 관찰하고, 외적으로 몸을 몸으로 관찰한다. 수행승은 몸에 알아차림을 확립하고, 알고, 보고, 이해하고, 통찰한다. 이것이 수행승이 몸을 몸으로 관찰하는 것이다.

다음으로 수행승은 몸을 몸으로 관찰한다. 과거에 묘지에서 보았던 것처럼, 수행승은 피부, 살, 피 없이 힘줄로만 묶여 있는 [해골을 회상한다]. 수행승은 이를 보고 자신과 견주어서, '지금 나의 이 몸도 이와 같다. 똑같은 특성을 가지고 있고 결코 [이 운명을] 피할 수 없다'라고 안다.

이와 같이 수행승은 내적으로 몸을 몸으로 관찰하고, 외적으로 몸을 몸으로 관찰한다. 수행승은 몸에 알아차림을 확립하고, 알고, 보고, 이해하고, 통찰한다. 이것이 수행승이 몸을 몸으로 관찰하는 것이다.

다음으로 수행승은 몸을 몸으로 관찰한다. 과거에 묘지에서 보았던 것처럼, 수행승은 발뼈, 정강이뼈, 허벅지뼈, 엉치뼈, 척추뼈, 어깨뼈, 목뼈, 해골이 사방으로 흩어져 있는 것을 [회상한다]. 수행승은 이를 보고 자신과 견주어서, '지금 나의 이 몸도 이와 같다. 똑같은 특성을 가지고 있고 결코 [이 운명을] 피할 수 없다'라고 안다.

이와 같이 수행승은 내적으로 몸을 몸으로 관찰하고, 외적으로 몸을 몸으로 관찰한다. 수행승은 몸에 알아차림을 확립하고, 알고, 보고, 이해하고, 통찰한다. 이것이 수행승이 몸을 몸으로 관찰하는 것이다.

다음으로 수행승은 몸을 몸으로 관찰한다. 과거에 묘지에서 보았던 것처럼, 수행승은 소라껍질처럼 흰 뼈, 비둘기 색처럼 푸른 뼈, 피가 얼룩진 붉은 뼈, 썩거나 푸석한 뼈, 부서져 가루가 된 뼈를 [회상한다]. 수행승은 이를 보고 자신과 견주어서, '지금 나의 이 몸도 이와 같다. 똑같은 특성을 가지고 있고 결코 [이 운명을] 피할 수 없다'라고 안다.

이와 같이 수행승은 내적으로 몸을 몸으로 관찰하고, 외적으로 몸을 몸으로 관찰한다. 수행승은 몸에 알아차림을 확립하고, 알고, 보고, 이해하고, 통찰한다. 이것이 수행승이 몸을 몸으로 관찰하는 것이다.

남자 수행승 또는 여자 수행승이 짧은 시간이라도 이렇게 몸을 몸으로 관찰한다면, 이것은 몸을 몸으로 관찰하는 알아차림의 확립이다.

무엇이 느낌을 느낌으로 관찰하는 알아차림의 확립인가? 즐거운 느낌을 경험할 때, 수행승은 즐거운 느낌을 경험한다고 알고, 괴로운 느낌을 경험할 때, 수행승은 괴로운 느낌을 경험한다고 알고, 중립적인 느낌을 경험할 때, 수행승은 중립적인 느낌을 경험한다고 안다.

몸의 즐거운 느낌을 경험할 때, [수행승은 몸의 즐거운 느낌을 경험한다고 안다]. [몸의 괴로운 느낌을 경험할 때 수행승은] 몸의 괴로운 느낌을 [경험한다고 안다. 몸의 중립적인 느낌을 경험할 때, 수행승은] 몸의 중립적인 느낌을 [경험한다고 안다. 마음의 즐거운 느낌을 경험할 때, 수행승은] 마음의 즐거운 느낌을 [경험한다고 안다. 마음의 괴로운 느낌을 경험할 때 수행승은] 마음의 괴로운 느낌을 [경험한다고 안다. 마음의 중립적인 느낌을 경험할 때, 수행승은] 마음의 중립적인 느낌을 [경험한다고 안다].

[세간적인 즐거운 느낌을 경험할 때, 수행승은] 세간적인 즐거운 느낌을 [경험한다고 안다. 세간적인 괴로운 느낌을 경험할 때 수행승은] 세간적인 괴로운 느낌을 [경험한다고 안다. 세간적인 중립적인 느낌을 경험할 때, 수행승은] 세간적인 중립적인 느낌을 [경험한다고 안다. 출세간적인 즐거운 느낌을 경험할 때, 수행승은] 출세간적인 즐거운 느낌을 [경험한다고 안다. 출세간적인 괴로운 느낌을 경험할 때 수행승은] 출세간적인 괴로운 느낌을 [경험한다고 안다. 출세간적인 중립적인 느낌을 경험할 때, 수행승은] 출세간적인 중립적인 느낌을 [경험한다고 안다].

[감각적인 즐거운 느낌을 경험할 때, 수행승은] 감각적인 즐거

운 느낌을 [경험한다고 안다. 감각적인 괴로운 느낌을 경험할 때 수행승은] 감각적인 괴로운 느낌을 [경험한다고 안다. [584a] 감각적인 중립적인 느낌을 경험할 때, 수행승은] 감각적인 중립적인 느낌을 [경험한다고 안다. 비감각적인 즐거운 느낌을 경험할 때, 수행승은] 비감각적인 즐거운 느낌을 [경험한다고 안다. 비감각적인 괴로운 느낌을 경험할 때, 수행승은] 비감각적인 괴로운 느낌을 [경험한다고 안다. 비감각적인 중립적인 느낌을 경험할 때, 수행승은] 비감각적인 중립적인 느낌을 [경험한다고 안다].

이와 같이 수행승은 내적으로 느낌을 느낌으로 관찰하고, 외적으로 느낌을 느낌으로 관찰한다. 수행승은 느낌에 알아차림을 확립하고, 알고, 보고, 이해하고, 통찰한다. 이것이 수행승이 느낌을 느낌으로 관찰하는 것이다. 남자 수행승 또는 여자 수행승이 짧은 시간이라도 이렇게 느낌을 느낌으로 관찰한다면, 이것은 느낌을 느낌으로 관찰하는 알아차림의 확립이다.

무엇이 마음을 마음으로 관찰하는 알아차림의 확립인가? 마음에 감각적 욕망이 있는 수행승은 마음에 감각적 욕망이 있다는 것을 있는 그대로 안다. 마음에 감각적 욕망이 없는 수행승은 마음에 감각적 욕망이 없다고 있는 그대로 안다.

마음에 성냄이 있는 [수행승은 마음에 성냄이 있다는 것을 있는 그대로 안다. 마음에] 성냄이 없는 [수행승은 마음에 성냄이 없다고 있는 그대로 안다].

마음에 어리석음이 있는 [수행승은 마음에 어리석음이 있다는 것을 있는 그대로 안다. 마음에] 어리석음이 없는 [수행승은 마음에 어리석음이 없다고 있는 그대로 안다].

마음에 오염이 있는 [수행승은 마음에 오염이 있다는 것을 있는 그대로 안다. 마음에] 오염이 없는 [수행승은 마음에 오염이 없다고 있는 그대로 안다].

마음이 위축된 [수행승은 마음이 위축되었다는 것을 있는 그대로 안다. 마음이] 산란한 [수행승은 마음이 산란하다고 있는 그대로 안다].

열등한 마음을 가진 [수행승은 열등한 마음을 가졌다는 것을 있는 그대로 안다.] 자만한 마음을 가진 [수행승은 자만한 마음을 가졌다는 것을 있는 그대로 안다].

좁은 마음을 가진 [수행승은 좁은 마음을 가졌다는 것을 있는 그대로 안다.] 큰 마음을 가진 [수행승은 큰 마음을 가졌다는 것을 있는 그대로 안다].

수행한 마음을 가진 [수행승은 수행한 마음을 가졌다는 것을 있는 그대로 안다.] 수행하지 않은 마음을 가진 [수행승은 수행하지 않은 마음을 가졌다는 것을 있는 그대로 안다].

집중된 마음을 가진 [수행승은 집중된 마음을 가졌다는 것을 있는 그대로 안다.] 집중하지 않은 마음을 가진 [수행승은 집중하지 않은 마음을 가졌다는 것을 있는 그대로 안다].

자유로운 마음을 가진 [수행승은 자유로운 마음을 가졌다는 것을 있는 그대로 안다.] 자유롭지 않은 마음을 가진 [수행승은 자유롭지 않은 마음을 가졌다는 것을 있는 그대로 안다].

이와 같이 수행승은 내적으로 마음을 마음으로 관찰하고, 외적으로 마음을 마음으로 관찰한다. 수행승은 마음에 알아차림을 확립하고, 알고, 보고, 이해하고, 통찰한다. 이것이 수행승이 마음을 마음으로 관찰하는 것이다. 남자 수행승 또는 여자 수행승이 짧은 시간이라도 이렇게 마음을 마음으로 관찰한다면, 이것은 마음을 마음으로 관찰하는 알아차림의 확립이다.

무엇이 법을 법으로 관찰하는 알아차림의 확립인가? 눈과 형태에 의지하여 족쇄가 안에서 일어난다. 실제로 족쇄를 안에 가지고 있는 수행승은 족쇄를 안에 가지고 있다는 것을 있는 그대로 안다. 실제로 족쇄를 안에 가지고 있지 않은 수행승은 족쇄를 안에 가지고 있지 않다는 것을 있는 그대로 안다. 수행승은 아직 일어나지 않은 족쇄가 안에서 어떻게 일어나는지를 있는 그대로 안다. 그리고 수행승은 안에서 일어난 족쇄가 어떻게 멈추는지, 다시 일어나지 않는지를 있는 그대로 안다.

이와 마찬가지로 귀와 [소리에 의지하여 족쇄가 안에서 일어난다. 실제로 족쇄를 안에 가지고 있는 수행승은 족쇄를 안에 가지고 있다는 것을 있는 그대로 안다. 실제로 족쇄를 안에 가지고 있지 않은 수행승은 족쇄를 안에 가지고 있지 않다는 것을 있는 그대로 안다. 수행승은 아직 일어나지 않은 족쇄가 안에서 어떻게 일어나는지를 있는 그대로 안다. 그리고 수행승은 안에서 일어난 족쇄가 어떻게 멈추는지, 다시 일어나지 않는지를 있는 그대로 안다.]

코와 [냄새에 의지하여 족쇄가 안에서 일어난다. 실제로 족쇄를 안에 가지고 있는 수행승은 족쇄를 안에 가지고 있다는 것을 있는 그대로 안다. 실제로 족쇄를 안에 가지고 있지 않은 수행승은 족쇄를 안에 가지고 있지 않다는 것을 있는 그대로 안다. 수행승은 아직 일어나지 않은 족쇄가 안에서 어떻게 일어나는지를 있는 그대로 안다. 그리고 수행승은 안에서 일어난 족쇄가 어떻게 멈추는

지, 다시 일어나지 않는지를 있는 그대로 안다.]

혀와 [맛에 의지하여 족쇄가 안에서 일어난다. 실제로 족쇄를 안에 가지고 있는 수행승은 족쇄를 안에 가지고 있다는 것을 있는 그대로 안다. 실제로 족쇄를 안에 가지고 있지 않은 수행승은 족쇄를 안에 가지고 있지 않다는 것을 있는 그대로 안다. 수행승은 아직 일어나지 않은 족쇄가 안에서 어떻게 일어나는지를 있는 그대로 안다. 그리고 수행승은 안에서 일어난 족쇄가 어떻게 멈추는지, 다시 일어나지 않는지를 있는 그대로 안다.]

몸과 [촉감에 의지하여 족쇄가 안에서 일어난다. 실제로 족쇄를 안에 가지고 있는 수행승은 족쇄를 안에 가지고 있다는 것을 있는 그대로 안다. 실제로 족쇄를 안에 가지고 있지 않은 수행승은 족쇄를 안에 가지고 있지 않다는 것을 있는 그대로 안다. 수행승은 아직 일어나지 않은 족쇄가 안에서 어떻게 일어나는지를 있는 그대로 안다. 그리고 수행승은 안에서 일어난 족쇄가 어떻게 멈추는지, 다시 일어나지 않는지를 있는 그대로 안다.]

마음과 [마음의 대상에 의지하여 족쇄가 안에서 일어난다. 실제로 족쇄를 안에 가지고 있는 수행승은 족쇄를 안에 가지고 있다는 것을 있는 그대로 안다. 실제로 족쇄를 안에 가지고 있지 않은 수행승은 족쇄를 안에 가지고 있지 않다는 것을 있는 그대로 안다. 수행승은 아직 일어나지 않은 족쇄가 안에서 어떻게 일어나는지를 있는 그대로 안다. 그리고 수행승은 안에서 일어난 족쇄가 어떻게 멈추는지, 다시 일어나지 않는지를 있는 그대로 안다.]

이와 같이 수행승은 내적으로 법을 법으로 관찰하고, 외적으로 법을 법으로 관찰한다. 수행승은 법에 알아차림을 확립하고, 알고, 보고, 이해하고, 통찰한다. 이것이 말하자면 여섯 가지 내적인 [감각 영역과 관련해서] 수행승이 법을 법으로 관찰하는 것이다.

다음으로 수행승은 법을 법으로 관찰한다. 실제로 감각적 욕망을 안에 가지고 있는 수행승은 감각적 욕망을 가지고 있다는 것을 있는 그대로 안다. 실제로 감각적 욕망을 안에 가지고 있지 않은 수행승은 감각적 욕망을 가지고 있지 않다는 것을 있는 그대로 안다. 수행승은 아직 일어나지 않은 감각적 욕망이 어떻게 일어나는지를 있는 그대로 안다. 그리고 수행승은 일어난 감각적 욕망이 어떻게 멈추는지, 다시 일어나지 않는지를 있는 그대로 안다.

이와 마찬가지로 실제로 성냄을 [안에 가지고 있는 수행승은 성냄을 가지고 있다는 것을 있는 그대로 안다. 실제로 성냄을 안에 가지고 있지 않은 수행승은 성냄을 가지고 있지 않다는 것을 있는 그대로 안다. 수행승은 아직 일어나지 않은 성냄이 어떻게 일어나는지를 있는 그대로 안다. 그리고 수행승은 일어난 성냄이 어떻게 멈추는지, 다시 일어나지 않는지를 있는 그대로 안다.]

실제로 게으름과 무기력을 [안에 가지고 있는 수행승은 게으름과 무기력을 가지고 있다는 것을 있는 그대로 안다. 실제로 게으름과 무기력을 안에 가지고 있지 않은 수행승은 게으름과 무기력을 가지고 있지 않다는 것을 있는 그대로 안다. 수행승은 아직 일어나지 않은 게으름과 무기력이 어떻게 일어나는지를 있는 그대로 안다. 그리고 수행승은 일어난 게으름과 무기력이 어떻게 멈추는지, 다시 일어나지 않는지를 있는 그대로 안다.]

실제로 불안과 걱정을 [안에 가지고 있는 수행승은 불안과 걱정을 가지고 있다는 것을 있는 그대로 안다. 실제로 불안과 걱정을 안에 가지고 있지 않은 수행승은 불안과 걱정을 가지고 있지 않다는 것을 있는 그대로 안다. 수행승은 아직 일어나지 않은 불안과 걱정이 어떻게 일어나는지를 있는 그대로 안다. 그리고 수행승은 일어난 불안과 걱정이 어떻게 멈추는지, 다시 일어나지 않는지를 있는 그대로 안다.]

실제로 의심을 [안에 가지고 있는 수행승은 의심을 가지고 있다는 것을 있는 그대로 안다. 실제로 의심을 안에 가지고 있지 않은 수행승은 의심을 가지고 있지 않다는 것을 있는 그대로 안다. 수행승은 아직 일어나지 않은 의심이 어떻게 일어나는지를 있는 그대로 안다. 그리고 수행승은 일어난 의심이 어떻게 멈추는지, 다시 일어나지 않는지를 있는 그대로 안다.] [584b]

이와 같이 수행승은 내적으로 법을 법으로 관찰하고, 외적으로 법을 법으로 관찰한다. 수행승은 법에 알아차림을 확립하고, 알고, 보고, 이해하고, 통찰한다. 이것이 말하자면 다섯 가지 장애와 [관련해서] 수행승이 법을 법으로 관찰하는 것이다.

다음으로 수행승은 법을 법으로 관찰한다. 실제로 알아차림의 깨달음의 요소를 안에 가지고 있는 수행승은 알아차림의 깨달음의 요소를 가지고 있다는 것을 있는 그대로 안다. 실제로 알아차림의 깨달음의 요소를 안에 가지고 있지 않은 수행승은 알아차림의 깨달음의 요소를 가지고 있지 않다는 것을 있는 그대로 안다. 수행승은 아직 일어나지 않은 알아차림의 깨달음의 요소가 어떻게 일어나는지를 있는 그대로 안다. 그리고 수행승은 일어난 알아차림의 깨달음의 요소가 어떻게 손실되거나 퇴보하지 않고 유지되는지, 어떻게 더 발전하고 증가하는지를 있는 그대로 안다.

이와 마찬가지로 실제로 법을 탐구하는 깨달음의 요소를 [안에 가지고 있는 수행승은 법을 탐구하는 깨달음의 요소를 가지고 있다는 것을 있는 그대로 안다. 실제로 법을 탐구하는 깨달음의 요소를 안에 가지고 있지 않은 수행승은 법을 탐구하는 깨달음의 요소를 가지고 있지 않다는 것을 있는 그대로 안다. 수행승은 아직 일어나지 않은 법을 탐구하는 깨달음의 요소가 어떻게 일어나는지를 있는 그대로 안다. 그리고 수행승은 일어난 법을 탐구하는 깨달음의 요소가 어떻게 손실되거나 퇴보하지 않고 유지되는지, 어떻게 더 계발되고 증장하는지를 있는 그대로 안다.]

실제로 에너지의 깨달음의 요소를 [안에 가지고 있는 수행승은 에너지의 깨달음의 요소를 가지고 있다는 것을 있는 그대로 안다. 실제로 에너지의 깨달음의 요소를 안에 가지고 있지 않은 수행승은 에너지의 깨달음의 요소를 가지고 있지 않다는 것을 있는 그대로 안다. 수행승은 아직 일어나지 않은 에너지의 깨달음의 요소가 어떻게 일어나는지를 있는 그대로 안다. 그리고 수행승은 일어난 에너지의 깨달음의 요소가 어떻게 손실되거나 퇴보하지 않고 유지되는지, 어떻게 더 계발되고 증장하는지를 있는 그대로 안다.]

실제로 기쁨의 깨달음의 요소를 [안에 가지고 있는 수행승은 기쁨의 깨달음의 요소를 가지고 있다는 것을 있는 그대로 안다. 실제로 기쁨의 깨달음의 요소를 안에 가지고 있지 않은 수행승은 기쁨의 깨달음의 요소를 가지고 있지 않다는 것을 있는 그대로 안다. 수행승은 아직 일어나지 않은 기쁨의 깨달음의 요소가 어떻게 일어나는지를 있는 그대로 안다. 그리고 수행승은 일어난 기쁨의 깨달음의 요소가 어떻게 손실되거나 퇴보하지 않고 유지되는지, 어

뗗게 더 계발되고 증장하는지를 있는 그대로 안다.]

실제로 고요의 깨달음의 요소를 [안에 가지고 있는 수행승은 고요의 깨달음의 요소를 가지고 있다는 것을 있는 그대로 안다. 실제로 고요의 깨달음의 요소를 안에 가지고 있지 않은 수행승은 고요의 깨달음의 요소를 가지고 있지 않다는 것을 있는 그대로 안다. 수행승은 아직 일어나지 않은 고요의 깨달음의 요소가 어떻게 일어나는지를 있는 그대로 안다. 그리고 수행승은 일어난 고요의 깨달음의 요소가 어떻게 손실되거나 퇴보하지 않고 유지되는지, 어떻게 더 계발되고 증장하는지를 있는 그대로 안다.]

실제로 집중의 깨달음의 요소를 [안에 가지고 있는 수행승은 집중의 깨달음의 요소를 가지고 있다는 것을 있는 그대로 안다. 실제로 집중의 깨달음의 요소를 안에 가지고 있지 않은 수행승은 집중의 깨달음의 요소를 가지고 있지 않다는 것을 있는 그대로 안다. 수행승은 아직 일어나지 않은 집중의 깨달음의 요소가 어떻게 일어나는지를 있는 그대로 안다. 그리고 수행승은 일어난 집중의 깨달음의 요소가 어떻게 손실되거나 퇴보하지 않고 유지되는지, 어떻게 더 계발되고 증장하는지를 있는 그대로 안다.]

실제로 평정의 깨달음의 요소를 [안에 가지고 있는 수행승은 평정의 깨달음의 요소를 가지고 있다는 것을 있는 그대로 안다. 실제로 평정의 깨달음의 요소를 안에 가지고 있지 않은 수행승은 평정의 깨달음의 요소를 가지고 있지 않다는 것을 있는 그대로 안다. 수행승은 아직 일어나지 않은 평정의 깨달음의 요소가 어떻게 일어나는지를 있는 그대로 안다. 그리고 수행승은 일어난 평정의 깨달음의 요소가 어떻게 손실되거나 퇴보하지 않고 유지되는지, 어

떻게 더 계발되고 증장하는지를 있는 그대로 안다.]

이와 같이 수행승은 내적으로 법을 법으로 관찰하고, 외적으로 법을 법으로 관찰한다. 수행승은 법에 알아차림을 확립하고, 알고, 보고, 이해하고, 통찰한다. 이것이 말하자면 깨달음을 위한 일곱 가지 요소와 [관련해서] 수행승이 법을 법으로 관찰하는 것이다. 남자 수행승 또는 여자 수행승이 짧은 시간이라도 이렇게 법을 법으로 관찰한다면, 이것은 법을 법으로 관찰하는 알아차림의 확립이다.

만약 남자 수행승 또는 여자 수행승이 칠 년 동안 마음이 네 가지 알아차림의 확립에 잘 머문다면, 두 가지 결과 가운데 하나를 얻게 될 것이다. 지금 여기에서 궁극의 지혜를 얻게 되거나, [집착이] 남아 있다면 아나함을 성취할 것이다.

칠 년은 그만두고 [만약 남자 수행승 또는 여자 수행승이] 육 년 동안 [마음이 네 가지 알아차림의 확립에 잘 머문다면, 두 가지 결과 가운데 하나를 얻게 될 것이다. 지금 여기에서 궁극의 지혜를 얻게 되거나, 집착이 남아 있다면 아나함을 성취할 것이다.]

육 년은 그만두고 [만약 남자 수행승 또는 여자 수행승이] 오 년 동안 [마음이 네 가지 알아차림의 확립에 잘 머문다면, 두 가지 결과 가운데 하나를 얻게 될 것이다. 지금 여기에서 궁극의 지혜를 얻게 되거나, 집착이 남아 있다면 아나함을 성취할 것이다.]

오 년은 그만두고 [만약 남자 수행승 또는 여자 수행승이] 사 년 동안 [마음이 네 가지 알아차림의 확립에 잘 머문다면, 두 가지 결과 가운데 하나를 얻게 될 것이다. 지금 여기에서 궁극의 지혜를 얻게 되거나, 집착이 남아 있다면 아나함을 성취할 것이다.]

사 년은 그만두고 [만약 남자 수행승 또는 여자 수행승이] 삼 년 동안 [마음이 네 가지 알아차림의 확립에 잘 머문다면, 두 가지 결과 가운데 하나를 얻게 될 것이다. 지금 여기에서 궁극의 지혜를 얻게 되거나, 집착이 남아 있다면 아나함을 성취할 것이다.]

삼 년은 그만두고 [만약 남자 수행승 또는 여자 수행승이] 이 년 동안 [마음이 네 가지 알아차림의 확립에 잘 머문다면, 두 가지 결과 가운데 하나를 얻게 될 것이다. 지금 여기에서 궁극의 지혜를 얻게 되거나, 집착이 남아 있다면 아나함을 성취할 것이다.]

이 년은 그만두고 [만약 남자 수행승 또는 여자 수행승이] 일 년 동안 [마음이 네 가지 알아차림의 확립에 잘 머문다면, 두 가지 결과 가운데 하나를 얻게 될 것이다. 지금 여기에서 궁극의 지혜를 얻게 되거나, 집착이 남아 있다면 아나함을 성취할 것이다.]

일 년은 그만두고 [만약 남자 수행승 또는 여자 수행승이] 칠 개월 동안 [마음이 네 가지 알아차림의 확립에 잘 머문다면, 두 가지 결과 가운데 하나를 얻게 될 것이다. 지금 여기에서 궁극의 지혜를 얻게 되거나, 집착이 남아 있다면 아나함을 성취할 것이다.]

칠 개월은 그만두고 [만약 남자 수행승 또는 여자 수행승이] 육 개월 동안 [마음이 네 가지 알아차림의 확립에 잘 머문다면, 두 가지 결과 가운데 하나를 얻게 될 것이다. 지금 여기에서 궁극의 지혜를 얻게 되거나, 집착이 남아 있다면 아나함을 성취할 것이다.]

육 개월은 그만두고 [만약 남자 수행승 또는 여자 수행승이] 오 개월 동안 [마음이 네 가지 알아차림의 확립에 잘 머문다면, 두 가지 결과 가운데 하나를 얻게 될 것이다. 지금 여기에서 궁극의 지혜를 얻게 되거나, 집착이 남아 있다면 아나함을 성취할 것이다.]

오 개월은 그만두고 [만약 남자 수행승 또는 여자 수행승이] 사 개월 동안 [마음이 네 가지 알아차림의 확립에 잘 머문다면, 두 가지 결과 가운데 하나를 얻게 될 것이다. 지금 여기에서 궁극의 지혜를 얻게 되거나, 집착이 남아 있다면 아나함을 성취할 것이다.]

사 개월은 그만두고 [만약 남자 수행승 또는 여자 수행승이] 삼 개월 동안 [마음이 네 가지 알아차림의 확립에 잘 머문다면, 두 가지 결과 가운데 하나를 얻게 될 것이다. 지금 여기에서 궁극의 지혜를 얻게 되거나, 집착이 남아 있다면 아나함을 성취할 것이다.]

삼 개월은 그만두고 [만약 남자 수행승 또는 여자 수행승이] 이 개월 동안 [마음이 네 가지 알아차림의 확립에 잘 머문다면, 두 가지 결과 가운데 하나를 얻게 될 것이다. 지금 여기에서 궁극의 지혜를 얻게 되거나, 집착이 남아 있다면 아나함을 성취할 것이다.]

이 개월은 그만두고 [만약 남자 수행승 또는 여자 수행승이] 일 개월 동안 [마음이 네 가지 알아차림의 확립에 잘 머문다면, 두 가지 결과 가운데 하나를 얻게 될 것이다. 지금 여기에서 궁극의 지혜를 얻게 되거나, 집착이 남아 있다면 아나함을 성취할 것이다.]

일 개월은 그만두고 [만약 남자 수행승 또는 여자 수행승이] 칠 일 밤낮 동안 [마음이 네 가지 알아차림의 확립에 잘 머문다면, 두 가지 결과 가운데 하나를 얻게 될 것이다. 지금 여기에서 궁극의 지혜를 얻게 되거나, 집착이 남아 있다면 아나함을 성취할 것이다.]

칠 일 밤낮은 그만두고 [만약 남자 수행승 또는 여자 수행승이] 육 일 밤낮 동안 [마음이 네 가지 알아차림의 확립에 잘 머문다면, 두 가지 결과 가운데 하나를 얻게 될 것이다. 지금 여기에서 궁극의 지혜를 얻게 되거나, 집착이 남아 있다면 아나함을 성취

할 것이다.]

육 일 밤낮은 그만두고 [만약 남자 수행승 또는 여자 수행승이] 오 일 밤낮 동안 [마음이 네 가지 알아차림의 확립에 잘 머문다면, 두 가지 결과 가운데 하나를 얻게 될 것이다. 지금 여기에서 궁극의 지혜를 얻게 되거나, 집착이 남아 있다면 아나함을 성취할 것이다.]

오 일 밤낮은 그만두고 [만약 남자 수행승 또는 여자 수행승이] 사 일 밤낮 동안 [마음이 네 가지 알아차림의 확립에 잘 머문다면, 두 가지 결과 가운데 하나를 얻게 될 것이다. 지금 여기에서 궁극의 지혜를 얻게 되거나, 집착이 남아 있다면 아나함을 성취할 것이다.]

사 일 밤낮은 그만두고 [만약 남자 수행승 또는 여자 수행승이] 삼 일 밤낮 동안 [마음이 네 가지 알아차림의 확립에 잘 머문다면, 두 가지 결과 가운데 하나를 얻게 될 것이다. 지금 여기에서 궁극의 지혜를 얻게 되거나, 집착이 남아 있다면 아나함을 성취할 것이다.]

삼 일 밤낮은 그만두고 [만약 남자 수행승 또는 여자 수행승이] 이틀 밤낮 동안 [마음이 네 가지 알아차림의 확립에 잘 머문다면, 두 가지 결과 가운데 하나를 얻게 될 것이다. 지금 여기에서 궁극의 지혜를 얻게 되거나, 집착이 남아 있다면 아나함을 성취할 것이다.]

이틀 밤낮은 그만두고 [만약 남자 수행승 또는 여자 수행승이] 하루 밤낮 동안 [마음이 네 가지 알아차림의 확립에 잘 머문다면, 두 가지 결과 가운데 하나를 얻게 될 것이다. 지금 여기에서 궁극의 지혜를 얻게 되거나, 집착이 남아 있다면 아나함을 성취할 것

이다.]

하루 밤낮은 그만두고 만약 남자 수행승 또는 여자 수행승이 짧은 시간 동안이라도 마음이 네 가지 알아차림의 확립에 잘 머문다면, 아침에 이와 같이 수행하면 저녁에 반드시 나아감이 있을 것이고, 저녁에 이와 같이 수행하면 다음날 아침에 반드시 나아감이 있을 것이다." 붓다께서 이렇게 말씀하시자 붓다가 하신 말씀을 들은 수행승들은 기뻐하고 공경하면서 받아들였다.

3. 『증일아함경』

제5권 일입도품(壹入道品) 12장[10]

그때 세존께서 수행승들에게 말씀하셨다. "살아 있는 존재들의 행위를 청정하게 하고, 근심과 슬픔을 제거하고, 괴로움 없이 머물게 하고, 큰 지혜와 앎을 성취하게 하고, 열반을 성취하게 하는 하나의 들어가는 길[一入道, one-going path]이 있다. 말하자면 다섯 가지 장애를 버리고 네 가지 알아차림의 확립을 수행해야 한다.[11]

---

10) EĀ 12.1 at T I 568a1-569b12는 영어로 이미 번역되었다. Nhat Hanh 1990: 168-7, Pāsādika 1998: 495-502.

11) EĀ 12.1에서 사용하고 있는 한자는 "마음을 안정시키다[意止]"라는 의미이다. 비록 빨리어 '알아차림의 확립'에 해당하는 용어이지만 말이다. 다음을 참조하라. Hirakawa 1997: 491.

무엇이 '하나의 들어가는'의 의미인가? 말하자면 마음을 하나로 모으는 것이다. 이것이 '하나의 들어가는'이라고 생각된다. 무엇이 '길'인가? '길'은 말하자면 여덟 가지 올바른 길이다. 첫 번째 [요소는] 올바른 견해라고 불리고, 두 번째 [요소는] 올바른 생각이라고 불리고, 세 번째 [요소는] 올바른 행위라고 불리고, 네 번째 [요소는] 올바른 생계라고 불리고, 다섯 번째 [요소는] 올바른 노력이라고 불리고, 여섯 번째 [요소는] 올바른 말이라고 불리고, 일곱 번째 [요소는] 올바른 알아차림이라고 불리고, 여덟 번째 [요소는] 올바른 집중이라고 불린다. 이것이 '길'의 의미이다.

무엇이 버려야 할 다섯 가지 장애인가? 말하자면 감각적 욕망의 장애, 악의의 장애, 불안과 [근심]의 장애, 게으름과 무기력의 장애, 의심의 장애이다. 이들은 버려야 할 다섯 가지 장애이다.

어떻게 네 가지 알아차림을 수행하는가? 여기 자신의 몸과 [관련해서] 수행승은 [몸을] 내적으로 관찰하고, 나쁜 생각을 제거하고, 근심과 슬픔으로부터 자유롭게 머물면서 [자신 안에서 기쁨을 경험한다.[12] 몸과 관련해서] 수행승은 [몸을] 외적으로 관찰하고, 나쁜 생각을 제거하고, 근심과 슬픔으로부터 자유롭게 머물면서 [자신 안에서 기쁨을 경험한다. 몸과 관련해서] 수행승은 몸을 내적으로 그리고 외적으로 관찰하고,[13] 나쁜 생각을 제거하

---

12) "자신 안에서 기쁨을 경험한다."를 추가한 것은 이후의 텍스트에서 근심과 슬픔으로부터 자유롭게 되는 결과로 이 구절이 몇 군데에서 나오는 데 근거하고 있다.

13) 이 지점에서 텍스트는 외적으로 관찰하는 것과 관련해서 "그 자신의"를 추가하기를 되풀이한다. 그러나 "내적으로 그리고 외적으로"와 관련해서는 똑같은 추가가 발견되지는 않는다. 그러나 "내적으로"와 "외적으로"가 자신에게 적용된다면, 똑같은 것이 둘을 합한 관찰의 형태에도 유지될 것이다. "그 자

고, 근심과 슬픔으로부터 자유롭게 머물면서 [자신 안에서 기쁨을 경험한다].

여기 느낌과 [관련해서] 수행승은 느낌을 내적으로 관찰하고, [나쁜 생각을 제거하고, 근심과 슬픔으로부터 자유롭게 머물면서] 자신 안에서 기쁨을 경험한다. 느낌과 [관련해서] 수행승은 느낌을 외적으로 관찰하고, [나쁜 생각을 제거하고, 근심과 슬픔으로부터 자유롭게 머물면서 자신 안에서 기쁨을 경험한다.] 그리고 느낌과 [관련해서] 수행승은 느낌을 내적으로 그리고 외적으로 관찰하고, [나쁜 생각을 제거하고, 근심과 슬픔으로부터 자유롭게 머물면서 자신 안에서 기쁨을 경험한다].

[마음과 관련해서] 수행승은 마음을 내적으로 관찰하고, [나쁜 생각을 제거하고, 근심과 슬픔으로부터 자유롭게 머물면서] 자신 안에서 기쁨을 경험한다. [마음과 관련해서] 수행승은 마음을 외적으로 관찰하고, [나쁜 생각을 제거하고, 근심과 슬픔으로부터 자유롭게 머물면서 자신 안에서 기쁨을 경험한다. 그리고 마음과 관련해서] 수행승은 마음을 내적으로 그리고 외적으로 관찰하고, [나쁜 생각을 제거하고, 근심과 슬픔으로부터 자유롭게 머물면서 자신 안에서 기쁨을 경험한다].

[법과 관련해서] 수행승은 법을 내적으로 관찰하고, [나쁜 생각

신의"가 추가되는 것은 원래 내적으로 관찰하는 것에만 적용된다는 것은 텍스트 상의 오류일 수 있다. 현재의 텍스트는 "그 자신의"라는 부가어는 우연히 다음에 적용되는, 구전 전통에서 일반적인 실수에서 나온 것일 수 있다. 이러한 가정은 "그 자신의"라는 부가어가 내적으로 관찰에만 적용된다는 것이 몸의 관찰 끝에서 확인된다. 따라서 마치 '외적으로 관찰'과 관련하여 두 번째 예가 여기에서 "그 자신의"를 추가하지 않는 것처럼 현재 텍스트를 교정하고 번역하였다.

을 제거하고, 근심과 슬픔으로부터 자유롭게 머물면서 자신 안에서 기쁨을 경험한다. 법과 관련해서] 수행승은 법을 외적으로 관찰하고, [나쁜 생각을 제거하고 근심과 슬픔으로부터 자유롭게 머물면서 자신 안에서 기쁨을 경험한다. 그리고 법과 관련해서] 수행승은 법을 내적으로 그리고 외적으로 관찰하고, [나쁜 생각을 제거하고, 근심과 슬픔으로부터 자유롭게 머물면서] 자신 안에서 기쁨을 경험한다.

수행승은 어떻게 몸을 내적으로 관찰하고, [나쁜 생각을 제거하고, 근심과 슬픔으로부터 자유롭게 머물면서] 자신 안에서 기쁨을 경험하는가? 여기 수행승은 이 몸을 머리에서 발끝까지 이 몸 안에 있는 모든 것은 깨끗하지 않은 [특성]이 있고, 집착할 가치가 없다고, 특성과 기능에 따라서 관찰한다.

따라서 수행승은 이 몸 안에 몸의 털, 머리털, 손톱, 치아, 피부, 살, 힘줄, 뼈, 골수, 뇌, 지방, 내장, 위, 심장, 간, 비장, 콩팥이 있다고 관찰한다. 수행승은 이 모든 것을 관찰하고 안다. 또한 똥, 오줌, 두 가지 소화기관에서 생기는 나머지 것들 전부, 눈에서의 눈물, 침, 콧물, 혈관의 피, 지방, 담즙이 있다. 그리고 수행승은 이것들 전부 집착할 만한 가치가 없다고 관찰하고 안다.

이와 같이 수행승이여, 수행승은 나쁜 생각을 제거하고 근심과 슬픔으로부터 자유롭게 머물면서, 자신 안에서 기쁨을 경험하면서 몸을 관찰해야 한다.

다음으로 수행승은 이 몸 안에서 땅의 요소, 물의 [요소], 불의 [요소], 땅의 요소가 있는가라고 [돌아보면서] 관찰한다. 이와 같이 수행승은 이 몸을 관찰한다.

다음으로 수행승이 이 몸을 몸 안에 있는 요소들을 네 가지 요소로 구분하면서 관찰할 [때], 이것은 마치 능숙한 백정 또는 백정의 제자가 소를 힘줄에 따라 해체하는 것과 같다. 해체해서 이것은 발이다, 이것은 심장이다, 이것은 힘줄이다, 이것은 머리다라고 스스로 관찰하고 본다.

이와 같이 수행승은 이 몸 안에 땅, 물, 불, 바람의 요소가 있다고 스스로 관찰하고 조사하면서 요소들을 구분한다. 이와 같이 수행승은 [나쁜 생각을 제거하고 근심과 슬픔으로부터 자유롭게 머물면서] 이 몸을 관찰하고 자신 안에서 기쁨을 경험한다. [568b]

다음으로 수행승은 이 몸 안에서 더러운 것이 흘러나오는 구멍들을 관찰한다.

이것은 마치 대나무밭을 관찰하거나 갈대밭을 관찰하는 사람과 같다. 이와 같이 수행승은 이 몸 안에서 더러운 것이 흘러나오는 구멍들을 관찰한다.

다음으로 수행승은 하루, 이틀, 삼 일, 사 일, 오 일, 육 일, 칠 일이 지나서 부풀고 냄새가 나는 더러운 시체를 관찰한다. 그리고 수행승은 그 자신의 몸도 이와 다르지 않고, 내 몸도 이러한 재난에서 벗어나지 못한다는 것을 관찰한다.

다음으로 수행승은 까마귀, 까치, 올빼미에게 뜯어 먹히고, 호랑이, 늑대, 개, 벌레, [다른] 짐승에게 뜯어 먹힌 시체를 관찰한다. 수행승은 그 자신의 몸도 이와 다르지 않고, 내 몸도 이러한 재난에서 벗어나지 못한다는 것을 관찰한다. 이것은 수행승이 어떻게 [나쁜 생각을 제거하고, 근심과 슬픔으로부터 해방되어] 몸을 관찰하고 자신 안에서 기쁨을 경험하는지를 의미한다.

다음으로 수행승은 반쯤 먹히고, 반쯤 땅에 흩어지고, 냄새가 나는 더러운 시체를 관찰한다. 그리고 수행승은 그 자신의 몸도 이와 다르지 않고, 내 몸도 이러한 재난에서 벗어나지 못한다는 것을 관찰한다.

　　다음으로 수행승은 살은 사라지고, 뼈만 남아 있고, 피가 얼룩진 시체를 관찰한다. 다음으로 수행승은 이 몸도 저 몸과 다르지 않다고 관찰한다. 이와 같이 수행승은 이 몸을 관찰한다.

　　다음으로 수행승은 [뼈가] 힘줄에 묶여 있고, 장작더미 같은 시체를 관찰한다. 다음으로 수행승은 그 자신의 몸도 이와 다르지 않다고 관찰한다. 이와 같이 수행승은 이 몸을 관찰한다.

　　다음으로 수행승은 관절이 떨어져 있고, 뼈마디가 흩어져 있고, 여기는 손뼈, 저기는 발뼈, 정강이뼈, 골반뼈, 꼬리뼈, 팔뼈, 어깨뼈, 갈비뼈, 척추뼈, 목뼈, 해골인 시체를 관찰한다. 다음으로 수행승은 그의 몸이 이와 다르지 않고, 나도 이러한 조건을 벗어나지 못할 것이고, 내 몸도 부서질 것이라고 관찰한다. 이와 같이 수행승은 [나쁜 생각을 제거하고, 근심과 슬픔으로부터 자유롭게 머물면서] 이 몸을 관찰하고 자신 안에서 기쁨을 경험한다.

　　다음으로 수행승은 뼈가 희거나 흰 마노 색깔의 시체를 관찰한다. 다음으로 수행승은 그 자신의 몸도 이와 다르지 않고, 나도 이러한 조건을 벗어나지 못할 것이라고 관찰한다. 이것이 수행승이 어떻게 그 자신의 몸을 관찰하는지이다.

　　다음으로 수행승은 푸르고, 멍든 것처럼 보이고, 재 색깔과 구별할 수 없는 색깔의 시체를 집착할 만한 가치가 없다고 본다. 이와 같이 수행승은 나쁜 생각을 제거하고, 근심과 슬픔으로부터 자유롭게 머물고 [자신 안에서 기쁨을 경험하면서] 이 몸은 무상하고, 흩어지는 특성을 가지고 있다고 그 자신의 몸을 관찰한다. 이와 같이 수행승은 자신의 몸 안에 자신이 소유할 수 있는 것은 아무것도 없다는 것을 이해하면서, 자신의 몸을 내적으로 관찰하고, 그 몸을 외적으로 관찰하고, 그 몸을 내적으로 그리고 외적으로 관찰한다.

수행승은 어떻게 느낌과 [관련해서] 느낌을 내적으로 관찰하는가? 여기 즐거운 느낌이 있을 때 수행승은 이를 알아차리고 나에게 즐거운 느낌이 있다고 스스로 안다. 괴로운 느낌이 있을 때 수행승은 이를 알아차리고 나에게 괴로운 느낌이 있다고 스스로 안다. 중립적인 느낌이 있을 때 [568c] 수행승은 이를 알아차리고 나에게 중립적인 느낌이 있다고 스스로 안다.

세간적인 즐거운 느낌이 있을 때 수행승은 이를 알아차리고 나에게 세간적인 즐거운 느낌이 있다고 스스로 안다. 세간적인 괴로운 느낌이 있을 때 수행승은 이를 알아차리고 나에게 세간적인 괴로운 느낌이 있다고 스스로 안다. 세간적인 중립적인 느낌이 있을 때 수행승은 이를 알아차리고 나에게 세간적인 중립적인 느낌이 있다고 스스로 안다. 출세간적인 즐거운 느낌이 있을 때 수행승은 이를 알아차리고 나에게 출세간적인 즐거운 느낌이 있다고 스스로 안다. 출세간적인 괴로운 느낌이 있을 때 수행승은 이를 알아차리고 나에게 출세간적인 괴로운 느낌이 있다고 스스로 안다. 출세간적인 중립적인 느낌이 있을 때 수행승은 이를 알아차리고 나에게 출세간적인 중립적인 느낌이 있다고 스스로 안다. 이와 같이 [느낌과 관련해서] 수행승은 느낌을 내적으로 관찰한다.

다음으로 즐거운 느낌이 있을 때, 놀랄 만한 괴로운 느낌이 없으므로 수행승은 이를 알아차리고 나는 즐거운 느낌을 경험한다고 스스로 안다. 괴로운 느낌이 있을 때, 놀랄 만한 즐거운 느낌이 없으므로 수행승은 이를 알아차리고 나는 괴로운 느낌을 경험한다고 스스로 안다. 중립적인 느낌이 있을 때, 놀랄 만한 괴로운 느낌이나 즐거운 느낌이 없으므로 수행승은 이를 알아차리고 나는 중립적인 느낌을 경험한다고 스스로 안다.

수행승은 [나쁜 생각을 제거하고, 근심과 슬픔으로부터 자유롭게 머물면서] 자신 안에서 기쁨을 경험하면서 느낌들이 일어나는 특성을 [관찰한다]. 또한 수행승은 [나쁜 생각을 제거하고, 근심과 슬픔으로부터 자유롭게 머물면서 자신 안에서 기쁨을 경험하면서] 느낌들이 사라지는 특성을 [관찰한다]. 그리고 수행승은 [나쁜 생각을 제거하고, 근심과 슬픔으로부터 자유롭게 머물면서 자신 안에서 기쁨을 경험하면서] 느낌들이 일어나고 사라지는 특성을 [관찰한다].

게다가 수행승은 이것들의 발생에 주의를 기울이면서 이것들은 지금 여기에서 드러나는 느낌이라는 것을 알고 볼 수 있다. 수행승은 어떤 것에도 의지하지 않고, 세간적인 지각을 일으키지 않고, [나쁜 생각을 제거하고, 근심과 슬픔으로부터 자유롭게 머물면서] 자신 안에서 기쁨을 경험한다.

여기서 수행승은 또한 동요되지 않고, 동요되지 않으므로, '태어남과 죽음은 소멸하였다. 성스러운 삶은 확립되었다. 해야 할 일은 했다. 더 이상 [다른] 존재를 경험하지 않는다.'는 것을 있는 그대로 알면서, 열반을 성취한다.

이와 같이 수행승은 산란한 생각을 버리고 [나쁜 생각을 제거하고] 근심과 슬픔으로부터 자유롭게 머물면서 [자신 안에서 기쁨을 경험하면서] 자신의 느낌을 내적으로 관찰한다. 수행승은 [산란한 생각을 버리고 나쁜 생각을 제거하고 근심과 슬픔으로부터 자유롭게 머물면서 자신 안에서 기쁨을 경험하면서] 자신의 느낌을 외적으로 관찰한다. 수행승은 산란한 생각을 버리고 [나쁜 생각을 제거하고] 근심과 슬픔으로부터 자유롭게 머물면서 [자신 안에서 기쁨을 경험하면서] 자신의 느낌을 내적으로 그리고 외적으로 관찰한다. 이와 같이 수행승은 느낌을 내적으로 그리고 외적으로 관찰한다.

수행승은 어떻게 [나쁜 생각을 제거하고 근심과 슬픔으로부터 자유롭게 머물면서] 자신 안에서 기쁨을 경험하면서 [마음과 관련해서] 마음의 특성을 관찰하는가? 여기 감각적 즐거움에 대한 갈애를 가진 마음이 있는 수행승은 감각적 즐거움에 대한 갈애를 가진 마음이 있다고 스스로 알아차리고 안다. 감각적 즐거움에 대한 갈애가 없는 마음이 있는 수행승은 감각적 즐거움에 대한 갈애가 없는 마음이 있다고 스스로 알아차리고 안다.

성내는 마음이 있는 수행승은 성내는 마음이 있다고 스스로 알아차리고 안다. 성내는 마음이 없는 수행승은 성내는 마음이 없다고 스스로 알아차리고 안다.

어리석은 마음이 있는 수행승은 어리석은 마음이 있다고 스스로 알아차리고 안다. 어리석은 마음이 없는 수행승은 어리석은 마음이 없다고 스스로 알아차리고 안다.

갈망하는 마음을 가진 수행승은 갈망하는 마음이 있다고 스스로 알아차리고 안다. 갈망하지 않는 마음을 가진 수행승은 갈망하지 않는 마음이 있다고 스스로 알아차리고 안다.

성취하려는 마음이 있는 수행승은 성취하려는 마음이 있다고 스스로 알아차리고 안다. 성취하려는 마음이 없는 수행승은 성취하려는 마음이 없다고 스스로 알아차리고 안다.

산란한 마음이 있는 수행승은 산란한 마음이 있다고 스스로 알아차리고 안다. [569a] 산란한 마음이 없는 수행승은 산란한 마음이 없다고 스스로 알아차리고 안다.

흩어진 마음이 있는 수행승은 흩어진 마음이 있다고 스스로 알아차리고 안다. 흩어진 마음이 없는 수행승은 흩어진 마음이 없다고 스스로 알아차리고 안다.

편만한 마음이 있는 수행승은 편만한 마음이 있다고 스스로 알아차리고 안다. 편만한 마음이 없는 수행승은 편만한 마음이 없다고 스스로 알아차리고 안다.

큰 마음이 있는 수행승은 큰 마음이 있다고 스스로 알아차리고 안다. 큰 마음이 없는 수행승은 큰 마음이 없다고 스스로 알아차리고 안다.

한량없는 마음이 있는 수행승은 한량없는 마음이 있다고 스스로 알아차리고 안다. 한량없는 마음이 없는 수행승은 한량없는 마음이 없다고 스스로 알아차리고 안다.

집중된 마음이 있는 수행승은 집중된 마음이 있다고 스스로 알아차리고 안다. 집중된 마음이 없는 수행승은 집중된 마음이 없다고 스스로 알아차리고 안다.

자유롭지 못한 마음이 있는 수행승은 자유롭지 못한 마음이 있다고 스스로 알아차리고 안다. 이미 자유로운 마음이 있는 수행승은 이미 자유로운 마음이 있다고 스스로 알아차리고 안다.

이와 같이 수행승은 [마음과 관련해서] 마음의 특징을 알아차림의 확립으로 관찰한다. 수행승은 마음의 일어나는 특성, 마음의 사라지는 특성, 마음의 일어나고 사라지는 특성을 함께 관찰한다. 수행승은 [나쁜 생각을 제거하고 근심과 슬픔으로부터 자유롭게 머물면서] 자신 안에서 기쁨을 경험하면서, 마음의 특성을 관찰한다.

수행승은 알 수 있고, 볼 수 있고, 주의를 기울이지 않는 [대신] 주의를 기울일 수 있다. 수행승은 어떤 것에도 의지하지 않고 세간적인 지각을 일으키지 않는다. [세간적인] 지각을 일으키지 않으므로 동요되지 않고, 동요되지 않으므로 [집착이] 남아 있지 않고, 집착이 남아 있지 않으므로, '태어남과 죽음은 소멸하였다. 성스러운 삶은 확립되었다. 해야 할 일은 했다. 더 이상 [다른] 존재를 경험하지 않는다.'는 것을 있는 그대로 알면서, 열반을 성취한다.

이와 같이 수행승은 마음[과 관련해서] 산란한 생각을 버리고 [나쁜 생각을 제거하고 근심과 슬픔으로부터 자유롭게 머물면서] 자신 안에서 기쁨을 경험하면서, 자신의 마음을 내적으로 알아차림의 확립으로 관찰한다. 수행승은 산란한 생각을 버리고 [나쁜 생각을 제거하고 근심과 슬픔으로부터 자유롭게 머물면서] 자신 안에서 기쁨을 경험하면서, 마음을 외적으로 관찰한다. 그리고 수행승은 마음[과 관련해서] [산란한 생각을 버리고 나쁜 생각을 제거하고 근심과 슬픔으로부터 자유롭게 머물면서 자신 안에서 기쁨을 경험하면서], 그 마음을 내적으로 그리고 외적으로 알아차림의 확립으로 관찰한다. 이와 같이 수행승은 마음[과 관련해서] 마음의 특징을 알아차림의 확립으로 관찰한다.

수행승은 어떻게 법과 관련해서 법의 특징을 알아차림의 확립으로 관찰하는가? 여기 수행승은 통찰의 도움을 받으며, 이욕의 도움을 받으며, 소멸의 도움을 받으며, 나쁜 상태를 버리면서 알아차림의 깨달음의 요소를 계발한다.

수행승은 [통찰의 도움을 받으며, 이욕의 도움을 받으며, 소멸의 도움을 받으며, 나쁜 상태를 버리면서] 법을 탐구하는 깨달음의 요소를 계발한다.

수행승은 [통찰의 도움을 받으며, 이욕의 도움을 받으며, 소멸의 도움을 받으며, 나쁜 상태를 버리면서] 에너지의 깨달음의 요소를 계발한다.

수행승은 [통찰의 도움을 받으며, 이욕의 도움을 받으며, 소멸의 도움을 받으며, 나쁜 상태를 버리면서] 기쁨의 깨달음의 요소를 계발한다.[14)]

수행승은 [통찰의 도움을 받으며, 이욕의 도움을 받으며, 소멸의 도움을 받으며, 나쁜 상태를 버리면서] 고요의 깨달음의 요소를 계발한다.

수행승은 [통찰의 도움을 받으며, 이욕의 도움을 받으며, 소멸의 도움을 받으며, 나쁜 상태를 버리면서] 집중의 깨달음의 요소를 계발한다.

수행승은 [통찰의 도움을 받으며, 이욕의 도움을 받으며, 소멸

---

14) 여기서 텍스트는 알아차림의 깨달음의 요소를 언급하고 있는데, 이는 명백한 오류이다. 따라서 기쁨의 깨달음의 요소로 대체하고 있다. 표준적인 깨달음을 위한 일곱 가지 요소의 순서상 기쁨의 깨달음의 요소가 나온다. 『증일아함경』의 다른 곳에서도 이러한 것이 보인다. 예를 들어 다음이 있다. T 2.741b3.

의 도움을 받으며, 나쁜 상태를 버리면서] 평정의 깨달음의 요소를 계발한다. 이와 같이 수행은 법[과 관련해서] 법의 특징을 알아차림의 확립으로 관찰한다.

다음으로 감각적 욕망에 대한 갈애로부터 자유롭고, 나쁘고 불선한 상태를 제거하고, [직접적인] 앎과 [유지되는] 관찰과 함께, 편안하고 알아차리면서 수행승은 첫 번째 선정을 즐기면서 자신 안에서 기쁨을 경험한다. 이와 같이 법[과 관련해서] 수행승은 법의 특징을 알아차림의 확립으로 관찰한다.

다음으로 [직접적인] 앎과 [유지되는] 관찰을 버리고, 안에서 기쁨이 일어나고, 마음이 통일되고, [직접적인] 앎과 [유지되는] 관찰 없이, 편안하고 알아차리면서, 기쁨과 편안함으로 수행승은 두 번째 선정에 머물면서 자신 안에서 기쁨을 경험한다. 이와 같이 법[과 관련해서] 수행승은 법의 특징을 알아차림의 확립으로 관찰한다.

다음으로 알아차리면서 [기쁨을] 버리고 수행승은 평정을 계발한다.[15] 성인이 추구하는 평정과 알아차림의 청정을, 몸에 있는 즐거운 느낌을 지속적으로 알고 경험하면서[16] [569b] 수행승은 세 번째 선정에 머문다. 이와 같이 법[과 관련해서] 수행승은 법의 특징을 알아차림의 확립으로 관찰한다.

다음으로 정신적인 괴로움과 즐거움을 버리고, 또한 슬픔과 기

15) 이 지점에서 기쁨을 버리는 것은 사선정에 대한 다른 기술에서도 볼 수 있다. 『증일아함경』 T 2.582b8 또는 T 2.696c15. 각각은 지금과 비교할 수 있는 다른 형태를 보여 주고 있다.
16) 여기서 언급하는 평정과 알아차림의 청정은 네 번째 선정에 해당하는 구절을 우연하게 복사한 결과로 보인다.

뿜없이, 괴로움과 즐거움 없이, 평정과 알아차림의 청정과 함께 수행승은 네 번째 선정을 즐긴다. 이와 같이 법[과 관련해서] 수행승은 법의 특징을 알아차림의 확립으로 관찰한다.

수행승은 법의 일어남의 특성을 [관찰하면서] 머문다. 수행승은 법의 사라짐의 특성을 [관찰하면서] 머문다. 수행승은 법의 일어남과 사라짐의 특성을 함께 [관찰하면서] 머문다. 수행승은 [나쁜 생각을 제거하고 근심과 슬픔으로부터 자유롭게 머물면서] 자신 안에서 기쁨을 경험한다. 수행승은 법에 대한 알아차림을 확립하고, [자신] 앞의 현재에 그것을 유지한다.

수행승은 산란한 지각을 버리고 알 수 있고 볼 수 있다. 수행승은 어떤 것에도 의지하지 않고 세간적인 지각을 일으키지 않는다. 그러한 지각이 일어나지 않으므로 수행승은 동요되지 않고, 동요되지 않으므로, '태어남과 죽음은 소멸하였다. 성스러운 삶은 확립되었다. 해야 할 일은 했다. 더 이상 [다른] 존재를 경험하지 않는다.'라고 있는 그대로 안다.

수행승은 하나의 들어가는 길의 도움을 받아 살아 있는 존재가 청정을 성취하고, 근심과 슬픔을 제거하고, 더 이상 지각에 기뻐하지 않고, 앎과 지혜에 이르고, 열반을 성취한다. 말하자면 다섯 가지 장애를 버리고 네 가지 알아차림의 확립을 수행한다.

이때 붓다께서 하신 말씀을 들은 수행자는 기뻐하고 공경하면서 이를 받아들였다.

역자 후기

본서는 공역자들이 함께 작업한 세 번째 책이다. 세 책 모두 아날라요 스님의 책이다. 아날라요 스님의 책은 초기불교적인 관점에서 자비와 공, 병과 죽음의 문제를 다루고 있다.

이번 책은 스님의 본래의 영역인 수행 특히 알아차림의 확립 수행을 다루고 있다. 알아차림의 확립을 주제로 스님께서 박사학위를 받으셨기에 본서는 스님의 학문적 역량이 아낌없이 발휘된 책이다. 스님의 박사학위 논문은 『알아차림의 확립: 깨달음으로 나아가는 직접적인 길』이라는 제목으로 출판되었고, 국내에도 소개되어 있다.

본서는 이전의 책을 조금 고치려고 시작한 작업이 새롭게 책을 저술하게 된 것이다. 박사학위에서는 빨리 경전을 중심으로 알아차림의 확립을 연구하였다면, 박사학위를 받으신 이후 스님께서는 한문, 티베트어, 위구르어 등 다양한 불교 고전어를 구사하면서 동일한 주제에 대해서 한역 경전과 빨리 경전 그리고 티베트어 경전을 함께 다루면서 알아차림의 확립을 연구하고 있다.

우리나라에서도 이제까지는 알아차림의 확립과 관련된 주제는 의당 빨리 경전 중심의 초기불교의 독점적인 주제로 자리잡고 있었다. 스님의 본서는 이러한 연구 경향에 새로운 활력을 불어넣을 것으로 기대한다. 『맛지마니까야』, 『중아함경』, 『증일아함경』 세 가지 경전을 비교하면서 연구하는 트렌드를 처음 선보이고 있는 것이다. 이는 동일한 주제라고 할지라도 폭넓은 조망을 제시한다. 제목에서도 새로운 조망을 선보이고자 하는 스님의 바람이 드러나고 있다. 그래서 번역서의 제목을 '새로운 관점'을 '한역으로 읽는'으로 구체적으로 제시하고 있다. 또한 컨템플레이션(contemplation), 메디테이션(meditation)을 일반적으로 명상으로 번역하는 것을 넘어서 수행으로 번역하고 있다. 이 또한 초기불교와 대승불교의 전통을 하나로 아우르고자 하는 시도이다.

이러한 새로운 선보이는 것이 공역자들의 의도이기도 하다. 한역 경전과 비교함으로써 기존의 초기불교적 전통과 대승불교적 전통을 함께 보고자 하는 것이다. 스님께서도 초기불교 전통을 가지고 있는 스리랑카에서 계를 받으신 것과 대승불교적 전통인 대만의 법고산불교센터에서 다년간 연구를 한 것이 이러한 가능성을 열어 놓고 있다고 할 수 있다. 번역하면서 스님의 책 안에서 이러한 모습을 어렵지 않게 찾아볼 수 있었던 것은 큰 즐거움이었다. 스님의 이러한 의도가 공동자들의 의도와 의기투합한 것이라고 할 수 있다.

스님의 이 책은 『맛지마니까야』의 「알아차림의 확립 경과 이에 대응하는 『중아함경』과 『증일아함경』의 해당 경전을 비교하는 형태로 전개된다. 이러한 비교 가운데 스님의 폭넓으면서도 혜안이 빛나는 구절들이 많이 나온다. '하나의 길', '유일한 길'로 번역하는 에까야나를 '직접적인 길'로 번역하는 것, '알아차림은 결코 비판단적이지 않다'는 주장, 칠각지에 대한 명쾌한 해석 등 많은 새로운 통찰이 제시된다. 본서는 불교수행의 시작점으로 알아차림에 대한 새로운 조망을 많이 제공한다. 스님의 새로운 통찰을 공유할 수 있는 기회가 되기를 기원한다.

책을 내는 데 도움을 주신 분들이 많이 있다. 항상 역서를 낼 때마다 도움을 주시는 엄세정 선생, 윤문을 도와준 김경오 원생, 참고문헌 정리를 도와준 김병길 원생에게 고마움을 전한다. 어려운 시기에 책을 내기로 결정해 주신 민족사 윤창화 사장님, 최윤영 편집자님께도 감사를 전한다. 역자 후기를 쓰고 있는 주말에 아날라요 스님께서 한국 독자를 위해서 일주일 간의 수행과정을 개설하신다는 소식이 들려온다. 스님의 청안과 강녕을 기원한다.

2021년 여름
공역자 일동

참고문헌

Agostini, Giulio 2010: "'Preceded by Thought Are the Dhammas': The Ancient Exegesis on Dhammapada 1–2", in *Buddhist Asia 2, Papers from the Second Conference of Buddhist Studies Held in Naples in June 2004*, G. Orofino and S. Vita (ed.), 1–34, Kyoto: Italian School of East Asian Studies.

Anacker, Stefan 1984/2005: *Seven Works of Vasubandhu: The Buddhist Psychological Doctor*, Delhi: Motilal Banarsidass.

Anālayo 2003a: "Nimitta", in *Encyclopaedia of Buddhism*, W.G. Weeraratne (ed.), 7/1: 177–9, Sri Lanka: Department of Buddhist Affairs.

Anālayo 2003b: *Satipaṭṭhāna: The Direct Path to Realization*, Birmingham: Windhorse Publications.

Anālayo 2007a: "The Divine Messengers", in *Buddhist Studies in Honour of Venerable Kirindigalle Dhammaratana*, S. Ratnayaka (ed.), 15–26, Colombo: Felicitation Committee.

Anālayo 2007b: "Mindfulness of Breathing in the Saṃyukta-āgama", *Buddhist Studies Review*, 24/2: 137–50.

Anālayo 2009: *From Craving to Liberation: Excursions into the Thought-world of the Pāli Discourses (1)*, New York: Buddhist Association of the United States.

Anālayo 2010a: "Channa's Suicide in the Saṃyukta-āgama", *Buddhist Studies Review*, 27/2: 125–37.

Anālayo 2010b: *From Grasping to Emptiness: Excursions into the Thought-world of the Pāli Discourses (2)*, New York: Buddhist Association of the United States.

Anālayo 2010c: "Saccaka's Challenge: A Study of the Saṃyukta-āgama Parallel to the Cūḷasaccaka-sutta in Relation to the Notion of Merit Transfer", *Chung-Hwa Buddhist Journal*, 23: 39–70.

Anālayo 2010d: "Teachings to Lay Disciples: The Saṃyukta-āgama Parallel to the Anāthapiṇḍikovāda-sutta", *Buddhist Studies Review*, 27/1: 3–14.

Anālayo 2011a: *A Comparative Study of the Majjhima-nikāya*, Taipei: Dharma Drum Publishing Corporation.

Anālayo 2011b: "The Tale of King Ma(k)hādeva in the Ekottarika-āgama and the Cakravartin Motif", *Journal of the Centre for Buddhist Studies, Sri Lanka*, 9: 43–77.

Anālayo 2012a: "The Dynamics of Theravāda Insight Meditation", in *Fojiao chanzuo chuantong guoji xueshu yantaohui lunwenji [Buddhist Meditation Traditions: An International Symposium]*, K. Chuang (ed.), 23–56, Taiwan: Dharma Drum Publishing Corporation.

Anālayo 2012b: *Excursions into the Thought-world of the Pāli Discourses*, Onalaska, WA: Pariyatti.

Anālayo 2012c: "The Historical Value of the Pāli Discourses", *Indo-Iranian Journal*, 55: 223–53.

Anālayo 2012d: *Madhyama Āgama Studies*, Taipei: Dharma Drum Publishing Corporation.

Anālayo 2012e: "Protecting Oneself and Others through Mindfulness:

The Acrobat Simile in the Saṃyukta-āgama", *Sri Lanka International Journal of Buddhist Studies*, 2: 1–23.

Anālayo 2012f: "Purification in Early Buddhist Discourse and Buddhist Ethics", *Bukkyō Kenkyū*, 40: 67–97.

Anālayo 2013a: "Defying Māra: Bhikkhunīs in the Saṃyukta-āgama", in *Women in Early Indian Buddhism: Comparative Textual Studies*, A. Collett (ed.), 116–39, Oxford: Oxford University Press.

Anālayo 2013b: "On the Five Aggregates (2): A Translation of Saṃyukta-āgama Discourses 256 to 272", *Dharma Drum Journal of Buddhist Studies*, 12: 1–68.

Anālayo forthcoming 1: *The Dawn of Abhidharma*, Hamburg: Hamburg University Press.

Anālayo forthcoming 2: "Perspectives on the Body in Early Buddhist Meditation", in *Proceedings of the International Conference on Buddhist Meditative Traditions*, K. Chuang (ed.), Taipei: Dharma Drum Publishing Corporation.

Anālayo in preparation: "Asubha Gone Overboard: A Comparative Study of the Mass Suicide of Monks".

Arch, Joanna J. and M.G. Craske 2006: "Mechanisms of Mindfulness: Emotion Regulation Following a Focused Breathing Induction", *Behaviour Research and Therapy*, 44: 1849–58.

Baba, Norihisa 2004: "On Expressions regarding 'śūnya' or 'śūnyatā' in the Northern Āgamas and the Pali Commentaries", *Journal of Indian and Buddhist Studies*, 52/2: 946–4.

Bapat, P.V. 1926: "The Different Strata in the Literary Material of the

Dīgha Nikāya", *Annals of the Bhandarkar Oriental Research Institute*, 8: 1–16.

Bareau, André 1962: "La légende de la jeunesse du Buddha dans les Vinayapiṭaka anciens", *Oriens-Extremus*, 9/1: 6–33.

Barua, Dipak Kumara 1971/2003: *An Analytical Study of Four Nikāyas*, Delhi: Munshiram Manoharlal.

Bechert, Heinz and K. Wille 2000: *Sanskrithandschriften aus den Turfanfunden*, 8, Wiesbaden: Franz Steiner.

Bechert, Heinz and K. Wille 2004: *Sanskrithandschriften aus den Turfanfunden*, 9, Wiesbaden: Franz Steiner.

Bendall, Cecil 1902/1970: *Çikshāsamuccaya: A Compendium of Buddhist Teaching Compiled by Çāntideva, Chiefly from Earlier Mahāyāna-Sūtras*, Osnabrück: Biblio Verlag.

Bernhard, Franz 1965: *Udānavarga*, 1, Göttingen: Vandenhoeck & Ruprecht.

Bingenheimer, Marcus 2011: *Studies in Āgama Literature, with Special Reference to the Shorter Chinese Saṃyuktāgama*, Taiwan: Shi Weng Feng Print Co.

Bishop, Scott R., M. Lau, S. Shapiro, L. Carlson, N.D. Anderson, J. Carmody, Z.V. Segal, S. Abbey, M. Speca, D. Velting, and G. Devins 2004: "Mindfulness: A Proposed Operational Definition", *Clinical Psychology: Science and Practice*, 11/3: 230–41.

Bodhi, Bhikkhu 2000: *The Connected Discourses of the Buddha: A New Translation of the Saṃyutta Nikāya*, Boston: Wisdom Publications.

Bodhi, Bhikkhu 2011: "What Does Mindfulness Really Mean? A

Canonical Perspective", *Contemporary Buddhism*, 12/1: 19–39.

Bodhi, Bhikkhu 2012: *The Numerical Discourses of the Buddha: A Translation of the Aṅguttara Nikāya*, Boston: Wisdom Publications.

Bowker, John 1991: *The Meanings of Death*, Cambridge: Cambridge University Press.

Brough, John 1962/2001: *The Gāndhārī Dharmapada, Edited with an Introduction and Commentary*, Delhi: Motilal Banarsidass.

Brown, Kirk Warren, R.J. Goodman, and M. Inzlicht 2013: "Dispositional Mindfulness and the Attenuation of Neural Responses to Emotional Stimuli", *Social Cognitive and Affective Neuroscience*, 8/1: 93–9.

Brown, Kirk Warren, R.M. Ryan, and J.D. Creswell 2007: "Mindfulness: Theoretical Foundations and Evidence for Its Salutary Effects", *Psychological Inquiry*, 18/4: 211–37.

Bühler, G. 1886: *The Laws of Manu, Translated with Extracts from Seven Commentaries*, Oxford: Clarendon Press.

Choong, Mun-keat 2000: *The Fundamental Teachings of Early Buddhism: A Comparative Study Based on the Sūtrāṅga Portion of the Pāli Saṃyutta-Nikāya and the Chinese Saṃyuktāgama*, Wiesbaden: Otto Harrassowitz.

Chun, Marvin M. and N.B. Turk-Browne 2007: "Interactions Between Attention and Memory", *Current Opinion in Neurobiology*, 17: 177–84.

Cone, Margaret 1989: "Patna Dharmapada", *Journal of the Pali Text Society*, 13: 101–217.

Creswell, J.D., B.M. Way, N.I. Eisenberger, and M.D. Lieberman

2007: "Neural Correlates of Dispositional Mindfulness during Affect Labelling", *Psychosomatic Medicine*, 69: 560–5.

Deleanu, Florin 1992: "Mindfulness of Breathing in the Dhyāna Sūtras", *Transactions of the International Conference of Orientalists in Japan*, 37: 42–57, Tokyo: Institute of Eastern Culture.

Deo, Shantaram Bhalchandra 1956: *History of Jaina Monachism, from Inscriptions and Literature*, Poona: Deccan College, Postgraduate and Research Institute.

de Silva, Padmal 2001: "A Psychological Analysis of the Vitakkasaṇṭhāna Sutta", *Buddhist Studies Review*, 18/1: 65–72.

Devacandra 1996: *Gang po la sogs pa'i rtogs pa brjod pa brgya pa*, Xining.

Dhammajoti, Bhikkhu K.L. 1995: *The Chinese Version of Dharmapada, Translated with Introduction and Annotations*, Colombo: University of Kelaniya, Postgraduate Institute of Pali and Buddhist Studies.

Dhammajoti, Bhikkhu K.L. 2009: "The aśubhā Meditation in the Sarvāstivāda", *Journal of the Centre for Buddhist Studies*, Sri Lanka, 7: 248–95.

Dutt, Nalinaksha 1934/2000: *Pañcaviṃśatisāhasrika Prajñāpāramitā Edited with Critical Notes and Introduction*, Calcutta: Bhattacharya.

Eimer, Helmut 1983: *Rab tu 'byuṅ ba'i g'zi: Die Tibetische Übersetzung des Pravrajyāvastu im Vinaya der Mūlasarvāstivādins*, 2, Wiesbaden: Otto Harrassowitz.

Enomoto, Fumio 1989: "Śarīrārthagāthā A Collection of Canonical Verses in the Yogācārabhūmi", in *Sanskrit-Texte aus dem*

Buddhistischen Kanon: Neuentdeckungen und Neueditionen Folge 1, 1: 17–35, Göttingen: Vandenhoeck & Ruprecht.

Enomoto, Fumio 1994: *A Comprehensive Study of the Chinese Saṃyuktāgama, Indic Texts Corresponding to the Chinese Saṃyuktāgama as Found in the Sarvāstivāda-Mūlasarvāstivāda Literature*, 1: *Saṃgītanipāta*, Kyoto: Kacho Junior College.

Enomoto, Fumio 1997: "Sanskrit Fragments from the Saṃgītanipāta of the Saṃyuktāgama", in *Bauddhavidyāsudhākaraḥ Studies in Honour of Heinz Bechert on the Occasion of his 65th Birthday*, J.U. Hartmann et al. (ed.), 91–105, Swisstal-Odendorf: Indica et Tibetica.

Gethin, Rupert 1992: *The Buddhist Path to Awakening: A Study of the Bodhi-Pakkhiyā Dhammā*, Leiden: E.J. Brill.

Gethin, Rupert 2011: "On Some Definitions of Mindfulness", *Contemporary Buddhism*, 12/1: 263–79.

Ghosa, Pratāpacandra 1914: *Çatasāhasrikā-prajña-pāramitā-sūtra: A Theological and Philosophical Discourse of Buddha with His Disciples*, Calcutta: Asiatic Society.

Glass, Andrew 2007: *Four GādhārīSaṃyuktāgama Sūtras: Senior Kharoṣṭhī Fragment 5*, Seattle: University of Washington Press.

Gnoli, Raniero 1977 (part 1), 1978 (part 2): *The Gilgit Manuscript of the Saṅghabhedavastu, Being the 17th and Last Section of the Vinaya of the Mūlasarvāstivādin*, Rome: Istituto Italiano per il Medio ed Estremo Oriente.

Gombrich, Richard F. 2009: *What the Buddha Thought*, London: Equinox.

Griffiths, Paul J. 1992: "Memory in Classical Indian Yogācāra", in *In the Mirror of Memory: Reflections on Mindfulness and Remembrance in Indian and Tibetan Buddhism*, J. Gyatso (ed.), 109–31, Albany: State University of New York Press.

Gunaratana, Henepola 1991/1992: *Mindfulness in Plain English*, Boston: Wisdom Publications.

Hamilton, Sue 1995: "From the Buddha to Buddhaghosa: Changing Attitudes towards the Human Body in Theravāda Buddhism", in *Religious Reflections on the Human Body*, J.M. Law (ed.), 46–63, Bloomington: Indiana University Press.

Hamilton, Sue 1996: *Identity and Experience: The Constitution of the Human Being according to Early Buddhism*, London: Luzac Oriental.

Harmon-Jones, Eddie, L. Simon, J. Greenberg, T. Pyszczynski, S. Solomon, and H. McGregor 1997: "Terror Management Theory and Self-Esteem: Evidence that Increased Self-Esteem Reduces Mortality Salience Effects", *Journal of Personality and Social Psychology*, 72/1: 24–36.

Harrison, Paul 1997: "The Ekottarikāgama Translations of An Shigao", in *Bauddhavidyāsudhākaraḥ: Studies in Honour of Heinz Bechert on the Occasion of his 65th birthday*, J.U. Hartmann et al. (ed.), 261–84, Swisstal-Odendorf: Indica et Tibetica.

Harrison, Paul 2007: "A Fragment of the *Saṃbādhāvakāśasūtra from a Newly Identified Ekottarikāgama Manuscript in the Schøyen Collection", *Annual Report of the International Research Institute for Advanced Buddhology at Soka University*, 10: 201–11.

Hirakawa, Akira 1997: *Buddhist Chinese–Sanskrit Dictionary*, Tokyo: Reiyukai.

Hoffmann, Wilhelm and L. Van Dillen 2012: "Desire: The New Hot Spot in Self-control Research", *Current Directions in Psychological Science*, 21/5: 317–22.

Hölzel, Britta K., S.W. Lazar, T. Gard, Z. Schuman-Olivier, D.R. Vago, and U. Ott 2011: "How Does Mindfulness Meditation Work? Proposing Mechanisms of Action from a Conceptual and Neural Perspective", *Perspectives on Psychological Science*, 6/6: 537–59.

Ireland, John D. 1990: *The Udāna, Inspired Utterances of the Buddha*, Kandy: Buddhist Publication Society.

Jaini, Padmanabh S. 1979/1998: *The Jaina Path of Purification*, Delhi: Motilal Banarsidass.

Jayawickrama, N.A. 1990: *The Story of Gotama Buddha: The Nidāna-kathā of the Jātakaṭṭhakathā*, Oxford: Pali Text Society.

Jones, Dhivan Thomas 2009: "New Light on the Twelve Nidānas", *Contemporary Buddhism*, 10/2: 241–59.

Jones, J.J. 1952/1976: *The Mahāvastu, Translated from the Buddhist Sanskrit*, 2, London: Pali Text Society.

Jurewicz, J. 2000: "Playing with Fire: The Pratītyasamutpāda from the Perspective of Vedic Thought", *Journal of the Pali Text Society*, 26: 77–103.

Kabat-Zinn, Jon 2011: "Some Reflections on the Origins of MBSR, Skillful Means, and the Trouble with Maps", *Contemporary Buddhism*, 12/1: 281–306.

Kabat-Zinn, Jon, L. Lipworth, and R. Burney 1985: "The Clinical Use of Mindfulness Meditation for the Self-Regulation of Chronic Pain", *Journal of Behavioral Medicine*, 8/2: 163–90.

Karunadasa, Y. 1967/1989: *Buddhist Analysis of Matter*, Singapore: Buddhist Research Society.

Karunadasa, Y. 2010: *The Theravāda Abhidhamma: Its Inquiry into the Nature of Conditioned Reality*, Hong Kong: University of Hong Kong, Centre of Buddhist Studies.

Kuan, Tse-Fu 2001: "The Four Satipaṭṭhānas in Early Buddhism", *Satyābhisamaya*, 17: 154–209.

Kuan, Tse-Fu 2008: *Mindfulness in Early Buddhism: New Approaches through Psychology and Textual Analysis of Pali, Chinese and Sanskrit Sources*, London: Routledge.

Kudo, Noriyuki 2009: "Or. 15009/101–150", in *Buddhist Manuscripts from Central Asia: The British Library Sanskrit Fragments*, S. Karashima et al. (ed.), 2: 169–98, Tokyo: International Research Institute for Advanced Buddhology, Soka University.

Lamotte, Étienne 1970: *Le Traité de la grande vertu de sagesse de Nā gārjuna(Mahāprajñāpāramitāśātra)*, 3, Louvain-la-Neuve: Institut Orientaliste.

Lamotte, Étienne 1973/1993: "Three Sūtras from the Saṃyuktāgama Concerning Emptiness", S. Webb-Boin (trsl.), *Buddhist Studies Review*, 10/1: 1–23.

Lévi, Sylvain 1925: *Vijñpatimātratāsiddhi: deux traités de Vasubandhu: Viṃśatikā (la Vingtaine), accompagnée d'une explication en prose et*

Trimśikā (la Trentaine) avec le commentaire de Sthiramati, original sanscrit publié pour la première fois d'après des manuscrits rapportés du Népal, Paris: Librairie Ancienne Honoré Champion.

Lévi, Sylvain 1932: *Mahākarmavibhaṅga (La Grande Classification des actes) et Karmavibhaṅgopadeśa (Discussion sur le Mahā Karmavibhaṅga): textes sanscrits rapportés du Népal, édités et traduits avec les textes parallèles en sanscrit, en pali, en tibétain, en chinois et en koutchéen*, Paris: Ernest Leroux.

Liu, Zhen 2010: *Dhyānāni tapaś ca*, Shanghai: Guji chubanshe.

Lutz, Antoine, H.A. Slagter, J.D. Dunne, and R.J. Davidson 2008: "Attention Regulation and Monitoring in Meditation", *Trends in Cognitive Sciences*, 12/4: 163–9.

Minh Chau, Thich 1964/1991: *The Chinese Madhyama Āgama and the Pāli Majjhima Nikāya*, Delhi: Motilal Banarsidass.

Muzzio, Isabel A., C. Kentros, and E. Kandel 2009: "What Is Remembered? Role of Attention on the Encoding and Retrieval of Hippocampal Representations", *The Journal of Physiology*, 587/12: 2837–54.

Ñāṇamoli, Bhikkhu 1956/1991: *The Path of Purification (Visuddhimagga) by Bhadantācariya Buddhaghosa*, Kandy: Buddhist Publication Society.

Ñāṇamoli, Bhikkhu 1982: *The Path of Discrimination (Paṭisambhidāmagga) Translated from the Pali*, London: Pali Text Society.

Ñāṇamoli, Bhikkhu 1995: *The Middle Length Discourses of the Buddha: A Translation of the Majjhima Nikāya*, Bhikkhu Bodhi (ed.), Boston:

Wisdom Publications.

Ñāṇaponika Thera 1949/1985: *Abhidhamma Studies: Researches in Buddhist Psychology*, Kandy: Buddhist Publication Society.

Ñāṇaponika Thera 1968/1986: *The Power of Mindfulness*, Kandy: Buddhist Publication Society.

Ñāṇaponika Thera 1983: *Contemplation of Feeling: The Discourse-Grouping on the Feelings (Vedana-Saṃyutta) Translated from the Pali with an Introduction*, Kandy: Buddhist Publication Society.

Nattier, Jan 2007: "'One Vehicle' (yi cheng) in the Chinese Āgamas: New Light on an Old Problem in Pāli", *Annual Report of the International Research Institute for Advanced Buddhology at Soka University*, 10: 181–200.

Nhat Hanh, Thich 1990: *Transformation & Healing: The Sutra on the Four Establishments of Mindfulness*, Berkeley: Parallax Press.

Norman, K.R. 1969: *The Elders' Verses: Theragāthā, Translated with an Introduction and Notes*, 1, Oxford: Pali Text Society.

Norman, K.R. 1992: *The Group of Discourses (Sutta-nipāta), Revised Translation with Introduction and Notes*, Oxford: Pali Text Society.

Norman, K.R. 1997/2004: *The Words of the Doctrine (Dhammapada), Translated with an Introduction and Notes*, Oxford: Pali Text Society.

Olendzki, Andrew 2009: "Mindfulness and Meditation", in *Clinical Handbook of Mindfulness*, F. Didonna (ed.), 37–44, New York: Springer.

Olendzki, Andrew 2010: *Unlimiting Mind: The Radically Experiential Psychology of Buddhism*, Boston: Wisdom Publications.

Olendzki, Andrew 2011: "The Construction of Mindfulness", *Contemporary Buddhism*, 12/1: 55–70.

Olivelle, Patrick 2002: "Deconstruction of the Body in Indian Asceticism", in *Asceticism*, V.L. Wimbush et al. (ed.), 188–210, New York: Oxford University Press.

Pāsādika, Bhikkhu 1998: "The Smṛtyupasthānasūtra of the Ekottarāgama (EĀ), Translated from the Chinese Version", in *Facets of Indian Culture: Gustav Roth Felicitation Volume, Published on the Occasion of his 82nd Birthday*, C.P. Sinha (ed.), 494–502, Patna: Bihar Puravid Parishad.

Pe Maung Tin 1976: *The Expositor (Atthasālinī): Buddhaghosa's Commentary on the Dhammasaṅgaṇī the First Book of the Abhidhamma Piṭaka*, C.A.F. Rhys Davids (ed.), London: Pali Text Society.

Pischel, Richard 1904: "Bruchstücke des Sanskritkanons der Buddhisten aus Idyuktšari Chinesisch-Turkestān" and "Neue Bruchstücke des Sanskritkanons der Buddhisten aus Idyuktšari, Chinesisch-Turkestān", *Sitzungsbericht der Königlich Preussischen Akademie der Wissenschaften, Berlin*, 25: 807–27 and 1138–45.

Potter, Karl H. 1996: "A Few Early Abhidharma Categories", in *Encyclopaedia of Indian Philosophies*, 7: *Abhidharma Buddhism to 150 AD*, K. Potter et al. (ed.), 121–33, Delhi: Motilal Banarsidass.

Pradhan, P. 1967: *Abhidharmakośabhāṣya of Vasubandhu*, Patna: K.P. Jayaswal Research Institute.

Pyszczynski, Tom, J. Greenberg, S. Solomon, J. Arndt, and J. Schimel 2004: "Why Do People Need Self-Esteem? A Theoretical and

Empirical Review", *Psychological Bulletin*, 130/3: 435–68.

Radhakrishnan, S. 1953/1992: *The Principal Upaniṣads, Edited with Introduction, Text, Translation and Notes*, New York: Humanity Books.

Rahder, J. 1926: *Daśabhūmika et Bodhisattvabhūmi: chapitres Vihāra et Bhūmi, publiés avec une introduction et des notes*, Paris: Paul Geuthner.

Ronkin, Noa 2005: *Early Buddhist Metaphysics: The Making of a Philosophical Tradition*, London: RoutledgeCurzon.

Rupp, Heather A. and K. Wallen 2008: "Sex Differences in Response to Visual Sexual Stimuli: A Review", *Archives of Sexual Behaviour*, 37: 206–18.

Saddhāloka, Bhikkhu 1983: "The Discourse on the Foundations of Mindfulness", *Buddhist Friendship*, 12–13: 9–22.

Sakaki, Ryōzaburō 1926/1962: *Hon'yaku myōgi taishū [Mahāvyutpatti]*, Tokyo: Suzuki Research Foundation.

Salmon, Paul, S. Sephton, I. Weissbecker, K. Hoover, C. Ulmer, and J.L. Studts 2004: "Mindfulness Meditation in Clinical Practice", *Cognitive and Behavioral Practice*, 11: 434–46.

Samtani, N.H. 1971: *The Arthaviniścaya-Sūtra and Its Commentary (Nibandhana) (Written by Bhikṣu Vīryaśrīdatta of Śrī-Nālandāvihāra), Critically Edited and Annotated for the First Time with Introduction and Several Indices*, Patna: K.P. Jayaswal Research Institute.

Sander, Lore and E. Waldschmidt 1985: *Sanskrithandschriften aus den Turfanfunden*, 5, Stuttgart: Franz Steiner.

Schlingloff, Dieter 1964: *Ein Buddhistisches Yogalehrbuch*, Berlin: Akademie Verlag.

Schmidt-Leukel, Perry 1984: *Die Bedeutung des Todes für das menschliche Selbstverständnis im Pali-Buddhismus*, Munich: Missio Verlags- und Vertriebsgesellschaft.

Schmithausen, Lambert 1976: "Die vier Konzentrationen der Aufmerksamkeit, zur geschichtlichen Entwicklung einer spirituellen Praxis des Buddhismus", *Zeitschrift für Missionswissenschaft und Religionswissenschaft*, 60: 241–66.

Schmithausen, Lambert 2012: "Achtsamkeit 'innen', 'außen' und 'innen wie außen'", in *Achtsamkeit: ein buddhistisches Konzept erobert die Wissenschaft, mit einem Beitrag S.H. des Dalai Lama*, M. Zimmermann et al. (ed.), 291–303, Bern: Hans Huber.

Senart, Émile 1890: *Le Mahāvastu: texte sanscrit publié pour la première fois et accompagné d'introductions et d'un commentaire*, 2, Paris: Imprimerie Nationale.

Shaoyong, Ye 2009: "Or. 15009/201–250", in *Buddhist Manuscripts from Central Asia: The British Library Sanskrit Fragments*, S. Karashima et al. (ed.), 2: 227–57, Tokyo: International Research Institute for Advanced Buddhology, Soka University.

Sheng Yen 2006: *Attaining the Way: A Guide to the Practice of Chan Buddhism*, Boston: Shambhala.

Shukla, Karunesha 1973: *Śrāvakabhūmi of Ācārya Asaṅga*, Patna: K.P. Jayaswal Research Institute.

Skilling, Peter 1993: "Theravādin Literature in Tibetan Translation",

Journal of the Pali Text Society, 19: 69–201.

Skilling, Peter 1997: *Mahāsūtras: Great Discourses of the Buddha, 2,* Oxford: Pali Text Society.

Skilling, Peter 2007: "'Dhammas Are as Swift as Thought ···': A Note on Dhammapada 1 and 2 and Their Parallels", *Journal of the Centre for Buddhist Studies, Sri Lanka,* 5: 23–50.

Speyer, J.S. 1909/1970: *Avadānaçataka: A Century of Edifying Tales Belonging to the Hīnayāna,* 2, Osnabrück: Biblio Verlag.

Sujato, Bhikkhu 2005: *A History of Mindfulness: How Insight Worsted Tranquility in the Satipatthana Sutta,* Taipei: Corporate Body of the Buddha Educational Foundation.

Ṭhānissaro Bhikkhu 1996: *The Wings to Awakening: An Anthology from the Pali Canon,* Massachusetts: Barre Center for Buddhist Studies.

Ṭhānissaro Bhikkhu 2012: *Right Mindfulness: Memory & Ardency on the Buddhist Path,* California: Metta Forest Monastery.

Thiṭṭila, P.A. 1969: *The Book of Analysis (Vibhaṅga): The Second Book of the Abhidhammapiṭaka, Translated from the Pāḷi of the Burmese Chaṭṭasaṅgīti Edition,* London: Pali Text Society.

Thomas, E.J. 1927/2003: *The Life of Buddha as Legend and History,* Delhi: Munshiram Manoharlal.

Tripāṭhī, Chandrabhāl 1962: *Fünfundzwanzig Sūtras des Nidānasaṃyukta,* Berlin: Akademie Verlag.

Tripāṭhī, Chandrabhāl 1995: *Ekottarāgama-Fragmente der Gilgit-Handschrift,* Reinbek: Verlag für Orientalistische Fachpublikationen.

Vetter, Tilmann 2000: The "Khandha Passages" in *the Vinayapiṭaka and the Four Main Nikāyas*, Vienna: Österreichische Akademie der Wissenschaften.

von Gabain, Annemarie 1954: *Türkische Turfan-Texte*, 8, Berlin: Akademie Verlag.

von Hinüber, Oskar 1996/1997: *A Handbook of Pāli Literature*, Delhi: Munshiram Manoharlal.

von Rospatt, Alexander 1995: *The Buddhist Doctrine of Momentariness: A Survey of the Origins and Early Phase of This Doctrine up to Vasubandhu*, Stuttgart: Franz Steiner.

Waldschmidt, Ernst 1950: *Das Mahāparinirvāṇasūtra: Text in Sanskrit und Tibetisch, verglichen mit dem Pāli nebst einer Übersetzung der chinesischen Entsprechung im Vinaya der Mūlasarvāstivādins, auf Grund von Turfan-Handschriften herausgegeben und bearbeitet*, 1, Berlin: Akademie Verlag.

Waldschmidt, Ernst 1953: *Das Mahāvadānasūtra: ein kanonischer Text über die sieben letzten Buddhas, Sanskrit, verglichen mit dem Pāli nebst einer Analyse der in chinesischer Übersetzung überlieferten Parallelversion, auf Grund von Turfan-Handschriften herausgegeben*, 1, Berlin: Akademie Verlag.

Waldschmidt, Ernst 1965: *Sanskrithandschriften aus den Turfanfunden*, 1, Wiesbaden: Franz Steiner.

Waldschmidt, Ernst 1967: "Zu einigen Bilinguen aus den Turfan-Funden", in *Von Ceylon bis Turfan, Schriften zur Geschichte, Literatur, Religion und Kunst des indischen Kulturraums, Festgabe zum 70. Geburtstag am 15. Juli 1967 von Ernst Waldschmidt*, 238–57,

Göttingen: Vandenhoeck & Ruprecht.

Waldschmidt, Ernst 1971: *Sanskrithandschriften aus den Turfanfunden*, 3, Wiesbaden: Franz Steiner.

Walshe, Maurice 1987: *Thus Have I Heard: The Long Discourses of the Buddha*, London: Wisdom Publications.

Wayman, Alex 1982: "The Religious Meaning of Concrete Death in Buddhism", in *Sens de la mort dans le christianisme et les autres religions*, M. Dhavamony et al. (ed.), 273–95, Rome: Università Gregoriana Editrice.

Weber, Claudia 1994: *Wesen und Eigenschaften des Buddha in der Tradition des Hīnayāna Buddhismus*, Wiesbaden: Harrassowitz.

Wille, Klaus 1990: *Die handschriftliche Überlieferung des Vinayavastu der Mūlasarvāstivādin*, Stuttgart: Franz Steiner.

Wille, Klaus 2008: *Sanskrithandschriften aus den Turfanfunden*, 10, Stuttgart: Franz Steiner.

Winternitz, Moriz 1920/1968: *Geschichte der Indischen Literatur, 2: Die Buddhistische Literatur und die heiligen Texte der Jainas*, Stuttgart: K.F. Koehler.

Xuezhu, Li and E. Steinkellner 2008: *Vasubandhu's Pañcaskandhaka*, Beijing/Vienna: China Tibetology Publishing House/Austrian Academy of Sciences Press.

Zysk, Kenneth G. 1991: *Asceticism and Healing in Ancient India: Medicine in the Buddhist Monastery*, New York: Oxford University Press.

약어표

___

AN = Aṅguttara-nikāya, 『앙굿따라니까야』

As = Atthasālini, 『담마상가니 주석서』

CBETA = Chinese Buddhist Electronic Text Association

D = Derge ed., 데르게판 티베트대장경

DĀ = Dīrgha-āgama(T 1), 『장아함경』

Dhp = Dhammapada, 『법구경』

Dhp-a = Dhammapada-aṭṭhakathā, 『담마빠다 주석서』

DN = Dīgha-nikāya, 『디가니까야』

EĀ = Ekottarika-āgama(T 26), 『증일아함경』

EĀ^2 = Ekottarika-āgama(T 150A), 『불설칠처삼관경』

Jā = Jātaka, 『자따까』

MĀ = Madhyama-āgama(T 125), 『중아함경』

MN = Majjhima-nikāya, 『맛지마니까야』

Mp = Manorathapūraṇī, 『앙굿따라니까야 주석서』

Paṭis = Paṭisambhidāmagga, 『빠띠삼비다막가』

Pj I= Paramatthajotikā, 『쿳다까빠타 주석서』

Ps = Papañcasūdanī, 『맛지마니까야 주석서』

Ps-pṭ = Papañcasūdanī-purāṇaṭīkā, 『맛지마니까야 복주서』

Q = Peking ed., 북경판 티베트대장경

SĀ = Saṃyukta-āgama(T 99), 『잡아함경』

SĀ² = Saṃyukta-āgama(T 100), 『별역잡아함경』

SHT = Sanskrithandschriften aus den Turfanfunden

Si = Sichuan Tanjur edition

Sn = Sutta-nipāta, 『숫따니빠따』

SN = Saṃyutta-nikāya, 『상윳따니까야』

Spk = Sāratthappakāsini, 『상윳따니까야 주석서』

T = Taishō ed.(CBETA), 『대정신수대장경』

Th = Theragāthā, 『테라가타』

Ud = Udāna, 『우다나』

Vibh = Vibhaṅga, 『위방가』

Vin = Vinayapiṭaka, 『율장』

찾아보기

ㄷ

ㅁ

한역으로 읽는 알아차림의 확립 수행
알아차림의 확립에 대한 새로운 관점

초판 1쇄 인쇄 | 2021년 8월 15일
초판 1쇄 발행 | 2021년 8월 25일

지은이 | 아날라요(Anālayo)
옮긴이 | 윤희조·이성동

펴낸이 | 윤재승
펴낸곳 | 민족사

주간 | 사기순
기획편집팀 | 사기순, 최윤영
영업관리팀 | 김세정

출판등록 | 1980년 5월 9일 제1-149호
주소 | 서울 종로구 삼봉로 81 두산위브파빌리온 1131호
전화 | 02)732-2403, 2404 팩스 | 02)739-7565
홈페이지 | www.minjoksa.org
페이스북 | www.facebook.com/minjoksa
이메일 | minjoksabook@naver.com

ISBN 979-11-89269-80-7 03220